社区治理方法论

88个案例告诉你

天平社邻学院 编著

上海三联书店

导　读

　　2018年，上海迎来第12次居委会换届。一大批年轻的新社区工作者踏上社区工作岗位。一茬一茬在基层的社区工作者像"小巷总理"一样，在社区挥洒汗水，共同打下了社区工作的扎实基础。

　　大家都知道，这两年社区工作发展的背景发生了很大变化。对于上海而言，已经进入精细化治理阶段，无论哪个层面的领导都对于社区居民的参与、社区需求精准服务等等提出了更高的要求。两年前，《上海15分钟社区生活圈规划导则》的推出使社区服务的系统性提到了很高层面。社区工作已经从前台创新走到了后台创新，仅仅靠硬件、活动、项目支撑起社区工作高度的做法已经过时，基层街镇都在大力探索后台创新。什么是后台创新？比如，智能化、智慧社区的推动，整合型的睦邻中心的服务模式创新，议事规则指导下的社区自治机制等等，这些探索对于社区工作者来讲都是新课题。一些以往可能也不太关注的社区难题，比如文明养宠、流浪猫狗的管理、老旧公房装电梯等等，这两年都提上了议事日程。

　　针对这些新工作、下决心要解决的社区难题，仅仅靠一些老的经验是不够的。社区工作专业能力的提升，就成为了培训的重中之重。专业能力的培训，怎么样才能更有效呢？

　　在跟很多街镇领导、一线社区工作者以及一些专门做培训的社会组织沟通过程中，发现大家都有共识：

　　1. 今天的培训，理念培训已经不是问题，大家的理念基本都已经转变，已经从管理思维走向了治理思维，这一点几乎已经不需要再用理念灌输了。

　　2. 理论培训是当前培训的重点内容，就是到高校、专业机构请一些老师来讲。这些老师所讲的内容，大家普遍感觉不接地气儿，太空，具体指导能力不强，落不了地。参加了培训，不会做还是不会做。

3. 经验主义的培训不少。比如请哪个居委工作做得好的居委会书记来上一课,讲讲怎样做居委会书记。这些经验主义的培训也不缺。但总体感觉是,经验主义的内容太个性化。知道了这个居委会书记是怎么做的,但是又学不了,因为他有个性化的特点、个人禀赋以及社区的不同特点,比如他曾是个厂长,管理经验是比较丰富的,这些还真学不了。有一些人做过老师,天然和居民打交道就比较顺畅,这些也学不了。

我感觉,中观层面的培训是大的空白点。这个空白点就是案例培训、案例教学。但是,目前社区工作的实务案例稀缺。很多社会组织,包括某些公益学院都说,我们已经搜集了大量案例,但这些案例大多是国外案例,美国、英国社会企业,香港社会组织,台湾社区营造等等这样的案例。

这些国家、地区的社区工作早开展了多年,案例足够专业,积累经年,水平是相当的高。但因为国情不同、政策不同,缺少本土化的过程,这些案例是不能直接拿来用的。

然而中国的社区那么多,社区实践这么丰富,各种各样的例子特别多,怎么会没有案例呢?

总体感觉,这些案例的丰富度还不够,都太简单了,分析多了会发现这样的逻辑:存在这样的社区问题——领导重视——专项资金——出台政策——形成合力——探索机制——理顺关系——这事就解决了。

这样的案例是国内社区治理的普遍模式。对于社区工作者来讲,不要说可读性了,可分析度也不够。我们看不出如果借鉴此案例哪些是我们能做得了主的。政府是否重视、是否提供资金,这些我们都说了不算的。对于"我们能推动的事,我们的能力可以影响哪些领域? 怎么影响? 如何整合资源?"分析都是不足的。

还有一些案例和个人禀赋密不可分。很多地方会有典型,产生很多"某某某工作法",而这些工作法和这个人的独特经历、独特经验,与当地独特的资源、禀赋分不开,搬到其他地方,这样的案例是没有说服力的。所以,社区工作领域缺少大量的真正能够称为案例的案例。

怎么填补社区工作培训的这个盲区,细细想来可以做以下四个方面:

一是政府可以购买案例研发项目,鼓励更多机构研发出更多的社区治理案例。研发的过程也是非常好的社区治理过程。

二是高校和学术机构要重视社区治理案例集的研究。今天的中国,社区治理案例集是社区工作领域的一个空白点。

三是对于社会组织而言,要在实践之中借鉴案例、印证案例、丰富案例、提升案例,使一个个案例变成生长的案例、活的案例。社区治理的实践在不断发展变化,是鲜活的实践。再过一两年,案例就需要更新。

四是培训要善用案例。这些培训主体包括街道,也包括专业培训机构、社会组织、志愿者组织。在组织培训的课程安排上,要重视案例教学。像MBA教学一样,学习案例教学的手段,研发和案例配套的课件,使课程更加生动、更有针对性、更能落地。

2018年,社邻家与上海市徐汇区天平街道共同开展了一系列实务培训的实践和研发。过程中,通过实地调研搜集、新闻及网上资源搜集、论文专著、社创大赛及公益创投大赛等的总结,不少颇具指导意义的社区治理实务案例也水落石出。

我们按照四个标准进行了案例选择:

第一,聚集社区治理实践过程中产生的相关案例,要有典型性,可分析性。

第二,重点领域为社区治理、社会组织培育、社区更新、社区问题解决等创新实践中产生的有普遍意义、有重要社会影响的案例。

第三,注重多方合作,纯由社会组织运作的项目、纯市场行为的项目、纯政府运作的案例等不在此列。

第四,因国情差异,国外案例原则上不单独作为案例分析,但可以作为延伸阅读。

本书案例分为七大类88个案例(包含延伸案例)。七大类分别是党建引领、社区支持体系、社区更新、社区动员、居民自治、社会组织和社区难题。案例内容包括背景、简述、术语解析、实践守则、各界应该怎么做以及延伸阅读。

社区是属于大家的,多方参与、共建共治才是出路所在;社区是多元的、变化的,将所思所做作梳理、案例化也是希望给更多的社区耕耘者有迹可循。我们在整理修订的过程中发现,有很多案例非常精彩,但是网上可以搜集到的内容很少,有很多值得深入挖掘的地方,光靠我们这个编著团队还做不到全面深入。我们努力确保案例都是最新的,多方搜集素材充实进案例,但有个别案例想尽办法,也没能找到最新内容,但又不忍放弃,也收入其中。

高手在民间,我们希望将此案例集做成一个开放的、活的案例集,大家看到好的案例,可随时推荐;发现现有案例的最新进展,可随时补充;针对现有的案例的得失成败,也可随时点评之,总而言之一句话:使这些案例越来越有价值,对社区治理更有意义。

欢迎各位同工、读者随时将感想体会反馈给我们，方式有两种：一是如你惠顾购买此书，支持我们的劳动成果，你会成为"社邻家智库平台 VIP 会员"（扫码关注本页"社邻家"官方公众号，发送"VIP"三个字即可获得详细认证攻略）；二是推荐案例，欢迎关注"社邻家"官方公众号，发送"投稿"两个字，即可获得投稿的详细方法，最终投稿内容，经审核后将获得润笔之资。

此书编著的过程中，天平社邻学院工作团队得到了徐汇区天平街道等相关领导的关怀和指导，在此诚挚表示感谢。

也感谢所有为本书的收集、整理、编辑及成书做出努力的丁蕾、韦林娜、陈怡、仲上上、杜玉梦、岑俏、戴刘冬、邓阳、刘瀚斌、刘霄临、宋超、闫佳慧及葛伟强等，没有大家的点滴积累，也没有本书的问世。还要感谢姚望星老师，多年专业的出版人风范帮我们省却了很多的弯路。还有很多付出努力的人，一并感谢。也希望在未来的社区治理道路上，与大家携手共进、创新突破！

编著案例，素材来源极其复杂，有的是网上论文，有的是书籍专著，有的是自媒体网文，有的是工作交流材料，有的直接引自于"百度百科"，针对这些观点，我们都认真地进行筛选鉴别，努力使本书内容符合国家大政方针、符合社区治理的科学规律。

针对出处，我们在书中尽量标明，但难免有遗漏之处，如相关知识产权人有任何异议，欢迎联系我们。

最后，再一次谢谢大家的支持包容，案例集是一个探索，只能说是做完了这件事，但并不完美，有任何批评建议意见，可随时联系我们：pr@shelinjia.cn。

天平社邻学院

2019 年 6 月

社区治理问题与创新

社区动员
- 青年参与
  - 海果HOT·社区青年汇
  - 成都"青藤之家"
- 社区学校
  - 松江区社区学习小组
  - 学生社区实践指导站（徐汇）
  - "中银常青树"老年教育项目
  - 虹口区绿城社区
- 社区剧场（十一部）

居民自治
- 打造熟人社区（广州市南投社区）
  - 乡村共同体营造（台湾桃米村）
  - 苏州工业园东社区
  - 上海信义嘉庭小区"前置议式社区营造"
  - "同心圈"楼组自治工作法
- 楼组自治（福来睦楼组自治）
  - 云绣苑小区睦邻举化
  - 钱桥村"客家宴"
  - 道德模范孝亲奖门办睦邻点
  - 江南征心坊
- 睦邻点（上海嘉定镇街道）

社会组织
- 居民自组织（梅陇三村"绿主妇"）
- 专业机构
  - 社工专业机构（高行"爱心妈妈"）
  - 社区志愿者组织（困难家庭儿童项目）
  - 老年服务机构（上海长寿路）
- 社会组织服务中心建设（上海长寿路街道）
- 支持型社会组织孵育（江苏昆山）
- 社会组织取体系（江苏昆山）

社区营造
- 群众自治（嘉里明珠城"三改一拆"）
- 社区环境整治（上海塘桥街道）"四改法"
- 社区停车场（上海塘桥街道）
- 垃圾分类（中华别墅小区）
- 老旧公房加装电梯
  - 浦东唐镇代理轮值组
  - 梅陇四村攀众十一村解决塔楼占据杆问题
  - 梅陇十一村解决地下停车库问题
  - 长桥八村五步行车库问题
  - 新湖明珠城地下停车库改造
  - 爱丰环氧"怡和家园"项目

党建引领
- 城市基层党建
  - 上海
  - 宁波
- 新加坡人民行动党的"基层群众工作"
- 医院与社区双向志愿服务
- 社区党代会负作用发挥（上海斜土街道）"三联盟"
- 社区党建党务工作法（上海徐汇区）党建引领社区自治
- 社区党建养老（上海大宁德必易总园）
- 园区党建（虹梅庭）
- 广州越秀区
- 楼宇商圈党建"金领驿家"
- 白领驿家
- 上海陆家嘴世纪社区
- 合肥滨湖世纪社区

社区支持体系
- 社区公益治理价值链 / 社区公益生态圈
  - 社区基金会
    - 上海美丽心灵社区公益基金会
    - 深圳桃园田社区公益发展基金会
    - 黄浦网鱼游南店
    - 韩国盛泽美丽小店
    - 英国盛泽零售协会
    - 又仓
    - 一日捐
    - 惠州街市（长寿街市爱馨超市）
  - 社区风格化管理（南京仙林街道）
  - 居家会服务升级（上海曲阳街道）
    - 邻里中心（上海闵行区）
      - 苏州邻里服务中心
      - 上海"全岗通"2.0
      - 杨浦邻里汇
      - 徐汇区邻里汇
      - 新加坡邻里中心
  - 社会企业（香港银谷街）
    - 社会公益
      - 宁波中马街道
      - 儿童友好社区（亿未来）
      - 认知症友好社区
      - 上海市宝山区"社区通"
      - 上海大宁街道智能化管理
      - 台北街文化再生
  - 友好社区
  - 智慧社区
    - 社区大脑
    - 辽宁街道智能数据库
    - 智汇家园平台
    - 上海15分钟社区生活圈
  - 社区规划师
    - 社区微更新
      - 静安区老年宜居改造
      - 三航小区参与式更新
      - 上海铜金二路街道"社区治理数据库"
    - 社区更新
    - "四叶草堂"社区花园
    - 爱芬环保"悠和家园"

目　录

第一章　党建引领

第一节　城市基层党建

一级案例

上海城市基层党建案例

从"中国第一高楼"上海中心,到浦江两岸干净的滨江岸线,再至满是生活气息的普通居民区,上海基层党建正在多样空间内,让市民的美好生活"加速":"党建+拆违"模式,让"螺蛳壳里做道场"的老城厢旧貌换新颜;过往脏乱差的小区,如今实现居民生活垃圾定时定点投放;建在楼宇上的党支部,则成了白领青年的"解忧杂货铺"……实际上,在上海,类似于这样的党建引领基层治理体制机制创新的案例,不胜枚举。那么,上海基层党建的开展背景及思路是如何呢?

一、背景

在国际化、市场化、信息化和社会多元化的进程中,跨国公司高度集聚、"四新"经济快速发展、信息技术日新月异、社会结构深刻变动、利益关系复杂多样……上海遇到的新情况、新问题更早、更突出,如何走出一条符合改革开放和发展社会主义市场经济条件下党建工作规律、具有超大城市特点的基层党建新路,上海面临新挑战新机遇新要求。

二、简述

20 世纪 90 年代以来,上海城市基层党建的探索创新,先后经历了四个具有显明特征及重点的发展阶段。

90 年代,按照"上层抓合力,基层抓活力"的指导思想和工作要求,坚持条块结合的工作体制,推进两级政府三级管理,创新社区党建加强基层力量。

十六大后,按照"全覆盖、凝聚力、组织化"原则,探索支部建在楼上,建立社区专职党建工作者,构建"1+3"社区党建组织体制。

十七大后,按照"单位党建、区域党建、行业党建互联互补互动"原则,探索区域化党建体制,健全联系服务群众工作机制,推进城乡资源统筹,加强党建责任制。

十八大以来,按照"组织有活力,党员起作用,群众得实惠"原则,完善党组织领导下的基层群众自治,加强社区党组织书记队伍建设,区域化党建延伸深化,破解城市治理精细化短板。上海明确提出,以加强基层党的建设引领社会治理创新,进一步强化党的意识,强化党的领导,把基层党的建设贯穿于基层社会治理的各方面和全过程。

三、术语解析

区域化党建:在城乡经济社会结构转型、统筹一体化的背景下,按照区域统筹的理念,运用现代管理科学和信息科技手段,在一定的区域范围内,统筹设置基层党组织,统一管理党员队伍,通盘使用党建阵地,形成以街道党工委为核心、社区党组织为基础、其他基层党组织为结点的网络化体系。

四、实践守则

(一) 深化拓展区域化党建

1. 建立组织连结纽带

一是结对共建。驻区单位党组织与街道社区党组织签订共建协议。

二是交叉任职。街道社区党组织负责同志兼任驻区单位党组织成员,驻区单位党组织负责同志进入街道社区党组织领导班子。

三是人才联育。街道社区选派党务干部到驻区单位党组织挂职学习,驻区单位选派党务干部到街道社区挂职锻炼。

四是活动共联。实行动态开放的党员教育管理模式,建立党员组织活动开放点,面向街道社区和驻区单位的党员开放。

2. 推动资源共享共赢

一是信息共享。街道社区党组织与驻区单位党组织经常通报情况,沟通各自上级主管部门部署的任务、本地本单位进展动态等信息。

二是阵地共享。对党建、教育、文化、体育等场所阵地、活动设施,相互开放,统筹使用。

三是文化共享。推动街道社区和驻区单位各自形成的文化精神、文化传统、文化形式相互交融、相互渗透。

四是服务共享。互相提供资源清单和需求清单,相互提供服务。

3. 凝聚服务群众合力

一是开展组团式服务。由街道社区党组织牵头,整合驻区单位力量,组成相对固定的服务团队。

二是开展党员志愿服务。组织驻区单位党组织和在职党员到社区报到,积极参加社区党组织开展的各类活动。

三是探索项目化服务。街道社区党组织会同驻区单位党组织编制服务项目书,提升服务规范。

(二) 统筹推进新兴领域党建

1. 推进商务楼宇党建覆盖。由街道党工委统一领导,依托商务楼宇内的物业公司、产权单位等建立楼宇党组织,然后根据商务楼宇内入驻单位规模大小和党员数量,建立独立党组织或联合党组织。在商务楼宇内专门辟出场地,街道层面建立党建服务中心,社区层面建立服务站点,每150至200户非公有制经济组织和社会组织配备1名专职党群工作者。

2. 推进各类园区党建覆盖。紧紧抓住园区党工委这个关键枢纽,明确要求他们担负起抓发展抓党建的双重责任。党工委下设非公有制经济组织和社会组织党建工作机构,有的还设立党建工作站,对尚未建立党组织的企业进行党建工作指导。依托骨干企业建立党建工作阵地,完善工作保障,开展党的活动。

3. 推进商圈市场党建覆盖。着力推动在商圈和市场管理公司建立党组织,负责所辖商圈市场的党建工作。依托工商、税务等监管部门,将党组织和党员等党建工作情况纳入企业"登记申报、年检年报"范围;同时,抓党员示范户,带动其他商户。

（三）以党建引领基层社会自治共治

1. 强化党建引领自治。形成了以居民区党组织为核心，居委会为主导，居民为主体，多方参与、良性互动的居民区自治的治理结构。

2. 坚持党建引领共治。形成了街道党工委领导下社区代表会议和社区委员会制度，并以此为平台，发动驻区各种力量参与，共同参与社会治理。

3. 以党建带群建促社建，把基层社区作为凸显党建引领、发挥群团组织和社会组织作用的基本领域和重要平台。建立健全党群工作联动运作机制，推动组织联建、队伍联育、项目联办、成效联考。聚焦社会性、群众性、公益性服务事项，科学设计党建项目，引导群团组织和社会组织积极参与基层治理。

（四）提升党建工作的精准化和智能化

1. 探索网格化党建工作机制。推动需求在网格发现、资源在网格整合、问题在网格解决。借鉴网格化管理的理念，立足党建工作全覆盖、无遗漏，灵活设置党建网格，全市划分为 3 万多个服务区块，基层党组织班子成员、党小组长和其他党员骨干担任网格长、网格员。

2. 推进党建信息化工程。推动"互联网＋党建""智慧党建"与城市治理中的大数据运用、人工智能发展深度融合，以党建工作智能化提升服务有效性。依托"智慧城市"建设，同步推进"智慧党建"，建立党建信息管理服务系统，推出电子走访、微心愿等信息化服务手段，实现区域互动、数据共享、信息共联、服务更优。

（五）建设高素质工作队伍

1. 深入推进"班长工程"。加强和改进基层党组织领导班子建设，选优配强社区党组织书记。把社区书记队伍建设纳入全市干部队伍、人才队伍建设总体规划，通过面向社会选聘、从机关和事业单位选派、从社区工作者中选拔，打造出一支优秀的社区书记队伍。把社区党组织书记纳入事业编制，对连续任职满两届、表现优秀的社区书记，经过规定程序纳入事业编制，在岗退休的享受事业编制退休待遇，中途离开书记岗位的，人走编留。对暂不符合事业编制条件的社区书记，享受事业人员工资待遇。同时，加大从社区书记中定向招录公务员和事业编制人员力度，公开选拔优秀社区书记担任街道领导干部，不断拓展书记队伍发展空间。

2. 创新构建社区工作者体系。着力建设一支素质优良、结构合理、数量充足的专业化党建工作者队伍。加大政策倾斜力度,着力提高干部素质、优化队伍结构、提升待遇保障、拓展发展空间。设立岗位等级序列、实行额度管理。社区工作者作为街道社区公共管理服务全日制工作人员,由街道统一管理使用,建立社区工作者职业资格认证制度,完善考核制度。

五、各界应该怎么做?

市委总揽全局、协调各方,加强总体谋划、宏观指导、督促检查;区委是"一线指挥部",履行第一责任,负责整体布局、指挥协调;街镇党(工)委是"龙头",履行直接责任,负责统筹推进、抓好落实;居村等基层党组织是"战斗堡垒",履行具体责任,负责组织动员、服务管理。

(一)健全三级联动组织体系。区级层面,在区委统一领导下,建立党建工作领导小组和党建联系会议,由区委书记牵头,分管副书记直接负责,区委有关部门和驻区单位主要负责同志任成员。街道层面,把上级派驻街道有关单位党组织负责人吸收为街道党工委兼职委员,共同参与街道党建工作,并与区委对接,相应建立街道党建领导小组和联系会议,由党工委书记直接负责,吸收有关单位、非公有制经济组织和社会组织党组织负责同志参加。社区层面,党组织领导班子成员除专职社区党务干部外,还吸收了社区民警、业委会、物业公司中的党员负责人。

(二)健全三级联动责任体系。区委履行第一责任,街道党工委履行直接责任,社区党组织履行具体责任。

(三)健全三级联动网络体系。创新管理服务手段,把现代信息网络技术运用到基层党建工作。区级层面普遍建立信息管理服务系统,终端延伸到街道和社区,整合各部门各单位信息资源,建立大数据库,实现三级信息互联互通。

(四)健全三级联动制度体系。建立基层党建述职评议考核制度,理清任务清单、问题清单、整改清单。建立基层党建调度通报制度,下级党组织及时报告情况,上级党组织及时通报情况。建立基层党建动态管理制度,每年对社区党组织进行排查,对排名靠后的特别是软弱涣散党组织进行整顿。建立督促检查制度,经常以不同形式开展检查抽查。建立跟踪问责问效制度,对履行责任不到位、工作出现问题的党组织书记进行约谈,问题严重的进行组织调整或处理。

参考文献：

1. 《上海不断探索走出一条超大城市基层党建新路——党员群众在哪，党建就跟进到哪》，http://topic. shjcdj. cn/djWeb/djweb/web/dbdhtopic/home! info. action? articleid = 000000005ce944b0015d739a72210063&catalogid = 000000005ce944b0015d0c8089d7002a

2. 《上海争当城市基层党建排头兵》，http://topic. shjcdj. cn/djWeb/djweb/web/dbdhtopic/home! info. action? articleid = 000000005ce944b0015d59c56cd2005d&catalogid = 000000005ce944b0015d0c8089d7002a

3. 《深度关注：上海争当城市基层党建排头兵》，http://dangjian. people. com. cn/n1/2017/0718/c117092-29411389. html

4. 《上海城市基层党建"20 条"凸显十大亮点》，http://sh. people. com. cn/n2/2017/0801/c134768-30553480. html

5. 《上海：城市基层党建引领社会治理创新》，http://www. wenming. cn/djw/djw2016sy/djw2016gddj/201609/t20160909_3684790. shtml

6. 《把城市基层党建工作放在更加突出的位置》，http://www. qstheory. cn/2017-08/22/c_1121518817. htm

本案例由岑俏、潘方悦搜集、整理、撰写

延伸案例导读

新加坡人民行动党的"基层群众工作"

新加坡人民行动党在多党竞争的情况下长期执掌政权，究其原因在于人民行动党执行了朴素的为民服务理念、广泛的为民服务举措、密切的联系群众长效机制。

(一) 功能齐全的机构

新加坡人民行动党在全国 84 个社区分别建立有人民行动党社区基金、公民咨询委员会、民众俱乐部、居民委员会、邻里委员会、社区体育俱乐部以及社区民防协调委员会等七种为民服务的机构，为群众提供涵盖工作、学习、休闲、娱乐及吃、穿、住、行等全方位的服务。

比如，人民行动党社区基金是一个非营利性的社会慈善机构，是人民行动党联系群众、服务群众、宣传群众的主要载体。社区基金设有婴儿托管、幼儿托儿所、儿童学前学后托管中心以及工人夜间进修班、儿童美术、音乐、舞蹈进修班等。

公民咨询委员会负责人民行动党与群众之间上情下达与下情上达工作,组织社区文体、娱乐、美化、卫生等工作,帮助家境贫困的学生解决学费问题,为生活困难的老年人解决生活费用,协调社区群众之间的纷争,收集社区群众的意见等。

民众俱乐部负责推广文化教育活动,提供文教、体育、休闲设施,促进种族与宗教的交流,沟通政府与人民之间的关系。

居民委员会、邻里委员会、社区体育俱乐部、民防协调委员会等组织则主要负责调解邻里纠纷,为社区居民提供无偿的生活服务,如私人住宅的翻新工程,传达政府的政策指令,反映人民心声,扩大社区民防运动,定期开展民防演习,防空、防火,组织全民健康生活活动等。

(二) 领导带头服务

新加坡人民行动党要求各级党组织的负责人、党的国会议员、在国家机关工作的党员干部带头参加为民服务活动。比如定期察看社区,现场解决问题。通过到群众家庭走访、与群众座谈,了解居民生产、生活情况,巡视社区建筑、交通、自来水、群众文体活动设施,察看市场、商店是否合法经营、规范经营,商品质量是否合格等,发现问题并及时解决。

定期接见群众,现场为民服务。每周二晚上接见民众,宣传党的方针、政策和时事政治,倾听群众对党组织、国家、政府和社区生产生活的意见,帮助群众解决实际困难。

在人民行动党领导干部的带头示范下,五万多名党员都结对联系群众,每一位群众都有一名人民行动党党员联系,使党员成为社区群众的贴心人。

(三) 深入细致的宣传工作

人民行动党十分重视做好为民服务的舆论宣传工作。设在基层的公民咨询委员会、居民委员会、邻里委员会等组织都负有开展舆论宣传工作的责任,一般通过人民行动党议员、党的基层干部和党员去宣传。各社区都办有自己的刊物,宣传人民行动党和政府为民服务的理念、宗旨、计划、内容、对象和措施以及社区为民服务活动的成果,切实加强人民行动党和政府与社区民众的沟通、了解和互动,使民众真切感受到人民行动党和政府为改善社区居民的生产、生活所付出的心血和努力,从而使党和群众的关系更加密切。比如,阿裕尼社区出版的杂志开篇就刊载了该社区人民行动党议员向社区民众作出的为民服务承诺,接着刊登的是反映人民行动党为民服务活动及其成效方面的内容,比如近期为社区修路方便民众进出、新建停车场、开办熟食中心、翻新花园、引进水上运动、修建钓鱼池等。最后还刊登了下一步为民服务活动的计划,比如准备进行电梯翻新、建立残疾人专用通道、增加体育设施、帮助失业者找工作、帮助困难家庭提供助学金等。这些内容都贴近民众、贴近生活,使民众深切感受到人民行动党与他们心连心。

参考资料:

1. 张百如. 从为民服务看新加坡人民行动党密切党群关系的路径选择——新加坡人民行动党为民服务活动见闻[J]. 当代世界与社会主义,2008(1):49—51.

本案例由岑俏、潘方悦搜集、整理、撰写

一级案例

宁波城市基层党建案例

近年来,宁波市把探索区域性党建作为构建城乡统筹基层党建新格局的切入点。目前网络化基层党组织体系已具雏形,以服务性为主题的活动正在走向深入,以开放性为特点的活动方式也正在进一步拓展。

一、背景

社会转型导致了党员分布的分散性与流动性、党员从业结构的多元化和党员社会身份的多样化,冲击着既有的以"静态管理"为特征的传统党建模式。

二、简述

宁波市城市基层党建工作以巩固党在城市执政基础、增进群众福祉为目标,以街道社区党组织为核心,以党建引领基层治理为抓手,以解决突出问题为突破口,突出抓好新领域新业态党建工作,积极推动城市各领域基层党建互联互动、融合共进,不断提高城市基层党建工作整体效应,聚力打造全面进步、全面过硬的"锋领港城"。

三、术语解析

城市基层党建是城市各个党组织围绕建设和谐宜居、富有活力、各具特色的现代化城市,通过组织联建、资源共享等方式,为巩固党在城市基层的执政基础而进行系统性建设。城市基层党建的主体是城市各级党组织,而不仅是基层党组织;载体是建设和谐宜居、富有活力、各具特色的现代化城市;目的是巩固党在城市基层的执政基础;重要途径是联建联动、共建共享、开放融合等方式;基本内容是系统性建设,城市区域人口密集、联系密切、资源集中,必须要把城市基层党建作为一个系统性、整体性工程来推进。

从纵向上看,市一级党委——区一级党委——街道党工委——居民区党组织和"两新"党组织等各基层党组织都在城市基层党建工作中发挥重要作用,形成了一个纵向的组织体系,其中街道党组织居于枢纽位置。

从横向上看,街道社区党建、驻区单位党建、行业党建、"两新"组织党建、新兴领域党建(楼宇、园区、商圈、网上、线上)形成五大领域的城市基层党建格局,其中街道社区党建居于龙头位置。

四、实践守则

(一) 突出系统性,坚持整体谋划、整片推进

加强对城市基层党建的顶层设计,把区域内各领域党建统筹起来,把各类资源整合起来,使党组织和党员活动联动起来,形成全区域、各领域共同发展的态势。

近年来,宁波突破固有地域区划,科学合理划分全区域覆盖的基层党建片区,分步建设多种形式的基层党建联合体,推进"1 + N"的区域性党组织体系建设,"1"为区域性党组织,"N"为区域内单建和联建的党组织。在新农村建设成片推进、具备条件的农村地区成立片区联合党组织,将公共服务职能与村级自治

功能相分离,加强区域要素资源统筹整合。在城市社区,设立综合党组织,专门负责两新组织党建和流动党员管理,强化党组织的统筹服务能力。在工业园区、大型商贸区、商务楼宇、专业市场等区块,建立区域性党组织,形成基层党建整体推进、各类群团和社会组织相互配合的管理体系。把知名度高、影响力大的单位作为党建"旗舰",打造以"旗舰"为龙头的区域党建联合体,发挥示范效应,辐射带动周边各领域各单位党建整片提升。

(二)突出开放式,推进各领域党建融合互动

一是推进各领域党组织共建互补。全面推行街道"大工委"、社区"大党委",街道社区与驻区单位党组织成员交叉任职,建立组织联接纽带,开展结对共建活动。规范区域共建议事规则,共商辖区党建、民生大计,凡涉及区域范围内的重大事项,都听取驻区单位意见。

二是打造开放式组织生活基地。分领域建立不同类型的开放式组织生活基地,打造了 220 个遍布全市、各具特色的开放式组织生活基地。按照每 100 个非公企业不小于 300 平方米的标准,打造"10 分钟党建阵地保障圈",建立枢纽型、区域性党群服务中心。全市推出 60 个最佳创意组织生活菜单,各区结合实际推出个性化系列"菜单",党员可亲身参与主题策划、路线设计、内容安排。

三是整合各方面资源。市委提出"党建引领、两新携手、服务公益"的理念,以党建资源引领撬动社会资源,连续多年举办"公益集市"活动,推行公益众筹"零距离",向非公企业"筹民资",向社会组织"筹服务",向社会公众"筹爱心"。

(三)在精准精细服务中凝聚人心

一是把网格化管理服务做细做实。优化网格组织设置,实行"一网格一支部",配强网格党建力量,每个网格配备 1 名有特长、有威信、善作群众工作的网格党组织书记,选派 1 名县级部门、街道干部或"两代表一委员"担任网格党建指导员,网格内每名党员就近联系 5—10 户居民,每年每户走访不少于 4 次。所有城市街道均启用社会服务管理综合信息系统,所有网格党组织书记、网格长均配置移动终端,实时反馈图像文字,提升信息处理效率。

二是加强基层服务平台建设。整合村(居)委会办公活动场所、党员服务中心(站)、人才联谊中心(站)、便民服务中心(站)等设施和资源,建成集党员服务、人才服务和便民服务为一体的区域公共服务中心,实现"一区域一中心"。拓展区域公共服务中心职能,与各级行政服务中心、便民服务中心等服务平台联通互

动,为区域内基层党组织和党员群众提供党员教育培训、组织关系接转、人才服务以及党代表接访等一站式服务。

三是精心打造服务品牌。健全党员志愿者注册招募、活动组织、教育培训、管理激励等制度。建立 593 个党群服务中心(站),打造了"俞复玲 365 社区服务工作法""1 公里民情快递服务圈""零距离服务"等服务品牌。连续 9 年实施服务月、服务日制度,推出服务项目 320 多个,形成生活、卫生、文体 3 个"10 分钟服务圈"。

四是充分运用现代信息技术。整合区域内党建信息系统和资源,推进各类基层党建信息平台和网上民生服务平台的融合,充分发挥党建咨询热线、现代远程教育网络、手机党建信息系统、党建微博等载体,健全网上问题登记、分流、处置和反馈机制。建立全市党内信息管理平台、党员考评信息系统、党员信息 IC 卡,实现党员身份识别、行为记录、"微心愿"认领及实时查询、统计分析、考核评价功能,有效提升党员管理服务的精细化、便捷化水平。依托 81890 党员服务中心,开发党员志愿服务手机 APP,构建全天候、"不打烊"的党员志愿服务平台。

五、各界应该怎么做?

(一) 区域性党组织(街道、片区、园区、楼宇等党组织)

负责指导和协调区域的党建工作,承担各领域党组织"孵化器"和党员队伍"蓄水池"作用。比如,当区域内某一社会组织单独建立党组织条件成熟时,区域性党组织按照单位建党模式帮助其及时组建党组织,并通过公开招聘、组织选派等方式向新成立的党组织推荐、输送优秀党务工作者。

(二) 党建联合体类型

建立各种类型的党建联合体,如区域共建联系协调会、片区和谐促进会等议事型组织,定期听取辖区单位和各层面代表的意见建议,协商解决区域重大事项,以群策群力的方式共抓党建。

(三) 社区党组织

一是推行"大党委制",吸纳区域内党政机关、企事业单位、物业管理公司以及"两新"组织党组织负责人等,以兼职副书记或兼职委员形式,通过社区换届差额选举,进入领导班子。兼职副书记或兼职委员每年协调所在单位为社区群众办 1—2 件实事。

二是探索"网格党建",调整优化社区党组织设置体系,采取"一网格一支部(或党小组)"形式,实行"一网联动"。根据网格范围大小和服务对象不同,组建服务团队,为群众提供日常性、订单式、多元化服务。

(四) 党员

深入开展主题党日活动,建立党员固定组织生活日制度,推行支部党日活动,一月一主题开展活动,实行计划报名、全程纪实、督促检查。

本案例由岑俏、潘方悦搜集、整理、撰写

延伸案例导读

"红领之家"——社区党建联合体案例

宁波市北仑区新碶街道"红领之家"创建于 2012 年 5 月,是一个由党员、入党积极分子和积极向党组织靠拢、有能力有特长的人员组成的公益社会组织,有效推动了党员志愿服务工作步入制度化、专业化、项目化和品牌化的发展轨道。

(一) 将入党积极分子和预备党员参加志愿服务作为发展党员的前提条件和前置程序

街道党工委制定和发布了《关于在入党积极分子和预备党员中开展义工服务活动的实施意见》,要求入党积极分子自党校结业后一年内培养考察期内,以及预备党员在一年预备期内,必须参加不少于 24 小时的义工服务。

(二) 实行志愿服务活动申报认领制度

"红领之家"每次开展志愿服务活动,都统一在"红领之家论坛"发布消息,并根据实际情况设置参加人数限制,先报先得,增强党员服务的竞争性。

(三) 实行志愿服务积分兑换制度

"红领之家"的成员一旦参加志愿服务,便会获得相应的积分,积分的标准主要依据服务时间的长短,同时参考服务的难度和价值而确定。一般按照参与活动一小时一积分换算,由专人负责记录至红领成长卡,"红领之家"每月将每位红领的积分汇总以电子档案归档并发布在"红领之家论坛",同时对红领积分进行排名公示,接受核对。

(四) 开设志愿服务银行

在实行积分制的基础上,"红领之家"还创新性地开设了虚拟的"红领志愿服务银行",并给队伍中的每个注册志愿者实名开户。但凡参与志愿服务的,超出考核部分的积分可兑换成红领金币,存入志愿服务虚拟银行,用于支付自己所需要的服务资源。如订报卡、购书卡等学习类资源,有理发券和洗车卡等家政服务类资源,有体育比赛等文化娱乐活动类资源。

(五) 实行党员自主策划设计志愿服务活动项目制度

"红领之家"既有常规性志愿服务活动,也有许多临时性、突发性的志愿服务活动,这些基本都是由"红领之家"的党员自主策划设计出来的,激发党员志愿服务的主动性、创造性。

(六) 推行"1+ 15"结构模式

街道将辖区"红领之家"所在地作为"大本营",即为"红领之家服务中心",并依托 15 个区域性党组织,建立 15 个"分中心",交由中心培育出的党员骨干采用"红领之家"管理模式进行管理,结合"一村一品"、"一社区一特色"的精品化党日建设活动,延伸扩展社会功能,形成"1 + 15"的全区域党员志愿服务工作大格局。而且中心每月都会以"志愿服务"的形式对接"分中心",定时发布活动,方便"分中心"进行抢购,而其也可根据实际需求向上单独申请活动项目,继而形成由上带下共同组织开展志愿活动的大格局。

原文链接:

http://www.wenming.cn/specials/zyfw/4g100/zjzyfwxm/201512/t20151204_2999808.shtml

参考文献:

1. 《宁波以新的理念和思路推进城市基层党建》,http://dangjian.people.com.cn/n1/2017/0607/c117092-29324103.html.
2. 《宁波城市基层党建有个"小目标":打造"锋领港城"》,http://news.cnnb.com.cn/system/

2017/12/07/008706216. shtml.

3. 佚名. 宁波党建联合体创新基层治理模式[J]. 领导决策信息, 2017(9): 15—15.

4. 勇祖轩. 宁波城市基层党建特色做法 30 条[J]. 宁波通讯, 2017(21): 48—50.

5. 曹峰旗. 创新与价值: 宁波区域性党建实践的理论分析[J]. 宁波经济(三江论坛), 2015(1).

6. 《宁波基层党建工作研究》, http://www. ireader. com/index. php? ca = Chapter. Index&pca = Chapter. Index&bid = 10117507&cid = 1.

7. 肖剑忠, 朱斌荣. 党员志愿服务的探索和创新——对宁波市北仑区"红领之家"的调查[J]. 观察与思考, 2015(5): 71—75.

本案例由岑俏、潘方悦搜集、整理、撰写

第二节　党建引领社区共治

一级案例

党建引领社区共治

——以上海市徐汇区徐家汇街道"三联盟"为例

2014 年"3·5 学雷锋"主题活动, 徐家汇街道近 30 家"三联盟"成员单位参与了此次活动, 除共同提供 49 项便民服务外, 由商城集团、汇师小学、胸科医院等 9 家单位和热心市民组成的"雷锋侠"队伍, 完成了 100 分钟的健步走, 并现场认领了由公益步数换算的本年度公益服务时间。社会责任联盟首席执委中智经济技术合作公司加入三联盟之后, 更加注重根植于社区, 主动参与策划了联盟首个大型活动——"12·5"国际志愿者日"闪出公益、献出爱心"徐家汇社区亲子公益挑战赛……三联盟是谁? 做了些什么? 为何有效?

一、背景

徐家汇街道加强区域化党建工作, 在通过党建引领社会建设方面做出了积极探索。街道于 2012 年成立了徐汇区域党建促进会徐家汇分会; 2012 年 7 月,在"立足小区、服务社区"的理念倡导下,成立了由区域内44家市级文明单位组成的"市级文明单位社会责任联盟",力求为社区提供服务、履行社会责任。随着区域化党建进程的不断深入,徐家汇街道继续打破原有的机关、企事业单位、居民之间的界限和格局,尝试建立"党建引领、政府扶持、社会协同、公众参与"的区域共治平台,倡导成立徐家汇"三联盟",鼓励企事业单位参与"社会责任联盟"、公民参与"道德责任联盟"、机关和窗口部门参与"服务责任联盟",积极探索社区多元共治中的一种新模式和新平台。目前已有成员单位150余家。2015年,"三联盟"获评"上海市社会建设市区联动优秀项目"。

二、简述

"三联盟"作为区域化党建和社会治理的载体平台,通过区域资源的整合与配置,政府、企事业单位和社区三方融合的推动与发展,极大地调动了社会化的资源,促进了社会治理创新的多元参与,在社区里慢慢营造出了"生人变熟人,熟人变亲人,亲人变主人"的氛围。

成效主要体现在三方面:

一是区域化大党建格局进一步深化。"三联盟"成立后,街道党建促进分会会员单位纷纷加入,上海市气象局、徐家汇商城(集团)有限公司、农业银行徐汇支行、上海市胸科医院、新域工程建设咨询有限公司等都成为了"三联盟"执委单位,在开展活动、策划项目、形成特色上发挥了很好的引领示范作用。

二是社区精神文明水平进一步提升。"三联盟"成立后,成员单位纷纷参与社区的各项重大事务,执委牵头负责居委的热点难点问题,居民创新发展自治项目和志愿服务,共同推进了社区共治和基层活力。

三是居民的幸福感和获得感进一步增强。"三联盟"成立后,通过举办的一系列主题活动、治理行动和自治项目等,社区环境更美了,主题活动和文体娱乐变得更多了,公共秩序更好了,市民更文明了,社区的志愿者和公益服务也越来越多了。同时,窗口单位的服务也变得更高效了。

三、术语解析

徐家汇"三联盟"是指企事业单位参与"社会责任联盟"、公民参与"道德责任联盟"、机关和窗口部门参与"服务责任联盟",是社区多元共治中的一种新模式和新平台。

四、实践守则

"三联盟"作为社区各方力量参与的"共同体",广泛吸收了区域各类企事业单位、政府机关、道德模范、先进人物共同参与。主要是通过四个抓手,激发各界力量共同参与社会治理创新。

一是以主题活动为抓手。社会责任联盟每年开展履行社会责任有关的主题活动,营造"聚是一团火、散是满天星"的良好社会氛围。

二是以特色项目为抓手。从三个层面推进:(1)区域层面:街道重点项目邀请联盟成员积极参与,通过社代会、联盟会议等多种途径进行讨论,参与策划,发表意见,提出建议。(2)居委层面:通过"三联盟"成员单位的互动,参与居民区为老服务、文明养狗、文化营造、阳光花园等自治项目,提高社区自治和共治水平。如,汇站居委与区税务局通过自治协商,互相开放内部停车位,进行错时停车试点,解决了双方停车难的问题,提升社区解决问题和发展共同体意识的能力。(3)居民自身层面:鼓励和培育社区居民自发、自觉形成更多的 X 个自治项目和文体项目,在各个小区自觉营造文明、和谐的良好氛围。如柿子湾居民季琳萍从婆婆的好儿媳转变成公众的好女儿,敞开自家大门办起了睦邻点,邻近老人时常过来聚会谈心,传递、辐射老年版朋友圈的快乐,逐步营造出了有影响力的社区养老氛围。

三是以服务行动为抓手。发动服务责任联盟成员单位共同研究、参与、加强徐家汇地区的综合管理和社会治理,通过一系列服务行动和治理行动,提升服务群众的能力和水平。比如,街道和胸科医院在志愿者领域已建立了卓有成效的双向工作机制,社区志愿者到医院进行"爱心导医",医生专家进社区开展健康讲座和医疗咨询。在担任三联盟执委后,胸科医院的责任感更强了,不仅自身做好表率,还引领更多的成员单位一起做公益,服务社区百姓。去年,胸科医院携手5家服务责任联盟执委单位,联合打造了"健康社区行"的公益项目,并通过东方社区信息苑辐射到了全市层面。

四是以队伍建设为抓手。"三联盟"实行执委轮值制,充分发挥执委参与联盟事务和社会治理的主动性。同时,通过"三联盟"平台积极探索"导师带教"工作机制,邀请联盟中的区域单位党组织书记以导师的身份,与"两新"组织党支部书记结对,为加强基层党建和加强社会治理提供必要的人才保障。

五、各界应该怎么做

三个联盟特点不同、模式各异，为确保组织更紧密、运行更规范，街道党工委建立了三项制度。

一是联盟执委制，体现参与性。每个联盟分别设 5 个执委，实行执委轮值制，当执期间具体负责、决定联盟的各项事务。

二是联席会议制，激发积极性。"三联盟"秘书处设在街道党建办，每年由秘书处牵头召开"三联盟"执委联席会议，共同研究商讨联盟的重要事项。

三是定期交流制，突出互动性。每个联盟分别由街道分管领导及相应部门牵头负责。通过分批走访或举行会议等方式，了解联盟成员单位的基本情况，增进联盟单位之间的了解认识以及合作共建，实现三大联盟间的资源盘活。

联盟均设了 5 个执委，实行轮值，每期 1 年。区域单位、个人等除了参与外，也可以通过轮值执委，负责召集大会、定期走访沟通、牵头举办活动等。

本案例由戴刘冬、潘方悦搜集、整理、撰写

延伸案例导读 1

服务责任联盟案例

——胸科医院和国妇婴导医志愿者与医疗资源进社区的双向志愿服务机制

首轮执委胸科医院以及成员单位的上海国际妇婴保健院一直以来和徐家汇社区有着密切的党建共建联系，在志愿者领域已有了"爱心导医"的服务项目，每天都有一群橙色马甲的社区志愿者在胸科医院和国妇婴的门诊大厅为前来就诊的病人提供导医服务。而胸科医院每月都有医生到社区进行健康讲座、医疗咨询。

国妇婴的导医志愿者清一色都是徐家汇社区的阿姨妈妈们，导医服务经过院方党办、门办工作人员的细致培训和阿姨妈妈们都有生孩子的亲身经历，她们很快就能进入角色。在门诊大厅维持秩序，每当看到准妈妈在家人的搀扶下来到大厅时，便会主动迎了上去，轻声的安慰产妇，要她放松，别紧张，又让陪同的家属止步于产妇候诊区，保证产科通道有序顺畅。遇到胆怯的产妇时，会以母亲般温柔的话语鼓励她、宽慰她，让她以愉悦的心情迎接新生命的诞生；遇到心急的家属,以平和的语调,感染他们,劝他们耐心的等待。国妇婴保健所党办王主任、门办童护士长多次当面和电话告诉社区志愿服务中心工作人员:"我们有一批热心的大学生来过,可是这里不同别的医院,女孩子难以体会孕妇的感受,男孩子更是羞于引导。你们能不能再多招募一些这样有'经验'的阿姨妈妈们来,她们真是太好了,她们有经验又有热情,能给孕妇一种亲切感,比保安维持秩序都有效得多。"

而说起医疗资源进社区,"三联盟"执委之一的胸科医院"医生进社区、健康大讲堂"系列活动于 2014 年 8 月三联盟成立之日起就在徐家汇社区文化分中心开展了。"高血压的预防与治疗""肺部肿瘤防治"等讲座都受到居民的欢迎,医生们用通俗易懂的语言,深入浅出地向社区居民们传播了健康理念和正确保健信息。同时还有护士同时来到社区,为居民们测量血压,耐心回答居民提问。

资料来源:

1. 三联盟:党建引领社会治理新探索——徐家汇"三联盟"2016 年徐汇区创新建设共治项目报告
2. 徐汇城市基层党建案例汇编:"三联盟"架构下社区共治模式的探索与实践

本案例由戴刘冬、潘方悦搜集、整理、撰写

延伸案例导读 2

徐泾镇:以"小巷微距"探索社区党建群众工作法创新

一、背景

徐泾镇位于上海中心城区西郊,是 318 国道东端第一镇,素有"万里国道第一镇"的美誉。依托虹桥商务区"大交通""大会展""大商务"三大核心功能定位的优势,徐泾地区的区域吸引力越来越大,发展定位也不断跃升。在 2040 年上海城市规划中,正式把徐泾纳入到城市副中心范畴。在"大虹桥"的强力牵引下,徐泾镇致力于打造集临展、生态、创智等元素一体的会展配套服务核心和现代化城市功能新区,跻身税收"百亿镇"的行列。

徐泾镇下辖 9 个村,3 个涉农居委会和 13 个社区居委会。卫家角第二社区居委会(以下简称"卫二居")就是 13 个社区居委会中的一个。13 个社区居委会的管辖范围覆盖了镇域内的房产小区,以及玉兰清苑经适房、徐泾北大型居住社区。目前全镇实有人口近 18 万人,其中 12.8 万来沪人员,4.1 万户籍人口,还有 1.2 万境外人士。人口密度大且结构多样。多样的人口结构带来了多元的需求。如何在大建设、大转型、大发展的关键时期,凝聚思想共识、提升区域正能量,一直是徐泾镇党委、政府不断思考和探索实践的重要课题。

镇党委、政府深刻认识到,当前改革发展稳定任务越是繁重,就越需要最大多数群众的理解、支持和参与,越需要党委、政府与时俱进地加强群众工作法的创新,提高做好新形势下群众工作的能力和水平。

青浦最东面的卫二居,该地区拥辖西郊大公馆、康虹花园等 9 个小区房产面积 83 万 m²,小区住户共计 2380 余户 7300 余人。其中,来自美国、德国等世界各地的住户 1100 余人,被誉为"多元化国际性小区"。然而,由于各小区别墅、公寓房居住环境不一、住户文化层次不等因素的存在,住户之间可以说是"相逢不相识,门对门陌生人"。对于社区来说,如何发挥党建引领,寻找到一个可以对话的空间、可以互通的平台来吸引生活在徐泾的各类人群,共同为徐泾的发展献力献策?"小巷微距"就是在这样的背景下应运而生,开展了社区党建群众工作法的积极探索实践。

二、简述

2015 年初,担任徐泾艺术团团长的徐仁磊同志转岗来到卫二居担任社区居委会书记。他发挥既有的文化工作优势,凝聚小区的文艺爱好者,打开了社区党建的工作局面。在此基础上,本着打造"和谐稳定、安宁宜居"社区的目的,卫二居结合本地实际,以"谋划要细致、工作要做实、群众要满意"的宗旨,积极探索"新媒体+群文"的社区党建群众工作法创新。

(一) 线上"小巷微距"的诞生

2015 年 8 月,作为徐泾镇基层首家社区订阅号,卫二居的"小巷微距",以宣传渠道、文化载体、政策平台、信息中心等多重身份亮相。依托该平台,卫二居组织社区居民自行创作、摄制了如围绕国家卫生镇和上海市文明镇创建等主题而制作的《禁烟》,围绕文明陋习整治拍摄的《"垃圾"风波》,反映交通安全的《行车抛物》,以及《电信诈骗》《宠物扰邻》《老党员退休不褪色》等 6 部小微视作品。居委干部当导演、小区居民当主角,从百姓视角拍摄,让广大居民在潜移默化中得到学习和教育,创新了社区自治管理方式。今年卫二居还计划创作拍摄社区拆违、创城文明(全国文明城区)、家庭伦理等 4 部小微视作品。同时,平台及时发布的各项政府重要决策、重大活动,以更快更广的宣传力做到了真正的便民。

(二)线下"六大委员会"的拓展

依托"小巷微距"的线上影响力,卫二居积极将工作向线下拓展,相继建立了人民调解、居民顾问、治安保卫、民政老龄、卫生计生和文化教育六大委员会和"小巷微距"平台互补共进,创新了社区自治模式。

1. 人民调解委员会和居民顾问委员会

来自 9 个小区的 12 位具有公信力的"老娘舅"接受居委聘书,志愿为小区提供服务,在具有相关工作经验的钱钦权、钱福鹿"两钱"带队下,为小区居民调解家庭矛盾纠纷等各种民事问题。

2. 治安保卫委员会

针对小区安防,卫二居通过设置"3 + 4 + X"工作模式(居委会、业委会、物业公司 + 派出所、综治办、安管中心、房管所 + 居委自治志愿者团队),自加压力积极开展"安全达标小区"竞赛活动。每季度开展"下沉式"综治安全工作例会,即进入某一个小区物业召开现场会议。会议内容有安全工作辅导、物业经理经验交流、"综治达标考评小组"实地安全检查与考核通报等,以便物业对各自小区安全工作进展情况的了解掌握,并于年终采取"末位淘汰制"进行表彰授旗,促进小区安防设施全覆盖、人员全配备,各项工作做实做细。

3. 民政老龄委员会

针对老龄民政工作,以党员带头的网格化服务责任队,每组分区域实行责任到户制,为独居老人、失独家庭、特需家庭、行动不便人群提供"善行、暖心"式上门志愿服务。

4. 卫生计生委员会

针对环卫工作,"微笑四叶草"爱国卫生志愿者队伍,以我奉献、我快乐的精神风貌,用凡人善举践行核心价值观,为"美丽徐泾我们的美好家园"贡献着一份热力。

5. 文化教育委员会

组织开展各类文娱体锻活动,好邻居舞蹈队、青松手杖操队、百灵鸟合唱队、翰墨书画社,等等。

(三) 社区党建的延伸

在打造线上线下社区管理新模式的基础上,卫二居运用各种载体和平台做好"服务"这一大主题。

一是在辖区康虹园小区力推"党员示范小区"建设。通过党员网格化管理,让党员亮身份、亮承诺、亮服务,突出党员由"隐身"到"亮身",由"推诿"到"主动",由"带头"到"服务",积极鼓励党员公开承诺,做好"六个带头"旨在让小区党员积极投入小区建设的同时,开展一系列的党员志愿服务活动,及时了解和解决居民在日常生活中遇到的实际困难,发挥出党员在小区的先锋模范作用。

二是相继建立"民事调解室""阿平嘎汕胡工作室""综合便民服务部""群众文体服务部"四大志愿服务部室,将六大委员会工作机制的触角进一步延展,以党员带头的志愿者队伍,在完善社区自治管理的同时,有效提升社区正能量。

三是开展区域化党建活动,开展了区域支部互建群文汇演;"党辉耀小巷·春风暖社区——党员亮身份便民服务"以及"社区体检室""有机菜进社区、农业采摘""电信进社区"等活动,把党建工作和社区管理有机融合。

三、成效

(一)以"小"见大,构建组织动员新体系。卫二居把"小巷"作为服务主平台,依托"小巷微距",从倾听民声、了解民意的初衷,转化为凝聚民心的抓手,赢得了群众支持。"六大委员会""四大志愿服务部室"以及"党员示范小区"等各种平台载体的引领作用,完善了党建运行机制,保证了党组织充分履行职能、发挥核心作用,让基层群众在党组织带领下对社区自治共治想参与、愿参与、真参与,把好事做好、把实事做实。今后"小巷党旗、小巷老外、小巷物业、小巷业委、小巷服务指南"等"小巷"系列的工作延伸,保证了社区党建群众工作法的生命力。

(二)以"微"知著,创新社区管理新模式。"小巷微距"通过互联网第一时间传入家家户户,身边人演身边事,真情演绎打动人,成为卫二居社区百姓最热话题。开创了徐泾镇精神文明建设的新途径,受到党员干部和小区居民的广泛关注和好评。如:《电讯诈骗》实景剧投播不久,小区一居民便直接到居委感谢,说正因为看了这部微电影,才心生警觉,避免了一起电话诈骗案件的发生。小巷微距的广受好评,甚至吸引了上海电视台《新闻坊》前来报道(2015年10月)。"小巷微距"自导自演的系列小微视作品2016年被上海市文明委推送在地铁和公交车上滚动播出。"小巷微距"平台的建立,以其社区管理互联网＋的优势,展现了社区党建的多元化和引领性,让业主之间、业主和居委之间、甚至和政府之间的"距离感"逐步缩短。同时,对于区域内微信公众号遍地开花的现状,徐泾镇探索制定行业自律规范,成立了以"微徐泾"为主的新媒体微联盟。其中,重点培育卫二居的"小巷微距",发挥其在联盟中的示范作用,倡导网络空间的正能量,加强网络精神文明建设。

（三）以"和"为贵,携手共建和睦新家园。"六大委员会"在共治自治中凝聚共识,让群众智慧集中到社区建设上来,让居委日常工作开展更加群策群力。不管是左邻右里"家长里短"式的琐碎,还是治安、文明、卫生等公共环境氛围的创建,"六大委员会"的积极介入,调防结合,最大程度让家事不出家门,小事不出小区,大事不出社区,由居委出面调解民事纠纷案发率逐年大幅下降,居民满意度随之提升。

（四）以"安"为要,彰显社区管理新活力。群众对社区事务的关注度和参与度明显增强,自治共治活力不断激发,在小区治理中发挥了积极作用。三年间,卫二居辖区内小区安全达标率从最初的 30% 上升到 100%。入室盗窃、盗车等案发率明显下降,用电、用气、用水等安全隐患事故由原先每年的 2 至 3 起实现至今的"零事故",居民的安全感显著提高。

（五）以"乐"为美,引领健康文明新风尚。小区文艺爱好者们找到了属于自己的"组织",六一儿童节亲子活动、三八妇女节理想品格女性评选、端午包粽子制香囊、过年春节大联欢等各项活动的蓬勃开展,让社区居民不分年龄、不分国籍,绽放自身的价值和魅力,在街坊邻居热络融洽的同时,进一步浓郁了人文氛围。

四、创新

（一）党建引领,搭好基层党建平台。坚持以党建为核心,以联系服务群众为抓手,探索创新民主共治发展渠道,努力把党的工作贯穿到社会管理的每个方面,把党组织的政治优势、组织优势和密切联系群众的优势切实转化为管理服务优势,以理念的创新来带动体制机制、方法措施的创新,整合发力,统筹服务周边党员、群众,真正走活联系服务党员群众这条路。

（二）媒体创新,畅通信息共享渠道。现如今,新媒体对于社区党建工作而言不仅是一种工具,而是正在逐步成为社会舆论的集散地和扩大器,任何细小的事都可以发展成为公共议题。卫二居"以微知著、以小见大",把"小巷"作为服务主平台,通过运用微视等自媒体平台自编自导系列实景剧,演绎社区身边事,进一步缩短业主和居委之间的"距离感";通过创建"小巷微距"微信平台,创新运用网络等载体开展线上服务模式,充分运用微博、微信等方式,准确了解掌握社情民意,找准服务群众方向,进一步促使线上线下两大工作平台互融共促,着力推动社区现代化管理水平进一步提升。

(三)群文展示,彰显社区治理活力。进一步强化对"小巷微距"的延伸拓展,坚持以群文为切入点,强化网上党建,实现宣传渠道、文化载体、政策平台、信息中心的多重身份。通过以"文"会友,以群众文化作为工作纽带,用群文活动凝聚"主人翁"精神,统筹服务周边党员、群众,广泛发动社区居民主动走出家门、融入社区,有力推进基层党建更上一个台阶,切实做好社会治理"文章",树立党建专属特色品牌。

本案例由岑俏、潘方悦搜集、整理、撰写

一级案例

社区党员作用的发挥

——以上海市徐汇区斜土街道为例

景泰居民区党总支以党员示范楼组优先试点,将党支部会议、党小组会议、党员示范楼组会议上升为楼组自治"家长会"制度,以"楼组议题征集会、党内民主恳谈会、亲邻合议推进会"新形式来开展党建引领下的治理工作。

嘉乐公寓积极发挥党建引领作用凝聚自治合力,楼内40多名党员成立党的工作小组、建立工作会议制度、组建党员微信群,做到党员先议先行、带头示范;参与社区重要事项研究;组织党员志愿者代表参加社区建设管理质询会议,让他们直述观点、提出建议。业委会党的工作小组充分运用"党员先想、党员先议、党员先行"的"党员三先"工作法,发挥基层党组织的凝聚力,带领居民逐个破解小区的自治难题。比如清理楼道公共空间,党员先来,几个是党员身份的业委会主任副主任,先把自家楼道理干净。党员干部的这些举动带动了居民一起行动。最后,全小区178户人家共清理出12吨7大卡车的杂物。

大五居民区党总支塑造强化社区党员"主人翁"意识,党员们集思广益,圆满完成了金色港湾小区的垃圾库房改建和楼道维护以及百乐、大闻公寓的车位调整,化解了停车紧张和消防安全隐患等社区难题;列席社区治理议事会;基层党组织研究涉及群众利益议题时,必须邀请党员志愿者代表列席会议,让他们为党组织决策提供参考,引导其进行正确的舆论导向。

为了解决"停车难"这一居民非常关心的问题,江南党总支与"船长俱乐部"议事会的成员,集体商议"生命通道畅通计划",缓解了小区停车压力。

一、背景

近年来,徐汇区斜土街道党工委在"创新社会治理,加强基层建设"的实践中,高度重视基层党员队伍建设,深入探索加强党员教育管理,引导党员立足岗位建功立业的长效机制,形成"党员三先"工作法,有效激活城市基层党建的神经末梢,激发党建引领下的基层社会治理创新活力。

二、简述

景泰党总支运用"三先"工作法,要求党员先于群众树立信心、确立目标。以党建服务站为着力点,整合在册党员、在职党员、区域单位和群团组织党员力量。每月 5 日,楼组长、党员骨干、业主代表召开"楼组议题征集会"征集问题;15 日,楼组退休及在职党员召开"党内民主恳谈会",针对问题谈思路、定方案,党员带头执行;25 日,在亲邻党建服务站召集"亲邻合议推进会",共同商议解决居民区"老大难"问题。5 个党员示范楼组建成亲邻党建服务分站点后,制定定向服务清单,102 名党员认领公益服务项目,78 人达成互助结对关系。联合各楼组推出五个"YI"项目——公"益"楼、"议"事楼、"医"疗楼、友"谊"楼、文"艺"楼。

三、术语解析

"党员三先"工作法:党员先想、党员先议、党员先行。

四、实践守则

(一)明确"三先"内涵,形成常态长效机制

"党员三先"的"先"字既体现了党员在群众中的引领作用,也体现了党员的

责任和担当。

"党员先想",就是要求各基层党组织和党员骨干紧紧围绕党的方针政策和上级党组织的决策部署,广泛学习、主动思考、凝聚共识。

"党员先议",就是要求各基层党组织积极引导广大党员进行充分讨论和交流,理论结合实际,统一思想、指导实践。

"党员先行",就是要求各基层党组织充分发挥党员的先锋模范作用,以身作则、影响群众、引领群众。

(二) 践行"三先"做法,发挥党员主体作用

通过"党员先想",引导党员学思结合,强化党员主动学习意识,激发党员学习热情。领导干部带头学,支部书记示范学,基层党员普遍学,围绕"两学一做"学习教育打好思想理论基础,力求常态化制度化;通过"党员先想",引导党员树立问题导向和需求导向,围绕党员队伍中最突出的问题,围绕基层社会治理中最困难的问题,围绕人民群众最关心的问题,结合实际主动分析、深入思考;通过"党员先想",切实增强党员联系服务群众意识,既注重"从群众中来"向群众学习,又注重"到群众中去",在群众中做善于思考的表率,做凝聚共识的表率,做先锋引领的表率,形成党员带动群众共同学习、共同思考、共同进步的常态。

在"党员先想"的基础上,党组织充分发挥组织优势,通过"党员先议"积极引导党员充分讨论、民主协商、集体决策,将如何发挥党员在基层社会治理中的作用作为基层党组织生活的重要议题,统一认识、明确问题的解决方法和实施路径。在"党员先议"过程中,有时会产生思想交流的碰撞和局部利益的冲突,基层党组织充分发挥思想上引领、决策上把关、组织上保障的作用,积极推进党内民主建设,以党内民主激发基层党组织的创造力和凝聚力,从而解决人民群众关注的实际问题。

组织引导党员在"深入想""充分议"的基础上,通过"党员先行"实现主动作为、示范引领,在涉及人民群众切身利益的问题上以身作则、先行一步、做好表率,从而影响群众、感动群众、引领群众,践行服务宗旨。

(三) 深化"三先"机制,引领基层社会治理

"党员三先"工作法虽然语言朴素,却有着很强的操作性和现实价值。在践行"党员三先"过程中,街道党工委班子始终坚持模范引领、以上率下,充分发挥

领导核心作用,发动党员带动群众强化主人翁意识,激发社区治理的共同感,在共同参与中体会获得感、提升满意度。

五、各界应该怎么做

(一)社区党组织

发挥思想上引领、决策上把关、组织上保障和持续推动的根本作用,用党组织和党员的信心坚定了群众的信心,用党员的带头示范激发了群众对美和善的追求,群众的主体意识和文明意识被唤醒并得到明显提升。比如,在设置社区党校课程时,或邀请专家学者作报告,或由街道领导干部上党课,做到重要会议、文件精神率先向党员传达,让每个党员在思想上、政治上和行动上与党中央保持一致;重大时事率先向党员通报,让每个党员在创新社区治理、加强基层建设中发挥作用;社区重大决策率先让党员酝酿,让每个党员发挥主体作用。同时,积极挖掘社区党员中"卧虎藏龙"之人,并做好"两新"党员主动亮身份的宣传工作。

居民区党总支采用由面及点的联系形式,下属党支部组建党员示范点,小区组建党员示范楼组,以"滚雪球"的方式发动社区退休、在职党员,进一步扩大了党员收集社情民意的覆盖面。

(二)社区党员

"亮身份,做表率",先想、先议、先行。除了参与社区治理事务外,还可以通过志愿服务平台参与到社区建设中。比如,以党员为主体的社区市民巡访团,积极为美丽斜土建设献计献策,并协助整治车辆乱停放、违法乱搭建、马路乱设摊等不文明现象,被居民誉为"贴心人"、文明创建的"报春鸟",深化组团服务。

随着区域化党建的深入,社区组团式走访的力量得到加强。区域单位主动加入日常走访和"冬送暖""夏送凉"集中走访,来到居民区访民意、解民难、化民愁,形成了互联共建的良好局面。同时,斜土党建促进分会的 79 家区域单位的党员积极参加"斜土文明日"等公益志愿服务行动。法律、医疗党员志愿者服务分队十年如一日为民服务,积极开展邻里纠纷调解、居民健康咨询等志愿服务。

资料来源：

(1) 徐汇区斜土街道：践行"党员三先"激发基层社会治理创新活力,2017 年 6 月 27 日,来源：上海基层党建网,http://xzb. sh. gov. cn/shjs/node7/u1ai109460. html

(2) 走访斜土说"三先",上海宣传通讯记者　王健,http://blog. sina. com. cn/s/blog_6eea9fe80102wqka. html

(3) 徐汇区斜土街道："三先"工作法,发挥党员引领作用,2017 年 3 月 13 日,来源：上海基层党建网,http://xzb. sh. gov. cn/shjs/node7/u1ai107534. html

本案例由戴刘冬、潘方悦搜集、整理、撰写

第三节　新领域

一级案例

园区党建

——上海市徐汇区虹梅街道"虹梅庭"的案例

虹梅街道将"学雷锋日"和"三八妇女节"结合,联合辖区内单位党组织、"两新"党组织、非公企业工会组织开展第三届"彩虹公益"春季系列活动——"益玫瑰"爱心接力活动,鼓励园区内白领用"小举动"传递真情和温暖,通过"随手公益"的形式,弘扬志愿者精神,发现身边的美好。

这些公益活动谁来做呢？谁来"学雷锋"呢？

2018 年 2 月 15 日,虹梅街道发起"寻找雷锋侠"的活动,招募身边的"活雷锋"参与到"益玫瑰"爱心接力活动。活动当天漕河泾国际商务中心、华鑫中心、越界创业园等 26 个点位、200 多名企业职工和此次招募到的"雷锋侠"参与到赠送玫瑰的活动中。

虹梅庭还组织了"奔跑吧,雷锋"大型公益性体育活动,带动园区白领进行公益健身跑,通过"全民健身＋公益传播"的"跨界"方式在辖区内弘扬"坚持、奉献"的雷锋精神。五月份发起"阅读马拉松",带领党员一起阅读《马克思为什么是对的》,以及组织第二季"对话中国梦"公众演讲等,这些活动都吸引了很多"虹梅粉"参与。

一、背景

徐汇区虹梅街道是人员流动大、居企混合的典型区域,虽然只有2万户籍人口,但是常住人口却有4万。国家级开发区漕河泾高新技术开发区核心区落户在此,"两新"组织扎堆,20万企业员工潮汐式往返于此,且70%是35岁以下的年轻白领。这样的区域,很容易成为党建工作和社会治理的盲点。

二、简述

虹梅街道在原有区域化党建的基础上,探索社会化的运作模式,2013年成立了虹梅庭公益服务中心,营造了共治生态圈,在丰富多彩的活动中把党的精神旗帜鲜明地传递给园区内每一个人,逐步探索出了一条深受年轻人、"两新"组织欢迎的园区党建模式,化价值观传播于无形,引党建工作于细微。通过"多元主体主导、公益项目先导、社会组织引导"的工作机制,营造了"园区—社区"融合发展的共治生态圈。2017年5月,徐汇区虹梅庭党建工作入选第三届上海社会建设十大创新项目。

虹梅街道党工委首先从运行主体出发,孵化和培育了上海虹梅庭公益服务中心这样一个社会组织来负责"虹梅庭"党建公共空间的运营。上海虹梅庭公益服务中心(以下简称"虹梅庭")的理事会中包含了园区内的多元主体,园区业主、知名企业高管、"两新"党组织书记、社会组织和众创空间负责人共同参与,形成了区域党建工作的融合。公共空间加枢纽型社会组织,就是虹梅庭的运作模式。

虹梅庭的成立,迅速整合了园区物业企业及周边居民区资源,并将党建阵地"前移",有了网络化的实体活动空间,让"社区共治"有了新的抓手和平台。这里举办的一些公益性、公共性的项目,也让整个社区有了新的活力,企业很满意,党员也从中受益,形成了良性循环。很重要的一点是,这种形式为组织动员职业群体,尤其是体制外的职业群体参加基层社会治理提供了有效的途径,形成了一种新的纽带和凝聚力,密切了党与职业群体的联系。

三、术语解析

园区党建:各类园区是"两新"组织聚集区,既是城市经济发展新的增长点,也是党建工作新的着力点。

四、实践守则

(一) 构建门店式、有温度的党建空间

虹梅庭的淡色、清新的装修风格,布艺的沙发和小圆桌,十足的现代感,很符合年轻人喜欢的简约风。与其他白领休闲空间不同的是,一面大墙上拼着"Party"的字样,漕河泾高技术开发区很多企业的党建活动就是在这个党徽下举行的,很多年轻党员愿意来这里,因为这里有一种亲近感。

在这里,不仅可以体验各种文体活动,还能参加各种类型的培训讲座。类似这样的党建服务中心目前已经有十几家,以 500 米为最大半径,布局网络化的党建公共空间。在虚拟空间上,通过"虹梅庭"微信公众号,形成了由党群组织、社会组织、专业机构等提供各类服务的党员交互平台,通过打造"物理形态"和"虚拟形态"的党建公共空间,形成党建工作网络和社会网络的"二合一"。

(二) 运用时尚、个性化传播手段

在实景游戏中进行党课教育。虹梅庭为纪念建党 96 周年推出《我的1921—1949》的党课实景游戏,带领党员穿越历史,重温共产党人风雨兼程的沧桑岁月。这种新颖的形式将党史巧妙地融于游戏当中,知识性和趣味性并存,很受党员的追捧和喜爱,特别是年轻党员,参与度非常高。在手机上点击进入游戏比赛页面,选择路线后就可以进行穿越之旅,比如说去到一大会址,可以一边观察各个红色地标的展品、展板内容,一边完成答题,这些题目都设置的很有意思,互动感也非常强。调研发现,白领们普遍认为,这个党课游戏跟以前通过老师上课讲授、自己阅读党史读物的学习方式相比,更有趣,非常潮,也很有范儿,不仅符合年轻人传播语境,还有很强的代入感。

(三) 打造"情感治理"的党建文化

通过如开篇所述的各种党建活动,拉近园区内不同白领之间的心理距离,提高他们参与到园区治理的主动性,逐渐形成"情感治理"的党建文化。

五、各界应该怎么做

(一) 街道党工委

牵头组建枢纽型公益组织,以此组织作为主体,负责实体空间运营、活动策划举办等园区党建各类事宜。同时,街道要发挥统筹协调、系统谋划的作用,做好实体空间数量拓展、区域化党建协同联动等工作。

(二) 社会组织

枢纽型社会组织是园区党建的核心。为发挥更大作用,园区企业、知名企业高管、"两新"党组织书记、社会组织和众创空间负责人等都要加入到这一枢纽型社会组织的理事会中。这个社会组织不仅承接区域党建促进会分会秘书处和社区党建服务中心部分职能,凝聚和整合区域内各类各级党组织资源,而且"按需"引入各类社会组织和专业机构进行项目合作。比如,虹梅庭在几年间,培育了"园区、楼宇联合会""员工健康关爱委员会""企业社会责任联盟""企社党建联盟""创鑫汇众创空间联盟"和多个白领兴趣类社团,工作网络覆盖各个园区和居民区,经常性合作企业、社会组织和专业机构达到近 300 家。

(三) 园区企业

将企业高管、"两新"党组织书记、社会组织、众创空间负责人等吸纳为理事会成员和专委会成员,积极参与到园区党建的各项活动中,同时也要参与到"园区—社区"的连接中。比如,虹梅庭有"O2O"公益对接会,主要有三类机制:

一是"益席企业沙龙",企业、社会组织和社区每月一次谈论社区和园区的"公共议题"。通过沙龙活动,不同类型的企业打破了壁垒、扩大了横向联系,形成了一个信息交流的网络、资源共享的蓄水池。

二是"公益虹学院",培养各类志愿者。"虹梅庭"虹学院项目已培育了各类志愿者团队 100 余个,企业志愿者人数近 6000 名,其中党员志愿者 4224 名。其中"公益活动兑换公益课程、公益课程又助力公益服务"的"益兑艺"培训项目深受白领的欢迎。

三是"三三两两公益集市",每年岁末年初召开"公益集市暨公益项目对接会"。公益集市不仅解决了企业、社区和社会组织资源对接的问题,而且还通过孵化,帮助企业开发了契合自身文化、能够可持续开展的品牌公益项目。比如,围绕为老服务、关爱未成年人、环保倡导、文明志愿、和谐邻里等领域,把"企业-居民区-社会组织"组成公益小组,孵化了 15 个系列的"社区伙伴"项目,培育常规性服务项目 47 个,举办 600 余场志愿活动,参与和受服务人次达到 8 万,公益项目投入资金累计近 2000 多万元。

居民区党组织主要参与"O2O"公益对接会的各项机制和活动中,通过加强与枢纽型社会组织的对接,更好把社区党建与园区党建对接,共享资源,互惠共赢。

本案例由戴刘冬、潘方悦搜集、整理、撰写

延伸案例导读

静安区大宁德必易园党建

上海市静安区大宁德必易园园区建于 2013 年,建筑面积 5 万平方米,以电商服务产业集聚定位,代表企业有飞牛网、宝石网、方糖小镇、WORKFACE 等。目前入驻企业 90 余家,员工 2000 多人。一直以来,白领因为学习和工作的压力,参与党组织活动和社区活动的机会较少。

大宁路街道的党建品牌"宁聚荟",意寓荟聚优秀人才,荟萃品质服务,荟集优质环境。大宁德必易园立体服务站被正式命名为"宁聚荟·德必"党群服务站,从"We need""We like""We join"和"We develop"四个维度出发,营造园区"WeHome"氛围,对接白领需求,凝聚白领和青年人才,引导党员和白领们奉献园区、社区,反馈社会。

(一) We Need

作为提供党建服务的载体,"宁聚荟·德必"党群服务站于 2016 年 7 月 6 日正式揭牌,针对白领实际需求引进生活、法律、政策等各类服务。

这些贴心服务都是大宁路街道通过整合区域内的"五区党建联盟"资源,向德必易园园区的白领们提供的。其中不仅有政府开放的资源,包括区红十字会提供心脏除颤器,建立的"爱心救护服务点";区体育局提供的跑步机等健身器材,建立了"白领健身服务点";区总工会在园区建设的爱心妈咪小屋等。另外,还引进了专业性的资源,比如上海第十人民医院资源,提供讲座、义诊;上海刘春雷律师事务所的"宁法在线"法律援助服务,有讲座也有法律咨询。

(二) We Like

对标需求提供资源只是第一层次,还要深入探索更"走心"的党建形式,针对白领的党建活动也要更时尚洋气。

以节日为契机,"宁聚荟·德必"党群服务站开展了各种活动,包括新春佳节的"三星送福"活动,端午节的包粽子活动,"五区党建联盟"成员单位与园区白领共赏文艺表演的中秋联谊晚会,只要遇上传统节日,就有传统味道。在庆典活动以外,符合白领兴趣爱好的各类文体娱乐活动也已经逐渐项目化和常态化,比如定期的白领读书会、瑜伽、DIY 手机壳、二手市场、插花剪纸、足球比赛,大宁路街道还通过引进社会组织策划活动,因为对白领"胃口",活动人气颇高。

(三) We Join

楼宇园区党建的目的就是通过园区党群服务站"找到你,活起来,亮出来"。

首先是"找到你",通过贴心的服务,把白领从办公桌前吸引出来,纳入党群组织视线;第二个是"活起来",让白领有公共活动场所,让大家熟识、热络起来;第三个是"亮出来",在熟识的基础上,愿意参与园区活动,进一步参与志愿服务,从社会治理的"旁观者"转变为"参与者"。

在园区党群服务站揭牌后的半年多时间里,公益和慈善活动的号召力和参与度相当高。

德必集团有一个"水分子"基金会,发起为福建莆田孩子的募捐活动,不仅街道为他们捐牙膏、牙刷、毛巾等日用品,园区党员也是积极参与捐款。部分园区企业还积极策划和参与了爱心义卖活动,将出售物品所得费用捐给了"水分子"基金会。

德必易园还有一个楼顶的天台农场,大宁德必易园联合党支部的党员们认领了天台农场一块菜地,党员们亲手种植蔬菜,并将收获的蔬菜赠送给园区、社区内困难群体。

(四) We Develop

现在,园区内共有两个党支部:大宁德必易园联合党支部,现有 31 名党员;飞牛网党支部,现有党员 17 名。截至目前,已有 5 名入党积极分子提交了入党申请书。

"We develop"的目标是为了凝聚人心,亮出党员的身份和境界。活动是凝结团队、鼓舞人心的形式,但最终关注内心和党员精神境界的提升。园区的党建工作,最终是希望通过党组织建设,让普通党员得到发展,让他们在企业、园区、社区甚至更广阔的舞台亮出来。

半年多来,无论是"两学一做"学习教育、"两学一做"与从严治党党课、"两学一做"微心得线上交流,都夯实了党员理想信念。大宁路街道邀请左力来开展"一个人的长征"演讲;联合党支部不仅为入党积极分子随时开设入党流程介绍的培训课程,还用新媒体手段随时上"微党课"。

资料来源:

(1) 上海虹梅庭党建三大妙招"圈粉"记,http://www. sh. xinhuanet. com/2017-07/07/c_136424835. htm

(2) 虹梅庭:营造"园区-社区"共治生态圈,http://www. shshjs. gov. cn/shjs/n369/n371/n373/u1ai107677. html

(3) 党员和白领奉献园区回报社会,http://www. kaixian. tv/gd/2017/0226/575411. html

本案例由戴刘冬、潘方悦搜集、整理、撰写

一级案例

楼宇商圈党建
——以上海市浦东新区潍坊新村街道"九六广场"商圈党建为例

上海有各类商务楼宇近 2000 栋,入驻企业 6 万家,白领超过百万人,是非公有制经济组织和社会组织的主要聚集地。以楼宇为阵地,静安的"白领驿家"、浦东陆家嘴的"金领驿站",党建活动都开展得有声有色。统计显示,上海全市已建立商务楼宇党建服务站点 620 多个。

一、背景

近些年,以商务楼、功能性板块和区域性设施为主要载体的楼宇经济不断发展,如何推进以写字楼、商圈为基本单元的楼宇党建成为一个新命题。

楼宇党建面临三个方面的新挑战：

一是党员流动性大。年轻党员跳槽频繁，跳槽离开本区域后，不主动转出党组织关系或不到新单位所属党组织报到，出现一定数量党员和党组织关系"人户分离"的情况，造成了党员管理上的难题。

二是党员分布分散。区域内的"两新"党员大多分布在各楼宇中的不同企业内，同一企业中往往只有 1—2 名党员，在有效组织和凝聚党员上存在难点。

三是党员参与度不高。区域内"两新"党员对各级党组织的工作和活动，参与度总体上不高，一方面是"两新"党员，特别是一些年轻党员的党性不强、党员意识淡薄；另一方面是"两新"党员多在非公企业工作，工作时间长，加班、出差等情况经常发生。

2009 年，浦东新区潍坊社区（街道）综合党委就在辖区"两新"组织中开展文化体育、继续教育、健康服务、文明创建、世博行动、企业服务、法律维权、慈善互助为内容的"八进楼宇"服务活动，通过整合社区各种资源，不断扩大党的工作覆盖面，增强党的社会影响力。近年来，"九六广场"的楼宇党建深化探索创新，走出了一条楼宇党建的新路子。

二、简述

位于浦东新区潍坊新村街道辖区的"九六广场"以"楼宇经济"为主要经济形态，而活跃于商务楼宇中的白领群体则是整个社区极其重要的职业群体。目前，"九六广场"党总支共有 29 个党支部，其中包括 9 个独立党支部及 20 个联合党支部，共有党员 573 名，平均年龄在 35 周岁左右，大专以上学历党员占比约为 80％，主要分布于 16 幢商务楼宇的 270 家企业之中。

"九六广场"党总支在潍坊新村街道党工委的领导下，解决了"两新"党组织党员队伍流动性大、分布分散、参与度不高、较难管理等问题，有效服务凝聚了楼宇党员和白领，发挥好党员在岗位建功、服务社区、奉献社会上的率先垂范作用，加强了服务型基层党组织建设。

三、术语解析

楼宇、商圈党建。楼宇、商圈党建是上海摸索城市基层党建新的延伸，一条很主要的经验就是把党建工作嵌入到经济发展最活跃的经络上，保持人在哪里、党员在哪里、党的建设就推动到哪里。

四、实践守则

(一) 组织建设

针对"两新"组织党建工作管理难度大、党组织作用发挥不力、缺少党建阵地、人员较为分散等难点，"九六广场"党总支从基础工作入手强化组织建设。

第一，优化组织配置。根据实际情况调整基层党组织设置，分层分配管理商务楼宇内的所有零散党员，并根据党员分布和流动情况，对部分党支部进行了筹建与重组，合理分配党员数量，通过有效"排列组合"进一步理顺组织关系，使组织配置更加科学化。

第二，注重典型培育。定期走访摸底基层党支部，深入挖掘党建阵地、党员队伍较为稳定、组织运作较为规范的支部，加强指导和培育，总结经验成果，通过先进基层党组织的选树，以点带面推进"两新"基层党组织建设。目前，总支有一级党支部 2 个，新区"两新"党建示范点、示范窗口 4 个。

第三，加强队伍建设。切实发挥书记在基层党组织中的核心作用，通过抓好抓牢支部书记队伍，来推动基层党组织的规范化运作。建立了每月例会制度，充分利用兼职书记们中午的休息时间，每月一次召开书记例会及总支委员碰头会，及时传达上级会议及文件精神，使书记们通过学习讨论，了解政策、认清形势，带头毫不动摇地紧密团结在党中央的周围。

(二) 提升党建工作效能

针对"两新"党建工作资源较为匮乏的现状，走出单打独斗的工作局面，加强与社会、社区资源的整合，形成工作上的合力。

第一，加强与楼宇物业管理的党建联建。充分发挥物业管理公司在楼宇中的枢纽作用，明确物业管理公司、各楼宇党组织和社区专职党群工作者的三方职能，形成分工明确、协调推进的工作格局；实行物业公司经理和楼宇联合党支部书记交叉任职；借助物业公司在楼宇内的硬件资源打造党员活动阵地。比如在汤臣、中融恒瑞、众城等商务楼宇内建设"六有阵地"，并逐步延伸功能，设置楼宇图书馆、妈咪小屋、职工茶艺角等符合楼宇青年兴趣的配套设施。

第二,充分利用社区资源。总支积极挖掘社区内资源,主动与驻区的长航医院加强合作,定期举行医疗服务进楼宇活动,为楼宇白领免费进行常规检查与医疗咨询,目前已服务了 5000 余人次,成为最受楼宇白领们欢迎的服务项目之一。

第三,开展结对共建。总支与浦东政府采购中心党支部结对共建,围绕共建目标,签订共建协议,结合各自优势,取长补短,共同探索建立党建工作的新模式,进一步提升党组织的吸引力。同时,总支与社区内潍坊十村二居民区党总支以楼宇和楼组结对的形式开展共建,发动"两新"党员参与居民区"美丽楼道"的自治项目,帮助粉刷老旧居民区楼道,以"两新"党员自己的漫画、油画、书法作品美化楼道环境,还应居民需求,为他们配备了流动读书角和应急箱。2016 年,总支将品牌活动"东青杯"楼宇欢乐体育节带进居民区,开展了"重温老上海弄堂游戏"楼宇楼组同乐赛,通过踢毽子、滚铁环、拉扯铃等传统游戏,为"两新"组织年轻的新上海人和居民区土生土长的老上海人搭建起了沟通交流的平台,推动了"两新"组织党员和白领更好地融入社区、服务社区。

(三) 创新党建活动

针对楼宇党员年轻化、高学历化、思想多元化的特点,总支在开展党建工作中,着力创新活动内容、活动形式和活动载体,有意识将活动对象从商务楼宇的党员发展至全体楼宇青年,进一步提高党组织的凝聚力与向心力。

第一,探索新型工作模式。于 2007 年 5 月建立了受"九六广场"党总支领导、以青年党员为主力的青年社团——东方青年社,探索以党建带社团、社团促党建的新模式,将党建工作覆盖到片区内所有青年白领,引导优秀青年人才不断向党组织靠拢。东青社曾获得上海市"十佳"优秀社团称号,也是"十佳"中唯一一个社区级别、由党组织支持的社团。由东青社举办的"东青杯"楼宇欢乐体育节已连续举办了九届,在楼宇党员和青年白领中广受好评。

第二,打造特色品牌项目。深入调查分析商务楼宇内白领党员的多样化需求,利用大家下班后及午间休息时间,持续开展喜闻乐见的党员活动,形成品牌特色,增加活动的吸引力。如根据白领学习需要开设的"青春学堂",其中有针对外地白领的沪语班课程,针对身心发展的瑜伽课程,以及有助于社交的交谊舞课程等。

第三,加强团队建设意识。随着"九六广场"党总支规模的越来越大,如何加强组织的凝聚力成为一个更为重要的任务。总支从"团队建设"着手,先后组织了"朱家角寻宝"和"滴水湖骑行"等拓展活动。参与活动的党员与青年通过沟通、合作、策略、创新、信任这五个环节,体会到了团队合作需要的"不抛弃、不放弃"精神,收获了完成挑战所带来的欢乐,更建立了彼此之间的信任。

第四,组织爱心公益活动。总支以公益活动为主要抓手,引领青年党员践行社会主义核心价值观,在承担社会责任中发挥先锋模范作用。如总支发动下属所有党支部的党员为云南省保山市龙陵县的贫困小学筹建图书馆,四年共捐赠近800本图书,并连续两年捐助了该校的4名困难学生;连续六年开展与敬老院的结对共建活动,为老人们送去关爱和温暖;同时积极主动参与社区的公益活动,为王家宅的"爱心小屋"捐物,与潍坊三村的困难居民"结对子"重点帮扶。

五、各界应该怎么做

(一) 楼宇党总支

首先是赋予党组织人性化特征,提高人文关怀效能。在市场竞争、人才竞争日益激烈的今天,楼宇党组织要把服务助推企业发展、提升党员综合素质作为重要工作之一,给予更多的人文关怀,善于通过各种渠道、各种途径、各种方法开展思想工作,加强与党员、群众、业主的人际关系沟通,增强党组织的亲和力和吸引力,使党组织成为真正的娘家。

其次要注重以人为本,激发党员内在动力。现实生活中,一些楼宇党员总是站在第三方角度旁观党的工作,对组织活动缺乏兴趣,认为这些组织的目标和活动不是"我选择的",而是"组织交办的"。提高党员参与的内驱力,需要给予楼宇党员选择的权利和活动的空间,尊重党员的个性需求和特长,调动党员的智慧和想象力,让党员参与设计、策划丰富多彩、多式多样的组织生活。

(二) 街道党工委

积极支持,帮助整合多方力量,为楼宇党建提供资源。

楼宇党组织党员分散,活动资源少,大多数没有固定的活动地点。对此潍坊街道党工委积极支持,在人力、物力、财力上予以保障,每年除将党员所交党费全部返还,还提供每个支部2000元的活动经费,并配备了专职党群社工具体指导工作。

街道还全面整合社区内的各类资源，积极帮助楼宇党组织解决邀请专家、政策咨询、企业用人等具体问题，通过"贴心"的服务为楼宇党组织赢得企业和党员的"双满意"。

（三）街道各部门、社区单位

街道各部门、社区单位可以与楼宇党组织实现空间、活动、项目等资源的共享。比如，"八进楼宇"服务从党员每月的组织生活场地有保证为关注点，挖掘社区一切可利用的场馆资源，先后辟建了社区文化活动中心场馆、楼宇物业会议室、"五个有"党建阵地等活动场所，供党员和党组织无偿使用。

楼宇白领青年平时工作压力大、生活节奏快、日常缺少运动，不少白领青年身心健康缺少关怀。社区综合党委从关心白领青年的身体健康入手，联系辖区长航医院和社区卫生服务中心，每月定期利用午间休息时段，组织医师进楼宇开展免费医疗服务和咨询。潍坊卫生服务中心还免费提供骨密度测试，辖区医患对口上门服务及常规专项体检等服务项目；所辖 96 广场党总支借助社区活动场馆，每年春夏两季举办楼宇白领欢乐体育节，丰富多彩形式多样的登楼、趣味高尔夫、定点投篮、游泳、拔河、乒乓、跳绳等体育活动吸引了白领青年的踊跃参与。

区域内所有单位可以通过党建联建的形式参与进来，各取所需，互惠共赢。

本案例由戴刘冬、潘方悦搜集、整理、撰写

延伸案例导读

广州市越秀区楼宇、商圈党建的探索

广州市越秀区创新探索楼宇党建工作，以区域化、融合式党建为抓手，以优质服务为载体，不断强化和完善基层党建互联互动的有效机制。

加强楼宇党建，关键是以创新实现组织覆盖。越秀区在社区居民楼宇中，通过推行"支部建在网格上、小组建在楼宇中"，实现党组织覆盖，为基层群众解决最直接、最现实的切身利益问题，达到密切党群干群关系的目的；通过抓强龙头企业和重点商务楼宇，辐射带动实现党建伞形覆盖，有效实施"双培"工程，立足产业空间布局建立起功能区党工委牵头、企业党组织联动的园区党建模式，采取挂靠合建、行业统建、片区联建等方式灵活打造海印、北京路等一批商圈党组织，实现党组织的核心引领作用,达到商务楼宇、园区、商圈党建促发展的目的。

加强楼宇党建,重点是以服务提升基层治理水平。越秀区坚持把服务送进楼宇,建立"一家一站一中心"党建工作三级网络作为服务载体,立足于领导干部驻点联系群众活动摸清服务需求,强化街党工委统筹功能打造"干净整洁平安有序"城市人居环境,聚合行政审批和产业主管部门力量打造市场化、国际化、法治化营商环境。

加强楼宇党建,核心是以融合推动区域发展。以资源下沉确保基层党组织有能力为群众办实事,越秀区树立"海纳百川,但求所用"的理念,以行政资源下沉推动商务楼宇和社区"微改造"实现扩容提质,以"九联共建"区域化党建模式实现驻区单位共建共享,以机关党员"双结对"工程帮扶慰问困难党员群众,以多元共治理念引导居民自治组织、社会组织、群团组织等社会力量参与社区治理和服务。

资料来源:

1. 浦东潍坊新村街道:"九六广场"如何补足楼宇党建"短板",http://www.shzgh.org/shjs/node7/u1ai103252.html
2. 上海浦东潍坊社区综合党委"八进楼宇"服务菜单超百项,http://dangjian.people.com.cn/GB/16186140.html
3. 推进楼宇社区党建工作的实践,http://theory.people.com.cn/n1/2017/0628/c40531-29367435.html
4. 潍坊:找准"短板"　精准发力　努力提升楼宇党建工作效能,http://zjlxdj.zjol.com.cn/system/2016/09/08/021293165.shtml

本案例由戴刘冬、潘方悦搜集、整理、撰写

一级案例

楼宇党建

——以上海市静安区"白领驿家"为例

静安,地处上海中心城区,现代商业商务高度集聚,"楼宇经济""总部经济""外资经济"蓬勃发展。针对静安区白领集聚的特点,静安区委、区政府在 2009 年打造了公益性、服务型社会组织——上海静安区两新组织促进中心(白领驿家),采用政府支持、社会化运作、公益性服务的方式运作。自 2009 年成立以来,"白领驿家"在静安区委、区政府的大力支持下,已发展会员近 7 万名,开展各类活动 800 余场,为累计 50 万余人次白领提供各类服务,成为静安区创新楼宇党建工作、优化区域商务软环境的品牌。那么,如何通过党建平台做好楼宇白领的工作呢?

一、背景

中心城区非公企业主力军是 80 后白领群体,他们的特征是学历高、能力强、责任心强,工作节奏快、压力大、空闲时间少,流动性大,网络依赖度高、政治参与热情不高。由于单个企业党员数量少,彼此联系比较松散,致使非公企业白领党建存在体制、组织生活、社会化运作等方面的困境。如联合党支部负责人由于缺乏活动场地、时间、联系网络等内部资源的支撑,难以召集党员开展正常性活动,而网络活动有效性不高;由于工作领域、行业、个人兴趣的差异,一些活动难以让党员形成共鸣,甚至呈现娱乐化倾向,与党员"需参加严肃党内政治生活"的要求有差距。

从 2002 年提出"支部建在楼上"起,静安区委区政府根据"两新"组织特点,不断创新基层党建实践:第一,"支部建在楼上"。按"楼宇"立体的区域建立党的基层组织,使辖区内的党员能在工作地点参加党组织生活。第二,招聘专职"楼宇"党群工作者。为了指导和协调"楼宇"基层党组织开展日常工作,政府公开向社会购买专职党群工作岗位,并通过科学评估和考核,采取契约化管理。第三,以服务创造"组织依赖"。

二、简述

"白领驿家"党总支始终遵循"关注需求,完善服务,组织凝聚,政治引航"的工作思路,通过"跳出党建抓党建"的工作模式,开辟出一条加强城市社会领域党建工作的新途径。白领驿家作为服务凝聚白领的综合平台,致力于为白领工作、生活提供"一站式"配套服务,形成了交友、减压、公益、文化、环保、学习六大品牌,助推成立了 24 个兴趣社团。

三、术语解析

楼宇党建：街道党工委统一领导，依托商务楼宇内的物业公司、产权单位等建立楼宇党组织，根据商务楼宇内入驻单位规模大小和党员数量，建立独立党组织或联合党组织。在商务楼宇内专门辟出场地，建立商务楼宇党建服务站点，每150 至 200 户非公有制经济组织和社会组织配备 1 名专职党群工作者。

四、实践守则

（一）建设线上线下载体

目前，"白领驿家"分总部和若干服务站。在总部设置了书吧、网吧、咖啡吧、聊天区等功能区，由专职工作人员负责社会化运作。在商务楼宇和企业园区内开设白领驿家服务点和白领驿家服务配送点，打破时间和空间的局限，让白领"下班下楼即可享受高品质、低投入的服务项目"。比如座落于凯迪克大厦的"白领驿家"服务站，使楼宇白领不用出楼就可以寄信、送洗衣物、买药测血压、缴纳公用事业费、进行心理减压等。

白领驿家倾力建设"3W（网站、微信、微博）＋ A（APP）"白领驿家线上交流平台。按照白领们公共生活网络化的特点，建立"白领驿家"专属网站，着力打造白领们喜闻乐见的网络社区，并且通过微信公众账号定期推送活动及服务信息。

（二）创建服务品牌

党总支坚持以服务群众为起点，以关注需求为基石，运用社会动员的方式开放运作，倾听和关注"两新"党员和职工群众的内生需求。通过采用问卷调研、个案访谈和日常工作走访等方式，获取大量的需求信息，并对需求信息进行深入分析，梳理形成需求目录。

在服务内容上，有针对性地设计了覆盖社交、减压、文艺、学习、环保、公益的六大服务品牌。比如，针对"两新"组织女性的社交难、婚恋难的问题，在现代服务业高度集聚的中心城区开展资源联动，为大量大龄单身女性职工群体搭建社交平台。从关注需求到树立品牌，白领驿家按照细分化、专业化、时尚感的标准，在品牌项目的内容设计中浸润式地融入党建元素，让白领驿家成为传播社会主义核心价值观的阵地。

"白领驿家"服务品牌

驿家心 SPA	以时尚活动、心理咨询、缓压课程为内容,通过举办"成人儿童节""楼宇运动会"等品牌活动为白领群体缓压
驿家乐学堂	针对白领群体开展政策和法制知识的普及,以及个人能力和职业素养的提升
文驿星空间	围绕白领精神需求,通过开展话剧、影视、传统文化推广等活动丰富白领文化生活
公益也时尚	通过爱心书屋、爱心基金、爱心接力等形式为白领搭建参与公益志愿的平台,使其在工作和娱乐之余践行社会责任
绿色一平米	通过办公室绿色小项目、低碳骑行等活动形式让白领参与到美丽中国的建设中来
缘来驿家人	立足白领交友需求,搭建多类型、多层次的交友平台,配备专职工作人员进行后续跟踪服务,切实解决白领群体的交友困境

(三) 培育自治社团

党总支创新党组织设置方式,坚持以"需求、爱好、趣缘"为纽带,组建了文艺、运动、公益、学习等兴趣社团 23 个。通过兴趣社团将分散在"两新"组织中的职工群众再组织化,通过丰富多彩的活动,挖掘白领社团的深度,实现社团的自治自转。

目前,"白领驿家"有驿家排球社、驿家舞蹈社、"最焦点"摄影社、驿家影艺社、静安白领足球队、爱心接力社、壹个剧社等自治社团,让更多有着共同爱好和追求的白领们互相结识,通过每次的社团活动得到身心上的放松和疏压。

在静安区社工委的指导下,白领驿家建立党总支,以《白领驿家社团活动型党支部工作指南》为规范性文本,综合考量各个社团的实际情况,坚持"成熟一个发展一个",在社团中建立活动型党支部,逐步探索形成金字塔式的党建工作新架构。

坚持"党管社团",在社团活动型党支部设召集人,在社团内设领袖,让社团的党务和业务相互促进,且将党务工作和业务工作一并列入年度社团绩效考核内容。

(四) 向引领型党建转型

通过静安白领思政研修班、带着党旗去旅行、守护共享单车的"最后十厘米"等品牌活动,在白领群体中倡导正确的价值理念。

白领驿家党总支面向静安区全区"两新"组织白领群体发起举办了首个体制外的"入党启蒙班"——第一期静安白领思政研修班,邀请了中国浦东干部学院名师方涛来讲述"最潮党课——九十五载守护梦想,你所不知道的红色年轮",邀请SMG新闻主播臧熹作"对话新闻主持人——社会热点事件中看主流价值"报告。研修班还以国史党史、国情社情知识大比拼的形式,请学员们和白领驿家党总支的党员们共同进行一次开放式的、兼具教育性和趣味性的专题组织生活会。通过打破传统的入党启蒙班单一授课模式,探索在体制外人士尤其是白领群体中开展党建工作的新方法,构建党建引领下的社会化服务平台,助推城市党建工作新发展。

五、各界应该怎么做

(一) 楼宇党总支

一是整合区域内服务资源,促进互动联动。推动一批区域企业所在地党组织或党建服务中心指导下成立党支部。成立服务白领联盟,邀请区域化党建联系单位、党群工作者和区域内"两新"组织共建服务白领的资源平台等,积极凝聚并发挥党群工作者和"两新"组织党组织的力量,助推形成区域化党建新格局。

二是以丰富活动、公益项目为载体,凝聚服务白领。以项目化的运作方式,围绕当前白领对郊游、健身、休闲等需求度相对较高的方面,定期或不定期地开展活动。组建兴趣社团,在社团中建立活动型党支部,将党务工作和业务工作一并列入年度社团绩效考核内容。

三是积极培育社团青年领袖。及时与其所在楼宇、企业、党组织沟通,鼓励其在所在企业进一步发挥引领作用,向企业党组织推送社团骨干成为入党积极分子。此外,有专职党群工作者负责"白领驿家"总站的社会化运作。

(二) 区委、区政府等相关部门

区委组织部、区社会工作党委负责培育孵化和具体指导,不干预具体活动内容和方式,注重工作机制的顶层设计,实行"关注需求——完善服务——组织凝聚——政治引航"的工作机制及运作路径。

党建服务中心党支部与楼宇党总支展开结对共建,为"两新"组织党员和职工群众融入街道社区、关心服务群众、提升自我素质提供通道。

(三) 自治社团

一是定期举办各种活动。

二是成立活动型党支部,把党的要求和主张融入白领的自主活动。

三是发挥骨干作用,让社团的党务和业务相互促进。社团中的青年领袖要发挥骨干作用,实现青年群体的自我管理、自我教育、自我服务,实现对青年白领的政治引领。

(四) 其他主体

区域企业:在所在地党组织或党建服务中心指导下成立党支部或党小组。

专业机构或团队:在"白领驿家"的运作过程中,根据白领需求,提供各类专业化服务与支持。

本案例由岑俏、潘方悦搜集、整理、撰写

延伸案例导读

上海陆家嘴"金领驿站"

陆家嘴金融贸易区是浦东改革开放的缩影,如今的陆家嘴集聚各类金融机构 5500 余家,拥有 249 幢高层楼宇、50 万员工,探索了新时期超大型城市楼宇党建的新模式。

首先表现为区域联动。陆家嘴金融贸易区已经构建以区域党建为引领、行业党建为特色、两新党建为关键、单位党建为基本的金融城党建新格局,有效促进各类资源的整合与共享。

其次是打造阵地。陆家嘴综合党委建立了区域化党建组织体系,下辖 10 个楼宇片区党总支和党群工作站,打造以上海中心"金领驿站"为旗舰的 26 个金领驿站党建阵地,覆盖 284 个党组织、8 千余名党员。由上海中心、中国金融信息中心等 26 家楼宇企业拿出近 1 万平方米公共空间,把分散在区域中的教育培训、政策咨询、文化健身等资源,汇集到金领驿站。

同时,陆家嘴金融贸易区成立了"两学一做"领导小组,及时召开动员会,坚持领导干部带头学、带头做。

一是完善学习教育制度。通过互联网技术,运用微信公众号、微信群、短信平台等新传媒传递信息,每季编印一期《金领驿站》刊物,交流"两学一做"情况,同时推广"楼宇微党课""白领党员讲党课"等形式。

二是加大组织覆盖力度。各楼宇党组织通过主动走访企业,了解企业经营发展状况。对有党员的企业,采取片区联建、同业共建、挂靠组建、派驻帮建、龙头带建等方式建立党组织;对没有党员的企业,通过各个片区党总支,聘请楼宇物业中的优秀党员担任兼职组织员。一年来共新建党组织 62 个。

三是创新党员积分管理。通过党员政治生活积分激励机制,有效地把金融城党员参加"三会一课"、缴纳党费等党内生活情况,以及争当模范、岗位立功、公益活动等情况,以积分制的形式展示出来,增强党员的党性意识。

围绕金融城企业的发展实际,基层党组织党员持续开展"岗位立功,先锋行动"活动。

一是实施"双培"工程。陆家嘴金融贸易区建立了从骨干发展为党员的成长链,以及从党员培养成骨干的培养链。几年来,金融城已把 300 余名骨干发展成为党员,100 余名党员培养成企业骨干。

二是开展"双向认领"。坚持以需求为导向,形成三张清单:通过抽样调查、微信公众号等方式,汇集区域内企业、党员和群众在政治、工作、生活、环境、文化、公益等方面的需求清单;整合各级优质资源,形成资源清单;并据此形成项目清单,以服务企业和白领。截至目前,已为金融城企业、党员、群众提供各类服务十万余次。

三是加强党群联动。陆家嘴金融贸易区建立了 10 个党群工作站,制定了多位一体的党群联动工作机制。同时,党群工作者与企业联手,服务企业、员工,推动区域发展。比如各个金领驿站设置了动感体验、政策咨询、联谊互动、学习充电等服务空间,通过党群联动使金融城党员群众更好地投身金融城建设。

原文链接:

http://www.sohu.com/a/152513251_260616

参考资料:

1. 中共上海市徐汇区委党校. 中心城区白领党建的创新路径[J]. 上海党史与党建,2017(4):

47—49.

2. 朱翊. 支部建在"社群"里[J]. 党政论坛,2012(1):25—27.

3. 《上海市静安区白领驿家党总支先进事迹》,http://dangjian. people. com. cn/n1/2016/0630/c117092-28513418. html

4. 《入驻静安寺商圈:全新出发,为白领精心打造"家的 E 次方"》,http://jango. jingan. gov. cn/blyj/yjdt/20171104/007_090d1625-07ad-4744v88a2-4005c9ccc99c. htm

5. 《静安白领驿家发布党建品牌"筑梦忆初心"》,http://www. shanghai. gov. cn/nw2/nw2314/nw2315/nw15343/u21aw1224370. html

6. 《上海基层党建新路:将居民区商圈划分网格,实现绣花针式管理》,http://news. sina. com. cn/o/2017-07-18/doc-ifyiaewh9569684. shtml

7. 李桦. 白领驿家:服务型党建方式的有益探索——静安"白领驿家"的理论与实践意义[J]. 检察风云—创新社会管理理论专刊,2013(4):15—19.

本案例由岑俏、潘方悦搜集、整理、撰写

第四节　社区党建服务中心

一级案例

社区党建服务中心
——以上海市闵行区梅陇镇为例

在闵行区梅陇镇,镇农业服务中心组建的"陇情绿意"志愿队积极向居民群众传授绿化知识;由社区卫生中心组建的"梅香情"志愿队多年如一日关爱临终老人;由团委联合各学校年轻教师组建的"初心"志愿队定期为白血病患儿授课……资源共享,自发组织,兼具温度深度。他们是怎么做到的?

一、背景

上海市闵行区梅陇镇社区党建服务中心(以下简称"中心")成立于 2004 年,原名梅陇镇党员服务中心。2016 年,得益于市委组织部、市党建服务中心的指导支持,梅陇镇党委抓住党建服务中心规范化建设的契机,将无形的党建理念融入到有形的场馆建设中,突出了展示与服务功能的融通互动,打造出了梅陇镇社区党建服务中心这个有深度、有温度的"党员之家"。中心新馆开放迄今,共接待来访党员群众近万人,开展各类党员活动 100 多批次。

二、简述

在构建社区党建服务中心的过程中,梅陇镇始终围绕打造集约开放的平台、党性教育的讲台、区域联建的展台和服务群众的舞台,以及梅陇镇联系党员群众的服务中心、助力地区发展的实践中心、党建共享共融的交流中心这"四台三中心"的目标。

同时,中心还尝试并实现了两大转变。一方面,从单一功能向多重功能转变。以社区党建服务中心的建设为抓手,将区域化党建联络服务职能、社区党校组织管理职能、党员教育培训职能、党员先锋模范调动发挥职能等集中在社区党建服务中心。另一方面,从封闭式向开放式转变。创新党建服务中心的设计布局,并且对外开放,接纳居民群众的自主参观、学习和交流。

三、术语解析

社区党建服务中心是指中国共产党在社会基层的党建活动平台、教育培训平台、形象展示平台、资源整合平台和群众服务平台,协助推进区域化党建工作,协助落实全市党员发展、教育、管理等事务性工作。除了提供党建政策、知识咨询,办理党组织关系转接等服务,还展示区域内党建成果和特色项目、资源需求,并开展入党宣誓仪式、党员教育学习和志愿公益服务等各类活动。

四、实践守则

(一) 加强硬件设施建设,突出参观展示功能

中心现有面积 1500 平方米,划分了窗口服务区、党建工作展示区、地区变迁发展展示区、阅读学习区、红色礼堂、社区党校等六大功能区域,为中心服务项目以及基层党组织活动提供有力的硬件保障。新改造的中心以红色为主旋律,"一大"会址为蓝本,利用信息化技术强化了展示功能。为突出梅陇特色,中心精心

梳理了梅陇党建发展轨迹和各时期的锋范人物,以展板、照片、视频等形式呈现。同时,将社区党校、"红梅赞"书记工作室、党代表工作室等纳入中心。

(二) 创新学习培训模式,加强党员教育功能

中心把加强党员思想政治建设作为首要任务,以具有 10 年教龄的品牌团队——"陇上益友"讲师团为基点,打破传统单一的授课模式,探索教授党课的新思路、新方法,采用"你点我送"的菜单式点课形式,按需向基层推送党课。同时,社区党校通过创新教学方式,让党员教育更具实效性、及时性、便利性。

首先,社区党校创新采用"大家讲"党课的方式,充分挖掘区域资源,吸纳不同领域、不同专业的精英人士为党员同志们提供各类专题讲座。比如让支部书记走上讲台与党员同志们分享"两学一做"学习教育的心得体会。

其次,运用互联网上党课,不仅摆脱了场地时间等条件束缚,而且便利了党员们的互动交流。比如通过微信等网络平台以"微党课"的方式实现了传播形式和载体的现代化。

还有,为了让党课更有感受度,还提供了"实境式"党课。比如让党员们走出课堂,到红色教育基地、志愿服务现场等实地感受情景互动进行体验式学习。

(三) 强化区域联建,整合盘活党建资源

中心作为区域化党建的枢纽,依托党建中心"1 + 6 + 27"的"中心-分中心-分站"三级架构,带动片区党建分站、村居党建服务点全面参与区域化党建工作。

结合邻里中心建设,在 6 大片区的邻里中心中挂牌成立了党建服务中心分中心,将政治功能和服务功能有机融合,有效推动区域党建资源的利用,为基层党组织开展各类党建活动提供更大展台和更有力支持。

在全镇各村居、镇级公司、片区内的 27 个党建服务站实时更新服务菜单,使区域党建资源走出中心,辐射基层。镇党委特别重视以项目形式推进联建,中心承担了项目的梳理、衔接、跟踪以及服务保障工作,确保"五联"模式的有效运作。每年年初,中心向区域内所有党组织发出"征求表",广泛征集党建资源和需求意向,并根据收集的信息,设计活动载体使资源和需求有效对接,形成全年的区域化党建项目活动清单。

(四) 依托服务群众,增强党性意识

坚持以群众需求为导向,着力激发党员服务群众的热情。通过加强"先锋

赞"党员志愿者服务队建设,不断提升党员服务群众的水平。新馆建成后,中心专辟"先锋赞益空间",以发出邀请函、自发提申请、郑重做承诺、按手印注册的"入队"仪式,激发党员们由"要我服务"转变为"我要服务",主动加入"先锋赞"党员志愿者服务队。同时,中心突出志愿服务的精准度,组建特色小队定期开展精准服务,使服务需求与专业技能有效对接,从而提升志愿服务水平。

五、各界应该怎么做

(一)区党委、镇党委

赋予党建中心党员管理的部分权限,帮助协调区域化党建的相关单位,整合各类资源,提供各类保障,建立工作会议平台等。

(二)政府相关部门

与党建中心合办各类活动,提供经费支持。

(三)党建服务中心

一是加强规范化建设。通过统筹整体规划,从硬件软件两方面入手,把党建服务中心打造成集约开放的党建平台,集党员管理、教育培训、党建活动、党建宣传等功能于一体。扩大阵地空间,提高平台建设的实用性,进一步完善"四站六室一厅"建设。在服务窗口及人员配置上也同步完善,做到人岗相适、健全制度机制,梳理工作细则,强化人员培训,进一步提高服务的水平与质量;统一工作服装、服务标识,制作详细的服务手册,并于每月列出一份中心服务清单,内容覆盖到全镇所有分站、居民区,提供菜单式选取,为不同需求的人群提供不同类型的服务活动。

二是整合区域内党建资源。根据片区各自特点,以区域、群众的需求为导向,引导片区开展联创、联促、联建、联学、联育等"五联"形式的项目活动,形成互为联动的共融共享共赢的新格局。

(四)社区党校

一是深入挖掘区域内各类优质师资,汇聚起由社区志愿者和群众骨干、"两新"组织和驻区单位党组织书记、优秀"班长"和"三长"等各类群体参与的教师班底。二是创新教学方式。探索"大家讲"党课、"微党课"、实境式党课等新形式。

（五）团组织青年服务站、社会工作党委等

入驻党建中心,提供活动载体和各类品牌项目。

（六）社会

1. 党员:一是招募党员志愿者。通过各种活动,激发党员"全心全意为人民服务"的党性意识。二是开展精准志愿服务。以"总队—分队—小队"的三级网络架构为基础,分片区整合、培育各具特色的专业服务小队。

2. 区域单位:提供各方面支持,比如各类活动的硬件支持等。

3. 学校:帮助组建社区党校的教学队伍,强化理论导读和引导教学,提升宣讲质量。

4. 社会组织:合作举办各类活动,提供专业化支持。

参考资料:

1.《梅陇镇着力打造暖人心的党建服务中心》,http://www. shmh. gov. cn/sites/minhang/ InfoPrint. aspx? infoId = e283fd09-c842-4d41-841f-bb86a26fdeb9

本案例由岑俏、潘方悦搜集、整理、撰写

第二章 社区支持体系

第一节 社区网格化管理

一级案例

社区网格化管理
——以南京市仙林街道①为例

　　仙林街道地处仙林大学城的核心区,是南京市栖霞区区委、区政府所在地,也是全区的窗口和名片。街道面积 23.17 平方公里,人口约 18 万,下辖 3 个社区居委会。11 家商品房小区,高等院校 12 所,知名中小学 5 所,常住人口 2.2 万余人,在校生约 12.8 万人。随着城市化的快速推进,群众诉求复杂多样、社会治理任务繁重、区域资源条块分割、基层组织功能弱化等新情况新问题街道都一一遇到。在这样的新社区,社区管理任务艰巨,怎样才能做好工作呢?

一、背景

　　仙林街道是新成立街道,组建于 2004 年 9 月,成立之初只有一个社区,基层组织管理体系非常薄弱,很多工作很难延伸得下去,基础不牢。

　　由于地域面积大、商品房小区和经适房小区较多,商业交通等功能配套仍不到位,社会组织管理体系尚不健全、工作基础薄弱等因素,存在着诸多城市管理矛盾。而随着南京副城建设的快速推进和城市品质的不断提档升级,城市管理的要求越来越高。在新市区建设发展的过程中,也形成了一些城市管理问题,比如:流动摊点,仙林地区有 4000 多的征地拆迁人员,仙林大学城周边缺乏产业,

---

① 参考自南京大学 2017 年硕士研究生陈阳学位论文:《南京市仙林街道网格化治理研究》

就业比较困难,民生稳定的压力很大,再加上商业配套并不到位,10 多万大学生的生活需求,两种因素的叠加为小摊小贩滋生留下了巨大空间,一度流动摊点占据了地铁站、商业大街、高校门口等重要窗口地段;再比如:违法建筑,仙林地区商品房小区尤其是别墅区多,不少业主对原有房屋翻建扩建,形成违法建筑,互相攀比,矛盾很大。大浦塘、土城头地区尚未开发,又是黄金地段,巨大的利益空间,使得少部分人甘冒风险,以身试法,违建管控的难度非常大。这些长期存在的城市管理难题,成为创新基层社会治理的现实背景。

在仙林街道,社会问题伴随着离度复杂性和不确定性的社会背景而被激发出来,社会问题、社会矛盾集聚,在社区的层面表现得尤为突出,在传统的治理模糊无法有效应对新的社会问题时,亟需以新的社会治理模式加应对。另一方面,随着经济社会的发展,新的技术特别是互联网信息技术、数字化进程的加快,为网格化管理的推行提供了技术治理的基础,同时国外关于社区治理的模式创新也为网格化管理提供了思考和借鉴。

二、简述

南京市仙林街道网格化管理是以"网格连心、服务为先、多元联动、协同发展"为特点的网格管理体系,将辖区划分为王级网格体系,并在探索实践城市治理创新的基础上,形成三化融合即"网格化管理、社会化服务、信息化保障"的城市治理模式,确保横向到边、纵向到底、全面覆盖,实现城市管理无盲点。

网格连心,就是指构筑良性的党群关系,将群众作为关注点,使得网格化管理带来的便捷能够覆盖到所有区域内;服务为先,就是要转变以前的"管理思维"和"管控思维",建构管理和服务并重的机制,将服务作为引领,以群众需求为导向,增强工作的前瞻性;多元联动,就是要构筑社会、公众、政府三方合作治理的平台,建立区域内从街道、社区、网格到居民的联动机制,构筑"党委领导、政府负责、社会协同、公众参与"的管理格局。

三、术语解析

(一) 网格

网格在美国的词典里译作 Grid,常见的用法是电力网格,其产生也源于电力网格,可以说对电力网格的借鉴。网格最早出现在 20 世纪 90 年代中期的美国。对于网格的概念,作为网格之父的美国科学家伊安·福斯特给出了自己的定义,他认为网格是通过利用因特网平台将信息高速公路、大数据、远程设备、计算机构筑为一体的新兴技术,通过构筑大数据共享平台,为客户提供更便捷的服务。因此从这个层面来说,网格在最初构筑的时候就将"共享"和"便捷"作为追求的价值目标,其初衷就是希望用户在使用计算机时能有使用电力时一样的方便体验,无论用户身居何处,使用计算机能力的强弱,都能够通过网格的构建消除信息孤岛现象和资源垄断的弊端,最终实现信息的高度融合和资源共享。

(二) 网格化

所谓网格化简单的来说,就是资源或者信息的管理者、协调者、控制者在网格化理论的基础之上,通过对管理和服务对象特质的把握,建立一定的网格化划分标准,根据标准划分相应的网格治理单元,在各网格单元之间通过对资源、信息的有效调配、整合和共享,为整个网格区域内的资源和信息需求者提供服务,以实现资源的集聚和整合,达到高效的管理。将网格化管理放在公共领域的治理中,就是公共服务人员通过网格化治理这一模式实现资源互通,为公众的公共需求提供服务,实现公共秩序的良性运转,即在满足公共需求和服务之下的社会和谐。

(三) 网格化管理

网格化管理是社区治理层面的创新型探索,将原先社区被动处理的公共事务,变为主动发现问题,通过划分网格,明确责任人,针对性地处理和解决居民所反映的问题,及时地提供服务,逐步实现社区管理和城市管理的精细化、高效化。

(四) 网格化治理

网格化治理是通过构建一个以社会自治为基础,以公民及其需求为核心,以网格化综合服务管理系统为平台,以信息技术为手段的基层协同型社会治理系统。

四、实践守则

(一) 仙林街道网格化治理的基本结构

1. 一张网络,层层延伸

社区作为街道的基本治理单位,根据人口分布情况、面积、社区分布等因素划分 7 个一级网格,分别是仙林新村网格、文湖文苑网格、仙林大道网格、南京大学网格、仙隐北路网格、亚东广场网格、金鹰天地网格。一级网格的负责人由街道机关一名中层干部担任,社区书记担任责任人,并配备城市治理协作人员;在一级网格中,以道路、小区等为基本单位,依据资源、信息、事务等因素划分 46 个二级网格,二级网格的负责人由街道机关、社区工作人员担任;在二级网格中,将驻区单位作为基本单元划为 1156 个三级网格,大到容纳万余人的高校和小区,小到个体经营的夫妻店,都是独立的三级网格,三级网格的负责人由驻街单位责任人担任;在规模较大的三级网格中,再进一步细分网格层级,如在金鹰奥莱城,将经营楼层、独立门店划分为四级网格,再将独立柜台划分为五级网格等等。通过三级网格体系的建立,形成一张覆盖面全的大网络,可以覆盖每家每户、每个单位、每个区域,可以说整个区域内城市网格治理框架从一级到三级的构架体系从街道的"面"精确到驻街单位和辖区群众的"点",可以在第一时间搜集城市治理信息,研判信息,对事件进行及时处理,确保城市治理问题不集聚。

2. "七办一中心",职能下沉

仙林街道在保证原有的行政编制前提下,不增加人员、不改变职级,将街道原有的 30 多个科室进行整合,形成一个"网格化服务中心",下设城市建设、城市管理、经济发展、基层组织、人才商务、民生保障、群众工作、安全社区 8 个服务办公室,每个服务办公室明确权限,分别对应联系一个网格,实现科室与社区通过网格合而为一,促进了行政资源的整合,实现治理资源的优化配置。

街道在不增加人员、不改变职级的前提下,将街道原有机构整合设置成网格化社会服务大厅,每个服务办公室对应联系一个网格。其中城建城管服务办公室由原来的城管科、建管所、环保科、水利站等科室组成,城管科科长担任办公室主任,对应联系小区内容易新建违建的仙林大道网格。同时,城建城管服务办公室还负责面上城市治理工作的统筹、处理和协调,哪个网格出现了城市治理问题,城建城管服务办公室都会第一时间赶到网格,会同网格负责人进行解决。

3. 人到格中去,事在网中办

街道实现多项工作进网格,突出"十联"齐发,其中城市管理联抓处于"十联"工作首要位置。通过建立网格化服务中心,构建网格化办公机制体制,将街道 102 名机关、社区人员及 50 多名城管协管员全部纳入网格,实现人人都在网格有责,每人都有一片责任田,每天统一着装进行巡查,每月到驻街单位进行上门服务,每个人每天都处于"上网上线"状态。同时,街道将辖区内城市治理等方面的相关工作进行整理,专门印发了《"网格连心一点通"应知应会手册》和网格化社会治理工作记录簿,让每个网格负责人了解网格工作做什么、怎么做。通过每天巡查,网格负责人能够及时对小区内违建进行管控,对突发事件及时处理,对驻街单位"门前三包"责任落实情况进行督促。

整个网格化治理框架,主要由区域内的政府派驻单位即街道办事处、社区党支部、居委会、社区自治组织构成,整个框架在依托原有的金字塔型管理框架,重新构筑网格化服务中心,使得组织结构趋于扁平化,在网格化中,能够使多方力量参与其中,使得管理更加精细化。

4. 构筑"横向到边、纵向到底"网格组织体系

网格化管理的组织框架,是在依托原有职能部门的基础上构筑起来的,形成"横向到边、纵向到底"的组织体系。重构街道科室职能,成立基层党建、城建城管、经济发展等7个"功能型"服务办公室,分别捆绑1个一级网格,与社区党组织实行责任共同承担。组织设置嵌入网格之中,建立"1+3+N"组织架构,一级网格设立党委(党总支),下辖社区居民、综合(两新)等党支部,再分别按照楼栋、商业街区等设立若干个党小组,把党组织的触角延伸到每个驻街单位、每片小区院落、每个行业,实现党的组织和工作全面覆盖。比如,与区域内1000多家单位签订了共建或者责任书,共同承担党建、创新社会治理、推动区域发展的责任,建立一套结构严密、有机衔接的网格管理体系。

(二) 仙林街道网格化治理的具体做法

1. 合理划分城市管理责任网格

合理划分城市管理责任网格是推进网格化管理的基础工作。仙林街道结合实际,根据管理区域、管理重点,确定责任网格范围。总体原则是:以社区为基础,以路段为框架,路段四至范围构成一个管理网格,重点抓好主次干道、居民区和重点区域的管理,在网格构建上做到全覆盖。实行路段管理责任制的要落实网格化管理,全面杜绝管理盲区。深化完善网格化管理机制,仙林街道将街道23.17平方公里以社区区域范围划分为7个一级网格,下设46个二级网格,1156个三级网格,覆盖辖区内12所高校、24个商品房小区、1341个楼栋、8个广场、14个商业网点、25条道路、908家五小行业,在科学细分网格的基础上,实现精细化管理。

2. 系统录入网格管理数据

在进行网格划分后,进行网格管理数据的普查,登记造册,形成基础台账。内容主要包括:沿街单位(店)的名称、城市管理责任人及联系电话、门头店招、疏导摊点、报摊报亭、修旧摊点、户外广告、物管小区、老旧无物管小区、建筑工

地、集贸市场、废品收购点等。同时做好日常变更、管理记录,全面掌握网格管理的基本情况。各级干部、各类力量的办公室就在网格,身着统一的黄马甲,佩戴统一的工作牌,一手记录本,一手环保袋,在网格内巡查,人到格中去,事在网中办,真正沉到了一线,将事件进行及时记录。

3. 全员落实网格管理责任

根据网格管理内容,配齐、配强管理力量,将责任落实到每条街巷、每个区域,确保管理无缝隙,责任全覆盖。制定落实网格管理责任制,明确岗位职责,完善工作程序。每个网格都定人、定岗、定责、定标,一名街道班子成员联系一个网格,一级网格责任人为机关科室科长和社区书记,二级网格责任人为机关科室和社区干部,明确责任,包干到人,做到"网中有格、按格定岗、人在格中、事在网中",干部一人一份"责任田",全天候、全覆盖进行"巡、保、守、管",形成了城市管理的"联产承包责任制"。每个网格组建好城管志愿者队伍,有 1—2 名城市管理工作人员,根据核定的环卫设施总量和作业质量等级配齐保洁人员,每个网格配备了 1—2 名执法队员和部分协管员,强化日常管控,加强环卫执法,解决好乱扔垃圾、占道经营、乱堆乱放、乱搭乱建、乱贴乱画等问题,切实改变部分地段市容环境脏乱差现象。仙林街道先后制定了 22 项工作实施办法、15 项工作职责和 9 个考核办法,22 类资料台账,逐渐形成了一整套网格化管理工作制度体系。

仙林街道亚东社区网格化管理标准
(来源:仙林街道亚东社区相关台账记录表(2014))

ZF/YDSQ BZ 201 - 1～201 - 8			
序号	体系内标准号	标准名称	标准号
1	ZF/YDSQ BZ 201 - 1	仙林街道社会管理工作网格化考核办法	ZF/XLJD0012014
2	ZF/YDSQ BZ 201 - 2	仙林街道社会管理工作网格化联席会议制度	ZF/XLJD0022014
3	ZF/YDSQ BZ 201 - 3	仙林街道社会管理工作网格化网格工作职责	ZF/XLJD0032014
4	ZF/YDSQ BZ 201 - 4	仙林街道社会管理工作网格化考核组工作职责	ZF/XLJD0042014
5	ZF/YDSQ BZ 201 - 5	仙林街道社会管理工作网格化督查组工作职责	ZF/XLJD0052014
6	ZF/YDSQ BZ 201 - 6	仙林街道社会管理工作网格化网络负责人工作	ZF/XLJD0062014
7	ZF/YDSQ BZ 201 - 7	"四万"走访工作制度	ZF/YDSQ0012014
8	ZF/YDSQ BZ 201 - 8	"三长五员"工作指南	ZF/YDSQ0012014

4. 建立网格问题处理终端

及时发现和快速处置问题是实行网格化管理的核心环节,仙林街道在每个网格设立问题处置终端,与区城管局形成传输反馈网络。各责任网格高度重视问题整改工作,对市、区两级下发的整改菜单要迅速整改,按时反馈。一般性问题在一个工作日内、重难点问题在 5 个工作日内整改回复,重大问题及时通报情况。仙林街道每天下午四点半召开网格化管理点评会,由一名副书记主持,班子相关成员参加;每周五下午街道召开一周工作小结会,党工委书记、办事处主任亲自主持;每月对网格工作进行考评打分,并将结果排名张榜公布,构建一个从发现问题到处置问题无缝隙的机制。通过建立"网格 + 自律"的机制,在 15 个小区普遍评立居民公约,实现自我监督,并通过党建服务网络互动平台。实现集诉求反映、需求征集、在线互动的问题处置机制。

(三) 网格化治理模式的运作机制

1. 突出社会化服务,建立全社会参与的机制

(1) 充分盘活物业资源

街道一直以来就非常重视小区物业的作用,每月定期召开物业公司联席会,了解各小区物业公司;每季度开展星级物业评比,对优秀物业进行表彰,2013年,街道还试行了社区和物业交叉任职,让小区物业主任担任社区工作监督员,帮助街道共同处理小区问题,街道每月给他们发放补贴,而街道社区书记也去担任小区物业的监督员,义务帮助他们提高工作效率。通过盘活物业资源,充分激发物业活力。

(2) 发动驻街单位参与

街道不断强化驻街单位的城市治理责任,引导驻街单位主动做好自家城市治理工作。街道每年年初都会安排网格负责人到每一家驻街单位,与他们签订城市治理责任书,强化他们的责任意识。同时,每次召开环境综合整治、城市综合治理等大会,都会广泛邀请驻街单位参与,向他们汇报街道城市治理工作,恳请他们主动参与网格、融入网格,做好"门前三包"等工作。通过街道不断引导,驻街单位参与城市治理的责任意识有了很大提升,能够主动自觉的做好自家的城市治理工作。

(3) 推进居民群众自治

街道注重社会组织培育,投入 30 多万元,从上海引进了"同一屋檐下""帮帮团"两家专业社会组织,街道还成立了"百事帮"援助社、"管得宽"巡逻队、"解心

锁"服务队、"一家亲"同心社、"幸福 365"工作站、"群英芸"爱必社、"千家欢"互助社等 19 个本区草根社会组织,通过社会组织引导热心志愿者参与街道城市治理巡查和整改工作;街道推选 3000 多名"五员"志愿者进网格,"五员"包括卫生员,定期开展网格片区、小区楼栋卫生保洁和环境治理工作;开展网格"草根奖"评选,成立了由 12 所高校以及爱心单位、爱心居民等 32 家理事单位组成仙林网格化社会服务"草根奖"协会,由理事单位出资奖励辖区内的老百姓。设立的 12 个奖项中有一个"优秀环保志愿者",专门奖励对仙林地区城市治理工作作出积极贡献的居民百姓,鼓励群众参与,促进共同治理。各二级网格根据自身情况,运用相应的网格管理办法。仙林新村社区居住的是征地农转非的居民,文化程度低的居民多,历史遗留的矛盾多,为此社区成立了"解心锁"服务站,发动 7 名在村、厂、场担任过基层领导的退休干部、老党员对一些偏激群体进行心理疏导、思想化解。

2. 突出信息化保障,建立信息综合平台

一方面,街道开发建设社会服务信息系统,包括区域化可视系统、"网视通"社情民意服务系统、城市治理数字系统、网格化社会服务系统、商品房小区物业服务系统、居民生活服务系统六大系统。目前已经在重点区域、人员密集场所建成"网视通"社情民意服务站 10 个,任何人都可以随时通过按动服务站上的按钮反映街道城市治理中存在的问题,街道人员能够在电脑端或是手机移动段第一时间了解群众反映情况,及时进行整改解决。同时,街道城市治理数字系统也正在研发建设,建成之后,城市治理问题办理和沟通将更快速、更高效、更便捷。

另一方面,街道注重整合辖区内现有的探头资源,对小区内外、主次干道、交通道口、地铁站点等重点区域进行实时监控,全天候了解市政设施破损、绿化毁坏、交通秩序等城市治理情况,确保及时整改、高效处理。尤其是在交通秩序综合整治方面,街道借助监控探头对非法营运车辆聚集区域进行监控,对违法乱停车辆进行抓拍,仙林地区交通秩序综合整治网格化工作开展以来,通过电子探头抓拍违法乱停 12777 起,地区交通秩序有了明显改善。

3. 突出常态管理,建立"六位一体"的工作机制

仙林街道建立常态化管理机制,街道工委、办事处通过不断的实践完善,逐渐建立形成了"日点评、周小结、月考核"及"督查、奖惩、问责"的"六位一体"的网格化管理工作机制。具体如下:

一是当日问题,当日讲评。街道每天下午四点半召开网格化管理点评会,由一名副书记主持,班子相关成员参加,各网格责任人和总值班汇报一天工作情

况,发现问题及处置情况,研究会办问题解决的措施。

二是阶段工作,定期总结。每周五下午街道召开一周工作小结会,党工委书记、办事处主任亲自主持,各网格总结一周工作,汇报下周计划,会上通报各网格一周工作情况,布置下周工作,尤其对市级菜单涉及一级、二级网格相关责任人进行通报,明确责任,落实整改。

三是量化考核,排名公示。街道成立网格化管理考核组,由一名班子成员牵头,每月对网格工作进行考评打分,并将结果排名张榜公布。

四是突出难点,专项督查。街道成立网格化管理督查组,由两名班子成员牵头,每天对排出的重难点问题解决情况进行专项督查,通过短信群发对督查情况进行通报。还在社会上聘请了3名专职信息员,负责查找面上的问题。

五是奖惩兑现,绩效挂钩。坚持奖优促劣、奖勤罚懒的工作导向,将城市管理工作与干部个人待遇挂钩,对城管科、执法中队人员实行风险抵押金制度,达到考核目标予以奖励,未达考核目标进行倒扣;对城管协管员和保洁员依据考评得分兑现奖励。

六是严管队伍,提升士气。针对机关和社区干部,街道出台"六个禁止"规定,对违反规定的行为和个人将给予问责处理;对城管执法和协管员队伍实行单向选择上岗制,并出台"五条禁令",明确一旦违反一次给予"黄牌",扣发全年奖金,两次给予"红牌",予以清退处理。

4. 突出共享治理,建立整体联动机制

仙林街道与其他街道不同,是个新城,大部分居民都是外来人员,驻街的单位比如高校等的级别也都很高。针对这一特殊情况,街道工委、办事处将"城市管理、人人参与"作为推进城市管理网格化的核心理念,综合采取各种办法,调动驻街单位和广大居民共同参与城市管理,真正变"万人扔一人捡"为"一人扔万人捡"。将广大驻街单位纳入网格化管理体系,明确街道范围内1144个驻街单位为三级网格单位,相关负责人为责任人,建立网格联席会议制度,由网格联系领导牵头,每月不少于一次召开驻街高校、物业公司、商铺门店、施工单位等驻街单位参加的网格联席会议,共同协商解决社会管理和城市管理中的问题。每个驻街单位除了签订门前三包责任书,还悬挂三级网格联系牌,明确城市网格化管理的责任和任务,齐心协力共抓城市网格化管理。

在此基础上,探索各类行之有效的政策举措,比如,针对街道层面缺乏对物业企业管理抓手的现状,在辖区内物业企业中大力开展"星级物业"创建评比活动,对物业服务质量高、广大业主十分满意的物业单位授予五星级物业流动红旗,制定出台奖励措施,引入媒体监督机制,有效调动了广大物业企业的积极性,促进了物业服务水平的提高。

一、二级网格责任人对三级网格单位主动上门、加强联系、积极服务,大力开展"我为三级网格办实事"活动,广泛推进各类结对共建,发展高校大学生等志愿者队伍,比如,利用教师节契机举办驻街高校联谊会,和南京大学合作仙林模式课题研究,帮助驻街高校创办科技园区等,形成了一、二级网格和三级网格单位的良性互动,进一步强化了驻街单位的社会责任和作用发挥,变政府大包大揽为驻街企事业单位、社会团体、民间组织等共同参与,实现网格共建、资源共用、城市共管、文明共享。

五、各界应该怎么做

(一) 区级政府

1. 理清职责权限,优化治理框架

要在网格合理分工的基础上,对参与网格治理的相应组成部门进行权限划分,组建综合性事务处理结构,避免多方掣肘。对任务分解应该根据各区域网格实际情况进行指派,避免政治性事务和行政性事务代替网格化管理的服务功能。建立部门协调机制,建立参与网格化治理的功能型服务部门的合作机制,将横向职能和级向职能联合起来,形成职能网络。对于网格中不能综合的职能,坚持不纳入网格,比如党建的引入可能在很大程度上影响网格本身的服务功能,增加网格的负担,使网格的目标更为复杂,无法抓住重点,尽量剥离一些可以由社区和街道层面承担的职能,"给网格减负,减少捆绑",增加网格的服务含量。

2. 完善网格相关制度设计,增加网格治理效能

应该在现有制度上,继续完善相关制度,完善网格管理的办法。建立网格责任详细考核的办法,特别是要建立网格员的"首问负责制",建立网格长负责制、网格员责任制,并形成详细的办法和参考标准。建立网格化部门协调制度、协商谈判追究制度、信息和资源共享制度、联席会议制度、行政协助制度、网格财政经费体制等。同时还要完善网格的参与制度和长效沟通反馈机制,为公民参与网格治理构筑制度平台,使社区居民更好参与网格化治理,为实现治理提供基础。

（二）考评机构

1. 建立多元考评主体，引入公众满意度考评

应该建立独立的考评机制和考评模型，要在网格评估实施多元构建，即建立客观评价和主观评价机制。主观评价主要根据考评主体打分和公众满意度结合，特别要在考评体系中引入网格化管理最大的受众群体即居民，建立独立的多元主体考评机制。原有的网格化考评主要依据几个职能型部门进行联合打分，可以说是一张表格得结论，要改变这种主观评价的单一性，建立公众评价、自我评价、主管部门评价、部门互评的多主体考评体系。

2. 完善考评标准和方法，建立客观评价机制

完善网格考评机制和标准，同样是完善考评体系的重要手段，为网格化治理的考评提供了基本的保障。目前，仙林街道试行了《仙林街道网格化考评标准》，发现该标准存在很大问题，比如：考评的办法过于形式化、考评指标过于集中、考评的办法没有结合街道实际情况等。要建立一套综合性的网格考评体系，进一步完善考评标准的客观评价机制，通过将客观评价分为横向对比和纵向对比，横向对比机制是指同一特定层次下的评价对象，评价的结果最优的作为其他评价对象的学习对象，同时建立纵向对比机制，增加网格内部的竞争，从而使得网格内部和相关的协调部门进行自我调节，提升网格管理的实效。

（三）街镇政府

1. 转变管理观念，注重服务意识

网格管理员要重新认识网格的功能、作用以及真正的目的，牢固树立服务市民的意识，变被动服务为主动服务，在网格中更多的使用服务型工具如：政策引导、奖励、指导等。

2. 建立网格财经制度，优化网格化管理队伍

网格化管理队伍要建立专门的人才录用机制，对一级二级网格管理员，要加大录用审核，建立部分编制岗位。并且对于专业性人才可以实施人才引进计划，以保障网格中有专业人才，实现网格化管理专业化。在网格化管理人员的培训机制方面，要建立成效培训机制，思想政治教育、管理观念、专业技能都要实施定期培训考核。另外，要建立网格化财力保障机制和网格财经制度，对网格化有效运转提供保障，要在网格信息平台建设、人员装备、人才培训、宣传力度上加大资金投入，并适时推行相关财政体制改革，要逐步设立网格经费制度、网格经费审

查制度等。

3. 确立合作治理的理念和机制,构筑网格多元治理结构

针对网格化的现状,即政府职能扩张在网格化管理中的表现,可以从合作治理的理论出发,在更高的视野下把握网格化管理对于整个城市管理的意义,探索网格化管理中治理主体多元化的路径,建立政府和相关社会组织合作的制度,在网格化管理中更多的引入公民能量、社区自治组织。必须认识到由于资源和能力的有限性,政府不可能在所有领域实现自己的目标,民众要具备公共事务的管理能力,更多发挥志愿者群体、社会工作者在网格化管理中的作用,使得区域内每一个社会成员都能行使权利,在网格内各自擅长的领域发挥作用,走向社会的共同治理。

4. 聚合社会资本,完善网格的整合功能

网格管理的职能部门应该舍弃网格化管理中管控和约束的思维,培育多元主体之间的博弈、协调和主动的精神。社会自治组织是社会资本形成的关键因素,社会资本关系到网格化治理目标的实现,一方面要培育社区自治组织,比如学习舟山模式建立的社会自主服务中心,同时可以培育更多的社区自愿性团体。将志愿性团体与网格化治理相结合,建立相关的社区的安老扶幼、教育帮带、医疗援助、民间慈善等基本公共服务性的自愿性团队,倡导互助、助他的合作精神。另一方面畅通社区居民的诉求渠道,扩大居民的公共参与,继续完善网格机制对于联系居民、采集信息、听取意见、反馈民意的作用,同时增强社区生活的社会化,实现居民的自律管理。通过对社会资本的聚合,以网络与信任机制完善网格化治理的资源整合和服务功能。

(四) 区级政府相关部门

通过在区级层面的政策落实,把辖区内行政地域依据道路划分为不同的网格,在电子信息平台上面标明不同社区和城市管理部件的编码,具体到社区的楼栋,促使区级的网格化管理进入大数据管理时代。第一,区级层面从行政部门的整合方面入手,落实行政部门的职责,从行政体系方面把解决问题落实到实处,建立城市管理指挥中心和城市管理监督中心。城市管理监督中心负责处理社会问题的来源和跟踪处理问题的过程,包括接受问题、监督管理员核实问题、专业管理部门被派遣至现场,形成专业部门与行政部门相互配合的工作模式。第二,城市综合管理委员会是由原有的市政委员会组成,负责处理辖区范围内的城市管理问题,体现统一指挥、派遣的职能。在保持原有机构设置的情况下,增加指

挥中心,具有指挥辖区范围内城市专业管理部门、街道管理资源与执法力量的功能,根据城市管理监督中心反馈的信息,指挥专业的城市管理部门依据问题的性质,处理在管辖范围内发生的问题。对于需要多个部门处置的社会问题,划分为三级职责,确定主要的负责人。第三,在区级层面建立联席会议制度。参加会议主要人员是监督中心、综合管理委员会和城市管理监察大队,解决突发问题,协调部门间的责任。城市管理监督中心负责收集社区问题和查看问题的解决结果,同时跟进结果的反馈情况,城市管理指挥中心负责通过指挥专业的城市管理部门解决问题,两者相互配合,又相互制约,从整体上负责问题的解决过程,从而促使服务部门与解决问题的部门分清权责。

本案例由葛伟强、潘方悦搜集、整理、撰写

延伸案例导读

合肥滨湖世纪社区网格化管理

(一) 合肥滨湖世纪社区网格化管理的工作机制

世纪社区的体制创新利用信息技术,建立网络曾理模式,在实践中创新体制机制,从而实现全面的网格化管理模式。网格化管理模式将社区居民纳入网格管理中来,以“社区党委——党支部——党小组”为核心,实现“社区——网格”两层管理模式,通过转变政府职能、购买服务、改革居民委员会等多种途径,动员社区居民参与社区网格化管理。

1. 网格化管通的体制设计

世纪社区为了便于向社区居民提供更好的社区服务,把整个行政工作的中心下移,切实地提高了社区网格化管理的服务效果,建立了粗区、网格两个层级的社区网格化管理模式。在社区层级,建立社区党委、共治理事会、社区服务中心三位一体的组织架构,分别负责社区党建、社区公共事务的管理,向社区居民提供行政性服务,从整个制度框架上为社区网格化管理提供政策支持,整合社区资源。在网格层级,以网格化管理、信息化支撑、项目化服务、市场化运行作为要求,建立“党的建设、社会管理、公共服务”三位一体的网格管理,促进社区网格化管理和服务的扁平化,防止网格行政化和网格层级化倾向,实现管理和服务的直达与高效。

2. 网格划分

利用道路形成的边界,世纪社区将管辖的范围划分网格的行政范围,从地域方面把世纪社区划分为不同的网格。按照"路为界、规模适度、全面覆盖、综合管理"的原则,将辖区 6 平方公里范围划分为 9 个网格责任片区和 8 个行政管理区域(简称网格),分别是融荫网格、琼临网格、和园网格、清枫网格、观湖网格、昌贵网格等网格和 2 个商圈,56 个网格管理单元。网格的划分标准主要以社区为单位,划分为 15 个居民网格。每个网格按照楼栋划分为不同的点,即 178 个网点,从而使网格的管理实现由点到面的覆盖。对每个楼栋在综合信息服务平台进行登入编号,实现数据化管理。

3. 工作人员的设置

网格区域的明确划分,为落实权责明晰提供了提前条件。从地域范围划分网格的行政边界,在辖区的 56 个网格管理单元中,形成了 8 个行政管理的网格。每个网格管理办公室设置在所辖社区的中心位置,为社区居民提供快捷高效的行政服务。网格管理办公室大概有七人左右,一名网格党支部书记,一名网格主任和五人左右的网格管理人员,形成以网格党支部书记为主的社区网格化管理队伍。网格党支部书记负责网格的整体工作的部署,网格主任主持社区网格化管理的日常工作。网格管理人员的职责主要有两个,分别是承接世纪社区五个部门在网格的具体工作任务和网格巡查。每个网格管理人员分别负责世纪社区的一个部门,并及时向其汇报工作的进展。网格巡查其中的一项工作是"走访入户",以楼栋为基本的单元,网格管理员和网格信息员手持"城管通",登录综合信息服务平台,通过"走访入户"录入社区居民的具体信息,建立社区居民的管理数据库。网格管理人员在网格巡查的过程中,发现社区存在的问题,通过"城管通"上报社区问题,加快网格负责人解决社区问题的速度。在制度设计之初的目标之一是减少行政开支,所以通过市场运作的方式,聘请网格信息员。网格管理人员与网信息员共同合作,通过网格巡查的方式,了解网格内的民情动态,为实现社区居民信息共享创造条件,从而形成"网格管理员 + 网格信息员"的服务模式。

4. 工作制度

世纪社区为了建立规范的社区网格化管理制度,创新了一系列的制度,落实管理网格的责任,例如全员聘用制、绩效考核制、末位淘汰制、岗位薪酬制等制度建设,确保社区网格化管理的有效运转。社区网格化管理的绩效考核制度采用综合信息服务平台自动生成的考核标准和《滨湖世纪社区网格管理工作月度考核评分细则》，即部门考核相结合的评价体系。综合信息服务平台通过监测网格管理人员的"城管通"在线时间和工作日志的更新自动生成考评标准。为了全面地了解社区网格化管理的具体情况，群众工作部、城市管理部门等五个部门根据"查看资料、平台对比、责任倒查"的原则和"入户抽查"的方式，形成综合考评的月度排名，对八个网格办公室进行考核，落实网格主任、网格管理人员的责任，督促网格管理人员履行对社区的管理职责。

5. 问题解决机制

问题发现。为了向社区居民提供更好的服务，建立多种形式的社区居民建言献策的渠道，形成了网格党支部书记带领下的网格管理员、信息员、楼栋楼组长、楼栋党小组、居民委员会为主要发现问题的网络沟通渠道。居民委员会在举办社区居民活动的过程中，发现社区的问题，向网格的负责人反映或者告诉走访的网格管理员、网格信息员。由于志愿者、党员组成的社会团体参与社区事务的意识比较强，把发现的问题以通讯的方式跟网格负责人联系。网格管理员每天走访四个小时，保持与社区居民的联系，发现社区存在的问题，通过手机移动设备及时联系相关的负责人。党支部书记的周工作例会制度，了解网格管理人员、信息员居民委员会反映的问题，通过总结会议的方式，更好地了解社区的发展状况。

为了促使社区的居民有效地反馈社区存在的问题，社区利用已有的资源宣传反馈问题的渠道。通过网格办公室或者居民委员会建立的 QQ 群、微信群等网络平台有效地反馈问题。网格管理人员了解社区居民的建议，从而更加高效地管理社区。社区居民通过发现社区问题的方式主动参与社区管理，培养社区居民的民主管理意识。

问题解决。世纪社区建立了较为完善的社区问题解决机制，建立"发现问题、分析研判、问题解决、信息反馈"的流程，接受来自 8 个网格反馈的社区问题，并及时录入综合信息服务平台，根据问题的类别，交由不同的行政部门、居民委员会、社会团体采取不同的方式解决问题。

网格管理员对问题采取不同的分类，对其权责范围内的社区问题，网格通过协商议事的方式探讨解决的办法，发挥社区居民和居民委员会等社会力量，通过协同共治解决居民之间的矛盾，形成居民协商议事制度、周例会制度、社区居民委员会项目运作等多种途径解决问题的机制。对超出职权范围的社区问题，通过综合信息服务平台向世纪社区综治维稳信访中心提交问题。社区综治维稳信访中心对收到的各类信息进行研判，按照矛盾性质、发生的原由，把问题分为五类分别是领导现场处理、调节处理、司法途径、帮扶问题,协调社区工作部门发挥其职能,共同协商解决问题。

6. 全方位的社区服务模式

按照"一网多点、一点多员、一员多责、一线管理、一包到底"服务机制,整合网格的资源,社区形成了)"5 + 2 + X"的社区服务方式,"5"指 5 名网格管理人员,"2"指聘任的网格信息员,"X"指在居民委员会领导下形成的社会团体(党小组、志愿团体、文艺团体)和物业公司。网格管理人员和网格信息员通过网格巡查、排查社区问题的方式向社区居民提供服务。社区网格化管理需要相应的人员落实相关的责任,根据网格化管理的需要,形成"四熟""五访""六查""七必报"的工作要求。网格管理人员对社区居民的情况相对比较熟悉,通过综合信息管理平台,更新社区居民的信息,根据问题反馈机制,按照程序登记备案,选择适合的问题解决机制。从社区居民中聘请社区居民担任网格信息员,一方面解决居民就业问题,另一方面形成"生活在居民身边的信息员",向社区居民提供服务支持。在社区网格党支部的带领下,居民委员会通过举办社区活动,打造社区的非物质文化,形成社区居民对社区的高度认同感。

(二)合肥滨湖世纪社区网格化管理的创新举措

1. 居民参与社区网格化管理

世纪社区从制度上把原属于街道下派给居委会的行政任务,全部移交给网格管理办公室,促使居民委员会"真正"地成为实现居民自治的群众性社会组织。居民委员会成员通过居民代表大会选出来,作为本社区利益的居民代表,参与社区的公共事务,宣传宪法、法律、国家的政策,协助网格做好与居民切实相关的事务。居民委员会通过项目化运作的方式,运用民意征集、领办项目、协调议事、组织活动等方式开展工作,从而发挥居民委员会的自治功能。居民委员会在社会工作者的帮助下,开展居民自治、居民需求调查、策划公益项目、孵化社会组织、效果评估与监督等工作,并通过向社区共治理事会提交项目申请书的方式,获得政府的支持。

2. 治安防控体系形成联动

世纪社区通过整合社区的资源、与相关的事业单位建立密切的联动机制,共同打造网格安全的保障体系。通过居民委员会组织动员社区居民志愿者成立安全巡逻队,与物业保安共同保障社区的安全,建立基层守护的阵线。在社区层面,通过整合辖区内的城管、公安、交通、市政、工商、质检、消防、物业等企事业单位,按照职能整合、人员集合、执法联合、条块配合的原则,建立"2+1"的城市管理队伍。其中,"2"是指区域综合管理中队,"1"是指机动中队。综管联勤中队主要负责白天街面市容管理、综合执法、路面联巡兼带治安管理等职责,机动中队负责晚间和夜间联巡和突发事件应急支援。在网格划分的基础上,将世纪社区划分为8个街道网格,将城市管理、市政园林、五小监管、车辆停放、三车整治、治安巡逻等街面城市管理任务全部纳入网格管理。网格管理人员和城管信息员发现城市管理的问题后,利用现代手持终端设备,及时上报负责范围内的案件,从而建立联合管理社区安全的智能网络城市管理平台。

3. 以信息技术支持为平台

利用信息技术和已经收集的居民信息建立的数据库,为社区居民提供良好的公共服务,整合社区的管理资源,促进社区工作部门相互配合、及时处理社区问题。引入中国科技大学、合肥工业大学等专业人才,通过与高校合作的方式,促进信息技术在社区网格化管理方面的运用。根据微博、微信公共号被社区居民广泛使用,世纪社区先后创设"美丽滨湖幸福世纪"微博、"世纪早茶"微信公众号的应用系统,形成"1+8+N"三级交流平台("1"指以世纪社区负责人组建的QQ群、微信群,包括党政机关、企事业单位、居委会、社区团体、志愿组织等组织;"8"指8个网格的居委会、网格创建的嘀群、微信群;N是指居民社会团体创建的QQ群、微信群)。按照层级管理的方式,把社区的问题分为公众交流平台、社区问题反馈机制。根据社区居民的办理行政事件的需求,世纪社区投入资金开发针对社区居民基础信息的管理平台——综合信息服务平台,分步建成涵盖社区人口信息、计划生育管理、社区事务处理流程、网格信息管理等内容的社区社会舆情网络,形成社区综合维稳、社区网格化管理、社区环保等几方面的管理模式。通过综合信息服务平台,实现在世纪社区综合受理,在社区各部门、社区网格分类管理、相互协作、相互配合共同解决社区问题的格局。利用互联网的信息技术,建设社区数据库和打造居民信息服务平台,为世纪社区网格化管理实现数字化管理创造条件,降低人力资源的成本,提高工作效率。

4. 打造楼宇安全守护

以"党建引领楼组自治"为口号,充分利用党员在社区的社会关系,建立党建联络组,为楼组自治、楼组长队伍建设提供了人员保障。以党员为楼栋自治的主力军,形成"一长三员"的结构设置,楼组长负责管理整栋楼,全栋楼的每一层设置楼层管理员。楼组长通过与居民委员会一起举办社区活动,及时与网格管理员联系,参加网格的每周例会,形成楼栋自治的管理模式。网格工作人员通过居民委员会举办的活动发现居民积极分子,或者以党员优先的形式发展成为楼组长。楼组长通过网格 QQ 群、微信群等网络沟通平台或者上门入户的方式发现楼栋问题,收集居民反映的问题。在收集信息的过程中,不断地发掘楼栋内具有特长的居民,壮大楼栋自治力量。楼组长在网格党支部的领导下,及时向社区反映社情民意,并结合网格楼栋具体情况,接受居民监督,开展楼栋居民自治工作。

5. 物业公司融入网格管理

社区通过建立党政联席会议、中心办公会议制度、物业管理联席会议制度、周例会双向列席制度,形成以社区党委为核心、驻区事业单位、物业公司、居民委员会等社会组织共同参与的社区网格管理机制,建立网格管理人员、上级转办、媒体报道、社区居民多条途径发现社区的问题的信息网络,以向社区居民提供社会福利、社区救助、社区保障的方式,整合社区服务中心、教育机构、医疗机构等辖区单位的资源,实现社区资源共享。例如成立物业管理联席会议制度,主要参加会议的组织为社区党委、物业公司、房屋出租和流动人口服务管理中心、居民委员会、社区网格办公室,综合治安联合小组等,通过会议的方式协商解决社区存在的问题。又例如园区物业管理处与网格办公室、社区居民委员会建立周例会双向列席制度,相互交流社区居民关于社区存在的物业问题。社区管理与物业管理相互配合,实现政府、物业协同参与社区管理的局面。

本案例由葛伟强、潘方悦搜集、整理、撰写

第二节　居委会服务升级

一级案例

居委会服务升级
——以上海市虹口区曲阳街道为例

在 2018 年虹口区居委会换届选举中,一批年轻社工工作出色,得到群众认可,被选举为新一届的"小巷总理",进一步优化了居委会队伍年龄结构,知识水平也有大幅度提升。本届居委会干部队伍中,80 后居委会干部占比达到40.5%,更产生了 52 名 90 后的居委会干部,其中有 4 名 90 后居委会主任,仅凉城新村街道此次就有 9 名"90 后"年轻的社工被选为居委会工作人员,改变了居委会是"中老年协会"的固有印象。

那么新形势下的居委会如何建设,如何应对信息化之下的社区治理,如何应对一些老问题、老矛盾,又如何面对居民对于社区服务的新需求呢?

一、背景

早在 2008 年,曲阳路街道就提出并实践了居委"三全工作法",即"全天候接待、全方位受理、全过程负责",通过治理方法的创新,解决了居委工作的不少问题。

在积累"三全工作法"经验的基础上,街道先后探索并推行轮岗制、一岗多能等举措,逐步练就居委干部全方位服务群众的基本功。

2017 年 9 月起,街道正式推行居委工作"全岗通"新机制,要求居委干部突破条线壁垒,具备全方位服务群众的能力。曲阳路街道相关负责人介绍说:"实行'全岗通'就是让来办事的居民'少走一趟路、少进一扇门、少跨一道槛、少过一道程序',尽量做到'老百姓办事,不跑第二趟',切实提升老百姓的满意度和幸福感。"既能提升自治能力,又能加强基层队伍建设,这样的好做法将在虹口全面推广。

二、简述

曲阳街道这几年在社区建设上创新实践,先后探索出"三全工作法"、减负增能"一点通"、"自下而上评价机制"等一批创新成果。面对创新社会治理新形势,街道深入调研,探寻创新社会治理新路径。通过问题导向、需求导向,找到居委会建设存在队伍年轻化后,服务能力跟不上问题;居委会条线忙闲不均、人力资源浪费的现象;居委干部存在走访居民与值守居委接待居民的矛盾,一些居民反映有时到居委会办事要跑冤枉路。

面对短板,街道党工委、办事处统一思想,基层社区创新社会治理,关键要加强居委会这个党和政府工作的基层基础。为此,街道结合贯彻上海市委"1+6"文件,聚焦加强居委会干部能力建设,聚焦深化社区治理,聚焦服务群众最后一公里需求,探索建立居委会"全岗通"机制,通过试点先行,以点带面,对标准、培训、保障、考核等环节的规范化、标准化、精细化,突破居委会条线岗位限制,帮助每一位居委会干部提升全方位服务群众的能力,做到"一专多能、全岗都通","一人在岗,事项通办",切实提升服务群众能力,切实把"全岗通"建设成为贯彻市委"1+6"文件与群众得实惠之间有效对接的桥梁。

(一)健全"全岗通"机制

推行"全岗通",打破居委会长期以来形成的以条为界的工作格局是一项制度创新,曲阳街道坚持边实践、边探索、边深化。

1. 在探索中实践。2015 年下半年,街道在总结提升林云等居委会先行推行"全岗通"试点经验基础上,出台了《关于推进全部居委"全岗通"工作的实施意见》,使"全岗通"的机制覆盖到社区 24 个居委会。街道抓住居委能力建设这个关键,着力夯实"建章立制"基础。明确在居委会建立"培训制、例会制、轮岗制、带教制、结对制、走访制",并配套落实工作激励、经费保障等举措。为了推动工作落地,街道多管齐下。一是召开推进动员会,帮助居委会干部打消思想顾虑,增强自我加压动力;二是加强制度建设,推动居委会把"全岗通"制度上墙,营造良好氛围;三是组织实训,在街道和居委会两个层面实施培训提质工程。通过集中授课和互为师徒相结合,帮助居委干部尽快做到全岗都通;四是搭建发展平台,编制集《服务指南》《自治艺术》《案例汇编》于一体的"一册通"实用手册,为居委会开展"全岗通"提供可借鉴的工作"模版";并探索建立"书记论坛、主任沙龙"等个性化交流平台,让居委会交流"全岗通"经验,互相启迪,推进工作。

2. 在规范中深化。2016 年 8 月全区"深化居委会自治能力建设大会"召开后,面对兄弟街道居委会全面推行"全岗通"的赶超态势,街道根据区大会和区文件要求,自我加压,努力从服务"全岗通"向社区治理"全岗通"转变,从班长工程向治理团队转变,从经验化治理向专业化治理转变。一是深化制度建设。在深入实践"全岗通"原六项制度基础上,建立了"错时制"和"接待制"两项配套制度,全面实行"首问接待"和"一口办理",使"全岗通"服务接待群众制度更完善。二是深化实训培训。建立 200 道"全岗通"实训题库,建立激励机制,动员组织全体居委会干部积极参与区"全岗通"培训课程和业务能力测试,通过率达到 100%。开展"全岗通"技能大擂台,遴选优秀者参加全区"全岗通"擂台赛,获得第 1 名好成绩。三是深化技术支撑。梳理居委会办理事项清单,实现居委会"全岗通"办事流程、办理条件、政策法规依据标准化。依托"i 曲阳"手机 APP 和"曲阳家园"微信公众号,着力构建社区信息发布和服务互动信息平台,架起"全岗通"服务群众有效对接桥梁。四是深化后台支撑。把"全岗通"作为系统工程来抓,通过进一步发挥"区域化党建联席会议、社代会"等平台枢纽作用,推动职能部门派出机构、社区单位与居委会结对共建;通过抓"一舵三桨"建设,提升居民区党组织引领居委会、业委会、物业公司自治能力;借力区委推动处以上干部与居委会"面对面"结对服务制度,用好区资源,延长居委会服务群众力臂;完善街道领导分片联系服务居委会制度和机关联络员制度,加强对居委会"全岗通"指导和服务。

(二) 务求全岗通实效

推行"全岗通"关键要让群众满意。为此,曲阳街道把"群众满意"作为衡量"全岗通"成效的唯一标尺,着力构建以群众为主体的"全岗通"评价机制,根据群众意见不断完善"全岗通"机制,体现服务群众的实效。

1. 深化"自下而上"评价机制。着力完善以居民群众为主体的"自下而上"民主评议居委会机制。组建了涵盖"市民巡访团、社区志愿者、退休居委干部"的街道评议监督队伍,紧扣"全岗通"对基层干部"一专多能"的要求,合理确定考核权重,民主评议"全岗通"工作;并依托区由资深老法师组建形成的"全岗通"督导团资源优势,请他们现场指导和督导居委会落实"全岗通"各项工作,对亮点帮助推广,对问题帮助整改,将评估结果纳入社区工作者年度考核。通过民主有效的考评和激励机制,让居民平日里"见得到人,叫得动人,办得成事"的干部能够脱颖而出,推动各居委会形成"全岗通"比学赶超的良好氛围,林云和巴林居委会分别获得区"全岗通"示范居委会。

2. 在更好服务群众中显现实效。曲阳街道全面推行居委会"全岗通"虽然时间不长,但在社会实践中"三个提升"的实效已经充分显现。一是服务能力提升。随着"全岗通"深入推进,居委干部"一专多能、全岗都通"的能手如雨后春笋不断涌现,居委干部走家串户和接待群众的服务能力显著增强。据统计,2016年居委干部、楼组长共走访居民58954人次,同比上年增加34.6%;居民群众对"全岗通"接待满意率达97.2%。在2016年居民区"自下而上"评议中,各居委会得分全部在90分以上。二是自治能力提升。"全岗通"让居委会有更多时间精力做引领居民自治工作,促进了自治家园建设。如街道去年房屋修缮征询工作涉及13个居委会和22个业委会,在时间紧、任务重情况下,居委会广泛发动和走访居民,在不到三周时间内就完成了11674户居民上门征询工作,并取得了较高的征询通过率。三是内生动力提升。"全岗通"倒逼居委会加强本领建设，做"全岗通"标兵已经从政府倡导转化为广大居委会内生动力。

三、术语解析

全岗通："全岗通"打破了居委会条线工作的界限，使得居委会工作人员从一种狭隘的条线职能的履行者向社区"全科医生"、社区"治理师"转变。任何一个社区干部，不管遇到群众哪方面的问题，都能够及时准确地为群众解决，从而有效地缩短了群众问题解决的时间。

四、实践守则

1. 统一思想。充分认识社区治理的新形势新要求，把夯实基层基础作为创新社会治理的重要抓手，深化居委会自治能力建设；

2. 突出综合，不断加深"全岗通"的制度建设，要把握节点，做好业务培训，同时定期开展交流学习，以点带面，形成"一专多能、全岗都通"的学习氛围；

3. 突出重点，形成"全岗通"工作的有效成果，梳理居委会为民服务的清单，建立"全岗通"推进的衡量指标体系，让居委干部能有更多时间腾出手来，走街串巷，服务群众，切实提升群众满意度和获得感。

五、各界应该怎么做

1. 街道通过制度安排，试点先行，以点带面，循序推行"全岗通"，计划逐步形成全区居委会工作人员"一专多能、全岗都通"的学习氛围和工作格局，显著提升居委会服务居民群众、引领自治的能力。在加强"全岗通"制度建设方面，将着力从培训、例会、带教、结对、轮岗、走访、接待等各个环节抓落实。在规范居委会工作事项方面，将由区民政局牵头，相关职能部门和各街道协同，按照居委会减负增能的要求，进一步明确居委会工作具体事项和居委会工作台账推荐目录，并整合相关服务信息资源，建立全区统一的居委会电子资源库，实现居委会服务事项、办事流程、办理条件、政策法规依据标准化。

此外，相关部门、各街道和社会方方面面也将进一步加强统筹、强化协同、完善保障，形成推广"全岗通"的社会支撑。例如，建立居民区联席会议制度、深化居委会"自下而上"评价机制、抓好居委会工作人员梯队建设、落实激励措施激发队伍活力等。

本案例由刘霄临、潘方悦搜集、整理、撰写

延伸案例导读

虹口区推进全岗通2.0

主持人：今年虹口区民政局创新推出了全岗通2.0,这当中有哪些亮点有哪些创新,今天节目中邀请到两位特别来宾做客,我来介绍一下,虹口区民政局党委书记、局长耿玉,还有另外一位就是虹口区民政局副局长金品。首先我要先问一下耿局,全岗通2.0也是咱们虹口区的一大创新举措,能给我们介绍一下全岗通2.0指的是什么吗?

耿局：全岗通2.0呢,是我们虹口区贯彻落实创新社会治理,加强基层建设的要求,通过今年的大调研的走访,了解到居民的需求以后,在1.0的基础上加以提升。我们2.0的目标是:第一就是要围绕城市管理,应该像绣花一样精细的要求,让我们的社区治理更加精细化。第二个目标就是要通过信息手段的运用,使社区治理能够走向智能化。我们全岗通2.0主要包括两个方面的内容:第一个方面内容是叫不见面办事,零距离服务。我们会从今年4月份开始,通过统一的居民网上办事服务平台,我们虹口区的各居委会将对包括老伙伴计划项目、贫困家庭、帮困补助等等,一共是61个政务类服务事项实现在线咨询,预约和办理;然后对家电维修、家政服务等41个生活类服务事项,我们会实现信息资源的在线查询、派送。以此来实现办事居民一次上门或者是零上门。第二个方面的内容就是要开展楼组分类治理。我们将针对高层、多层、旧里三类楼组的类型特点,制定楼组分类治理的工作指南,为居委会干部和楼组长,打造一本楼组治理的工具书。同时我们还开发了网上平台,在线指导我们的居委会干部和楼组长如何开展楼组治理。

主持人：嗯,我发现了这个项目特别多,而且在培训的时候包括接待层面,各条线特别细,那么问问看金局,咱们说全岗通2.0和1.0比好像是升级了,那么相比之下的话有什么侧重呢?

金局：这个全岗通从1.0到2.0的转变,是我们虹口区贯彻落实市委创新社会治理,加强基层建设的一个具体的行动,那么 1.0 当时重点在于为居委会减负增能,实现了让居委会干部有更多的时间可以走访居民,同时能力能够得到有效的提升。那么 2.0 的重点呢,是我们在这一次大调研的过程当中发现,主要一个是人户分离的老百姓到居委会办事,有的时候不太方便。第二个是我们要为这个老百姓提供精准的和高效的服务,让上班族的老百姓能够通过网络和移动的终端能够在居委会办事,只跑一次。这个具体来说呢,在 1.0 的时候,我们是给居委会减轻了负担,那么原来呢,需要居委会协助政府办理的事项,由 146 项减少到 53 项,台账由 100 余本减到了 29 本并形成了我们虹口区居委会工作的推荐目录,每年 1 月 1 号都更新发布。同时我们在区级的层面建立了一个把关机制,目录之外的事项都要进入社区工作,需要经过联席会议批准。第三个我们为了配套这个居委会减负的机制,我们还开展了一个自下而上的评价。凡是需要居委会协助工作的部门,都由居委会每季度对它开展自下而上的打分,那么促进我们这个机关作风的转变,把居委会评价情况,作为全区的自下而上的考核评价机制的一个重要指标。那么第二个这个全岗通 2.0 帮我们培养一支一专多能,全岗都通,一人在岗事项通办的居委会干部队伍,我们也是打破条线壁垒,提升综合能力,为我们的错时工作制提供支撑。平时的居委会呢,只要有一到两个人在前台接待,其他的同事可以腾出时间去走访居民了解居民的需求。我们虹口区近年来退休的干部也组成了督导团,让他们对居委会进行上门指导。那么我们的这项工作呢,我们的全岗通 1.0 在 2017 年在全市进行推广,现在我们在原有的基础上进行了提升。这次发布的全岗通 2.0,通过不见面办事,零距离服务和楼组的分类治理,探索社会治理更加的智慧科学精细和精准。

主持人:听了一下 1.0,应该说是一个试点,2.0 的话,可能在面上更精细,而且对于居民来说也会更好。我刚看到有这个互联网的方式可以参与。另外的话评估机制特别重要,咱们居民的反馈特别好,所以提到反馈,我想问一下耿局,我们虹口区说要推行不见面办事,零距离服务,那这些居民办事服务的项目是怎么产生的?对于咱们居民来说的话,会有什么感受?能不能给我们举一个例子来说明一下?

耿局:这个项目的产生是这样的。我们对去年全岗通 1.0 版本中那个后台数据沉淀的全区 213 个居委会,他们一共受理的 37.62 万居民办事服务事项数据也进行了分析,然后呢,结合今年大调研的情况,我们梳理了居民需求比较集中的事项,形成了 2018 年版的 61 项不见面办事清单和 41 项的零距离服务清单。这两份清单呢,我们每年都会根据居民的需求来进行调整,那么我先介绍一下什么是不见面办事。我们对 61 项居民需求较为集中的办事事项,我们也梳理了事项中的申请条件、流程等等以及政策依据,制定了 2018 年版的居委会不见面办事清单和工作指南,同时呢,我们还开发了网上办事平台,将事项分为在线办理类、在线咨询类以及在线预约类三类。对于在线办理类的事项以前往往由于材料不齐呀,或者我们居民不了解办事流程等,所以很有可能要跑几次。那么如今我们居民就可以在线查询办理的条件,填报相关的信息,并且提交材料,经过居委会的后台审核,就可以实现不见面办事。那么对于在线咨询类的事项,网上就能够进行咨询,也实现了不见面办事。对于那些在线预约类的事项,我们居民啊,可以在线查询办理条件,居委会会在半小时内后台响应居民的申请,明确居民材料无误后,预约办理时间,实现让居民最多跑一次。同时我们还建立了居委会的首问责任、受理响应等配套机制,加强居委会服务的主动性、准确性和便捷性,为社区居民能够提供更优质、更人性化的办事体验。同时也让我们的居民们能够少跑腿,不跑腿,当然对于那些习惯到居委会办理事务的,或者需要提供上门办事服务的居民,我们的居委会干部仍然会一如既往的进行面对面的热情服务。那么下面我再介绍一下什么是零距离服务,对居民需求比较集中的 41 项生活类服务事项,制定了 2018 年版的服务清单和工作指南,同时开发了服务零距离的信息平台。比如说社区生活服务在线查询和派送,对于居民非常需要的那些小修小补、配钥匙,或者说是借用轮椅,等等辅助器械等这些生活类的服务项目,目前我们在全区一共采集了大约是 330 项服务机构,我们对服务机构也设立了准入机制,各居委会与服务单位要签订诚信公约书,要求机构要有规定的营业执照,并且是合法经营的。

主持人:那就太好了,平时我们节目当中会遇到很多的居民会提问,我想找一个服务点,有没有这样的人可以帮忙,你看咱们的区级层面,已经做了这样的一个铺排了。

耿局:对的,我们是首先要确保它是合法经营的。那么这样我们居民也可以在线查询各类的服务信息,同时也可以提出服务需求,我们居委会根据居民的需求,进行服务资源的对接和派送,同时也要确保服务质量,所以要做好后续的跟踪服务。另外还比如我们居民的活动信息也可以在线查询和报告。我们居委会开展的那些公益活动或者说是文体活动,讲座啊,辅导班啊等等,如果居民想参加的,他就可以在线查询报名参加,这样能够提升我们居民,特别是年轻人来参与我们社区治理的积极性。另外我们还设立了助力微心愿的版块,力求打造一个社区服务的互助平台，那么这个就是需要获得帮助的居民在线上发布微心愿，同时居民如果他乐于参与公益或者慈善活动的那些机构或者企业，也可以提供自己的服务资源。

主持人：这么多的项目，刚刚听了之后，就像是菜单一样的，很多很多种，可能听到我们节目的很多听众会说，有这样的项目，可能虹口的居民太幸福了可以享受到，我特别关心啊，咱们这次提到的说全岗通，要以不同的楼组形式尤其是来做一个分类，形成居民的一套治理方法。那么想问问看金局这样的楼组的治理方法是怎么样实现的？因为我们知道楼组应该是咱们平常生活当中最小的一个单元了。

金局：楼组作为连接家庭与社区的桥梁，是我们平时在社区治理和居民自治当中最微观的一个单元。在大调研的走访过程中呢，我们也看到许多楼组治理的鲜活的案例，也有内部协调，协调得很好的，把矛盾化解在萌芽状态。把楼组通过这个居民自治建设的非常好，发挥了很好的作用。同时呢，我们也发现根据楼组住宅类型不同、资源不同，对楼组的年龄结构、收入情况乃至生活习惯对整个楼组自治的这个形态的形成以及问题的解决有显著的影响。

主持人：我问一下这里面的话是不是得靠楼组长，因为我们楼组长是我们生活中非常重要的一个帮手，他们要做很多工作吗？

金局：对，楼组长很重要，其实一个好汉三个帮，我们在每一个楼组当中，除了楼组长以外还有三个居民代表，这次我们通过全岗通 2.0 就是把我们的楼组长和居民代表都吸引他们参与到我们这个社区的治理当中。那么为了把这个楼组的自治开展好，所以这一次呢，我们全岗通 2.0 对楼组的治理方法进行了系统的梳理，根据高层、多层、旧里的楼组特点，我们梳理出这个各种类型楼组的存在的主要问题。

主持人：我其实想发出一个邀请，因为其实在上海有很多这样的老小区，他们的治理都存在一些难度，咱们的经验可以做一些分享吗？可以邀请咱们虹口区的小巷总理做客我们的节目吗？

金局：可以。在一个小区，他碰到的问题可能在另一个小区，早已经解决了，已经形成经验，通过我们这个经验的分享，通过我们楼组治理的分享，能够为老百姓带来实实在在的实惠。

主持人：所以这也是供需平衡的问题。因为我在想，这其实也是一种调研，对吧，基层调研，我们从楼组开始，让他们看到我们的需求和资源怎么样供给。推行全岗通已经到了 2.0 的阶段了，我看了两年多来，很多虹口区的居民都反映说效果还不错,但目前的话,咱们怎么评估这个效果。

金局:这个全岗通的这个业务量是有实物后台的数据库统计的。2017 年的我们居民到居委会现场办理的事项,记录下来的,有 37.62 万件。走访居民的户次,我们的居委会干部达到了 51 万户次,在一年里面。是前面一年在推行全岗通之前的 3.4 倍。同时我们在这个居委会现场办理的前台设置了满意度评价器。居民群众对居委会干部在全岗通的前台受理的满意度逐月提升,年平均达到了 98.6%。

主持人:这个评分好高啊,可以说基本上全部都满意了。

金局:那么居民群众的对全岗通的认同有力的撬动了我们社区的各项工作,让居民群众切实的感受到了社会治理创新的实效。

主持人:我想这也是我们全岗通从推行到今天的一个最根本的初衷,就是希望能够让人民满意,问问看耿局,因为马上我们会让全岗通在全区落地生根了,尤其 2.0 的版本,具体能给我们介绍一下下一步的这么一个举措吗?

耿局:下一步呢,我们一个还是要继续每年来更新我们不见面办事和零距离服务这两张清单。同时呢,那两张办事清单里面的服务事项,我们也会根据后台的统计数据以及居民的需求来不断地进行调整。我们让居民到居委会办事,最多跑一次的服务承诺要落到实处。同时我们的平台也有一个不断优化的过程让我们的信息系统拥有更加持久的生命力。另外呢全岗通的评价体系,我们还是要不断的推进。现在我们已经建立了包含有四个纬度的全岗通评估衡量体系。这四个纬度分别是:一个是我们居委会成员之间要互相进行打分,互相进行评估。第二个是我们各个居委会之间也要进行互相的打分和评估。第三个是我们各个街道之间也要进行评分评估。还有就是综合各项指标我们要每个月按月进行环比。同时我们还要利用好信息化的平台,通过我们居委会的督导员督导队的机制来定期的形成我们全岗通 2.0 绩效的衡量报告,同时我们还要通过这些报告来分析全岗通 2.0 在推进过程中存在什么问题,然后能够及时地加以整改。我们的目的是我们要在发展中来不断地总结来不断地提炼,同时也要通过推行全岗通 2.0 来更精准地服务民生服务群众,使我们的居委会与居民之间的感情能够更深厚,同时对居民诉求的把握也要更加的准确。目的就是要对居民实际问题的解决一定要非常的有效,让我们的居民群众能够切实的感受到社会治理创新的实效。欢迎大家来关注我们的全岗通 2.0 平台,大家可以通过市民云进入虹口特色来关注我们的平台。

主持人：好的，大家一起来关注虹口关注全岗通。因为我也在现场看到了我们虹口区全岗通推进的情况，我在想大家可能后续的感受会有更多的意见汇总过来，咱们后期的话也会做一些评估和衡量。

本案例由刘霄临、潘方悦搜集、整理、撰写

资料来源：

《"全岗通"2.0 版让居民办事"不跑腿"》，记者：周楠；通讯员：龙钢；解放日报

第三节　邻里中心

一级案例

邻里(睦邻)中心

——以上海市闵行区邻里中心为例①

在服务型政府建设的背景下，全国各地涌现了一批综合性社区服务平台，例如广州的家庭综合服务中心、深圳的社区服务中心等，上海杨浦区的社区睦邻中心、浦东新区的家门口服务站。2018 年 11 月，习近平总书记深入到上海虹口区市民驿站进行调研，强调社区作为城市治理的"最后一公里"，要及时感知居民的操心事、烦心事、揪心事，一件一件加以解决。市民驿站也是这种综合性社区服务平台。

这些综合服务平台形式多样，名称不一，但有以下共同特点：一是实现了行政管理向社区服务、社区治理的转变，平台的功能更加多元，融合了行政事务、社区服务、治理事务等众多内容；二是服务主体不再是单一的政府，社会力量也参与进来，使服务更加丰富，更加能够满足贴近家门口的小而微的民生需求。三是体现出了党建引领、社区参与、居民自治，社区居民从被服务对象变成参与力量与志愿力量。

---

① 本案例参考自 2017 年华东师范大学彭芮硕士研究生毕业论文《国家主导下的社区治理：上海 M 区"邻里中心"研究》。

闵行区邻里中心是这些综合性服务平台的一种,并且探索的时间也比较早。且看闵行区是如何推进这个项目的!

一、背景

上海市闵行区公共服务和社会治理需求与满足之间的矛盾,突出表现为基础设施与公共服务短缺、本地人口与外来人口之间认同度低,社会整合难度较大以及社区事务治理参与主体单一,居民参与意愿不强。

早在 2014 年时,闵行区就出现了一些类似的综合性社区服务平台,包括"香樟家园""1号里"等。这些平台作为"邻里中心"的前身,一开始是为了解决动迁农民生活环境改变所带来的问题。

除此之外,"1号里"所在的吴泾镇每年公共服务的投入持续增加,积极为群众提供物质、文化服务,但反响不佳。如何重建居民之间的情感纽带,加深彼此之间的交往,同时能够满足群众的各种服务需求,能够使公共服务能够更加实一点、群众感受深一点成为吴泾镇需要考虑的问题。在多方努力和协调下,"1号里"和"香樟家园"建立起来了,用来解决由于身份转换所带来的社会问题和提供相应的公共服务。

"1号里"和"香樟家园"做的有声有色,群众对基层政府的满意度也不断提升,居民有了进行新的社会交往的公共空间,从小家庭中走出开始融入社区,积极参与社区事务的居民也渐渐增多。这一模式的成功在闵行区发挥了良好的示范效应,于是,立足于"1号里""香樟家园"进行更大范围的资源整合、提供更为多样化和精细化的服务、争取实现全区覆盖、可推广可复制的综合性公共服务平台的建设提上了议程。

二、简述

邻里中心主要有三大功能:

第一,为当地居民提供公共服务。邻里中心提供"4+X"类型的服务项目,包括医疗健康类、生活服务类、文体教育类和公益互助类,除此之外,各街镇和居民区可根据当地居民实际需求自行制定服务项目。例如,很多邻里中心都设有卫生服务站,通过请社区医院的医护人员轮流坐诊、开展养生、科普讲座等方式提供医疗健康服务；通过建设"百姓食堂"，为 60 岁以上居民提供物美价廉的餐食来实现社区助老服务；通过亲子早教课堂、读书室、引进家政企业等方式为居民提供了需求比较迫切的公共服务，特别是为老助老和医疗健康是闵行区推进邻里中心建设时必须完成的"规定动作"。

第二，搭建协商共治平台。邻里中心作为连接各方力量的公共空间，为社会力量参与基层治理提供了一个协商共治的平台。作为邻里中心核心的邻里中心理事会，与会成员包括社区党委、居委会成员、群众团队的领袖、驻区企事业单位和社会组织等方面，在政府与社会之间、政府与居民之间搭建了一个沟通的桥梁。此外，通过项目引进、购买服务等方式最大限度的引入社会力量进社区，发挥了协同共治的作用。

第三，引导居民学会自治、自我管理、自我教育和自我服务。邻里中心不仅为社会力量走进社区共同治理提供了渠道，也积极培育社区各类群众团队。这些团队不仅包括各类兴趣型团队，诸如舞蹈队、合唱团等，还有服务型的志愿团队。这些团队在参与邻里中心活动中丰富了居民的精神文化生活，也得到了邻里中心的各种资源的扶持与培育，发挥了自我管理和自我服务的作用。此外，邻里中心也设立了形式多样的议事制度，就社区里的大事要事和居民反映强烈的问题，共同商议，形成共识，从而引导居民提高自治和自我管理的能力。

三、术语解析

邻里中心：邻里中心是社区综合性公共空间，是基层党委和政府聚集社会资源、培育社会力量、协作参与社区治理的平台，为邻里中心辐射片区内的居民提供"最后一公里"服务。邻里中心在党的领导下，以邻里中心理事会为核心，利用驻区单位的资源提供各类服务项目，设立自治平台实现居民参与。闵行区计划每个街镇要建成 1—2 个邻里中心，十三五期间要建 100 个邻里中心。

四、实践守则

(一) 顶层设计

1. 颁布相关政策

2015 年 1 月，上海市委、市政府出台了《关于进一步创新社会治理加强基层建设的意见》,就进一步创新社会治理加强基层建设提出了相关建议。这一文件要求给街镇赋权能增,推动街道工作重心转移到公共服务等社会治理工作上来,加强街镇提供行政事务和基本公共卫生、文化服务的能力;同时,要求在社区管理和服务日益复杂的背景下,通过引导各方力量、整合社会资源、协同处理社区事务,实现共治,打造社区生活共同体。

在这一思想指导下,闵行区颁布"十三五"规划,提出:完善街镇、居村两个层面的社区共治体系,健全驻区单位共建联建机制,建立多层次的区域化党建平台,拓宽参与领域和渠道。激发社会力量参与社会建设,鼓励居民、社会组织、园区、企业等社会各方共同参与社会治理,全面推广协同治理"田园模式"和社区服务"香樟家园""1号里"模式,并通过"香樟家园"与"1号里"模式提高公共服务供给的有效性和可及性,满足群众的多元需求,集聚社会资源,培育治理力量。

2. 组建专门支持指导机构

闵行区政府和各街镇亲自参与并筹划了邻里中心的组建工作,还成立了推进邻里中心建设工作领导小组,由政府主要领导任组长。闵行区政府和各街镇充分利用了原有的行政网络、党的网络为邻里中心汇集资源。政府在推动邻里中心建设、为邻里中心提供资源与资金的同时,也在一定程度上赋予了邻里中心相应的权力。

(二) 整合社区单位资源

1. 党建引领整合社区资源

闵行区按照行政建制建立了"区—街镇—村居"三级区域化党建的网络,完善了党建的组织架构。而区域化党建在邻里中心资源汇集过程中发挥作用主要依靠以下途径:

第一,区域化党建的平台。区域化党建内都有成员单位,这些单位包括学校、企事业单位、工业园区以及社会组织等,共同参与到党建中来。

第二,区域党建联席会议制度。联席会议有5大工作职责,包括传达学习中央和上海市重要党建工作会议精神,共同研究贯彻落实的具体措施;筹划研究区域党建的总体思路,讨论确定年度重要工作和活动安排;研究讨论区域内党的建设、经济建设、社会发展等重点难点问题,及时提出相应对策措施;定期通报成员单位党建情况,及时交流党建创新经验;整合党建资源,共同策划组织,开展特色党建活动等。在党建联席会议上,邻里中心建设问题,以及如何发挥党建引领基层社会治理的问题都是讨论的重点。通过区域化党建内成员单位的交流,不断丰富着邻里中心的建设内容。

第三,共建项目制度。联席会议只是作为一个交流平台,而区域化党建要想真正发挥资源整合与汇集的作用,还需要通过共建项目制度。

2. 互惠互利关系构建和维系

通过互惠互利的资源交换来吸纳与调动驻区企业单位和社会组织参与邻里中心的建设与运转,是闵行区政府通过一种非正式的权力运作实现吸纳的途径。

3. 运作人情关系网整合资源

在邻里中心建立过程中,闵行区政府在吸纳驻区企事业单位和社会组织资源时,不仅注重平时正式的往来关系,给面子、送人情的现象也时有发生,通过社会关系网络实现了对企事业单位和社会组织的资源动员与吸纳。闵行区的居委会大多建立了驻区和共建单位联系制度,要求居委会定期走访和联系驻区单位和共建单位,建立健全协商议事制度,加强交流和沟通,开展共驻共建活动,实现资源共享,社区和单位之间的关系越来越融洽。当邻里中心开始建设,需要资源对接时,很多社区单位觉得作为社区一员也有一定义务和责任提供相应的资源,服务居民。

(三)社区居民的动员

在邻里中心的动员中,基层政府就通过"强势话语氛围的营造"造势,进而又利用扎根于社区的人情关系网以及对居民"私"的需求的满足这一过程,实现了对社区居民的有效动员。

1. 通过标语和口号营造邻里中心话语氛围

每个邻里中心都有自己的口号或者标语,例如"休闲娱乐的港湾""爱心汇聚的乐园""为民服务的社区""协商自治的家园""和睦好邻里""居民自治大舞台""同行、驿家、和谐、参与"等。这些口号和标语以服务、自治和和谐等词汇为中心,简短易懂并深深的迎合了当前城市社区居民所关心的话题,起到了一定的吸引与动员作用。此外,这些标语与口号通过居委会工作人员的宣传、社区内的海报和宣传册的发放,扩大了影响力。"邻里中心"逐渐成为社区居民热议的话题之一。

2. 利用媒体宣传造势

为了给邻里中心开门运营营造强势话语氛围,邻里中心所在的街镇主动请媒体去参观邻里中心。对邻里中心的硬件设施、服务理念、自治理念都做了详细的说明与报道。这些媒体不仅包括闵行区当地的电视节目和新闻报刊,也包括在上海市有一定影响力的报刊和媒体,包括人民网、文汇报、解放日报、东方早报等。

3. 通过大型公共活动吸引居民

各个邻里中心都开展了多样的大型活动,比较有代表性的有邻里节活动与邻里节文艺汇演。邻里节活动为期一个月,下设五大系列活动,包括"好邻居评选活动""邻里守望志愿服务活动""楼组公约征集活动""邻里节俭全民节约活动"以及"邻里同乐主体系列活动"。这五大系列下面包含着种类多样的特色项目,例如,邻里总动员,欢笑绿茵场、建党95周年书画展、广场便民服务日、环保教育课堂、邻里共治、清洁楼道、社区居民运动会等。这些邻里节活动作为邻里中心运行前的预热活动,极大的调动了居民参与的积极性,共调动了大批次居民参与,在居民的参与和讨论中,形成了较强的话语氛围。而邻里节文艺汇演更是如此。丰富多彩的居民自导自演的节目吸引了大量居民前来观看。

4. 发挥人情关系网络的重要作用

在邻里中心的动员中,人情关系网络发挥了重要作用,特别是社区内本来就同居委会联系紧密的"积极分子"。居委会动员通过人情关系动员积极分子,积极分子通过人情关系动员社区居民。这些积极分子主要包括楼组长、困难人群以及老年人等。同时,这些积极分子又通过他们的人际关系网络实现对大多数居民的动员。于是基层政权实现了通过人情关系网络实现了"居委—积极分子—居民"的动员。

通过人情关系将社区居民动员到邻里中心后,邻里中心里设立的大量满足居民需求的活动室、活动项目和服务项目就成了居民长期参与的稳定剂。例如,在每个邻里中心里都设立了聊天吧,聊天吧的参与者大多是社区中的老年人。在聊天吧里,他们可以畅所欲言,此外,有些聊天吧还发挥了心理疏导和社区调解的作用。此外,邻里中心还为社区内比较活跃的群众团体提供了固定的活动室,比如配备了大镜子的舞蹈室、设有音响设备的合唱团室和沪剧学唱教室等。通过对这些居民社会交往、休闲娱乐以及自我实现等需求的满足,吸引更多居民愿意经常到邻里中心来。

(四) 社会参与机制的搭建

通过邻里中心理事会、秘书处以及其他的日常运行机制,社会力量在参与日常社会事务管理的同时,也获得了相关资源的培育。邻里中心要运转起来,就需要有完善的管理体制。这套管理体制主要包含两个核心,一个是邻里中心理事会,一个是邻里中心秘书处。

1. 邻里中心理事会

邻里中心理事会是邻里中心的决策机构和权力机构,根据《邻里中心理事会章程》规定:邻里中心理事会负责邻里中心重大事项的协商与决策、服务质量的评议与监督等工作。定期进行工作研讨和交流,研究商定邻里中心建设和管理的思路和措施。

邻里中心理事会一般设有理事长、副理事长以及理事。理事长 1 名,由邻里中心所在居民区党支部书记担任,副理事长 3—4 名,由区域内居民区党支部书记等担任。除了理事长与副理事长以外,居委会成员、群众骨干、党员代表、社区志愿者、群众性团队、驻区单位以及社会组织等各方代表也是理事会的重要成员。为保持理事会的稳定性和工作连续性,理事会成员任期为三年。邻里中心理事会有健全的议事制度,定期就邻里中心的服务项目与资源配置等工作召开议事会。

2. 邻里中心秘书处

邻里中心秘书处是邻里中心的执行机构,服务于邻里中心理事会,在邻里中心理事会的指导下,进行团队的建设与管理、公共服务资源对接、居民需求的收集和分析、服务活动项目的定制与调整、引导和培育在邻里中心活动的团队及社区领袖等重大问题,并定期向理事会汇报工作。

秘书处设有秘书长和秘书处组成人员。根据《邻里中心推进要求》规定,邻里中心所在居民区的党支部副书记专职担任秘书处的秘书长。秘书处组成人员由邻里中心理事会推荐或自我推荐,经理事会集体讨论后产生。《邻里中心秘书处工作规则》中特别指出,秘书处成员需要政治素质好,有一定的政治思想水平和政策水平;有群众工作的经验,有一定的组织协调能力;热心社区工作,能正确反映群众意见,并在群众中有较高威望和影响力。

邻里中心秘书处也有议事制度。会前秘书处要围绕邻里中心的服务需求、百姓问题导向确定商议讨论的主题,其议题会提前通知成员;会上各成员既要沟通本季度的工作情况,又要根据议题进行专题讨论和研究,作出分析、判断和结构;后将议题讨论情况报理事会。此外,对于理事会和秘书处的会议决定,秘书处成员通过与邻里中心各团队的联络员进行联系,实现与各团体和队伍的对接。对于邻里中心理事会的骨干培育机制和队伍管理与激励机制,秘书处负责具体执行,对邻里中心各种团体和队伍进行扶持培育与激励。

3. 活动团队和服务项目

邻里中心最核心的是由社区居民、企业或社会组织以及行政机构组成、认领和下沉的活动团队和服务项目。这些团队和项目既有文体类、志愿服务类,也有议事类。

这些团队和项目每年要接受秘书处或秘书处委托的第三方的测评,评价较差的成员或团队会被劝退。

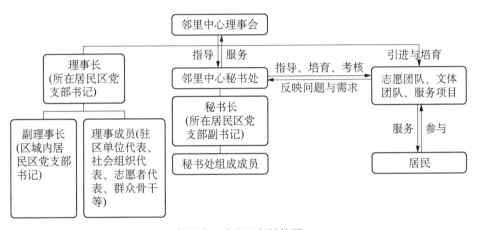

邻里中心内部运行结构图

4. 自治管理和行动逻辑(以祥翔团为例)

活跃在 1 号里邻里中心的"祥翔团"是一个由接受居委领导,由社区志愿者组成的志愿服务团队。该志愿者团队负责 1 号里邻里中心的日常运营,除了具有提供日常性服务的职能外,"祥翔团"也具有议事功能。

目前,"祥翔团"有一名正团长、五名副团长,大约 80 余名志愿者成员,还有一名书记,书记是由居委会党支部书记直接兼任,对"祥翔团"的工作进行指导。"祥翔团"目前设有六个部,这六个部门直接隶属邻里中心秘书处,接受秘书处的工作指导,包括议事部、项目部、宣传部、文体部、服务部和财务部。六个部门的工作人员由"祥翔团"志愿者担任。

"祥翔团"日常工作内容由"祥翔团"每月月末召开一次议事会来讨论决定,总结当月解决的问题以及讨论在志愿活动服务中发现的居民关心的议题,并考虑下个月办什么事情。根据议题的不同,"祥翔团"也有不同的解决方式。一种是能够自己解决的,志愿团就自主解决,发动志愿者队伍或者动员社区内居民的方式解决。比如,针对小区环境问题,包括楼组杂物堆放、楼道墙面的广告以及小区内的绿化养护等,都可以通过团员自发的维护或者动员社区力量来解决;为保障小区居民的安全,志愿者团还定期巡逻社区,检查每个楼组的铁门以及小区内车辆停放是否规范。这些居民需求完全是依靠"祥翔团"自主满足和解决的。另一种则是通过邻里中心来解决,主要是通过邻里中心秘书处来解决。对于目前社区内生活的多样化,针对社区内居民的不同需求,"祥翔团"和邻里中心安排了多样的便民服务,包括配钥匙、修鞋、修伞、维修小家电、免费理发、代缴公用事业费等。此外,这些需求还可以通过秘书处传达至邻里中心理事会,针对居民的需求,理事会则有选择、有目的的对接和引进服务项目。

此外,"祥翔团"也会主动帮助居委解决问题。经过"祥翔团"的努力,社区内很多问题得到解决,志愿者队伍不断壮大,目前1号里邻里中心运转良好,人气很旺。"祥翔团"多次登上各大媒体,还受到过政府表彰。

"祥翔团"的合法性来自于国家的授予,这一合法性的赋予,给志愿者团队创造了参与机会。但一旦几个行动者积极行动起来,组织就会按照自身认为重要的利益和理念去运作。

第一,就议题来说,"祥翔团"议题绝大多数都来自社区内部,通过搜集、观察或者自身作为社区居民的经历来"自下而上"反映问题。这些议题关系着社区居民,包括"祥翔团"成员在内的切身利益,这种从自身利益出发"自下而上"选择议题的方式充分显示了较高的民主表达能力。

第二,就问题解决方式来说,"祥翔团"努力赋予志愿行动以自治和自助的意义。对于他们能够解决的问题,会尝试通过志愿者内部的力量或通过志愿者动员社区居民的力量来解决。对于自身无法解决的问题,会向秘书处反映,通过秘书处和理事会的力量帮助解决。这种通过志愿者团队自身力量或者通过动员社区居民力量来解决问题的方式充分显示了自治与自助的特征。

第三,有较强的动员能力,能够顺利动员居民参与社区生活。不管"祥翔团"是如何产生的,但在日常运转中展现出的是居民的"自我管理""自我服务",因而有天生的亲和力。"祥翔团"志愿者都是邻里"熟人",因此,在社区中更容易得到居民认可,动员居民参与公共生活也更加容易。"自治""民主"的观念通过这支志愿者队伍逐渐渗透到1号里邻里中心所辐射的居民区内。"自治"是1号里邻里中心的一个特点,"自治"的观念促使居民们积极反映问题、参与公共生活,加强了志愿者团队的动员能力。

"祥翔团"这类群众团队的存在,改变了原来通过行政方式自上而下摊派工作的现象和由基层政权与居委会主导的权力格局。但是，基层政府并未放弃对基层社会的管理、渗透与动员，同时，群众团队对于基层政府"甘愿跟从"进一步加强了这种管理与渗透。这主要表现在：

第一，基层政府框定了群众团队的活动内容与范围，并通过团队领袖的选择确保团队活动的服从与配合。虽然"祥翔团"是由吴泾镇党委和政府牵头成立的，但基层政权仍然会对组织化的居民行动有所担忧，担心会自下而上地对国家权威产生冲击，于是就必须将他们的行为进行制约。对"祥翔团"来说，镇党委和政府对其定位就是志愿服务团队，核心是服务。虽然有议事功能，但议事的内容也主要围绕着如何服务来展开，并通过"'祥翔团'自治手册"以及"家园公约"来确保"祥翔团"是"积极向上"和"服从管理"的。此外，作为国家与社会联系纽带的志愿者团队领袖也在一定程度上确保了对国家权威的服从，以及对政府工作展开的配合。

第二，基层政府实现了以群众团队为中介的治理，并在一定程度上获得了合法性支持。"祥翔团"日常活动之一就是帮助居委解决问题。居委会日常公共事务可分为三大类，分别是政治性任务、行政性工作和居民事务，大致相当于"党务""政务"和"居务"，实际职责多达 104 小项。面对如此繁杂的事务，对于一些文娱活动、治安巡逻、环境维护、孤寡老人慰问等居务工作就交由志愿者团队来执行。加之志愿者团队自身所具有的强大的动员能力，因而能够较好地帮助居委解决这些居民事务。志愿者团队充当了"一种辅助居委会处理社区公共事务的角色，同时处理社区公共事务的权力也来源于居委会的积极赋权"。

第三，群众团队对基层政府的"甘愿跟从"。"祥翔团"在日常运作中不自觉的形成了对基层政府"甘愿跟从"。"祥翔团"成员认为"祥翔团"的所有活动都是"在党建的引领下"开展的，认为这些活动都是"体现了党的宗旨，全心全意为人民服务"；得到政府的认可、赞赏也是"祥翔团"的目标之一，"祥翔团"认为领导的重视是"祥翔团"成功的原因，同时各级领导对"祥翔团"的慰问也是他们认为骄傲的事情。

五、各界应该怎么做

（一）市、区政府层面

市、区政府要创新社会治理观念，制定出台社会治理创新和基层建设的指导性文件,给街镇赋权增能,推动街道工作重心转移到公共服务等社会治理工作上来,加强街镇提供行政事务和基本公共卫生、文化服务的能力;同时,引导各方力量、整合社会资源、协同处理社区事务,实现共治,打造社区生活共同体。如上海市委、市政府共同出台了《关于进一步创新社会治理加强基层建设的意见》以及各区县"十三五"规划中有相应内容。

(二) 街镇层面

一是提升提供行政事务和基本公共卫生、文化服务的能力,注重在社会治理工作中引入社会力量,通过区域化党建平台等方式和途径整合辖区社会资源,构建社会共同体和社会工作体系。

二是通过"强势话语氛围的营造"造势,进而利用了扎根于社区的人情关系网以及对居民"私"的需求的满足这一过程,实现了对社区居民的有效动员。如利用标语和口号营造邻里中心话语氛围,利用媒体宣传造势,通过大型公共活动吸引居民,发挥人情关系网的作用等等。

三是组织搭建起邻里中心的社会参与机制,指导邻里中心筹建董事会、秘书处等组织体系和工作规程等制度体系。

(三) 社区居民、企业和社会组织层面

社区居民、企业和社会组织积极参与邻里中心运营,自治共治,开展相应活动,以及文体类、志愿服务类、议事类项目。

本案例由葛伟强、潘方悦搜集、整理、撰写

延伸案例导读 1

杨浦区睦邻中心[①]

截至 2016 年 9 月,杨浦已建成并投入运行 43 个社区睦邻中心,年底将建成 50 个,这些睦邻中心提供的服务包括为老服务、社会组织孵化、社工实训、健康服务、儿童教育、娱乐休闲、青少年服务、外来青年服务等。

① 参考自上海文明网 file:///Users/geweiqiang/Desktop/杨浦睦邻中心. webarchive

1. 社区生态：问需于民、提供服务

杨浦区社区睦邻中心的功能定位是"百姓家门口的会所"。为百姓提供便捷的生活服务，促进居民之间交流互动始终是睦邻中心建设的价值导向。在为民服务上舍得投入，通过"收回一批、调整一批、租赁一批"的办法，多渠道推进睦邻中心建设。

大桥街道周家牌路社区睦邻中心，该选址原为1400平方米的国有房产，其前身是周家牌路小学，学校搬走后被用于出租，由于管理不到位一度造成群租乱象，通过转型改造不仅补齐了公共管理的"短板"，还为周边居民提供了一个崭新的"会所"。殷行街道将原来招商中心的近700平方米的办公用房调整为开鲁路睦邻中心。江浦路街道辽源西路睦邻中心租用一处约1500平方米的门面房，该房屋原用于商业展销，生意冷清，但用作公共服务则正好合适。到2016年底，全区50个睦邻中心建成后，总建筑面积将达到37600平方米。

通过个别走访、问卷调查和集体访谈等方法，调查测评得到居民对杨浦区睦邻中心的知晓度达到了96%、参与度75%、需求度88%、支持度91%（其中44%居民非常支持）、满意度82%（其中45%的居民非常满意）。

2. 基层创新：大胆尝试、发挥优势

基层创新引领着社区睦邻中心乃至整个社区的健康发展，睦邻中心本身就根源于基层的创新。在不断地探索、实践过程中，各街道、居委会、社会组织大胆尝试、勇于创新，各种新方式、新想法层出不穷。社区睦邻中心全面推进以来，各睦邻中心在活动、服务上"动脑筋，下心思"，涌现了一批具有特色鲜明、典型实用的创新案例。

陈家头睦邻中心虽然其场地有限，但通过创新工作方式，提供特色服务等吸引了附近大量居民，甚至一度出现了活动室短缺，几个小区民主协商、轮流活动的场景。

眉州路睦邻中心采用"老＋小"并结合专业社工进行指导的日常管理运营模式。"老＋小"，即社区老党员老书记和年纪较小的社工以及管理人员一起管理，老书记老党员对社区情况比较了解，能够提出一些"接地气"的工作思路和活动方案，而年纪较小的社工及管理人员能够将创意和新思路、新思维、新方法注入到睦邻中心的管理中，传统与创新的结合，在睦邻中心的日常运营和管理中，能够碰撞出更多的火花，同时，专业社工的日常管理指导，也让睦邻中心的工作更加的规范与专业，更能满足更广大社区居民的需求。

3. 多元格局：政社合作、三社联动

传统的社区文化中心等公共空间，一般由政府实施运营，提供的是"自上而

下"的管理,但长此以往,政府与群众容易产生"距离感"。

社区睦邻中心的建设过程中注重政社合作、三社联动,大部分社区睦邻中心依托社会组织管理,融入了更多的柔性管理内涵,采取了社会化手段,消淡了行政化色彩。

"部分社区睦邻中心还组建了例如由居民参与的'顾问委员会''自治理事会''社区服务推进会'等居民议事、民主的自治平台,充分调动了群众的积极性,提了群众的参与性,激发了居民的'主人翁'意识。"

杨浦区睦邻中心建设不但积极调动了各方社会力量、优化了社会资源配置,同时还发挥民主协商的特色内涵,促进居民群众主动参与各类公益活动、理性管理社区公共事务,形成了良性社区自治循环体系与政社合作的多元格局。

延伸案例导读 2

徐汇区邻里汇[①]

1. 总体要求

"邻里汇"是由政府主办,以街镇为依托,多元主体参与的社区服务和社区治理共享空间。致力打造"邻里汇"成为社区坚持党建引领、开展自治共治、提供法律保障的平台;成为营造社区文化、荟萃社区精神、增进邻里和睦的客厅;成为汇聚生活服务、为老服务、健康服务以及其他服务的集合体。形成"一汇多点、一体多元、一网覆盖,全时响应、全区联动"的徐汇社区服务新模式。

2. 基本原则

(1)坚持党建引领,资源共享的原则。突出基层党组织在"邻里汇"建设中的领导核心作用,充分发挥区域化党建平台资源共建共享的功能优势,引导社区党员群众积极参与"邻里汇"志愿者服务项目,增强社区内各类资源的整合力度。

(2)坚持需求导向,因地制宜的原则。把社区居民对社区服务和社区活动的需求作为"邻里汇"建设和运行的立足点和出发点,坚持问需于民、问计于民、问效于民,因地制宜地开展实体建设、服务项目的运行管理,提高服务的精准度和持续性。

---

① 参考自徐汇区人民政府网站 file:///Users/geweiqiang/Desktop/天平邻里汇. webarchive

（3）坚持服务至上，增进福祉的原则。把服务居民、服务家庭、服务社区作为"邻里汇"建设的根本和宗旨，树立以服务惠及社区居民、以活动汇聚社区人气、以公益提升社区温度的理念，通过设计面向不同人群、多元化需求的服务项目，提高社区居民的满意度和获得感。

（4）坚持自治共治，社会参与的原则。加强"邻里汇"作为开展居民自治和社区共治的平台建设，鼓励各类社区治理主体参与服务和管理，充分发挥专业社会组织特长优势，推动社区、社会组织和社会工作在"邻里汇"融合发展，激发基层社区活力。

3. 主要目标

（1）构建家庭生活的服务圈。"邻里汇"建设将融合社区生活服务、为老服务、健康服务、文化服务、托幼服务、法律服务等各项内容，按照步行15分钟的原则，打破街镇界域，规划布局"邻里汇"服务辐射广度和幅度，打造方便居民家庭就近获取社区服务的"便利店"。

（2）建设友好和睦的邻里圈。开放"邻里汇"服务空间，搭建民诉对接、民愿反馈、民事调解平台，提升居民群众文化共识，打造社区成员开展文化艺术交流、公共事务商议、社区事宜讨论、发展愿景共商、邻里关系协调、法律服务对接的"公共客厅"。

（3）塑造社区治理的生态圈。依托"邻里汇"平台，引导鼓励社区单位、社会团体、社会服务机构、社区基金会、社区志愿者团队等多元主体参与社区治理，打造友好和谐、共生发展、相互促进的社区家园"生态基地"。

（4）形成信息互联的智慧圈。建设"邻里汇"信息服务平台，汇聚区域多种信息，互联部门服务数据，建立快捷互通机制，将服务对象、服务提供商、服务项目、服务数据等纳入平台信息管理，依托962899全时响应居民服务需求，建设互联网＋"邻里汇"，打造"线上定制、线下服务"的社区服务"电商"。

4. 功能定位

"邻里汇"建设要体现家庭结伴、邻里结情、社区结缘的地域情怀，成为基层党建纽带、自治共治载体、社区律师支持、邻里关系营造、议事客厅提供、生活服务指引、科学育儿园地、居家养老支撑、家庭健康干预、特色品牌展示场所，服务内容涵盖生活服务、为老服务、健康服务、文体服务、法律服务、亲子服务、教育服务、志愿服务和品牌特色等服务。

5. 设置方法

以规划为引领，以整合为前提，以需求为导向，因地制宜布点设汇。前期原则上每个街镇设置 1—2 个"邻里汇",后期根据需要逐步展开建设。"邻里汇"实行统一标识设置,统一形象。在体现街镇特色的基础上,对"邻里汇"名称进行规范,增强品牌效应,打造徐汇特色品牌。

6. 运行机制

"邻里汇"的实体管理,鼓励采取社会化运作,引入专业社会组织承接实体项目运行。建立四项机制确保"邻里汇"运行高效、运作有力。

(1) 建立立体化多层管理机制。一是建立联席会议制度,成立街镇"邻里汇"建设联席会议,成员单位由社区相关部门组成,定期研究"邻里汇"建设及发展事宜。二是形成集约化管理模式,设立街镇"邻里汇"运营管理中心(多个点可设立),受街道委托负责辖区内各个"邻里汇"的运行管理,协调推进各点工作事务,形成整体联动。三是搭建民主决策议事平台,成立"邻里汇"理事会,由区域单位党组织负责人、群众性团队、社会组织等各方代表组成,负责"邻里汇"重大事项的决策、服务质量的评议与监督等工作。

(2) 建立社会化需求遴选机制。"邻里汇"服务项目从居民和社区单位的需求中遴选产生。"邻里汇"理事会每年可开展服务项目需求遴选活动,通过向社区居民、社区单位发放需求问卷调查或需求征询等方式,形成需求遴选清单,设计服务活动项目,并通过一定方式向服务对象公开。

(3) 建立专业化项目运行机制。"邻里汇"内提供的公共服务、便民利民服务和志愿者服务以公益性为主,可采取项目化运作方式,按照政府购买社会工作服务模式,由社会组织或市场企业竞争获标。服务项目可以向服务对象收取合理费用,具体方案由提供服务方另行制定。

(4) 建立规范化监督评估机制。每年区民政局委托第三方专业机构对"邻里汇"运行效果和居民满意度进行评价。街镇负责"邻里汇"建设情况和日常服务监督检查,对相关服务设施落实维护保养和评估督导职责。纳入"邻里汇"的服务组织,按照服务供给类型,分别按行业规范由相关部门进行年度业务评估,实行"以奖代补",考核结果与各类奖励补贴挂钩,逐步探索服务供应商的分类分级管理。

7. 组织保障

将"邻里汇"建设工作纳入区政府年度工作目标管理,加强日常工作督查和年终目标考核,确保相关工作要求和部署落到实处。

(1) 加强组织领导。"邻里汇"的建设管理工作落实区政府分管副区长牵头,成立"邻里汇"建设推进工作小组,区府办、区发改委、区商务委、区建交委、区卫计委、区司法局、区民政局、区财政局、区文化局、区规土局、区残联等单位作为"邻里汇"建设和服务运行参与单位。"邻里汇"建设推进工作具体协调部门为区民政局。

街镇层面相应建立由街道办事处主任(镇长)牵头的"邻里汇"建设推进工作小组,服务办分管领导和服务办为"邻里汇"建设推进工作分管领导和具体协调部门,统筹协调"邻里汇"建设相关工作。

(2)引入智囊团队。街镇根据建设管理"邻里汇"工作的实际情况与需要,与社会治理和公共空间设计领域的专业人士加强联系,引入智囊团队参与区域内的"邻里汇"建设和推进工作。充分运用专家学者的特长、知识和才能,通过专家学者的建言献策,丰富"邻里汇"建设运行方案,为街镇"邻里汇"建设决策提供智库支持。

(3)加大财政扶持。区级财政要加大"邻里汇"建设保障力度,"邻里汇"先期设施建设和设备配备采取财政资金一次性投入。街镇作为"邻里汇"建设运行责任主体,要将"邻里汇"建设运行费用纳入每年预算安排。

延伸案例导读 3

新加坡邻里中心^①

1. 新加坡邻里中心的概念

新加坡邻里中心是一个集住宅、购物、休闲、娱乐于一体的商业中心和公共开放空间的统称,也就是居住区的中心。它不仅只是一幢简单的商业购物中心,更是附近居民生活娱乐中心,并为他们提供生活配套的服务中心。

邻里中心的本质在于交往,满足人们参与社会交往活动的需求,其合理的空间布局,明晰的功能分区和井然有序的道路交通系统,体现了以人为本的设计理念。

按照邻里中心的服务范围,可以将其表现形式分为:区域中心(Regional center)、镇中心(Town center)、邻里中心(Neighborhood center)、邻里组团中心(Residential precinct center)。

---

① 参考自 2014 年四川农业大学刘佳硕士研究生论文《邻里中心模式在宜居社区的应用研究——以南屿镇新城社区规划为例》。

2. 新加坡邻里中心的由来和发展

新加坡政府于 1965 年开始推行组屋计划,并借此为依托对邻里中心概念和模式进行深入的理论和实践研究。但邻里中心这一空间布局形式真正出现于城市形态中是在 1970 年前后。邻里中心模式紧密结合了新加坡经济社会的发展需求,经过 50 多年的发展和探索,经历了"组团邻里结构"模式、"棋盘式"结构模式和二十一世纪模式这三个阶段,邻里中心和组屋计划已经成为新加坡城市名片的成功写照。

(1)"组团邻里结构"模式阶段

20 世纪 60 年代初期,新加坡的居住环境恶劣,人口密集,人们完全没有购房能力,生活质量很低。为了改变这一现状,政府于 1960 年成立了新加坡建屋发展局(HDB: Housing Development Board),全面负责公共住房的规划建设,并且于 1965 年开始实施组屋计划,提出了"居者有其屋"的目标。从此,新加坡开始通过建设新城来发展组屋,进行长期的、大规模的组屋建设。1970 年,为了适应人口的迅速扩张,HDB 开始在郊区建设新镇,并提出第一个远期概念规划(Long-range Concept Plan)。这一时期较有代表性的案例是宏茂桥(AngMoKio)新镇。它于 1973 年开始建设,采用了邻里中心的布局模式。服务设施体系采用"一大六小"的模式,即一个新镇中心和六个邻里中心。每个邻里中心作为一个组团,组团内配有一个与之规模相适应的次中心。因此这一时期组屋建设也被称作"组团邻里结构"模式。尽管这一时期组屋计划的实践大大提高了新加坡居民的居住环境质量,但是由于相邻邻里中心的距离超出了居民步行活动范围,居民很少会去选择使用其他的邻里中心,导致邻里间的交往较少。并且由于受 20 世纪初欧洲"功能主义"思想的影响,这一时期的组屋建设较为强调功能性和实用性,最大限度的发挥邻里中心的作用,尚未充分认识到社区归属感和邻里交流空间的重要性。

(2)"棋盘式"结构模式阶段

到 20 世纪 70 年化 HDB 对纯粹"功能主义"的邻里中心布局模式进行了反思,新的"棋盘式"组屋结构模式便应运而生。这一时期的组屋规划强调对社区归属感、交往空间等方面的关注,注重社区精神生活的建设,营造城市环境特色,整合交通和土地利用,从而实现和谐的社区生活。

将区块(Precinct)作为最为基本的单元是"棋盘式"组屋结构最为明显的特征,形成"区块-邻里-镇中心"三级中心体系。与组团相比,区块的规模更小,一般为 2—4 百平方米,每个区块内有一个含有活动场地或者公园的区块中心。区块的规模较小,有利于步行的联系,因而可以通过居民对开放空间的共同使用,促进社会交往行为的发生。同时将公共空间体系——即镇中心公园-邻里公园-区块活动场地作为景观节点,并通过道路网络与城市水体、地标景观相连,形成城市景观的主要轴线视觉通廊,营造出城市环境的独特性。位于新加坡东部的淡滨尼(Tampines)新镇便是第一个采用这种结构模式进行规划的新城,并取得了令人瞩目的成绩。

此外,这一时期 HDB 不仅对邻里中心模式的结构进行了优化,还根据市场发展和居民需求,对邻里中心与组屋的布局进行了更为详尽的调整。将住宅与社区商业分离,并通过道路交通系统来进行连接,在提高组屋住户生活环境质量的同时又满足了居民的生活交往。另外,HDB 还对邻里中心与组屋的规模、比例、邻里中心的商业建筑形式、建筑功能、经营商品消费人群等提出了相应的设计规范和原则,满足居民的物质生活和精神文化生活。

(3) 二十一世纪模式阶段

进入二十一世纪,随着美国新城市主义的兴起与发展,HDB 逐渐开始尝试将新的规划理念融入邻里中心中,围绕 TOD 模式发展起来的新的组屋规划结构模式逐渐浮出水面。规划将小规模住区与邻里中心、公共空间通过轨道交通来连接,并利用步行系统将公共绿地串连成片,形成丰富多样的社区生活,创造出独具特色的城市环境。

位于新加坡东北部地区的榜鹅(Punggol)新镇是应用新加坡二十一世纪模式的典型代表。新镇内各邻里间通过轻轨和地铁联系,道路系统以网格状分布,各居住单元通过社区巴士等公共交通相连,交通站点相距为 300—350m,并与轻轨和地铁无缝衔接,形成高效的城市交通网络。固然这种以"块"为单元划分方法结构模式是对"棋盘式"结构的一种延续与发展,但设计的核心却是公共空间与轨道交通,另外,通过步行系统将各公共绿地连接起来,并与机动车交通分离,在步行系统与机动车交通系统的交叉处,采取步行优先原则,这也正是人本主义的体现。

如今,新加坡 80% 以上居民都居住在政府开发的组屋区内,其中九成以上的居民都拥有属于自己的住房,剩余不到一成的居民住在政府提供的租赁房内。新加坡真正实现了"居者有其屋"的花园城市构想,其邻里中心规划模式也在其他高密度城市中得到广泛应用。

3. 新加坡邻里中心的特征

新加坡的社区规划模式主要由社区的规模、交通系统的组织、公共配套设施的布局和公共开放空间的设置这几个因素来决定，这在邻里中心的几个重要特征中有明显的体现。

（1）小型的居住规模促进和睦亲密的邻里交往

居住规模由 8—10 百平方米调整为 2—4 百平方米，将邻里中心的服务半径缩小，当中配备完善的公共服务设施，并提供一定的公共开放空间。小型的居住规模妥善解决了居民的日常消费、休闲娱乐、文化交流等问题，并将其室内活动延伸到室外，构成庞大的家庭住宅延伸体系。具体来说，菜市、超市、餐厅是对厨房的延伸；公共浴室和洗衣房是对卫生间的延伸；电影院、KTV、茶室是客厅的延伸；图书馆、阅览室是书房的延伸……开展一系列户外活动有利于增加社区居民间的交流，增添社区氛围，增强邻里关系的融洽度。

（2）成熟的交通体系提高居民生话质量，有助于城市环境的美化。住区的交通系统倡导新城市主义的 TOD 模式，以轻轨和地铁站点为核心组织，通过社区公交和步行系统连接组屋和公共开放空间，实现与地铁或轻轨的无缝衔接；公共交通与私家车交通系统分离，缩短了公共服务设施与社区居民的距离，方便居民出行。完善的交通系统对新加坡社会经济的发展和国民素质的提高提供了根本的保障，并妥善解决了居民生活和城市环境中的若干问题如噪音污染、废气污染等。

（3）公共设施的合理布局更能有效促进城市的健康发展。邻里中心把既有的商业和公共服务设施集中于一体，满足人们多样化的需求。同时又在新镇内设置多个中心，有效避免了人口过于集中对中心区域造成压力，也防止了郊区化现象，避免城市中心衰落。

4. 新加坡邻里中心的结构模式

新加坡新镇的建设分为三个等级结构：新镇-邻里-邻里组团。新镇的规模一般可容纳 25000—50000 户，其中包含 5—8 个邻里；邻里的规模可容纳 3000—9000 户，含有 6—7 个邻里组团；邻里组团一般容纳 500—1000 户，由 4—8 幢组屋楼围合而成。其公共服务设施也采用相对应的分级结构进行配置；即新镇中心-邻里中心-邻里商店。根据 HDB 的规划建设经验，一般来讲，每 1000—1200 户设置一个邻里商店；每 6000—8000 户建设一个邻里中心；每 40000—60000 户配套建设一个新镇中心。

新镇中心用地面积较大，是新镇最繁华的地方。主要经营高档商品，汇集了大型百货公司、银行、图书馆、体育娱乐设施、私人机构等高端服务设施，公共开放空间、公交转换站等配套公共设施齐全。邻里中心则以中档商品为主，配有日常用品商铺、诊所、餐厅、邮局等。邻里中心的服务半径不超过 800 米，确保居民能在 10 分钟内住宅步行至邻里中心。并且通过路网布置和站点的设置,加强各交通方式与地铁站或轻轨站的无缝衔接,实现一站式、多样化服务。邻里商店分散在各邻里组团之间,以经营生活必需品为主,一般包含儿童游乐设施和小型超市,满足居民最基本的生活需求。其商店组合为:普通日用商店和餐厅。另外,学校主要分布在组屋和公共绿地附近,并通过步行系统与组屋相连,实行人车分离,保证学生上学放学的安全性;工业设施一般位于新镇边缘,与外围快速通道直接相连,不经过新镇内部,保证新镇内居民远离环境污染。如今,随着人民消费习惯、精神需求的不断改变,新加坡建屋发展局也在对其产业、交通以及相关的配套服务进行进一步的优化和调整。

延伸案例导读 4

苏州邻里中心

苏州工业园区于 1994 年 2 月经国务院批准设立,同年 5 月实施启动。园区是我国政府与新加坡政府之间的重要合作项目。苏州工业园区邻里中心建设在本土化实践中已取得了成功,如今已成为我国邻里中心建设和研究的重要学习对象。

苏州工业园区邻里中心由苏州工业园区邻里中心公司(以下简称邻里中心公司)进行统一建设管理。依照公司的社区商业体系产品分类,邻里中心定位服务人口为 2 万—3 万人,相比新加坡邻里中心的服务范围要大许多,但同时建设规模也相应有所提高,这是与我国城市面积大、人口数量多的国情所相符的。

在园区的社区商业体系中,依照规模、服务水平、服务范围共分为四个层级:邻瑞广场、融鼎广场、邻里中心、邻里汇。邻瑞广场是区域级的社区商业设施,定位为服务 10 万人口以上,建筑面积不少于 10 万平方米,以区域高端消费为主要服务内容;融鼎广场是次中心级社区商业设施,定位服务 5 万—10 万人口;邻里中心的定位是大社区、大组团中的社区商业,服务人口 2 万—3 万人,平均建筑面积标准 2.5 万平方米;邻里汇则是居住小区级的社区商业,通常用以满足小区居民的基本需求,定位服务人口 5000 人。

苏州工业园区邻里中心的功能业态设置在新加坡邻里中心 12 项基础功能的基础上加入了许多符合我国居民需求的新业态,比如邻里生鲜、民众联络所、培训机构等。其内容基本可分为购物、服务、餐饮、教育、休闲五大类。此外,每一个邻里中心根据周边居民的具体需求在业态设定上留有一定的创新空间,每一处邻里中心都会增设有特色单元。

对于苏州工业园区邻里中心的特点,归纳起来主要包括以下几点:

(1)统一规划、建设、管理

苏州工业园区的开发吸取了新加坡城市规划的经验,基本遵循了"两先两后"的原则,真正做到了先规划后建设、先地下后地上的建设开发流程。然而与新加坡邻里中心所不同的是,在管理方面,苏州工业园区专门成立了邻里中心发展有限公司(以下简称邻里中心公司)负责对邻里中心进行建设与管理。这也是苏州"政企分离"的典型案例,"政企分离"的模式在发展壮大阶段相比"政企合一"有着明显的优势,小政府、大企业的管理模式使得开发区管委会与开发公司充分发挥了自身的优势,使得邻里中心企业化运作更少的受到政府的体制束缚。

(2)布点均衡,公共服务设施内容相对集中

园区邻里中心由于在规划之初已进行全面的布点设计,因此布点相对均衡,每个住区周边 1—2 公里范围内都能够找到至少 1 处邻里中心。通常邻里中心周边都设置有中小学、公共绿地等公共服务设施,与邻里中心共同构成社区服务节点。集中的布局对于公共服务设施的使用也提供了极大的便利。

(3)功能全面,突出社会服务

园区邻里中心的功能设置基本移植了新加坡邻里中心所包含的 12 项基本功能,同时针对我国消费人群的使用特征以及社区管理的特点进行了补充,能够满足居民消费、休闲、服务等各个方面的需求。部分邻里中心还设置有社工委等中国社区体制下的基层单位。

本案例由刘瀚斌、潘方悦搜集、整理、撰写

第四节　社区公益价值链

一级案例

社区基金会

美国是社区基金会的发源地,在 2010 年,拥有超过 734 家社区基金会,总支

出达到了 42 亿美元。社区基金会遍及美国 50 个州,在罗德岛和爱达荷州数量最少,分别只有一个,最多的是印第安纳州,达到了 76 个。在印第安纳州,该州最大的私人基金会为州内许许多多小型社区提供资金,支持它们建立自己的社区基金会。

在美国,最大的社区基金会是纽约社区信托基金会。该信托基金会在 2010 年拨款超过 1.4 亿美元,重点支持的地区涵盖了人口超过 800 万的纽约及其市郊的居民。虽然如此,但大部分社区基金会与之相比实在是太小了,超过 40% 的美国社区基金会在 2010 年拨款数不足 100 万美元,只有大约 12% 的社区基金会在去年拨出 1000 万美元或更多。以亚特兰大社区基金会为例,该基金会资产接近 4 亿美元,内设 400 个单立捐赠基金。作为世界上第一家社区基金会,克里夫兰社区基金会的总资产高达 18 亿美元,内设 1300 个来自个人、家庭、公司和其他机构的单立捐赠基金。

那么,中国的社区基金会发展现状如何?

一、背景

社区基金会是最近几年在中国新生的一种重要的基金会类型,其在社区治理、社区建设等方面开始发挥越来越重要的作用。政府、社会各方越来越关注和意识到社区基金会在社区治理中的重要作用,在解决当前社区问题中的重要作用,社区基金会的发展,可以更好地弥补社区生态链的不足,使资金来源更加多元,使公益项目更加贴近居民需求。

二、简述

2014 年上海市委、市政府一号调研课题"创新社会治理,加强基层建设"明确提出"鼓励街道、乡镇探索设立社区发展基金(会),为社会资金支持社会力量参与社区治理创造条件"。2017 年,《中共中央国务院关于加强和完善城乡社区治理的意见》中,社区基金会被写进中央文件。中国社区基金会迎来发展新阶段。截止到 2018 年 9 月底,全国共有 100 多家社区基金会,上海市正式登记成立了 74 家社区基金会。但中国的社区基金会才刚刚起步,面临着发展初期资源匮乏、专业化程度不高、影响力有限等短板。

按照发起资金的来源,社区基金会可以分为政府主导型社区基金会、企业经营型社区基金会、个人权威型社区基金会以及多元合作型社区基金会四大类:

第一类是政府主导型的社区基金会,代表案例有上海洋泾街道社区基金会、上海金杨社区基金会。以洋泾街道社区基金会为例,该社区公益基金会成立于2013 年 8 月 9 日,同年取得了公募资质,注册资金 400 万元,全部为政府资金,得到了洋泾街道的全额财政拨款。自 2014 年起,基金会就在街道的支持下运作洋泾慈善公益联合捐,通过"洋泾生活公益市集"、圣诞亲子公益市集、友邻节等形式开展善款募集,四年来累计筹集 227 万余元善款,形成了较为稳定的"一日捐"公益资金池。

第二类是企业经营型的基金会,比如中国第一家社区基金会——深圳桃源居社区基金会,以及上海的心手相牵社区基金会。以上海心手相牵社区基金会为例,该基金会是由上海遥薇有限公司于 2015 年 8 月发起成立,注册资金为200 万元的地方性非公募基金会。该基金会在原有"一号秘书,智慧社区"的基础上开展服务活动,以关爱社区弱势人群,为社区公益事业做一份贡献为宗旨,主要资助社区弱势人群、社区公益项目、社区公益组织和公益人才的发展、改善社区公共服务设施。

第三类是个人权威性的社区基金会,比如上海第一家社区基金会——美丽心灵社区基金会。上海美丽心灵社区公益基金会成立于 2012 年 9 月 29 日,是国内首家心理关怀基金会。美丽心灵总部位于上海公益新天地,在上海市儿童医院、黄浦、普陀区、浦东新区等主城区设立有 6 个关爱中心和驿站。

第四类是由政府和企业共同出资多元型的社区基金会,例如上海杨浦区延吉社区公益基金,基金会资金的募集是由 12 家单位自愿捐赠组成。

此外,与国外已相当成熟的基金会进行同类研究,除了开篇所述美国的社区基金会,英国社区基金会联盟也值得一提。英国社区基金会联盟位于伦敦,是全英范围内为社区基金会提供各类支持服务的伞状机构,相当于英国社区基金会的行业协会。其主要工作是服务社区基金会,为捐赠者提供慈善资助的建议,为社区基金会的筹款和资助提供技术支持。英国社区基金会联盟和各地社区基金会有不少业务上的合作,其中的五个项目(社区优先、度过严冬、抗击洪水、质量鉴定、行业研究)是社区基金会联盟的主要工作。

以"社区优先"(Community First)项目为例,该项目是英国大社会政策的一部分,由英国内阁公民社会办公室发起,英国社区基金会联盟、各地社区基金会、"本地"(Locality)公司和英国连锁超市 Asda 等合作开展。从 2011 年开始,为期

4 年,于 2015 年结束。这一项目旨在帮助社区发现自我优势和本地重要议题,增强社区凝聚力,规划社区未来发展。这一计划包括两部分:一是邻里配套基金,3 千万英镑,主要帮助贫困地区的社区建设,为社区组织和居民提供小额资助。二是捐赠基金配套挑战赛,共 5 千万英镑,政府资金与私人捐款的资金按各 50％ 比例进行配套投入,建立社区基金会。社区优先项目在社区寻找社区领袖,组织社区居民讨论社区内的重要事务。到 2015 年,共有 5000 多个社区组织者获得培训。

三、术语解析

社区基金会,是指由社区利益相关方发起,在民政部门依法登记,利用社会捐赠的财产,为社区公益慈善事业提供资金资助或从事本社区公益慈善服务的非营利性法人。其主要特征是:基金会的发起人、资源来源和服务范围具有强烈的特定社区指向性。成立于 1914 年的克利兰夫社区基金会,是全球第一家社区基金会。国内第一家社区基金会是成立于 2012 年的桃源居社区基金会。

四、实践守则

(一) 设立社区基金会

自然人、法人或其他组织都可以申请设立基金会,申请人可以是基金会的捐赠人,也可以是其他热心公益事业的公民或组织。基金会分为公募基金会(可以面向公众募捐)和非公募基金会(不得面向公众募捐)。公募基金会按照可以开展募捐的地域范围,分为全国性公募基金会和地方性公募基金会。

(二) 运营社区基金会

资金保障。为维持基金会运作,必须要拥有持续资金来源渠道,除初始资金来源继续投入外,还包括:一是增值理财收入,动息不动本;二是政府资金奖励、创投、公益事业资金等财政资金;三是福利彩票资金;四是公众筹款;五是项目/活动/个案筹款;六是企业捐款;七是社会组织资金代管收益等等。

社区动员。从社区基金会的特性看,社区基金会以吸纳本地资源为主。动员包括社区居民、社区内机关、团体、企业、学校等社区利益相关方的捐赠支持。在一些发达地区,社区内的资源能量不可小视,有的街道仅每年一次的传统捐赠活动,就可以筹到几十万的捐赠资金。这些资金如果留在社区基金会,就是一种稳定的资源支持。从社区治理的角度看,社区基金会资源的本地化,有利于提升捐赠人的参与意识,增强社区的凝聚力,推动社区治理的良性发展。毕竟把钱捐给自己熟悉的社区,看到捐款真正发挥作用,要比把钱捐到看不见的地方更具有吸引力。除了社区资源,社区基金会还可以申请基层政府的购买服务资金和辖区单位的支持。社区基金会享有捐赠税前扣除资格,还可以接受社区之外的社会企业和其他公益组织的捐赠。总之,社区基金会的资源要立足社区,广泛吸纳各种社会资本,形成持续稳定的资源支持。

内部治理。遵循《基金会管理条例》,实行以章程为核心的法人治理结构,设立理事会、秘书处、监事或监事会等决策、执行和监事机构。有的基金会还会设置捐赠人大会、居民代表会议、项目评审委员会、财产增值保值投资委员会、薪酬委员会等等委员会。基金会的理事构成,一般由发起人、捐赠人、社会知名人士、专业人士及业务主管单位推荐的人员等组成。社区基金会的理事,除了以上来源,最重要的是要吸收社区利益相关方的参与,如居民代表、社区工作者、社区名人、社区社会组织负责人、社区建设专业人士、辖区单位(街道办事处、物业公司、社区企业)推荐的代表人员等组成。理事会的构成既要从基金会的资源、专业和高效运作方面考虑,还要吸纳社区各方面力量的参与。

(三) 公益项目的募投工作

社区基金会实施公益项目要把握好几个环节:

一是在项目征集环节,要坚持问题导向,把居民的需求和社区利益相关方的需求与社区的资源禀赋结合起来,按照紧迫性、重要性、可行性等进行排序。

二是在项目的评定环节,要坚持群专结合,既要有专业人员参与指导把关、还要把社区单位、社区居民、社工和社区内的草根组织调动起来,让大家一起参加项目的评审。让问题的制造者参与到问题的解决之中,这样更有利于项目的执行。

三是在项目,一个好的项目就像在找穴位,一定要让社区各方面的力量参与其中,要抓住社区治理中的盲点、社区居民关心的痛点、社区服务的空白点,并以此作为撬动社区资源的支点,链接社区各方面力量的节点。

五、各界应该怎么做

（一）基金会设立方

社区基金会单项基金的设立须与社区居民构成和需求保持一致，并根据其变化作出相应调整，而不能在不同行政区域甚至同一行政区域中的不同社区之间采取整齐划一的设置模式，也不能对变化视而不见从而使得基金设立趋于僵化。

（二）基金会管理者和捐赠者

社区基金会需要充分开发捐赠者资源，将捐赠者的捐赠需求与社区需求加以有效对接，推动具有类似生活经历或阶层身份的人设立定向基金，如鼓励来自农村但现已在城市中取得成就的人设立定向基金用于改善社区中外来务工人员的生活，或者吸引少数民族的企业家设立定向基金为社区内的少数民族居民提供服务等。

（三）居委会和物业

社区基金会的管理层需要体现社区居民结构，并随着后者变化作出相应调整。居民参与治理是保障社区居民基本权益和提升社区治理水平的重要途径。为了更好地满足社区需求，在社区基金会中同样需要引入居民参与的治理模式。参与社区基金会治理不仅是指社区居民能够经常性地参与社区基金会的项目活动，更为重要的是在社区基金会的管理层中能够出现他们的身影，基金会理事会中应当有来自社区居民的代表。

（四）居民代表

当环境发生变化时，对组织的管理层需要作出调适，这不仅可以使社区基金会保持活力，同时也更加有利于其更好地发现社区所面临的新问题和新需求。由于社区的结构和需求，以及所面临的主要问题会随着时间的推移而发生变化，因此社区基金会也应当对其管理层中的居民代表作相应调整以与上述变化相吻合。作为在此社区中开展活动的社区基金会，为了更好地服务社区，就需要让这些城市新市民中的代表加入到机构管理层中。

本案例由宋超、李思嘉搜集、整理、撰写

延伸案例导读 1

上海美丽心灵社区公益基金会

一、背景

上海美丽心灵社区公益基金会成立于 2012 年 9 月 29 日,是国内首家心理关怀基金会。美丽心灵总部位于上海公益新天地。在上海市儿童医院、黄浦区、普陀区、浦东新区等主城区设立有 6 个关爱中心和驿站。

该基金会是全上海第一家社区基金会。当前大部分社区基金会工作人员只有 1—2 人,3 人以上的社区基金有 70％的人员是兼职的,而美丽心灵是到目前为止唯一一个专职人数超过 6 人的社区基金会。

此外,美丽心灵公益基金的投资模式是市场化的,该模式是通过市场运作的方式,将基金会资产投入到市场,由市场的发展情况决定资金的回报率,具有较高的收益。

二、简述

发起人是原《东方早报》活动部总监马莉女士,由于工作性质的原因,该发起人对于社会弱势群体给予了充分关注,并引发了她对于公益的思考,并激发她成立社区公益基金会。

机构成立后,经过不断的发展,该基金会已经形成了"小橡树""爱晚晴""志愿者培训"等三大品牌项目。在美丽心灵基金会初具规模以后,基金会将旗下爱心帮助项目都汇入到了"爱心 100"和"社区公益"这个大型品牌当中。

1. 爱心 100

"社区探访":基金会开展大量的入户探访,一对一支持,内容包括:户籍老城区特困家庭、新上海妈妈(外来媳妇)、重症患儿及特殊行业工作人员(如医护人员),每年入户调研数百家庭。

"螺蛳壳儿童空间改造计划":选择贫困家庭,联合了知名设计师和社会各界精英人士、企事业单位,为贫困家庭的儿童重新改造居住环境,给孩子提供一个温暖舒适的成长空间。"螺蛳壳"项目旨在解决以下几个问题:

安全问题——重点改造电路以及排除威胁儿童安全的各种隐患问题。私密空间——为孩子的生活方式定制改造房屋,区分起居和学习空间,女孩子都会分割一个简易更衣空间。学习问题——志愿者定期一对一爱心课业辅导。环境问题——改造昏暗潮湿脏乱差等环境问题,利于儿童的身心健康以及成长。光线问题——保护儿童视力,配备专业学习的灯具。心理问题——由专业的心理咨询师疏通困境生活中的儿童家暴以及心理、成长方面的各种问题。亲情缺失——给那些不完整家庭或者事实孤儿一个温暖的亲情关爱。

从 2015 年年底开始,基金会先是发动志愿者,用时一年走访了 200 余户贫困儿童家庭,建立了详尽的档案,然后联系专家委员会评估是否具备改造条件,再邀请设计师设计图纸,接受好心人的捐款,施工队上门,与受助家庭签订协议。基金会为每户受助家庭提供《新生活指导手册》,帮助家庭学习生活技巧,引导改变生活方式,避免杂物再次拥堵家庭,让改造后的螺蛳壳成为适宜孩子成长的有爱新家。对于那些孩子,基金会会继续为他们提供长达三年的心理援助、课业辅导等帮助。

"手信计划""见字如面":为上海和其他地区的儿童建立联系,让他们书信往来,每封信都是唯一的,信件的落款、抬头的称呼、内容的每一字及每一句都是带着情感、带着温度的最好的礼物。目前已经与歙县、西藏某地展开了 1 对 1 结对。

"重症患儿支持":结合捐助及心理的双重援助机制,带领受过专业培训的志愿者们走进病房患病儿童,开展游戏治疗、故事治疗、绘画治疗,为家长开展心理辅导,新年还有心愿计划等活动。

2. 社区公益

"公益第一站音乐会":打造一个公益音乐会品牌。凭借知名导演、艺人,比如赖声川、黄豆豆、黄磊等等,扩大公益影响,依靠媒体力量,吸引更多的艺人到上海,且有意愿率先做一场公益演出,引导社会中坚层、带领中青年群体关注并参与公益事业。爱通过艺术拉近了人们的心理和社会距离。

"音乐剧公益演出""木偶剧公益演出":通过艺术的途径,建立人际之间的温暖连接。鼓励社区居民互助分享,帮助身边人,用身边资源解决身边问题。2014—2015 年,美丽心灵共开展数十场音乐剧,受益人数达数万人。2013 年,美丽心灵资助演出木偶剧 103 场。

"不一样的人生":针对 16 岁以下少年、70 岁以上长者及特殊人群,记录人生的精彩片段,留下时光的痕迹,感悟生命的美好,以多彩的爱让更多人生散发不同的魅力,让简单的相片呈现更多不一样的精彩人生。

"爱晚晴"：由美丽心灵专业社工带领志愿者共同为老年人带来包括现代行为疗法的老人心理辅导、老人探视、人生故事会、老人瑜伽、读书会等活动，走进老人的内心。

（三）实践守则

美丽心灵基金会之所以能将诸多项目落地，主要依托于高效的志愿者培训体系，至今美丽心灵基金会培训达数千名志愿者，他们有社会志愿者、团队志愿者、跨国公司志愿者、学校志愿者、社区志愿者以及受助对象志愿者等。他们的特色在于模块化的培训机制，把培训分为可复制的几个模块：

1. 志愿者成长模块（志愿者个人）。包括志愿者面试、入门培训、项目培训、参与活动、专业培训、专家督导。

2. 志愿者招募模块（公益基金与志愿者）。包括通过自己的官网，微信服务号等公开网络平台、社会专业的志愿者招聘网站及机构、合作社区街道居委推荐、合作爱心企业推荐、合作学校推荐、志愿者推荐、志愿者互动。

3. 志愿者服务模块（志愿者和服务对象之间的互动）。包括志愿者培训、人员分类、项目活动、建立个人档案、IT 服务管理、服务公示、优秀评选。

延伸案例导读 2

深圳桃源居社区公益事业发展基金会

一、背景

深圳桃源居社区占地 1.16 平方公里，规划建筑面积 180 万平方米，总人口 5 万，兴建了社区公共服务中心、老年协会、妇女成人学校、儿童教育中心等，目前已拥有社区资本逾千万元，社区资产占地近千平方米。

2008 年，桃源居公益事业发展基金会，是由深圳桃源居集团捐资 1 亿元人民币发起设立的非公募基金会，其宗旨是"推进中国社区发展，发展社区民间组织。利用社区劳动力，发展社区经济，完善社区服务，培育社区福利，积累社区资本，创建社区自救自助、民主自治的公共服务体系。"

桃源居社区公益事业发展基金会是从社区建设、社区文化角度关注民生的新型公益基金会。其运作模式也非同一般,将扮演社区公益事业的"输血者""风险投资者"的角色,不直接资助任何政府公共服务机构和个人,而是资助社区内的公益性社会组织,以培育社会组织来完善公共服务与福利体系,为社区公益事业的发展提供"源头活水",从而实现社区公共服务的良性运营和可持续发展。

二、简述

基会自成立以来,累计接受桃源居集团及其下属子公司捐赠人民币 2.3 亿元,截至 2014 年底,公益支出累计 1.26 亿元,在全国范围内开展社区社会组织培育、社区公益人才培养、灾害救援、社会公益、社区理论研究五大类共计 48 个公益项目。

三、实践守则

(一) 扶持社会组织

2005 年,在全国妇联的支持与指导下,桃源居集团与中国妇女发展基金会签订了"桃源居社区妇女教育服务合作",委托中华女子学院,面对社区 45 周岁以下的女性开展了"一书多证的学历教育、职业教育与素质教育"的各类培训,社区逐步建立了妇女社区终身教育的体系,并取得了丰硕的成果,社区教育已成为促进深圳桃源居建设服务型善治模式的有效途径。

2013 年深圳桃源居社区教育模式成功向重庆桃源居进行移植,在重庆桃源公园兴建了桃源居社区文化教育中心和社区妇女邻里中心。截至 2017 年,在天津等各地已经建立的桃源居社区基金会中,都有文化教育中心和领里中心的项目。

(二) 公益事业类

为了推动重庆市人居事业的发展,促进重庆市社区公益组织的发展,桃基会捐赠 7000 万元,其中 2000 万元用于桃源居(重庆)房地产开发有限公司和重庆市渝北区政府合作承建的桃源公园建设,5000 万元用于公园内投资兴建重庆桃源居公益事业发展中心。公益中心建筑面积约 1 万平方米,下设卫生服务中心、文化教育中心、体育中心、图书馆、老年协会等。

重庆桃源颐康园是重庆市第一社会福利院的一期重点项目,由桃源居开发商捐资 2030 万建设,委托桃基会监管。该院投入使用后,可解决 200 多名"三无"老人休养生息安置问题。桃源颐康园原计划老人休养大楼建筑面积 12000 平方米,床位近 500 张,2009 年按民政要求调整,拟建成国家级示范养老机构,桃源颐康园也调整为建筑面积 9236 平方米,床位 222 张,包含老人活动中心和居住楼。

本案例由宋超、李思嘉搜集、整理、撰写

资料来源:

上海美丽心灵社区公益基金会官方网站
《发展社区基金会:政策鼓励可以更"大胆"一点》,人民政协报,作者顾磊
《桃源居公益事业发展基金会》,中国妇女发展基金会官网

延伸导读案例 3

<h2 align="center">优秀的筹款项目"一日捐"</h2>
——以洋泾社区公益基金会为例

在网上搜"一日捐",名声不大好,一片的"我被强捐了"。很多有政府背景的基金会通过行政动员,让员工捐出一天的工资,操作上,很多是直接扣员工一天的工资。

但"一日捐"只是一个慈善倡导的口号,是一个项目和工具,不能因为有"骂名"而把"孩子和脏水一起泼了"。上海洋泾社区公益基金会就把"一日捐"项目做得有声有色,"一日捐"不仅是筹款项目,更是一个居民参与、居民监督、居民受益的社区治理创新平台。

一、背景

上海洋泾社区公益基金会成立于 2013 年 8 月 9 日,获得公募资质,于 2017 年被认定为慈善组织。自 2014 年起,基金会就在街道的支持下运作洋泾慈善公益联合捐,通过"洋泾生活公益市集"、年度捐赠使用情况单、企业公益项目清单、圣诞亲子公益市集、友邻节等形式开展善款募集,四年来累计筹集 227 万余元善

款,形成了较为稳定的"一日捐"公益资金池。

三年来,一日捐已经资助 26 个项目,其中 3 个项目连续两年获得资助,截至 2016 年底已经累计服务 89415 人次。

二、简述

2015 年,洋泾社区基金会发起"一日捐——洋泾社区微公益创投"资助项目,面向社会公开招标,旨在让专业、优质的社会组织及其项目落地洋泾,鼓励社会组织在专业服务上大胆创新、细分需求、培育社群,可持续地开展公益项目。"一日捐——洋泾社区微公益创投"资助项目旨在达成以下四个目标:

1. 鼓励具备专业理念及服务模式的社会组织创新试验项目;
2. 聚焦及细分社区特定服务群体,回应洋泾社区需求;
3. 多方吸纳资源,搭建平台,培育在地社区互助网络;
4. 透明、规范、有效地使用社区募集地公益资金,并且培养居民捐赠人增强参与式资助的意识和能力。

三、实践守则

"一日捐"公益捐款项目在操作的时候,必须注意以下几个要点:

一是创新实验性。"一日捐"鼓励创新及试验,注重聚焦及细分特定群体,必须精准回应洋泾社区居民的需求。"一日捐"要求每一个项目都必须提交三年的项目规划,因为基金会注重的是项目持续发展和服务对象所发生的改变。"一日捐"在项目评估的时候,还关注所资助的机构是否尝试多方吸纳资源,并且在项目运作的过程中是否注重在地义工领袖的挖掘和培育。

二是主人翁意识。培养社区捐赠人的主人翁意识,更有利于下一年的资金筹集。更重要的是,每一位大众评审就是"一日捐"最具信赖的宣传大使,因为这些愿意参与的居民代表一定都是社区的热心人,具备一定的社区威望,对于社区基金会而言,最需要的就是社区精英的信任与共同决策。

三是参与式互助。探索了"参与式资助"的可行性。基金会倡导的是基于目标群体需求设计而成的公益项目,服务的是有一定代表性的人群。而社区捐赠人的参与,不仅能更为有效地将资金对接到社区需求人群,更能够帮助"一日捐"树立更加公开、透明的形象,在理事会、专家评审、社区捐赠人的共同监督下,能够让项目得到更有效的监管。

四、各界应该怎么做

(一) 社会大众与专家学者：大众参与的评审制度

针对每一分资金、每一个项目，大众参与的评审制度是基金会公信力的保证。

评审制度分为三级：一级为资格审查，基金会每年 3 月份发布资助意向，由社会组织前来递交项目申请书，基金会项目官员会对项目书和机构进行尽职调查；二级为书面初筛，由基金会的资助委员会和项目委员会组建评审小组，对所有项目书进行可行性审查，列出答辩候选名单；三级为公开答辩，每年邀请 30—50 位社区捐赠人与专家组，组成评审团，共同打分、三七占比，最后取得分前 8—10 位的项目选择资助。在公开答辩评审会之前，基金会会召集大众评审开展项目评审说明会，向大众评审传递正确的公益理念，确保评审在答辩之前就对候选项目已经有了全面了解。

(二) 捐赠人和社区居民："参与式资助资金"的本土化运作

"一日捐——洋泾社区微公益创投"资助项目主要服务社区，因此"一日捐"的大众评审既是项目的捐赠人，同时又是生活在洋泾、工作在洋泾的居民，他们是项目的受益者，对于如何合理分配这笔社区"众筹"善款最有发言权。

(三) 街道和居委会：激活本地社会组织的自身发展

街道层面通过"一日捐"平台引进外部社会组织，推进社区社会组织和公益项目的专业提升。通过微信、网站、社区渠道，协助开展项目宣传，建立社区信息网络，在项目执行过程为中标项目提供所需的场地、义工招募等社区资源。同时邀请第三方对受资助项目开展监测和评估，以评促建，保证项目保质保量执行，更为下一阶段的项目发展或新项目研发提供建议。

本案例由宋超、李思嘉搜集、整理、撰写

资料来源：

《浦东洋泾街道："社区公益基金会"搭建基层治理新平台》上海基层党建网

延伸案例导读 4

义仓——一个好的邻里互助项目

2017 年 9 月 23 日,由壹基金支持、义仓发展网络发起的"全国首个义仓日"公益推广活动在全国 23 个城市同期举行,上万名参与者通过富有中华传统文化韵味的丰富活动,体验了义仓"创建睦邻友好,守望相助的社区"的文化内核。而成都是这次推广活动的主会场,50 余位成都市民分享了自己与邻里之间的温暖故事,现场参与的市民多达 500 余位。

义仓,起源自隋唐时期,一些村民从自家拿出稻谷放在村中的"义仓"里,帮助贫困家庭的孩童用"义仓米"去上学,遇灾时各村社则用"义仓粮"开办粥厂,赈济灾民。

现代义仓的探索始于 2010 年,起步于成都,是对我国传统"义"文化的发扬和延续,倡导社区居民定期的、非现金的小额捐赠,帮助社区内低收入、负担重的困难家庭,尤其是孤寡老人、残障人士家庭等。

"义仓源自中国古代,是一种古老的慈善事业,我们现在做的就是将义仓变得现代化。"活动结束,义仓创始人、全国义仓发展网络理事会轮值主席刘飞接受了成都商报记者的采访。2010 年,已从事慈善事业多年的刘飞去到江西,机缘巧合之下发现这里存有一个传统的义仓慈善组织。对义仓进行了一番了解之后,刘飞深受感动,决定将这种模式带到成都,并赋予其现代化的慈善模式。2011 年,第一个现代化的义仓在成都市锦江区水井坊社区开始建立,并得到了当地政府的大力支持,随后又逐渐推广到成都市内多个社区。

2013 年,山东公益人士徐进等人到成都学习建立义仓的经验。2014 年,山东建立起了第一个义仓,随后逐渐推广全省。"取自成都,走向全国。"徐进感慨地说。

据了解,截至目前,现代义仓已覆盖全国 16 个省 49 个城市的 1000 多个社区,101 家社会组织在各地推动在地义仓探索,参与义仓学习网络的机构和个人更多达 400 余家。从 2016 年起,在壹基金联合公益的支持下,全国义仓发展网络正式成立,迈入全新的发展阶段。

为什么要从传统慈善中汲取经验? 刘飞介绍,2008 年汶川地震之后,中国民间慈善事业迅猛发展,但更多的是借助企业的捐献。"企业捐献的方式不可持续,而义仓是借助的邻里间的力量,这是一种可持续的模式。"刘飞说,我们倡导社区居民定期的、非现金的小额捐赠,而受助家庭可以通过成为爱心志愿者等形式成为爱心家庭,因此"义仓"中没有绝对的受助与施助,每个人用自己的方式参与社区建设,并在"义仓"中感受到尊重和平等,而"义仓"的最终目标是构建起社区的参与式互助体系,促进社区融合,建立睦邻友好、守望相助的和谐社区。"中国的大多数慈善事业都源自西方,而义仓是中国有据可寻的慈善事业中,源自中国传统的模式。"

本案例由宋超、李思嘉搜集、整理、撰写

一级案例

慈善超市

——以上海长寿社区慈善超市①为例

1902 年,目睹了城市底层失业人员的饥寒交迫,青年牧师埃德加·J. 赫尔姆斯(Edgar J. Helms)在美国波士顿开始了他的"好意"慈善之旅,他和伙伴们在富人街区挨家挨户宣传,鼓动他们捐赠闲置衣物,而后训练和雇佣失业人员将其修复,再分发给需要帮助的人。他们的核心理念是,强调捐赠的物品可以被售卖营利而所获善款能用于支付那些帮助修缮的工人工资。

在经过长达 13 年的缓慢成长摸索期后,1915 年,"好意慈善事业组织"(Goodwill Industries)正式成立,并确定以商业市场化运作行公益慈善服务之实,以超市化手段处理、销售捐赠物品的"慈善超市"则是其核心主营业务。良好的商业模式,加上基于社会观念、"免税"等利好环境因素带动,好意慈善事业组织成功打造成为一家百年老店。2014 年,他们在美国和加拿大已成立超过 3000家店面并建立了网上商城,营业收入达到 53.7 亿美元,其中 83% 直接用于项目资助。与此同时,提供了 31.8 万就业岗位以及总计 8900 万次雇员及社区服务,超过 2640 万人得到了就业培训。

中国的慈善超市发展又是什么样子呢?

---

① 百度百科 https://baike. baidu. com/item/%E6%85%88%E5%96%84%E8%B6%85%E5%B8%82/4728793? fr = aladdin

一、背景

2002年,中国最早的慈善超市在沈阳诞生,当时名为扶贫超市。2003年5月,上海第一家慈善超市在镇宁路开业,同年8月,北京市第一家爱心超市在朝阳区高碑店乡政府成立。其主要的运作模式均是由民政部门募集物资,政府再以超市的形式将其发放给当地的贫困人群。2004年5月,民政部下发通知,予以慈善超市发展的制度保障。后来,鉴于以行政化手段推行的捐物存在的局限,民政部开始酝酿慈善超市社会化之路,自己从大包大揽的直接管理中退出,转而承担监管职能,为此民政部特意从福利彩票基金中拨出1500万元作为启动资金。

全国各地的慈善超市的探索非常丰富,绝大多数都是基层街道社区创办并运营,底气不足,慈善超市面临的困境重重:

1. 没有身份

在很多地方,慈善超市由当地的慈善总会"挂牌"后即开始运营,法人资格问题都被搁置起来。因此,我国绝大多数的慈善超市没有经过正式注册,它是非营利性工商企业;也不属于社会团体或基金会;甚至连民办非企业单位也不是。没有身份带来的第一个麻烦是慈善超市的经营一旦出现问题,如食品安全、资金使用等,找不到承担责任的法律主体。其次是税收问题。没有法人资格便无法正常缴税,同时,它也无法向捐助者开具免税发票,享受不了退税优惠,这显然限制了社会各界捐赠的积极性。目前,慈善超市接受小额捐赠一般仅提供收据,大额捐赠则以当地慈善总会的名义开具发票,以为权宜之计。

慈善超市身份地位的缺失,也带来了其功能定位模糊不清。目前,关于慈善超市的功能定位,我们在官方文件中找不到具体描述,各个地方也处于摸着石头过河的状态。普遍而言,各地慈善超市的功能仅限于作为一种接收和发放物品的平台,它在物品置换、社会参与、调动社会捐赠意识、构建慈善文化方面的作用还没有得到充分体现。慈善超市里的衣物成了"鸡肋"。

2. 缺乏造血机制

国内的慈善超市大致可分为财政供养型、财政支持型和社会捐助型三种。财政补给是各慈善超市运作经费的主要来源,能够从社会获得稳定、有效捐助的慈善超市少之又少。

一个突出的矛盾在于,慈善超市从居民募集的物资大多数都是衣被,而衣被之外的物品又往往残破不堪,许多慈善超市都曾收到过旧电脑,维修费用比电脑本身价格还高……这就造成了慈善超市柜架上物品的单一。更有甚者,衣被之多,导致仓库都已不够用,当居民再捐献衣被的时候,只能委婉拒绝。获取捐献品种的稀少导致了恶性循环,仅有的几家具有变现功能的慈善超市,其变现收入往往连超市工作人员的薪酬和水电费都不足以支付。既募不到物资又缺少财政支持的慈善超市,其往往沦为一个"花瓶",只有在领导来视察的时候才能运营。

3. 管理混乱

慈善超市的高额运营成本和松散的管理机制,往往成为其难以为继的重要原因。而在国内的慈善超市,你能够看到的是各个不一样的名字和 LOGO:有叫"爱心超市"的,也有名曰"惠民超市"和"扶贫超市"的;各个不一样的主办和主管单位,有民政局主办的、总工会主办的、慈善总会主办的……主办主管单位既不一样,规章制度也就无法统一,资源的整合也就更难以实现;许多慈善超市的墙上有一张醒目的大红榜,上面写着各个单位的捐款数目,但是你想知道你捐的那笔钱花到哪儿去了,抱歉,查不到。"公告栏"难以让慈善超市管理透明化。

4. 成本过高

慈善超市不乏闹市中的黄金地段的黄金门面,其中很多有着宽阔的室内面积,许多超市还有着花数百万购置的消毒、清洗设备,同时许多慈善超市有着充裕的工作人员,部分慈善超市甚至还有自己的车辆运输系统……这些都表示着慈善超市的一流保障,但是,这同时也意味着更多的成本。特别是当这些庞大的投资和匮乏的造血系统、相对狭窄的受益面结合在一起的时候,当一个门可罗雀的慈善超市占有如此多的资源,是否是一种政府资源、社会资源的浪费?

二、简述

创建于 2004 年 2 月的长寿路慈善超市是典型的慈善超市,是长寿路街道办事处委托民间组织服务中心培育孵化的慈善类公益性社会组织。多年来,慈善超市按照"政府推动,民间运作,社会参与,百姓受益"的模式,逐步建立起长效运作机制,成为一股重要的慈善力量,虽然只有一个 100 多平米的小门面;这个超市并不那么出名,但是群众一有困难,它第一个挺身而出。它便是上海第一个社区慈善超市——长寿社区慈善超市。

慈善超市成为家门口的爱心平台,社区单位随时也可以把积压、滞销的商品捐赠给慈善超市;居民随时可以把家中闲置不用的衣被、家电等物品捐赠到慈善超市,既腾出了仓库和家里的空间,又奉献了爱心。而困难群众随时可以从慈善超市得到救助,使得慈善捐赠和扶贫帮困工作经常化、规范化、市场化运作。

街道与民间组织签订了协议,实行契约式管理。慈善超市由民间组织管理,既转移了政府职能,又培育了民间组织。使扶贫帮困工作由政府一家的事,变成全社会大家的事,由逢年过节才"送温暖、献爱心",变成"平时恒温,节日添暖,四季如春,365 天温情常在"。不仅满足了社区困难群众最基本的生活需求,同时也满足了社会热心人回报社会、奉献爱心的良好心愿,为推动慈善公益事业的发展提供了平台和渠道。

在慈善超市中,大到衣物、婴儿床、家电,小到文具用品,捐赠物品数量众多,琳琅满目。除此之外,不少的企业也纷纷加入到爱心捐赠的队伍中来,服装厂 4 年间不断送来公司的余单衣服;家乐福武宁店每天将超市里外包装受损的日用品捐赠给超市。慈善超市还在 30 个居民区和 10 个商务楼宇建立了经常性社会捐赠接受点。

三、术语解析

慈善超市,又被称为"节俭商店",起源于英国,是由慈善组织为筹集善款而筹建,慈善超市的商品以二手、闲置衣物为主,店员多为志愿者。销售的物品由居民和企业无偿捐款,除去水电、营销、租金等费用以外,剩余收入全部捐献给受助人群。

四、实践守则

1. 政府推动是慈善超市发展的强劲动力

社区慈善超市是政府社会救助制度的一种补充形式,其优势在于能最广泛地动员全社会力量参与慈善捐助,又能以最直接的方式为城市困难家庭排忧解难。多年来,长寿路街道领导把"慈善超市"工作列入街道的重要议事日程,积极发挥政府的指导、扶持和监督三大作用。街道成立经常性社会捐助工作领导小组,充分运用政府的公信力,组织、整合、协调社区各方资源,不断推动经常性社会捐助工作的开展和社区慈善超市的发展壮大。街道采取政府购买服务的方式向慈善超市提供 300 平米营业场所,承担其改扩建、装修的全部费用,承担慈善超市日常办公经费、公用事业费和人员工资等费用,实行收支两条线,使募捐的物资和资金全部用于扶贫帮困。街道定期对慈善超市的运作情况进行监督检查,及时掌握捐赠、救助情况。

过去街道大规模的捐赠活动每年只组织一两次,现在有了这个爱心平台,社区单位随时可以把积压、滞销的商品捐赠给慈善超市;居民随时可以把家中闲置不用的衣被、家电等物品捐赠到慈善超市,既腾出了仓库和家里的空间,又奉献了爱心。而困难群众随时可以从慈善超市得到救助,使得慈善捐赠和扶贫帮困工作经常化、规范化、市场化运作。

2. 民间运作是慈善超市实行长效管理的有效途径

街道与民间组织签订了协议,实行契约式管理。慈善超市由民间组织管理,既转移了政府职能,又培育了民间组织。使扶贫帮困工作由政府一家的事,变成全社会大家的事,由逢年过节才"送温暖、献爱心",变成"平时恒温,节日添暖,四季如春,365 天温情常在"。不仅满足了社区困难群众最基本的生活需求,同时也满足社会热心人回报社会、奉献爱心的良好心愿,为推动慈善公益事业的发展提供了平台和渠道。

(1)成立"慈善超市"管理委员会

慈善超市成立了管理委员会,其主要职责:负责"慈善超市"日常捐赠和救助的管理工作;根据各居民区上报的救助人数及时审批"爱心救助卡"和"领用券"发放方案;制定和修改慈善超市管理制度和救助实施细则等,明确救助范围、救助对象和救助内容,开展日常救助、专项救助和节日救助。

(2)设立五个专业小组

慈善超市设立了五个专业小组:物资接收小组、财务管理小组、价格评估小组、网络宣传小组和监督检查小组,各小组各司其责,确保了慈善超市的正常运作。专业小组的成员大多数是义工,如:物价评估员为了准确掌握市场价,常常利用休息时间逛商场,摸行情,抄价格,使"慈善超市"的商品价格科学合理,既便利了困难群众购买消费,又不至于因标价过低而让投机的人有机可乘。

(3)建立健全规章制度

慈善超市建立了各项管理制度,明确了工作人员职责,明确了工作流程,落实了日清月结报表制度。每天做到"五个清"即:接收捐赠情况清;救助发放情况清;义卖变现情况清;义工服务情况清;典型事例情况清。坚持定期检查汇报制度,及时审核慈善超市的财务状况和捐赠物资的接收、发放情况。

3. 社会参与是慈善超市持续发展的不竭源泉

慈善超市广泛动员社区单位和市民共同参与慈善事业,不断拓展捐赠源头,充分体现慈善事业的社会性。

(1)组织大型慈善捐赠活动

慈善超市结合节日和社区重大活动,及时发动社区单位捐款捐物或开展定向的助学、助医、助困等结对帮困活动,同时充分利用电子屏幕、滚动版面、报纸、网站等形式宣传捐赠单位的慈善义举。

(2)建立经常性社会捐赠接收点

为了方便单位和居民就近捐赠,慈善超市在 30 个居民区和 10 个商务楼宇建立了经常性社会捐赠接收点,制定了经常性社会捐赠接收点管理办法和联席会议制度。各居委会和物业公司组织义工接受单位和居民的捐赠,然后集中送往慈善超市,将街道一个捐赠接受点延伸、扩大为 40 个接受点,在全社区形成一个捐赠接收网络。

(3)设立长期捐赠专柜

社区单位在慈善超市设立长期捐赠专柜,为慈善超市提供了一批稳定的慈善供货商,使捐赠物资源源不断地进入慈善超市。多年来,先后有 20 多家单位与慈善超市签约,定期为慈善超市提供善款和物资,慈善超市根据对方意愿,在超市适当位置提供捐赠专柜,并在专柜上方安插统一制作的捐赠单位显示牌给予"冠名"。这样,超市在接受捐赠的同时,也为捐赠单位做了宣传广告,扩大了企业的知名度。

(4)设立慈善义卖专柜

慈善超市在满足社区特困群众最基本生活需求的基础上,将一部分捐赠的中高档物品及滞销、积压产品义卖变现,转换为社区困难群众急需的粮、油等生活用品。同时也满足了一部分低收入家庭以及外来务工人员就近购买便宜、实惠生活用品的需求。

4. 社工操作是慈善超市专业化管理的重要基础

慈善是人的事业,慈善超市的持续发展必须有一支稳定的专职队伍,从事一些专业性比较强的工作,确保慈善超市正常运作。

(1)设立社工岗位。慈善超市根据工作量聘用若干名专职社工,负责街道经常性社会捐助接收点和慈善超市的各项管理和服务工作。

（2）从事专业管理。慈善超市引进先进的商业超市计算机管理软件，引进条形码和收银机，通过专职社工将传统的管理模式与先进的计算机管理模式有机结合起来。

（3）指导义工服务。专职社工深入居民区和楼宇，指导经常性社会捐助接收点的业务工作，指导义工开展募捐救助活动。

5. 义工协助是慈善超市正常运作的重要保障

大量的社会义工参与慈善事业，弥补了慈善超市的人力不足，降低了慈善超市的运作成本，强化了慈善超市的民主监督，营造了社会互助的良好氛围。

（1）设立义工招募点。慈善超市依托街道义工服务总站，在慈善超市设立义工招募点，申请参加义工服务的市民，可携带身份证或有效证件进行报名登记。

（2）提供服务岗位。慈善义工在专职社工的指导下，充分发挥各自特长，在慈善超市和经常性社会捐赠接收点从事各项捐赠救助工作。街道义工服务总站每月制订义工服务时间表，统一安排各支义工队伍的服务时间。

（3）规范义工管理。街道义工服务总站为义工发放《慈善义工》胸卡和《义工服务记录手册》；设立《义工服务登记簿》认真记录义工每次服务的基本情况；建立义工激励机制，逐步把参加义工活动作为个人评优、晋升的重要参考依据；设立义工服务个人专项荣誉奖，对表现突出的义工授予荣誉证章，作为义工个人发展的依据。

6. 百姓受益是创办慈善超市的出发点和归宿点

慈善超市作为一个爱心中转站，最终的得益者是社区内的困难群众。长寿社区慈善超市对社区弱势群体积极开展助困、助学、助医等慈善救助。

五、各界应该怎么做

（一）政府应该怎么做

1. 要出台政策，鼓励以多种形式创新运营慈善超市，好事做好。鼓励引入社会力量，共办慈善超市，降低政府投入，激活社会力量，使慈善超市能够降低运营成本，实现更大的社会效益。

2. 做好行业监管，坚持慈善超市公益部分的阳光化运作。明确帮扶对象，严格款物管理。健全物资全流程管理，及时公布捐赠款物接收、使用和去向情况,方便捐赠人查询,并自觉接受媒体和社会公众监督。

(二)慈善超市运营方应该怎么做

1. 应着重外观装修整洁,摒弃"只有穷人才能去"的商店理念。

2. 培育一批有经验的志愿者,借鉴英国慈善机构有效运营就能够有大量可以使用的社区日常志愿者。

3. 加大宣传活动,通过发起活动做广告宣传,先从熟人入手逐渐扩展到企业和社区。

4. 做政府的"救火员",应对突发危机的出现,针对捐赠者只关注筹资结果,应满足购物者要求的成本负担,顾及维持机构的可持续发展。

(三)社区单位应该怎么做

1. 购买即支持,购买慈善超市商品。

2. 捐赠,发挥本单位资源的管理优势,呼吁单位内员工捐赠,另外通过帮助在线销售转变为公益资金。

(四)居民应该怎么做[①]

1. 可以作为志愿者参与慈善超市的日常运营,积极投身慈善超市的日常运营中来。

2. 对于真正的"贫困户",要科学善意引导其加入慈善超市,运用积分卡,认同慈善超市的目标是再利用资源;对于"一般用户",应引导其正视慈善超市的定位,参与物资捐赠和积分兑换,真正将超市盘活。

本案例由刘瀚斌、潘方悦搜集、整理、撰写

延伸案例导读 1

创新型慈善超市——善淘网慈善超市

为更好地发展慈善超市这项事业,全国各地的探索很多,社会化是很多地方

---

① 慈善超市温暖困难居民,中国文明网,http://www.sohu.com/a/83687331_118608

创新的坚定方向。"善淘网"就走出了一条独特的道路。

善淘网（www. buy42. com），buy42 的含义是指 buy for two，是中国第一家在线慈善商店，由聚善网络社会企业于 2010 年 4 月创建并于 2011 年 1 月全面试行运营。

善淘网通过在线销售企业及个人捐赠的闲置物品，各类公益商品及公平贸易产品等，协助慈善组织和公益机构进行在线筹资。在扣除了必要的营运费用以后，在线产品销售的所有收益均根据捐赠者和购买者的意愿捐献到指定的公益账户。

善淘网有 5 个线下基地，工作伙伴以残障人士为主，他们的努力工作为所有的善淘用户提供了最优质的服务。善淘网一方面为中国的慈善组织和公益机构提供一种全新的网络筹资模式，帮助他们及时有效的获得资金和资源；另一方面将为中国的善意购物消费者提供一个集网络善意购物，志愿者在线互动和慈善公益信息分享的综合性平台。

受到电商等的冲击，善淘网的线上运营在当下遇到了很多困难，但其线下的"善淘网"慈善商店近年来布点迅速，得到了上海静安、徐汇等街道的支持，至今已经有近 10 个线下门店。这些商店已经摆脱了传统慈善超市的空间丑陋、货品单一、缺乏人气的特点，店面颜值不输大牌服饰店，产品品质也很高，有的店面已经实现了赢利。

延伸案例导读 2

英国慈善商店
——英国慈善零售协会 CRA[①]

(一) 项目背景

慈善店是英国通过企业经营的方式取得经费的一种慈善组织。1601 年，英国颁布了世界上第一部《慈善法》。现在它早已突破了 Charity（慈善）一词的字面意义，以强大的力量向各个社区社团延伸，并且在价值取向、理念信仰等方面对整个社会发挥着日益重要的影响力。据英国慈善商店协会的统计，全英国有

---

① 华胜会网站——公益慈善，http://sq. voc. com. cn/? p = 8651

6500 到 7500 家慈善商店,年交易总量在 3.5 亿到 4.5 亿英镑,这个数字占英国年零售业总额的千分之二。慈善商店年收入 1 亿英镑左右。

（二）项目简述

日常活动：慈善店多,并不代表英国本身有很多人需要靠这些廉价二手商品来维持生计。这么多的慈善商店,都有一个共同的目标,就是通过出售居民捐赠的东西筹集款项,提供给慈善事业。慈善店售出的商品质量都不错,店里经常发现连商标都没有拆的全新衣服、皮鞋、玩具等等。英国人喜欢及时处理家里闲置的物件。于是,慈善店就有了生机,他们会定期往居民家中发放旧货袋,向大家征集需要处理的物件。很多家庭会把旧货装袋,放到门口,等工作人员来取。没有旧货的,也会把空袋原封不动地放在门口。在慈善店里购物,感受的是一份人性之爱,也是让人心情愉悦的经历。我们往往可以淘到不少好东西,比如英国的骨瓷盘子,有精美的画作和工艺设计,有作者的签名,绝不会碰到赝品。慈善店还有一些精致的银器,一些富有英伦风格的小摆件如小城堡、魔音盒等,还有世界各地各式各样的邮票、钱币,包括中国清代、民国期间的邮票、钱币,价钱非常便宜,看到后照单全收就是。至于服装、包包等,很多都是大牌。

（三）项目现状

目前英国的慈善超市商店总数超过 9100 家,有 16 万志愿者为之服务。每年筹款超过 16 亿人民币,每年通过销售二手衣物就减少了 250 万吨的碳排放量。英国政府为慈善商店提供一定程度的税收减免,英国的乐施会卖书、卖家具等,形成品牌。英国人对于施行善事、捐助社会,有一种强大的信念和令人钦佩的热情,其设计的慈善方式处处彰显互助友爱的人文关怀,慈善店就是其中的一大亮点。

（四）经验借鉴

1. 老年义工运用充分

慈善店的义工以老年人居多,看到满脸皱纹神色安详的老奶奶老爷爷,彬彬有礼地问你需要点什么,哪怕再无需求,都忍不住要买一两件小东西。一份资料说英国前首相布莱尔的夫人还到慈善商店当义工。还有一些老年义工,他们在店里干了很多年,慈善商店的工作不仅让他们生活得充实,还能结识很多来送物或购物的朋友,所以他们年龄很大了还舍不得离开。

2. 参与人群多元化,对"慈善商店"认同感强

光顾这里的也并不都是普通人或穷人,顾客中有很多是衣着考究的中老年人,还有衣着时尚的女孩们,店里还接待了不少明星、名人。给慈善店捐点什么被告知,可以捐但必须洗干净送过来,需要精心地把衣物清洗干净,晒干包好,送到最近的一家慈善店,为英国的慈善店做贡献。

延伸案例导读 3

韩国慈善商店—"美丽小店"①

(一) 项目背景

韩国的"美丽小店"主要从事收集、维修和销售居民捐赠的二手物品,用所得利润为国内外困难人员提供帮助。2002 年 10 月,第一家美丽小店在首尔开张,短短数年内,美丽小店在韩国境内迅速扩张,2012 年已经形成 120 多家店铺的规模,年接收二手衣物捐赠 1000 万件、销售额 200 亿韩元(约 1. 11 亿元人民币)、利润 40 亿韩元投入公益事业。在韩国有超过 5000 名志愿者参与"美丽商店"的经营服务,并和当地企业和社区建立了物品捐赠方面的合作关系。

(二) 项目简述

为了更好的运营"美丽小店",韩国慈善总会成立了"美丽基金会",提出的"关爱与分享"而不是"施舍"文化,美丽小铺成为社区融合的基本工具,这里汇聚的是社区精神。和中国一样,韩国社会并没有"闲置捐赠"和"穿二手衣"的习惯,相反,人们总觉得穿"别人穿过的衣服",用"别人用过的东西"会带来不吉利。而慈善商店的运作模式,恰恰提倡人们捐赠闲置衣饰、物品、家具和书籍等,再次低价销售。销售收入在扣取了营业成本后,用于公益。在 2002 年之前,慈善商店从未出现在韩国民众的视线里。

随着环保、循环利用、再生利用知识的普及,人们对如何充分利用废旧物品问题考虑得更多、更深、更广,于是就有几位慈善家和环保人员提出了创办"美丽

---

① 韩国"美丽商店"回收旧衣变废为宝,环球网,http://hope. huanqiu. com/exclusivetopic/2013-05/3968006. html

商店"的设想。2001 年 5 月,他们在街道上摆设几个临时摊点进行尝试,主要是宣传如何把废旧物品变成有实用价值的"宝贝",没想到效果出奇地好,于是次年在首尔的安国洞开设了第一家"美丽商店"。取名"美丽"是因为爱心是美的、节约是美的、环保是美的、助人也是美的……总之,这是一件利国利民、利人利己的事业,"美丽商店"的名字由此而生。

"回收和捐赠"是美丽商店的基本运营内容。小店收到的公民捐赠物品被统一送到设在首尔的中心商务局。捐赠物品不管是衣物、杂物、书记、唱片,还是家用电器,在那里得到精心维修与妥善保管。中心商务局因其功能重要而被喻为"美丽的心脏"。那些相对完好的物品经过维修或整修之后,进入再生程序,由专门人员定价,上架出售。那些难以出售的物品再通过其他方式实现其使用价值,比如送往第三世界国家或作为废金属卖给经销商。每天"美丽商店"的顾客川流不息,在月平均收入达到两万元人民币的首尔,"美丽商店"的二手服装基本在二三十元人民币左右,五块钱一件的衣服也不少见。为了减少商店运营成本,"美丽商店"所有出售的二手衣服都不会进行清洗、消毒处理,直接在接受捐赠后出售。因此,韩国民众通常都会清洗消毒后再捐到商店。

(三) 项目现状

2002 年 10 月,第一家美丽小店在首尔开张,短短数年内,美丽小店在韩国境内迅速扩张,2012 年已经形成 120 多家店铺的规模,年接收二手衣物捐赠 1000 万件、销售额 200 亿韩元(约 1.11 亿元人民币)、利润 40 亿韩元投入公益事业。在韩国有超过 5000 名志愿者参与"美丽商店"的经营服务,并和当地企业和社区建立了物品捐赠方面的合作关系。

(四) 经验借鉴

1. 注重社区融合

韩国的美丽商店功能不仅仅局限在捐赠和购买上。很多美丽商店成为了社区融合的基本工具:人们捐赠自己不用但依然完好、挑拣用得上的闲置物品,家庭妇女和青少年有空的时候就在这里参与志愿服务。很多美丽商店门口开设了公平贸易咖啡馆,而这些咖啡馆成为社区居民日常聚会,讨论社区事务的重要场所。美丽商店不局限于实体店的形式,还有走街串巷的移动美丽小店、全民参与的"美丽星期六"慈善跳蚤市场,以及"公平贸易"与"美丽世界项目"等。

2. 独立进行资金运转

美丽商店没有来自政府的资金，按照正常商业机构的比例交付税金，甚至拒绝了来自某些企业或者个人赞助的无偿资助。最开始的时候，美丽商店本着节约资金的想法，接受了人们免费提供场地开设新店。但很快发现，"无偿提供"的店面往往地段不太好，经营一段时间后没有带来效益。从此以后，美丽商店大部分店面全部按照正常租金承租适宜商铺，而不再仅仅寻求"免费场地"。另一方面，推动理念认同的工作重点和透明负责的运作方式，为美丽商店的发展带来了真正的资源——人。在韩国 120 多家美丽商店里，负责日常运作的大部分工作人员都是志愿者。在很多分店，从经理到普通员工全部都是志愿者。

3. 打通国内外捐赠渠道

"美丽商店"还把爱心活动从国内扩展到国外，通过进出口商开展"公平贸易"，从发展中国家慈善机构进口贫穷人生产的手工艺品（钱包、手提包、头巾、玩具、装饰品、工艺品等），借此帮助发展中国家的穷人，支持他们创业，缓解那里的贫穷，并满足韩国低收入人员的消费需求。

4. 精准筛选捐赠物资

"美丽商店"接收各种物品，包括衣服、鞋子、玩具、器皿、咖啡杯等各种生活用品，也接受小型家电产品，但从收集和销售的安全和便利考虑，美丽小店有自己接受物品的清单。

附录："美丽商店"的接收物品范围

产品	不能接收的物品	备注
大型家具	床，衣柜，书桌，水槽，沙发，化妆台，大型镜框，音响箱	婴幼儿床可以
小型家具	电视柜，米桶，大缸，椅子，文件柜	
家电	餐具洗涤机，冰箱（120 立升以上），洗衣机，中型音响，煤气烤箱，放大器，工业用缝纫机	电视，录音机，小型音响，显示器，饭桶，加湿机，清洁器，架子，电脑等小型电器可以
运动器具	滑雪板，室内跑步机，大型赛车，健身器	健身器，小型赛车，ab 型滑动器可以
衣服及生活杂货品	使用过的衣服，内衣，袜子，长裤，被子，垫被，枕头，垫子，地毯，床垫	未使用的寝具类可以
图书和唱片	遗失的书或磁带，录音过的磁带，教材，杂志，成人漫画，很久以前的套书，成人影像	

（续表）

产品	不能接收的物品	备注
厨房	胶脱落的电饭锅,破碎器皿	
设置必要品	空调,吹风机,净水器,饮水器,锅炉,煤气烤箱	空气清新器可以
其他物品	营养品,食品类,过期的化妆品,吊钩,鱼缸,医疗器具,一次性用品	

本案例由刘瀚斌、潘方悦搜集、整理、撰写

一级案例

社会企业

——以香港"银杏馆"为例

老年人是社会的弱势群体,但很多低龄老人不仅精力充沛、经验丰富,雄心未已,想发挥余热为社会做些事情。大家都听说过,日本的出租车司机清一色的都是银发族。如何发挥老人的余热,为他们提供更好的施展才华的空间,香港一家社会企业做得很好。

一、项目背景

银杏馆[①],创立于2006年,是香港一家以社会企业形式经营,老有所养、老有所为,以聘用九成长者为员工的食肆。在无政府资助情况下,不足两年时间便做到收支平衡,四年间扩展到三家分店,是香港少数能不断扩大规模的社会企业。

黎明辉与郭同华早年合作经营名为"乐天"的安老院,当时大家协议将赚到的利润部分用于公益事业,"营商创福利"理念,累积一些利润足够开办一家小规模的注册慈善团体,"乐天关怀行动"就这样诞生了。长者就业不仅满足经济需要,还应该满足心理需要,给长者尊重和被需要的心理满足。

---

① 银杏馆,百度百科,https://baike.baidu.com/item/%E9%93%B6%E6%9D%8F%E9%A6%86/9003701

二、项目简述

2005 年,香港"乐天关怀行动"在辖下的"温情轩社会服务中心"拨出一角开办名为"银杏馆"的小食凉茶铺,一班长者每天快快乐乐的卖凉茶、甜品等。藉此"长者经营"的餐馆,为老来无依也无所养,或期盼老有所为的长者,提供合适的就业环境,令他们善用晚年,重树信心,别具社会意义,深受街坊爱戴,亦为有经济或心理需要的长者提供工作机会,成就了不少成功个案。

2006 年 9 月,黎明辉等毅然独立并以商业模式运作,在中环歌赋街开办意法餐厅——银杏馆,是一间供应意法菜色的西餐厅。地方不算很大,两层共有四十多个座位,位于中环歌赋街,不属于核心商业地区,但在中环上班一族的步行范围内。同一条街还有多家颇有名气的食肆。所有员工除了主厨及传菜员外,皆为 60 岁以上的长者,共有 20 名长者员工,占总员工人数超过 90%。

2008 年 10 月再在香港九龙佐敦区开设分店。

2009 年 11 月进军中餐领域,坚持少用化学调味品,多用有益健康的天然食材及配料,全选用有机蔬菜,银杏馆自设有机农庄,聘请长者担任农务工作。

2010 年进行饮食文化培训,优化修养仪表,发展"饮食文化常识及中西餐桌礼仪"的教育工作。随着银杏馆不断发展,为长者提供工作岗位,已不再仅仅是侍应、厨师、餐厅管理人。

银杏馆并不接受政府资助,资金压力降低但要面临种种拘束和繁琐的行政工作,但企业要成功需要顾及顾客要求快速响应,创办人兼主席黎明辉等放弃政府资助,自行筹集创业资金、接受基金投资,逐渐扩大规模,然后将不同年龄、不同职业背景的老人分类管理、充分发挥各自的特长,并将他们设计为管理团队,参与餐厅管理,使得每人从中有成就感。

三、术语解析

社会企业,旨在解决社会问题、增进公众福利,而非追求自身利润最大化的企业。投资者拥有企业所有权,企业采用商业模式进行运作并获取资源,投资者在收回投资之后也不再参与分红,盈余再投资于企业或社区发展。

四、实践守则①

既有理念，卢明辉与伙伴经营的乐天集团，在 2006 年投资了 180 万开设银杏馆，除预期蚀钱守成，另一方面也招聘长者，实现企业的理念。可是长者们退休（或退出）自各行各业，背景多样，必须重新受训。由于长者学习能力较弱，餐馆得重复训练他们，熟习餐饮的工序。

"如果只是以长者就业招徕客人，人们因为同情，只会来一两次。"深明食物才是餐厅的灵魂，因此他们请了一位年轻的巧手大厨，楼面的工作则主要由长者应付。为了方便长者工作，餐厅经营也根据长者生活习惯而调节，例如安排了四至五小时的更期，依据长者的复诊时间变更，甚或在餐厅请一位年轻的跑腿，又安排社工处理长者与年轻人的隔阂。

"长者为轴"的营运方式。这种配搭，带来"意想不到的好处"。由于长者们有不同的人生阅历，很博得客人欢心。退休的红酒导师、巴士司机，总能把过去的经验应用在今天的工作，加上长者工作认真，餐厅开业两三小时前就到附近"晨运"；晚上十二时打烊给老板报告客人数创新高。这种贴心服务与产品俱佳的特质可谓老少咸宜，令歌赋街的店铺吸引了一大群上班族；而庙街的分店则吸引了不少家庭客。

银杏馆举办招聘会，四十个空缺吸引五百人参与，可见长者人老心不老，理想令他们比今天的年轻一代更有活力。因此黎明辉指，他们最终的目的，是希望银杏馆成为企业典范，证明长者在各行各业，也是值得珍视的力量。

1. 招聘银杏馆长者侍应

银杏馆虽然所有服务员皆为长者，但并不以此为招徕。他们深信，顾客来光顾，不是因为银杏馆只聘用六十岁以上的长者——他们根本未必知道这安排——而只会是因为食物质量高，服务好才来光顾。事实上，银杏馆的西餐水准确是一流，比起大酒店及高级餐厅的菜色毫不逊色，价钱则便宜得多。所以开业以来，门庭如市，平日午餐及晚餐，如无订座，便有向隅之虞。银杏馆开宗明义是以"五星级美食，五星级服务"为宗旨，力求做到一丝不苟，为顾客提供意想不到的优质服务，做到有宾至如归的感觉。

2. 追求银杏馆菜品素质

深明餐饮业成功的关键因素，即必须要搞好餐饮质素。所以即使成立的社

---

① 香港银杏馆——为长者创造就业机会的典范-佛教导航

会使命在于提供长者就业,但在最关键的岗位上,不坚持以长者为主力。银杏馆的主厨、二厨等都是年青小伙子。主厨 Rico 曾在五星级酒店及高级意法餐厅任职大厨,具丰富高级西式餐饮经验,更有心不断钻研食材的配搭,风格创新,又擅于结合传统及新派厨艺思维,突破口味的层次,使银杏馆慢慢地建立起一种独特的风味。既获顾客好评,亦获多种传媒广为推介。

开业初期沿用一般宣传方式,如街头派传单、寄发单张予社会服务机构、邀请饮食杂志采访等;好的服务质素会有广泛口碑,这是现时银杏馆最佳的宣传推广策略。

3. 具有竞争意识

一般人对雇用长者,都有很多疑惑和保留(长者手脚慢,记忆力较差,有固有想法难改变),但是长者也有他们的优点,例如长者员工肯虚心学习、守时、对工作投入,态度认真而严谨,处处尽显细心及用心,令不少顾客对银杏馆留下"亲切而温馨"的评语。

现时长者员工的平均工资由每小时 MYM25 至 MYM50,按经验而定,比市场工资高。不可否认,银杏馆坚持为长者创造就业机会,整体运作成本不可避免地会较其他餐馆为高。最主要的额外开支在于员工培训。银杏馆聘用的长者服务员,绝大部分以前从未涉足这个行业,需要从最基本的训练入手,但这正是银杏馆的社会使命,所以成本稍高也是值得。银杏馆虽然设有工作表现评核制度,鼓励员工表现出色不断进步,但由于本着"以人为本"的经营信念,即使员工表现稍有失准,亦不会严苛责备,更绝不会有"即时解雇"的做法。

本案例由刘瀚斌、潘方悦搜集、整理、撰写

第五节　友好社区

一级案例

儿童友好社区

——以亿未来社区亲子公益联盟示范中心为例

中国俗话说"三岁看小,七岁看老",儿童时期对人的一生有重要影响。从科学的角度来看,儿童阶段个体的生存发展状况和质量或多或少影响着他或她成年以后的生活状况与质量,包括他或她作为社会成员的存在与功能作用;儿童比成年人更依赖于周围的环境,在人与环境的互动和相互作用中环境处于更有力的位置,人(儿童)则更易被环境所影响。当今社会面临很多儿童社会问题,比如儿童保护方面,如何更有效地保护儿童免于遭受各种人为和非人为的伤害?包括性侵、暴力或其他虐待,以及疏忽照顾的情况;儿童发展方面,如何满足儿童身心等多方面发展的需要,使其能够获得健全的成长与发展?这些问题需要全社会共同努力,并且要落地到社区,打造良好的社区环境,才能使儿童得到更好的关照成长。

一、背景

回顾我国在儿童问题上所采取的策略,可以看到家庭仍被赋予了突出的主体地位和角色,政府在儿童发展方面比较重视。但是这两点都已不适应我国社会结构的现实也不符合相关领域大的趋势和方向。不符合的原因,第一,中国的家庭结构变动较大。第二,政府的基本政策已经应对不了儿童发展中日益多样化和专业化的需求,儿童发展对其提出了更高的要求。第三,政府部门体制的做法在深入儿童家庭这一步上很难到位。最后,政府在儿童保护方面还是比较薄弱。

因此各方可以做出的调整有以下几点：第一,政府承担基本保障角色,家庭作为需求者的角色。第二,政府是保护儿童的主体,其中部分服务环节要求社会组织参与协助。第三,家庭是有关服务的需求者,社会及市场组织是回应需求的服务提供者。

这与儿童友好社区又有什么关系呢?

儿童友好社区是其中最好的一个连接点。1996 年,联合国人居会议上指出,儿童的福祉是健康人居、民主社会和良好管理的终极指标。一个明智政府在城市所有方面全面履行儿童权利公约的结果,不论是大城市、中等城市、小城市或者社区,在公共事务中都应该给予儿童政治优先权,将儿童纳入决策体系中。其实早在大约十年前,国务院妇女儿童工作委员会办公室就与联合国儿童基金会及相关联合国机构倡导"儿童友好社区"。希望其能从"儿童友好社区"过渡到"儿童友好城市"或"儿童友好乡村",最后达成"儿童友好社会"。

中国儿童友好社区促进计划是国务院妇儿工委办指导,中国社区发展协会与中国儿童少年基金会联合发起的全国性系列行动,旨在通过政策友好、空间友好、服务友好三个维度构建"中国儿童友好社区生态体系",原则是儿童优先、儿童参与、普惠公平、社区资源最大化,目标是促进儿童参与,实现社区治理创新,指南是促进服务型社区治理新模式、社区儿童服务行业规范、社会服务机构自我造血、儿童社会工作者专业化,以人才培养体系和信息化管理体系为支持,政府、社会组织、商业(立足社区)共同执行。

2016 年 3 月,经中国社区发展协会办公会议表决通过成立"儿童友好社区工作委员会",通过打造示范社区样板、推动行业标准出台、建设人才培养体系以及政策倡导等工作,落实中国儿童友好社区促进计划,让每一个社区都成为儿童友好的社区,倡导和建立最有活力的、更适合居住的、有利于儿童健康成长的、并为成人营造更有幸福感的社区。

2017 年十二届全国人大五次会议的政府工作报告提出"依法推进公益和慈善事业健康发展,促进专业社会工作、志愿服务发展。切实保障妇女、儿童、老人合法权益。"《中国国民经济和社会发展"十三五"规划纲要》提出"坚持儿童优先""强化对未成年人生存权、发展权、受保护权、参与权的依法保障和社会责任……健全社区未成年人保护与服务体系"等。《中国儿童发展纲要(2011—2020 年)》提出"每个街道和乡(镇)至少配备 1 名专职或兼职儿童社会工作者"。《全国家庭教育指导大纲》提出"在 50% 的城市社区和有条件的农村社区(村)家庭教育服务站点引入专业社会工作者"。

二、简述

"儿童优先"已经成为国家的大政方针,但是仅有国家政策的倡导还是不够的,"儿童友好"是需要全社会共同参与、社区共同推动的一项事业。北京永真公益基金会关注儿童权益,致力于推动儿童友好社区项目。

亿未来社区亲子公益联盟项目是"儿童友好社区"的重点探索性项目,于2013 年启动。该项目是扎根社区的 0—6 岁亲子服务公益品牌,使命是让每一个婴幼儿家庭都能享受家门口的普惠式儿童早期发展服务和家长教育支持。自创立以来,亿未来服务已覆盖全国 26 个城市 68 个社区点。

"亿未来"是一个包容、开放、共享的平台,落地于社区合作建设一个适合儿童活动的空间。旨在集合社会更多力量参与,共同为 0—6 岁婴幼儿家庭提供基于社区的普惠型亲子服务,孵化更多优秀的社区儿童公众服务机构。

服务谁：社区里所有0—6岁婴幼儿家庭成员。每一位宝宝、家长和祖辈都可以在这里享受公益普惠的服务。

如何服务：引导式的亲子游戏活动;互助式的家长自组织分享。

在哪服务：亿未来社区亲子中心以及社区公共室内外空间。

谁来服务：合作伙伴指定项目人员,以及社区妈妈志愿者、妈妈馆长。

服务什么：亲子运动和阅读、社区主题活动、家庭养育环境测评、家长沙龙等。

三、术语解析

儿童友好社区:"儿童友好社区"是在儿童友好城市的基础上,结合我国社区建设与社区治理现状而提出的概念。"儿童友好城市"是联合国在20世纪90年代"市长作为儿童守护者"运动的基础上逐步发展起来的一项全球运动,于1992年正式提出。截至目前,全世界已经有400多座城市被联合国授予儿童友好城市,而中国至今没有一座城市获此称号。国务院妇儿工委办宋文珍主任对于儿童友好社区这样描述:"儿童友好社区是最有活力的、适合居住的,有利于儿童健康成长且儿童也让成年人能更有兴趣的一个社区。"

随着中国社会治理体系的快速发展,以儿童及其家庭为核心的社区治理创新模式迎来了历史机遇,在儿童与成人之间、家庭与家庭之间重新建立健康和谐的关系,是幸福社区建设的殷实土壤。儿童友好社区属于普惠的公共服务,是一项重要的社区环境评价指标,可以提高社会资本让更多儿童健康成长;有利于儿童生活成长环境的社会化融合;中国每年有超过1000万名18岁以下儿童遭受伤害,超过5万名儿童死于溺水、交通事故、意外窒息、跌落、中毒和其他事故,儿童友好社区有利于协助解决儿童成长面临的安全问题;随着经济的高速发展,留守儿童与流浪儿童问题日渐突出,儿童友好社区有利于留守儿童与流浪儿童的救助与防范。

儿童友好社区是以社区为依托,以保护儿童权利和促进儿童发展为宗旨,以0—18岁儿童及其监护人和其他家族成员为服务对象,在安全友好的社区公共空间里提供包括文化、教育、健康等多维度的普惠型服务。秉承儿童优先、普惠公平、社区资源最大化三大原则。中国儿童友好社区涉及五个评估维度。儿童友好社区是善政体系,地方公共政策是第一大维度,包括省、市、区县、街镇各级政府的配套政策。其他四个维度分别是社区空间和硬件、服务内容、专业人员和信息系统。其中专业人员是能否将儿童友好社区丰富的服务内容实现的关键,而信息系统则对于全国儿童友好社区的高效管理和科学数据提炼分析起到了至关重要的作用。具体的服务内容包括了安全、养育、参与、健康四大板块。

根据中国儿童友好社区工作委员会专家团队和实践团队初步商定的草案，一个完整的儿童友好社区要具备九个内容：儿童安全（防走失、防侵害、防意外伤害）；儿童友好的空间与环境设计（自由玩耍的公共空间、户外集体活动的场地）；社区与学校的联动；社区与家庭的联动；社区与提供儿童公共服务的社会组织的联动；驻区单位对社区儿童友好；驻区企业对员工及员工子女友好；儿童参与社区治理权利的体现（知情权、发言权、建议权）；相关儿童公益服务的专业化人员标准（比如妈妈社区服务员）。

四、实践守则

以"亿未来"项目为例，儿童友好社区项目包括如下实践守则：

（一）建设亿未来社区亲子公益联盟项目示范点，合作模式为：

政府负责：1. 政策支持；2. 社区基础信息；3. 项目开展场地；4. 基础环境建设。

亿未来社区亲子公益联盟负责：1. 永久的专业能力建设与配套资金支持；2. 可持续发展的资源对接；3. 科学的评估指标体系；4. 标准化运营指导和管理信息工具。

社区运营团队负责：1. 全职项目人员；2. 全年运营计划；3. 月度运营报告；4. 定期经验及案例分享。

（二）合作基础

政府：1. 认可 0—6 岁学龄前儿童及家长成长普惠公益服务需要补充；2. 认可亿未来的理念和价值，意愿协调社区资源落地项目服务居民；3. 服务辖区内学龄前儿童数量不少于 500 人；4. 支持普惠性公益收费以探索持续运营模式更佳。

运营团队：1. 高度认同亿未来的价值观；2. 至少一位专职人员开展常态化运营；3. 有成熟丰富的社区工作相关经验，或有儿童早期服务相关经验者优先；4. 有公益项目可持续发展计划优先；5. 有合法资质的独立法人机构。

场地条件：1. 30 平方米以上；2. 所在楼层不高于三层；3. 位于社区内. 远离危险及环境恶劣, 嘈杂地段；4. 日照充足、空气流通、具有卫生、制冷取暖设施、电源、网络、消防、安全通道。

(三) 合作流程

1. 了解亿未来，认同亿未来的理念和价值；
2. 填写申请表；
3. 电话回访，安排实地考察；
4. 完成实地考察，确认合作方式，提交项目运营计划；
5. 协议洽谈和签署；
6. 开馆筹备及项目人员岗前培训；
7. 正式运营后，定期开展督导及发展性培训。

五、各界应该怎么做

儿童友好社区能够将政府资源、市场资源、社区资源、学校资源、家庭支持网络等联合起来，通过政府购买服务开展社区服务；通过开展社区项目营造社区居民的儿童关爱意识；通过社会工作倡导与资源协调构建社区儿童集体活动场所等形式共同为儿童学习、娱乐、生活、成长提供良好的环境。

1. 政府。要将创建儿童友好社区作为民生工程和公共服务的组成部分，纳入各级政府的管理职责，纳入本地城乡社区发展规划，从资金、设备、资源配备等方面给予支持，推动儿童友好社区可持续发展。

2. 社会多元主体。促成社会组织、第二部门的协作参与。将创建儿童友好社区与社区养老板块一同纳入政府向社会力量购买服务的范畴。引入市场机制、鼓励全职妈妈再就业和再创业，支持社会性孵化项目。

3. 儿童专业机构。加强社区儿童及家庭专业人才及志愿者队伍建设。邀请来自社区治理、社工培训、教师培训、儿童教育、家庭教育、传统文化等各个领域的专家和实践者，跨界合作，共同摸索为中国城市、乡村不同社区里所有儿童及其家庭提供的社区公共服务体系，为儿童友好社区的建设制定纲要和指南。

4. 其他社会组织。社会组织有责任为儿童营造良好的宜居环境，联动社区内外部相关资源协作打造更具人文关怀的儿童社区环境。家长队伍是为本社区家庭服务的生力军，是儿童友好社区建设重要的团队。作为社区社会组织的有效实践路径，儿童友好社区的建立能够在提升我国基层社会组织的能力建设、资源调动、政企合作、活动能力等方面起到重要作用,促进多元共治理念模式的有效实现。

本案例由刘霄临、潘方悦搜集、整理、撰写

延伸案例导读

1. 国外经验。

社区是儿童走出家门探索社会的第一环境和未来融入更大社会环境的基础,很多国家在儿童友好社区的建设上作了不同探索,美国加利福尼亚州索诺玛县建立了儿童博物馆,利用户外教育设施,建造互动娱乐区域将孩子们与大自然联系起来,成为孩子们学习和玩耍的天堂;英国组织形成"步行巴士",以一群孩子在两个以上大人的护送下步行上下学的方式,在安全的基础上倾听和尊重孩子的出行习惯,通过观察野生动物、昆虫、植物的社区漫游路线,减少交通拥堵。此外,德国慕尼黑的"城市空间利用"、俄罗斯莫斯科的"儿童权利监察员网络"、南非的"安全和关爱儿童友好型学校"等均在儿童权益与安全保护方面有所建树。

2. 中国在儿童友好社区建设方面的成果。

国务院妇儿工委办公室、民政部社会事务司等在 2009 年创建儿童友好城市高层论坛。南京制定"十一五"儿童发展规划。广东省自 2011 年率先在全国开展创建"儿童友好社区"工作,截至 2014 年,创建各级儿童友好社区 1065 个,省级示范社区达到 75 个,同时,启动了全省儿童友好社区示范创建项目试点计划,并在 2013 年启动创建农村儿童友好社区,2016 年启动儿童友好型城市建设。国务院妇儿工委办公室、中国儿童中心等机构也先后在儿童友好社区建设方面开展探索。

3. 基层的实践:

(1)上海市闵行区梅陇镇发起儿童友好典范社区建设

2017 年儿童友好梅陇镇项目在"益梅小院"正式启动,将"儿童友好"的建设理念深入社区。小院试运营期间,"儿童友好"发挥整合资源的平台功能,一方面依托"亿未来"儿童运动阅读馆,专为社区 0—6 岁儿童及家庭提供儿童养护教育等专业服务。

通过引入多元专业服务机构为营造梅陇镇整体儿童友好社区建设氛围做铺垫。目前已经与"哈皮木偶戏剧社""保护豆豆""踏实玩乐""彩虹妈妈"等机构促成前期社区宣传推广活动,主要涉及文化艺术、儿童安全教育、儿童参与游戏化设计等方面的服务。

（2）成都市锦江区东光街道

将儿童友好社区纳入街道十三五规划，打造符合不同年龄段儿童的社区儿童服务项目，有效解决了社区内低龄儿童缺乏活动场所、在学儿童缺乏照护场所的难题。东光街道对社区教育还有着更高的要求和更全面的考虑，如：社区公共服务资金不超过 30％的资金用于社区教育经费支出，部门专项资金、街道文化资金、企业扶持资金用于打造辖区 7 个教育基地，按人群分类进行培训教育，关注特殊人群的教育。

（3）上海市闵行区古美街道"平南居邻里中心"

古美街道打造儿童友好的重要举措之一是改造邻里中心。通过分阶段地增加儿童自由玩耍社交的公共空间、引入儿童友好公共服务品牌项目、孵化儿童友好社会团队组织，平南里邻里中心在很短的时间里摇身一变成为古美街道最有人气的典范邻里中心。

（4）北京市海淀区田村路街道阜四文化小院——打造儿童宜居街区

梳理街道各个社区的数十个老旧空间进行改造，从学龄前儿童家庭教育、学龄儿童的四点半课堂到老老小小的社区群众体育项目和传统文化项目，从组织社区妈妈志愿者团队到培养社区妈妈做兼职社区工作者，打造全方位的宜居人文环境。

本案例由刘霄临、潘方悦搜集、整理、撰写

资料来源：

亿未来社区亲子公益联盟示范中心宣传册

一级案例

认知症友好社区

2017 年 4 月国家卫计委发表的数据显示，在 65 岁及以上人群中，老年期认知症患病率为 5.56％。据测算，当前中国有超过 1000 万认知症患者，上海的患者数量不低于 30 万，大约占到 60 岁以上老人数量的 7％。专家预测，至 2050 年，中国认知症患者总数将超过 4000 万人。面对这一难题，认知症友好社区这一概念逐步浮出水面,并在一些地方试点运行。

一、背景

认知症通常被称为"老年痴呆症"或"失智症",它是由脑部疾病所导致的一系列以记忆和认知功能损害为特征的综合症候群。如开篇数据所述,随着中国逐渐步入老龄化社会,老龄人口逐渐增多导致认知症患者的数量不断上升。

二、简述

(一)认知症友好社区的定义

认知症友好社区(Dementia Friendly Communities,简称 DFC)是指一个能够让认知症人群及其家庭有很强的意愿和信心生活在其中,感觉到自己能参与有意义的活动、并且能够有所贡献的环境。这里的"社区"概念需基于一定的地理区域,小到一个街道,大到一个区县、一个城市,都可以成为认知症友好化的社区(城市、国家)。

(二)认知症友好社区的目标

建立以长者为中心的认知症友好社区,实践认知症分级预防模式,完善认知症社区非正式照护支持系统,逐渐形成从预防、治疗到照护的全病程管理模式,发展社区物理空间,营造社区人文环境,提升社区服务机构及照护者的专业水平,加强行业专业人才培育,实现政府和社会各方资源的有效协同,促进脑健康行业的可持续发展。

(三)认知症友好社区的构建过程

在构建认知症友好社区的过程中,政府、社会组织、社区服务机构、医疗系统以及相关社会资源应明确各自的角色定位,主要在"社区动员、预防筛查、早期干预、家庭支持、专业照护、医疗管理"等几个方面积极发挥各自的作用,通过多方合作与协同,共同努力推进认知症友好社区的建设。

（四）认知症友好社区的现状

近年来,上海愿意接受认知症老人的养老机构和社区托养机构日益增加,但专职从事认知症社区服务的机构屈指可数。目前仅上海就有重度失智失能的老年人 20 万左右,现有认知症救助资源远远不能满足社会需求。现有的宣教、筛查、干预、诊治、康复、护理资源既不成规模,又零星分散、各自为战。上海最早一批从事认知症专业服务机构都认为认知症病程太长,服务太难做。绝大多数认知症患者和家属,靠着一己之力走完五年、十年甚至二十年的漫长病程。

因此,认知病老人的关爱不仅仅是专业机构的事,而是全社会之事,需要社区共同关心、支持、参与,才能更好地构建认知症友好社区。

三、术语解析

（一）鸵鸟家庭

公众对疾病认知不全面,要么不够重视,把认知症视作"老糊涂",要么把疾病标签化,像"老年痴呆"之类的叫法,容易强化患者和家庭的病耻感。这两种因素使得中国的认知症就诊率总体过低。上海尽美长者服务中心总干事顾春玲认为：将需求藏在心里的认知症确诊患者和家庭可以被称为"鸵鸟家庭"。

（二）SCI

即主观认知障碍(Subjective Cognitive Impairment,以下简称 SCI),也即个人主诉或承认存在认知功能损害,但客观的神经心理学测试看不出异常,研究显示 SCI 存在与阿尔茨海默 Alzheimer 病(以下简称 AD)相关的病理变化,部分 SCI 会发展为 MCI(见下段)或 AD。从 SCI、MCI 到 AD,认知症病程可以长达二三十年。患者处于主观上认为自己有认知障碍,但没有相应客观认知障碍临床依据的一种认知状态。

（三）MCI

即轻度认知功能损害(mild cognition impairment),老年轻度认知功能损害(以下简称 MCI)是介于正常衰老和阿尔茨海默 Alzheimer 病之间的一种中间过渡状态,是 AD 的早期阶段。MCI 患者以每年 10%～15% 的速度发展为 AD,是正常老人发生 AD 的 10 倍。迄今为止,由于对 AD 尚无有效的治疗手段,因而对 MCI 这一特殊阶段的研究,有助于辨别痴呆的高危人群,为老年期痴呆寻找最佳的干预时间。

(四)认知症

认知症是以认知功能损害为特征的一组症候群,最常见的病种有:AD、血管性痴呆、混合型痴呆、路易体痴呆,可能由于神经退行病变、脑血管病变、感染、外伤、肿瘤、营养代谢障碍等多种原因引起。病人在意识清醒的状态下出现持久、全面的智能减退,表现为记忆力、计算力、判断力、注意力、抽象思维能力、语言功能减退、情感和行为障碍,独立生活和工作能力丧失。患病老人的平均生存期为 5—10 年,是老年人群中仅次于心脏病、恶性肿瘤和中风的第四位死亡原因,目前为止,这类疾病绝大多数是无法治愈的。

四、实践守则

创建认知症友好社区更多是民间的倡导,而没有成为政府工作目标。创建认知症友好社区的条件和做法:

(一)该地区应当为老年人集聚地区,存在老龄化严重等问题。

(二)该地区辖区内有开设或即将开设记忆门诊或有神经内科的医院,有医疗资源储备。

(三)政府重视老年人认知症所带来的社会隐患,有意愿与相关公益组织进行合作。

(四)社区内存在专业服务托管机构或自有养老机构,并有能力在未来几年中扩大规模。

(五)如果地处市中心,人多地狭,没有办法兴建照护机构或花费成本实在过高,则应推广居家养老,由培训过的家属为老人提供照护,让老人留在自己熟悉的生活环境中,接受或社区的相对专业的服务。如果地处郊区,则可以通过建设养老院、照护机构等方式来对认知症患者进行集中照护。

五、各界应该怎么做

(一)政府

1. 统一制订并不断修改完善《老年照护统一需求评估及服务管理办法》《长期

护理保险试点办法》等条例,提供规范化的制度对老年照护提供指导与保障。

2. 鼓励高校及医院的研究向认知症方面有所倾斜,并定期公布记忆门诊名单。

3. 加大服务机构的建设力度,增加床位,让更多的老年人有地方得到照护。

4. 增加医护人员工资待遇,鼓励更多的年轻人投入其中,为现在的小老人照顾老老人这一情况进行一定的补充。

5. 拓宽医联体资源,打通医院分级转诊机制,提高社区轻度认知障碍及认知症早期就诊率和诊断率,建立政府可参照、市场可应用的社区基础数据库。

(二) 街道

1. 建设邻里中心与失智日间照料中心等机构,给认知症患者一个接受治疗与照护的环境。

2. 联合社区卫生中心、健康企业和专业社会组织等认知症友好机构在社区广泛开展认知症健康科普教育,推广有效的认知症预防之道,并从中孵化培养出有自身特色的认知症相关公益组织。

3. 加大宣传力度,尽可能的向群众普及认知症及其危害,让患者和疑似患者知道去哪里,怎么办,让人们了解认知症,改变错误观念,消除歧视,逐渐形成人人理解、接纳和友善的社区人文环境。

4. 为志愿者提供一定的福利与补贴,发掘有专业背景的社区能人,鼓励人们担任志愿者。

(三) 社区单位

对于打造认知症友好社区而言,最重要的辖区单位当属医院与养老机构。面对现在失智老人日益增加的现象,医院应当不断投入资金建设神经内科,打造记忆门诊,引进专业医生。在每月的固定时间进社区开展义诊,设计专业问卷增加效率,针对不同阶段人群采用不同办法,并与街道、公益组织进行积极对接,让老人们知道到哪去,回到哪。养老机构应适当扩大规模,并培养引进相关工作人员。

(四) 社会组织

1. 积极与政府进行联络,为社区设计专业的认知症照护方案。

2. 为不同类型的老人设计不同的活动,通过活动吸引老人参与到了解认知症的过程当中。

3. 积极与高校、医院进行联系,打通医疗渠道,保证老人能够及时就诊,也为高校毕业生或实习生提供相关岗位。

4. 加大与患者家属的联系,同时加强患者家属之间的横向联系,充分发挥家属的力量,以居家养老方式为社区和相关机构减少压力。

(五) 居民

老年人应配合社会组织和居委会志愿者的调查,多了解认知症有关资讯,参与社会组织所设计的有助于增强记忆的活动。健康的老年人应积极充当志愿者,为其他人提供力所能及的服务。年轻人应积极参与社会组织所提供的培训,了解家庭照护的注意事项,在遇到问题时及时咨询提供服务的社会组织,做到守望相助、共同面对。

本案例由邓阳、李思嘉搜集、整理、撰写

延伸案例导读 1

“剪爱公益”推动认知症友好社区建设

一、背景

上海剪爱公益发展中心①(以下简称剪爱)于 2013 年 4 月 26 日在上海市普陀区民政局正式登记注册,是一家关注长者记忆健康、推动失智症早期预防与照护支持的非营利组织。秉持“知行合一,助人自助”的理念以及“博爱、专业”的价值观,专注于轻度认知障碍 MCI 及认知症的及早科普、筛查与干预。致力于通过剪纸等艺术疗法开展失智症的早期预防;发起“记忆的黄手帕”公益行动和研发“记忆盒子”,提高公众对失智症的认识;建立老玩童玩聚馆为早期失智症长者及其家属提供人文关怀、干预激活及照护支持,改善失智症长者的生活质量。探索社区失智预防与照护的本土化解决模式:公益科普——服务筛查——干预激活——照护支持。

---

① 本案例由上海剪爱公益发展中心汤彬提供资料,特此致谢。

二、简述

2013 年 4 月 26 日,剪爱在上海市普陀区民政局正式登记注册。2017 年 9 月 21 日协助普陀区长寿路街道创建全国第一个认知症友好社区。启动了诸多项目:剪纸、记忆学堂、大脑加油站、记忆小屋,并利用社区空间打造乐健区、乐康区和乐智区。

乐健区定位为主观认知障碍人群的健康促进中心(大脑加油站),为目标人群提供健康体检、健康咨询、早期筛查等服务。乐康区定位为面向轻度认知障碍人群的干预激活中心(记忆小屋),提供健康干预、认知训练、作业治疗等服务。乐智区定位为社区轻度和轻中度认知症长者的日间照料中心(失智日照),主要开展日间照料,喘息服务,非药物治疗。干预在很多人身上产生积极效果,出现在一些老人身上的记忆力、判断力下降,词不达意,性情突变等种种状况都有所缓解改善。

三、项目现状

剪爱受到热心企业的资金支持,在资金和人手方面缺口不大。目前正对长寿路街道辖区内老人进行普查,发现认知症患者并为他们提供服务。当下存在的主要问题是专业社工不足,仍需要发动社区能人,培训对应社工等办法来解决所存在的问题。解决办法为加强与居委会的联系并发掘社区热心人,通过宣传工作让更多有医疗工作经验的专业人员加入到排查队伍当中,设计简便易用的软件来对疑似人群进行鉴别。

延伸案例导读 2

宁波市江北区中马街道老人友好社区

一、背景

截至 2014 年末,宁波 60 周岁及以上户籍老年人口 125.5 万,占户籍人口总数的 21.5%。而在这些老年人中,失智、失能、失独老人群体总数超过 20 万名(失智老人约有 5.27 万名、失能老人约有 20 万名、失独家庭 2000 户左右)。中马街道是江北区老小区较为集中的街道,老年人的照护问题日趋严重。

2015 年 4 月 13 日,宁波市民政局、宁波市卫计委联合江北区政府,率先在江北区中马街道启动建设"老人友好社区",主要由慈爱嘉养老助残服务中心负责相关工作,希望能打造成在宁波各小区可复制推广的样板。

二、简述

2013 年 10 月,由朱英龙先生资助,市卫生局牵头,会同市民政局、市残联、市台办、市慈善总会等部门,在宁波市启动实施了失智老人关爱项目。这个项目从 2014 年上半年开始,对市区 61 家 231 名社区医生进行了培训,目前全市已有 15 家社区卫生服务中心开设了记忆门诊,进行失智症的早期筛查。

三、术语解析

老人友好社区,是指通过政策、服务、环境和设施等方面的支持,使老人挖掘自己的潜能、满足自我对生活方式的选择,保护小区内的失智、失能、失独等相对较弱的老人也能全面融入和参与社区生活,促进老人生活品质的提高。

四、实践守则

(一) 网络平台全覆盖

中马街道搭建了智慧养老平台,将辖区 5000 多位老年人的信息都录入了智慧养老平台,实现老人信息采集率 100%、录入率 100%、建档率 100%。构建智慧养老三维地图,实现对养老档案数据的综合展示、管理和应用。这些老人只要拨打热线电话,地图上便能定位老人的位置,显示出老人的资料信息,能及时为老人送去家政、医疗、维修等 30 余项上门服务。

(二) 开设记忆门诊

针对辖区老年人糊涂健忘、记忆力变差等情况,社区开设"记忆门诊",医生首先根据询问病史和接受简单的筛查来判断老年人的记忆力和其他认知功能是否有问题。再由社区医生与神经内科专家初筛有问题的进行上门评估,进一步确诊,并找到病因,提供治疗方案和护理指导等。

(三) 推广居家服务

推广居家照顾,小区式的服务,让老人留在自己熟悉的生活环境中,接受小区不同专业的服务,这才是最经济最有效的照顾方式,也是一种世界趋势。社区将通过不同途径对老人进行早期筛查,并指导筛查阳性的老人就医。对居家照护的失智老人,根据家庭经济状况,给予免费或收费的上门照护服务和日托中心提供的托养服务,并对确诊的失智症家属或照料者给予免费的照护知识技能培训。对于早期出现失智症状或有需求的老人开展职能治疗,延缓记忆减退。

(四) 与医院合作

街道主动与宁波卫生职业技术学院去年成立的全国首家老年护理学院合作,进行理论总结深化和专业人才教育培训,已签署合作框架协议,在借鉴台湾成熟经验的基础上,探索具有中马特色的"三失"老人关爱工作模式。

(五) 上门排查

街道通过实施开设记忆门诊、同时在区域内开展"敲门行动",了解老人的真实状况,收集老人的实际需求,为老人提供专业高效的服务,帮助老人走出家门、融入社区。

资料来源:

《"认知症友好社区的推动和探索"主题沙龙举办》,上海社工公众号
《积极应对人口老龄化 青岛实施长期护理保险制度》,记者王宇鹏、赵敬菡,人民网

本案例由邓阳、李思嘉搜集、整理、撰写

第六节　智慧社区

一级案例

智慧社区

——以宝山区"社区通"为例

2017年2月份开始,宝山居民扫一扫所在小区的二维码,填写住址并实名认证,经所在居委会审核通过后,便可成功进入"社区通"平台。目前,平台推出了党建园地、公告、办事指南、议事厅、社区服务、身边事(村委名:农家客堂间)、互助(村委名:乡邻互助)、邻里社交、闲置物品(村委名:爱心集市)、乡愁乡音(村委专有)等10个功能模块。每个模块都从实际出发,满足居民了解社区、融入社区、奉献社区的需求。详情如何呢?

一、背景

互联网时代,社区居民的线下"接触"似乎有所减少,但这并不意味着居民不再需要社区。居民尤其是上班族,并非没有社区参与的愿望,相反他们的交往诉求、社区民主诉求,只会随着社会变化不断加大。而囿于时间和空间,传统的线下交流渠道,难以满足社区中年轻群体的这些愿望。

二、简述

"社区通"是宝山区在全市创新推出的党建引领自治共治服务平台。依托"社区通",居民区党组织为居民搭建了一个真实的微社交平台,通过线上线下联动,促成了邻里互助、爱心传递。同时,居民区党组织加强了对社区自治共治的引领,随时随地听取和回应居民需求,突破了服务居民的时间和空间障碍,增强了工作效率和应急反应能力,有效拉近了和小区居民之间的距离。

三、术语解析

"社区通"是"社区通社区综合服务平台",是基于互联网、云计算、大数据技术的一站式掌上社区治理云平台。"社区通"为居民、社区、政府提供,以居村党组织为核心、以居村委会为主导、以城乡居民为主体、相关各方广泛参与。这既是一个展示居委工作的平台,也是一个适合公共事务探讨的社区治理平台,更是一个能给居民提供社交的舞台。

四、实践守则

(一) 打造党建园地,发挥党建引领作用

宝山区在"社区通"创建了"党建园地"专栏,通过各项举措,着力将"党建园地"打造成基层党建网上的阵地。

一是开展"党员亮身份"行动。"社区通"里设置"党员亮身份"功能,所有共产党员用户的头像后面,都自动加上一面党旗。他们需要时刻以党员身份参与社区事务,在这里开展报到、学习、议事等活动,既是接受群众监督,也要发挥党员的引领示范作用。

二是开设"学习园地",及时转发"上海基层党建网""宝山党建网"上发布的党章党规等学习资料,便于党员随时开展学习。

三是发布活动信息,及时向党员发布支部会议通知、活动简讯及党费收缴提醒等,便于党员了解支部动态。

(二) 有效运用数据,开展居民喜闻乐见的活动

"社区通"是一个基于手机互联网的应用,透过大数据可以清楚地了解本小区的人口结构数据、各年龄阶段的人口数量和所占比例。居委会可以根据不同的社区年龄情况,有针对性地开展各种线上活动,充分调动了各个年龄层居民参与社区活动的积极性。比如,阳光锦园居委,上线的居民中,20—40 岁之间的人数占 49%,居委会便发起了"家有宝贝秀出来"的活动。同时,居民们在社区通上提出的建议和问题,则被政府职能部门悉数搜集,并通过后台数据分析,有的放矢进行精准化管理服务。近期刚刚针对居民反映的"十大热点"问题之首"高

空抛物",组织的文明倡导专项活动,即得到居民的热情参与。

(三) 线上线下结合,充分引导居民自治

"社区通"的运用,主要目的是为了引导居民自治。依托"社区通",宝山各社区建立了"提出议题——把关筛选——开展协商——形成项目——推动实施——效果评估——建立公约"的工作链。比如,在"社区通"平台上,月浦镇宝月尚园党支部利用线上线下结合的方式,在议事厅栏目中发起了《宝月尚园社区居民自治公约》议事规则,发布征求意见并组织投票表决,组织互动讨论。在议案投票过程中,如果居民对议案有异议,在了解情况后,居委会对居民提出的问题做出积极的响应,耐心倾听其对小区的各项意见并进行互动讨论。为了强化居民的社区自治功能,不让"社区通"成为简单的政府办事平台或物业报修平台,现在的设计有意识地让区、街镇等政府部门工作人员只有观察的权限,只能"潜水"不能"发言"。

五、各界应该怎么做

(一) 居委会党组织

做好党建引领,开展线上活动,引导居民自治,协调解决问题。结合实际情况安排专门力量具体负责社区通实施,比如指定一名社工专门负责平台的日常维护,对涉及相关条线的内容及时回复和解决。实行"书记负责制",由书记统筹负责,主持召开例会,对平台上反映的问题热点进行整理、归纳和探讨。根据"社区通"的使用规则,对于居民提出的问题,居民区党组织或居委会负责人必须在48 小时内作出正式回复,并着手解决,或移交相关部门协商解决。

(二) 政府部门

1. 各街镇

建立领导机构,党委、行政部门要协调配合、互相支撑,确保"社区通"顺利运行。比如,罗店镇由镇党委牵头成立"社区通"工作推进领导小组,分管社区治理的党委副书记任组长,副镇长为副组长,组织部门、宣传部门、社区党委、党建服务中心等负责人组成领导小组,各居委支部书记任组员,下设办公室做好日常工作。领导小组定期召开推进座谈会,对平台上反映的热点问题进行整理、归纳和

探讨,对涉及相关职能部门的内容第一时间召集相关负责人及时回复和解决。

2. 网格化管理平台

与"社区通"平台进行对接,联合多部门建立问题分类联动处置机制。针对咨询建议类问题,区职能部门为社区干部制定了"问题回复指南";针对处置类问题,则先引导居民通过自治共治进行解决,难以解决的纳入网格化平台,生成网格工单进行跟踪处置;针对涉及多部门的、历史遗留的疑难问题,则通过约请区职能部门加以解决。

(三) 社会力量

1. 居民

积极参与平台的各类活动,及时反映社区问题。比如,任何时候发现小区中的任何问题,都可以拍照上传,并要求社区干部和物业等协调解决。比如,在"社区通"平台上与居民区党组织负责人聊天交流、反映问题。

2. 党员

在"社区通"平台上开展报到、学习、议事等活动,参与社区事务,既要接受群众监督,也要发挥党员的引领示范作用。

3. 社区工作者

通过在居民下班高峰时段在小区内设摊,上门走访居民家中等方式,面对面宣传"社区通"并鼓励大家扫码关注。

4. 第三方组织

协助各年龄阶段居民使用"社区通"。比如,电信公司专人指导老年人使用智能手机,利用"暑期学校"引导初高中生关注"社区通",参与社区工作。

(四) 其他主体

1. 新媒体

广泛在基层党建交流平台中,宣传推广"社区通",以政府机关、学校、医疗、卫生四大党建板块着手,充分调动在职党员力量,率先让党员先知晓,先覆盖。

2. 专家

向居民区社区工作者、党员、志愿者讲解"社区通"功能板块的运用和操作,并开设现场答疑环节。组织志愿者培训,让社区里更多的居民了解、熟悉"社区通"。

参考资料：

1. 《社区治理"上网"，为党组织"圈粉"》，http://newspaper.jfdaily.com/jfrb/html/2017-07/13/content_21166.htm
2. 《一块手机屏，让居民玩转社区，政府还不能插手？》，www.jfdaily.com/news/detail？id=58383♯top
3. 《宝山区推一站式掌上服务平台"社区通"社区老熟人不再陌生》，http://shanghai.xinmin.cn/xmsq/2017/07/06/31132503.html
4. 《宝山区："社区通"为党建引领基层社会治理提供支撑》，http://xzb.sh.gov.cn/shjs/node7/u1ai109675.html

本案例由岑俏、潘方悦搜集、整理、撰写

一级案例

智慧社区

——大宁路街道的智能化管理

《上海市智慧社区发展白皮书(2015)》显示，上海从便民、利民、惠民出发，以居民需求为导向，围绕社区生活服务、社区管理及公共服务、智能小区和智能家居等方面，发挥地区优势特色，目前全市建成了浦东陆家嘴街道、闵行古美路街道、宝山友谊路街道、静安石门二路街道、长宁周家桥街道等一批示范社区，实现了社会管理的智慧化、公共服务的精细化、人的生活方式优化，形成了新型、生态、可持续的社区发展治理模式。

一、背景

随着社会经济发展和互联网时代的到来，社区智能化已经成为全新生活方式的根本保证。在社会信息化飞速迈进的今天，人们对住宅的关注已经不再局限于居室面积、周边环境、交通等方面，而是把更多的兴趣和注意力放在与外界沟通、生活质量、安全防范等方面，这就要求传统的社区采用先进的科技手段延伸服务功能，智慧社区管理逐渐成为未来社区管理的趋势。其目的在于促进社区全面发展，更好地为社区居民服务，从而使居民得到全面发展。

二、简述

(一)"智慧社区"的历史沿革

国内社区建设的特点主要是"以点及面，点面结合"的方式。比如，无锡以居家养老为切入点，以实体服务为支撑，为无锡市民提供信息化居家养老服务、家庭生活服务和民生商品配送等便民服务，致力于为无锡市民搭建一个需有所应、困有所助、难有所帮的综合性"门对门"便民服务平台。上海陆家嘴"智慧社区"建设重点主要涵盖社区综合管理、社区生活质量水平、社区经济和商业活力、社区内个体发展水平四方面内容。清华园街道从2005年起就着眼于新型社区的发展方向，建立了社区综合信息服务平台，并逐步开始智慧社区的理念探索与应用实践。经过几年来的建设和不断完善，目前已经实现了可扩展的现代化社区服务和智能化社区管理体系。

国外智慧社区建设概况，国外智慧社区建设多以资源和环境为目标。比如美国迪比克市智慧社区将能源、水务以及交通三大系统建设作为优先发展领域。主要利用数据传递装置、分析软件和网络等高新技术让政府和市民即时监测和调整他们用水、用电及交通出行的方式，以打造真正节能、可持续发展的城市。韩国松岛以无所不在运算环境以及环境感知元件为基础，发展智慧家庭、智慧建筑与智慧卡系统。

(二)"大宁路街道的智能化管理"的运营模式

大宁路街道—慧芝湖居民区始建于2012年，东临北宝兴路，南临广中路，西临平型关路，北临灵石路，辖区内有3个小区，共37个居民小组，为纯商品房小区。小区内现有居民3429户，约1万余人。项目共包括1.0模式，2.0模式以及3.0模式，具体如下：

1. 1.0版构建

自2015年起，逐步开始实施和完善线上、线下两部分的工作，线上主要以微信等互联网社交工具为载体，涵盖四方议事、交流、分享。线下则主要包括培训、活动及展示。

四方议事：通过居民区党总支、居委会、业委会、物业四方制定机制，约请各方代表共同协商解决，合力处理小区问题，有效激发居民共同参与小区建设的积极性和主动性。

交流、分享：通过微信平台居委会发布通知、公告、活动招募，建立业主微信群，在群里居民们可以互相讨论和反映小区的各类问题及各种变化，此外，各种兴趣爱好小组群也相继建立，线下兴趣小组的各类成果也多了一个分享的平台，形成了居委、业委、物业、居民等多主体交叉型交流结构。

培训：主要分为工作技能培训和兴趣互联培训两方面。工作技能培训主要针对居委会工作人员工作能力及专业素养的提升、各条线工作的问题交流，工作经验分享等，使得项目能够更顺利开展。兴趣互联培训为召集和组建各类兴趣小组（竞技组——象棋、围棋、扑克；文化组——书法、绘画；理财组——股票、基金、理财产品；事迹组——说家史、讲人生、晒照片），选出兴趣小组组长并让其管理本小组日常培训活动，开展如微信的各功能使用等培训。活动：协助各小组长组织举办各种兴趣小组活动，或与共建单位共同开展各类公益行动。展示：兴趣小组活动形成的成果，或由居委牵头进行线下展览，或进行线上的展示传递。

2. 2.0 版发展

活动方面：在原有活动的基础上，策划组织公益性活动，基于社区兴趣小组的成果展开义卖活动，义卖收入注入到"社区加油站"。通过互联网经常转发一些孝亲爱老、守望相助的感人事件，将社区里的小善大爱，点滴汇聚，不断传播社会正能量，形成慧芝湖的社区风尚。

服务方面：充分利用社区的空间资源开展"邻家集市"（家庭享乐会、跳蚤市场），这些活动所获得的资金同样注入"社区加油站"，成为小区活动的助困备用金来帮助小区内有困难的独居高龄老人、整个项目运转使用资金及后续为 3.0版项目运转中的 APP 运营管理提供保障经费。

3. 3.0 版本提升综合

在 2.0 版本的基础上，目前正在筹建补充"慧生活"社区 APP 板块，为居民提供一个智能化的社区综合平台。APP 的界面功能设计丰富全面，包括：志愿者能量的积分活动（通过活动参与进行积分，能量高的志愿者取得福利优享权）；社区乱象报告（随手将社区发现的问题用照片或文字的形式发布到 APP 上让居委、物业等各主体及时处理）；活动通知与宣传（利用 APP 便捷的优势发布社区内各项活动预告，让居民能更充分的了解活动的概念并调动更多居民参与到社区活动中来）；社区福利社（将社区周边的便民信息添加到 APP 上方便居民出行、并提供各类其他福利便捷渠道）；微商圈（义卖活动的物品可以通过 APP 平台进行义卖，辖区内的企业商家产品优惠通道）。除了提供服务，还召集社区共建单位或驻区企业、商家在社区 APP 平台投放广告,所获得的资金一并注入"社区加油站"统一管理使用。

三、术语解析

(一) 智慧社区

智慧城区(社区)是指社区管理的一种新理念,是新形势下社会管理创新的一种新模式。充分借助互联网、物联网,涉及到智能楼宇、智能家居、路网监控、个人健康与数字生活等诸多领域,充分发挥信息通信(ICT)产业发达、电信业务及信息化基础设施优良等优势。

通过建设 ICT 基础设施、认证、安全等平台和示范工程,加快产业关键技术攻关,构建城区(社区)发展的智慧环境,形成基于海量信息和智能过滤处理的新的生活、产业发展、社会管理等模式,面向未来构建全新的城区(社区)形态。

(二) 智慧养老服务

现在老人居住的环境有两种最常见,一是住在家里,另外就是住在养老院,针对这两种情况分别提出智慧养老的方案,其最终宗旨是使得老人有安全保障,子女可以放心工作,政府方便管理。家庭"智慧养老"实际上就是利用物联网技术,通过各类传感器,使老人的日常生活处于远程监控状态。

四、实践守则

(一) 智慧社区包括基础环境、基础数据库群、云交换平台、应用及其服务体系、保障体系五个方面,如下表:

项目	内容
基础环境	基础层主要包括全部硬件环境,如家庭安装的感应器,老人测量身体状况的仪器,通信的网络硬件,如宽带,光纤,还有用于视频监控的摄像头,定位的定位器等。
基础数据库群	基础数据库包括业务数据库、传感信息数据库、日志数据库、交换数据库等四大数据库。

项目	内容
云交换平台	云交换平台主要实现各种异构网络的数据交换和计算。提供软件接口平台，或提供计算服务，或者作为服务器。
应用及其服务体系	应用服务体系包括个人信息管理系统、日志管理系统、应急呼叫系统、视频监控系统、广播系统、智能感应系统、门禁系统、远程服务系统等，由这些系统完成为社区各类人群的直接服务。
保障体系	保障体系包括安全保障体系、标准规范体系和管理保障体系三个方面，从技术安全、运行安全和管理安全三方面构建安全防范体系，切实保护基础平台及各个应用系统的可用性、机密性、完整性、抗抵赖性、可审计性和可控性。

（二）智慧社区的落地，除了具备入口、打通连接之外，还需要从刚需入手，这样智慧社区的推进才会有意义。社区服务涉及多个领域，有些服务能够满足生活中的迫切需求，有些服务可以让生活锦上添花。在智慧社区的切入点上，兴火源的智慧社区解决方案从社区最为迫切的痛点入手，以车辆管理、门禁管理、安防管理为突破口，推进社区的智能化。

（三）在社区服务上，智慧社区综合服务平台、智慧城市卡、居民电子健康档案、健康管理平台等正在逐渐铺开；在社区管理上，电子台账、一门式软件、城管通大联勤、门禁管理、志愿者管理、党员 e 家等应用百花齐放；在智慧养老领域，智能化养老服务管理、"居家宝"安防、智慧养老云平台、"电子围栏"等应用纷至沓来；在宣传推广工作上，智慧社区体验周、智慧城市体验中心更是锦上添花。

（四）上海居民对"以家为中心"的智慧社区需求虽然各区县不尽相同，但主要表现在智慧家居和智慧小区两方面。其中对智慧家居的需求主要表现在门/窗磁、红外等安防报警；对智慧小区的需求主要表现在小区公共 WIFI 与实时了解自家水、电、气、暖相关的服务；对于"以家为中心 500 米范围内"，对生活配送、时事要闻和安全信息推送的需求最高；而对于"以家为中心 2 公里范围内"，对养老、医疗、教育的需求均较高，其中居家养老服务、社区卫生服务中心和老师、学生和家长通过电脑/手机进行课堂直播、布置电子作业、回答学生问题需求最高。

（五）国内外智慧社区建设的内容来看，智慧社区的建设目标是便民，节能，环保及健康，这些都是人们比较关注的突出问题，因而可以理解社区人员需求就是智慧社区的有效推动力，也决定了智慧社区的发展方向。

（六）要区分智慧城市，要将智慧看为工具，思考如何对于社区治理的影响。对社会社区的影响，社区共享，智慧之后对社区打造的影响。

五、各界应该怎么做

（一）政府应该怎么做

1. 通过以社区为单位进行数字化、智能化的建设，以点带面逐渐实现整个城市的智能化。这是对城市基础设施前瞻性的布局，对先进技术和人才的战略投资，也是对更多服务岗位和有竞争力现代信息服务业的创造，终将成为城市发展核心竞争力的根本所在。从而推进城市转型升级，促进城市可持续发展。

2. 通过打造智慧社区推动和谐社会建设，同时可以提升政府执政形象和效率。以社区作为政府政务信息及政策思想传递新型单位，借助数字化、信息化、互联网的手段发布和传递，可进一步加快电子政务向社区推进，提高政府办事效率和服务能力，充分体现以人为本、服务民生。因此智慧社区的建设对政府打造信息畅通、管理有序、服务完善、民生与人际关系和谐的现代化社区具有重要意义。

3. 通过智慧社区的建设，智慧社区大数据的应用，将大数据与政务系统对接，可全面提升社区服务，彻底改善民生安全和便捷，提升居民生活质量，减轻政府施政民生负担；智慧社区是从强调以技术为核心到强调以技术为人服务为核心的一种转变，通过技术使人们的生活更加便捷、更人性化、更加智慧化。"执政为民"，当居民生活的舒适度、归属感和幸福感增强了，居民生活水平提高了，社会和谐了，民生问题少了，政府职能也就到位了，政务就轻松了。

（二）社会组织应该怎么做

通过有效的载体把小区业主与社区物联网连接起来，帮助商家以最低的成本进入小区。基于移动互联网打造的智能硬件产品体系（门禁、可视对讲、电梯门禁、停车管理系统），为开发商提供卖点，为物业提供创收，为业主提供全新的通行体验。

（三）辖区单位应该怎么做

对于物业公司，可以说是非常想要转型拥抱互联网的一个行业了，随着物业人力成本越来越高，物业的"收费价格"难以提升。物业公司缺乏"有效"的信息管理化平台，提升内部管理效率，可能我们想象中的物业已经"信息化了"，可实际上很多物业公司数据全靠一支笔一个本子,抄表都还是手工。而智慧社区则是物业公司迫切的需求,一方面能够提升业主的满意度,一方面统一的互联网管理平台也能极大地提高效率和减少错漏。对于智慧社区来说,智能硬件的布设是非常重要的一环,而弱电安防企业正是这样的一个环节,从一系列的传统安防硬件展开互联网化是当下安防企业转型之路。随着物联网大数据的发展,安防产品能够成为线下收据的"收集器",像门禁、停车场、视频监控这部分的数据才是重中之重,对于后续的精准运营提供数据支撑。

(四) 街道、居委应该怎么做①

街道、居委等应主动通过购买服务、设立项目资金、补贴活动经费等措施,加大对社会组织参与城市社区治理的扶持力度;但在社会组织承接与执行项目时,静安会要求对项目要有跟踪管理、有成果验收以及财务管理要规范等,以此让政府投入能通过社会组织真正落到实处。

本案例由刘瀚斌、潘方悦搜集、整理、撰写

延伸案例导读 1

黄浦区瑞金二路街道"社区治理数据库"

黄浦区瑞金二路街道党工委打造了党建引领下的社区治理数据库。通过"社区治理数据库",推动信息技术和城区发展全面深入融合,实现管理精细化、服务精准化,不断增强人民群众的获得感和满意度,强化基层党建在社区治理中的引领作用。

社区治理数据库围绕"IDEA"设计思路,开发了查询(Inquiry)、分析(Analyzation)、会诊(Diagnoses)、应急(Emergency)四大功能。以汇集街道各工作数据为基础,以黄浦区人口信息库、网格管理平台、"12345"市民服务热线等业务平台提供的数据为依托,以手机应用、小区视频监控、GIS 动态地图等采集的动态数据为补充,突显社区治理中"人、事、部"三大元素,使党建工作在引领社区治理的手段运用中,更加具有针对性,提高施策精准性。

---

① 智慧社区入门,怎么快速做好布局,搜狐科技,http://www.sohu.com/a/165018822_221974

（一）分类梳理，清晰个体，深化数据的查询功能

通过打破街道各项工作的信息边界，对各类社区数据重新予以梳理、关联和管理，并以标签化方式实现数据的精准定位，清晰生活和工作在社区人群的行为特征。

一是进行数据梳理。汇总八个办公室各类工作项目，并按项目对应形成数据子库，一个数据子库即为一个标签。

二是进行数据查询。针对不同查询需求，设定模糊和复合 2 种查询模式，在模糊查询中输入姓名、身份证号或地址即可查询相关信息；复合查询中通过叠加不同字段或标签，满足子库与子库间的复合查询，准确定位查询结果。

三是进行数据管理。增强数据开放性，按需增加数据子库和相应标签。

目前，数据库数据总量已达 977199 条，已累计生成人口标签 59 个、事件标签 30 个、部件标签 5 个，总计 94 个数据标签，其中党建标签 14 个，重点涵盖党员、党组织基本信息、区域化党建联建单位、党组织活动等党建工作的方方面面。

同时，一方面将党员、党组织同党建活动记录、心愿认领、双向认领信息相关联，另一方面将党建引领下的社区服务同居民需求相关联，便于对党员、党组织的活动进行全方位的记录，逐步细化党建工作同社区服务的精准对接。

另外，数据库采用了开放式的运行模式，可以根据党建工作需要，随时增添标签，自运行以来，已添加了"双报到""三会一课""党代表接待记录"等标签，党建工作数据逐步完善。

（二）科学分析，精准施策，强化数据的交叉对比

数据库对党员党龄、居民区党员占比、"两新"单位组织覆盖、老龄人口情况、外来人口管理等基层党建和社区治理中关注度高、影响面大、变化性快的 43 项重点数据进行了科学分析。深度挖掘数据背后的价值，完善问题的发现机制，使基层党建工作和社区治理更有针对性，两者结合更加紧密。

一是分类展示，将党建工作情况和社区综合情况进行集中展示，对各项工作进行细化分析。

二是交叉比对，将党建工作和社区治理的工作数据，进行关联比对，找出工作关联性。

三是强化互动，将党员、党组织、共建联建单位、驻区单位、"两新"单位等党建工作数据同 GIS 地图展示相结合，通过动态撒点、复合选点的方式，直观展示基层党建工作状态。

如对党员发展情况、16 个居民区党员的分布情况等进行交叉比对,形成发展党员的工作重点。通过分析功能直观反映了当前党建和社区工作的薄弱环节,如对心愿认领项目同老年人服务需求进行交叉比对,进一步提高党建服务的精准对接。通过网格案件类型分析、GIS 地图和实时监控,针对瑞金医院周边区域无证设摊、机动车乱停放、医托等问题,配合区域化党建联建项目瑞金医院联勤联动站,及时调配各方力量,降低发案率,提高管理成效。

(三)整合资源,强化会商,拓宽数据的广泛应用

为了让党建引领在社区治理中发挥更大的作用,数据库有针对性的拓展了线上会诊功能。针对社区综合性问题,由主办部门线上发起"会诊",通过协办部门数据共享,参与"综合施策",让协商更便捷,过程更清晰,提升了疑难问题的处置效率,形成了一批可复制、可推广的典型案例。通过会诊的开放性,可以随时发挥党建的引领作用,在问题的解决过程中,一方面,可以利用共建联建平台内的社区党建资源,共同参与问题的解决,另一方面,也通过党建指导下的自治共治建设,将好的、成熟的案例推广出去。

如为解决南昌路雁荡路暴露垃圾网格案件发生率较高的问题,社区管理办发起线上会诊,召集党建办、社区自治办、雁荡社区、绿化市容所五方共同会商,通过对数据库分析发现沿街店面的装修是产生问题的主要原因,且居民对暴露垃圾进行自治的愿望非常强烈。根据这一情况,在党建办和自治办指导下,成立了"乐安坊"居民自治组织,并在行政力量支撑下,共同做好暴露垃圾的管理工作。

(四)创新技术,方便快捷,打造全天候的服务体系

配套数据库开发的"黄浦瑞金"手机 APP 具有数据实时采集、自动采集、强化沟通的功能优势,同时,将移动数据同数据库对接,也提升了数据库的完整性、及时性和高效性。目前,APP 已经形成了"政务厅、党建党群、养老服务、自治活动、文明曝光台和便民服务"六大功能板块,开发了"扫一扫"数据采集应用,可以及时了解党员、居民活动和社区情况,积极拓展信息传递、意见征集的渠道,动员党员和居民群众广泛参与到社区治理中来。

如在 APP"党建党群"板块,每个党员既可以根据社区党建中心提供的学习内容在线学习,在线答题,在线交流学习心得,不断提高思想素质。又可以随时了解社区党建新闻,参加社区党建、服务社区等活动。同时,通过 APP 及时进行"双报到",加入线上"三会一课",进行组织生活。通过"扫一扫"功能,将党员、党

组织参与的相关活动,对接数据库进行全程记录。形成个性化的"党员档案"、"组织档案",清晰党员和党组织在社区治理中的参与力度,形成有说服力的考核依据。强化了基层党建工作的组织管理作用,有利于充分发挥党员、党组织在参与社区治理中的作用。

（原文链接：http://dangjian. people. com. cn/n1/2017/0809/c412043-29460620. html）

参考资料：

1.《社区治理"上网",为党组织"圈粉"》,http://newspaper. jfdaily. com/jfrb/html/2017-07/13/content_21166. htm

本案例由岑俏、潘方悦搜集、整理、撰写

延伸案例导读 2

江宁街道"互联网＋社区养老"①

（一）项目背景

依托互联网信息平台,将在线咨询、预约挂号、远程会诊、远程培训、网上购药、缴费报销、结果查看等功能统一集成在社区居家养老服务信息平台之中,方便老人看病就医并及时了解相关信息,如图1：

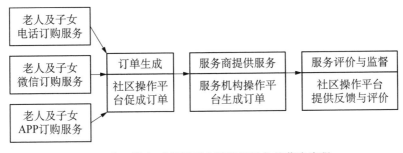

图 1 "互联网＋"背景下生活照料服务的获取流程

---

① 静安区江宁路街道打造"互联网"社区服务新模式,http://www. shanghai. gov. cn/nw2/nw2314/nw2315/nw15343/u21aw1283445. html

(二) 项目简述

江宁街道,自 2015 年开始探索"互联网＋社区养老"在社区的应用与落地,即"乐龄一卡通"助老服务项目。服务对象通过一张关联个人信息的"乐龄一卡通",每月定期领取居家养老补贴资金,在指定的服务商户名录内,自行选择服务项目,如:理发、洗衣、助餐、沐浴、扦脚、家政等生活服务类项目,管理机构与签约商户以电子交易数据为依据定期结算费用,资金使用全程可跟踪、可追溯。

在江宁,每一位享受居家养老服务的老人都有这样一张"乐龄一卡通",它可以在社区经认证的 17 家商户、2 家食堂和 6 个服务站点自主选择就餐、理发、洗衣、沐浴、家政、维修等十多项生活服务内容,老人直接刷卡消费,用电子卡全面取代纸质服务券——这就是江宁路街道实施中的"乐龄一卡通"项目,打造"互联网"社区服务新模式。

(三) 项目现状

"乐龄一卡通"助老服务项目获得 2016 年静安区最佳实践公益品牌项目的称号,服务平台上线至今,持卡人数 1646 人,签约商户 17 家,累计完成交易约近10 万笔,交易金额约 600 万元,回收补贴资金余额 2.3 万元。该项目启动至今,使用和受益服务对象持续增加,项目也在实施过程中不断优化与完善。

(四) 经验借鉴

1. 创新运作,引领模式。这是国内第一套政府专项资金纳入"中国移动 4G网络＋银联云支付"非金融标准支付平台,可复制可推广。目前该项目已经在静安区南京西路街道、共和新街道、大宁街道等落地应用,近期项目也在厦门地区社区养老服务中应用。

2. 安全可控,规范流程。专项资金实现封闭化管理,实名制"乐龄一卡通"全面替代纸质服务券,补贴按月经审批后批量发放,大幅减少管理机构人员工作量和纸张消耗量。所有服务以银联电子交易数据作为管理结构与商户结算唯一依据,可追溯到商户或个人每一笔交易记录。同时,精准的定制化数据报表,让管理机构掌握社区老人的服务需求和商户的服务效果,为政策制定与调整提供依据。

3. 便民利民,广泛实践。该项目于 2015 年在区公益创投专项资金的支持下率先启动,服务对象覆盖区域内所有符合政策的社区老人,他们不但能在指定商户按需消费,而且管理机构设立了服务热线,接受服务咨询并受理"乐龄一卡通"查询、挂失或冻结业务。随着智能手机的不断深入和普及,目前项目组更拟推出手机客户端应用等服务模块,以期让更多服务对象、更多合作商户和更多服务内容更好地相互融合,切实提高服务热度和质量。

(五)项目成效

根据该街道的实践和经验,总结以下"互联网+养老"的服务模式,如图2:

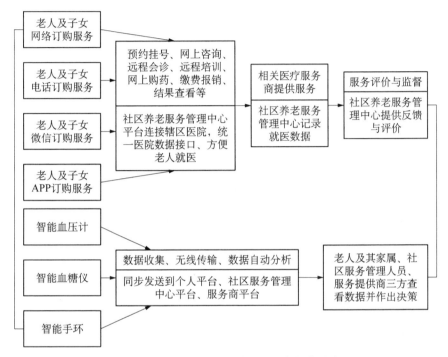

图2 "互联网+"背景下医疗护理服务的获取流程

延伸案例导读3

静安区临汾路街道—社区大脑①

(一)项目背景

"物联、数联、智联"三位一体的新型城域物联专网建设在静安区开花结果,

① 临汾路街道打造"社区大脑"助推城市精细化管理,东方网 http://city. eastday. com/gk/20180503/ u1ai11407842.html

通过上海联数物联网公司以及上海联通、上海电信两大运营商的大力推动,基于 NB-IoT 和 Lora 的窄带物联网已经在静安全区覆盖,为"151"项目提供了智能化的网络基础保障。

临汾路街道作为城市精细化管理的示范街道以及"151"项目在社区应用的试点,通过全面部署感知设备实现用技术监控代替人员管理,节约时间和人员成本,使城市管理更快捷、更精准、更精细。

(二) 项目简述

临汾路街道"社区大脑"通过大数据分析的手段,对人、户、房三大要素进行分析。将人打上标签,形成各种人群,针对各种人群提供相应的服务,把被动的服务转变为主动服务。再通过感知网的应用,在各种场景提供相应的公共服务,比如纯老家庭安装照护五件套、一体式体检设备、二次供水管理、居民用电安全管理等服务,全方位提升民生服务质量。

举例来说,临汾路街道具有老龄化程度高的特点,老龄化程度已经超过辖区总人口的 40%。为体现社区服务的精准性和及时性,针对纯老家庭推出了服务新举措,包括为老人安装照护五件套:智能床脚垫、门磁、烟雾感应器、燃气感应器、红外感应器等项目。通过对纯老家庭的生活习惯的机器学习,监测日常生理健康数据,24 小时保障生活环境的安全,建立一整套事件对应机制,协同老人的监护人、楼组的结对伙伴、社区的志愿者组成一整套主动服务机制。

除此之外,临汾路街道大部分的居民住宅都是 2005 年以前的建筑,通过对居民二次供水的管理,对水箱水质实时的监控及相关发布,使辖区的居民用水更加安全,更加放心。在对居民用电安全方面,通过温湿度等组合感知,对老旧居民楼的电线老化问题、用电安全问题都进行针对性的分析及预警,做到防患于未然,把服务做到了居民家里。

"151"项目做到了"四全四化",即全覆盖、全过程、全天候、全要素;法制化、社会化、智能化、标准化。未来,50 万感知设备将 24 小时监测数据,实时监控异常情况的发生。问题出现自动派单,使社区服务和政府管理更加便民,打造智能化、精细化的城市管理机制。

凌晨两时,保安在静安区星城花苑小区结束巡查回到保安室,还没坐定,电话响起,街道值班人员通知他"小区一条主干道上一分钟前悄悄停放了一辆私家车"。这条主干道是小区的消防通道,必须保持 24 小时通畅,保安立刻联系车主开走车辆。远在一公里外的街道值班人员怎么会知道这个情况?原来是小区消防通道新安装的"地磁"装置感应到重量,自动报警给值班人员。

这样的场景正不断在静安区临汾路街道出现,支撑运作的正是被称为"社区大脑"的综合管理平台。本月底,在完成辖区内 2.1 万个传感器布点后,"社区大脑"将在非机动车停放管理、电梯监测、80 岁以上独居老人生命体征监测、人员高密集信息警报、河道监控等涉及公共管理、公共安全、公共服务等 27 个应用场景发挥重要作用。

临汾路街道的"社区大脑",是"国家发改委 2018 年数字经济试点重大工程"上海大数据应用创新工程项目——大数据与城市精细化管理(静安)项目中先行上线的一项,探索以居住功能为主的社区管理领域应用样本。

(三) 项目现状

应用场景一:高空抛物跨门营业能精细管理

位于阳曲路上的临汾路街道党工委与办事处办公大楼内有一间大办公室,满墙壁的屏幕上,数字在跳动,这里是临汾路街道最新上线的"社区大脑"综合管理平台。

一条红色警报插入:汾西路 400 弄 18 号门洞大门长时间敞开。工作人员切入放大这个门洞的视频画面,只见一位穿着街道工作服的工作人员正在维护门洞口的管线,因为要连接电线器材,所以楼洞门被敞开着。通过安装在单元门洞的门磁与影像采集,能够知道小区进去人员情况、大门是否有长时间异常打开等情况。

"运用物联网与大数据等信息技术,'社区大脑'尝试解决社区管理中'人力所不能及、人力所无法及、人力所没有及'的实际问题,提高社会管理的精细度,破解城市治理难题。"静安区科委主任周隽说。过去高空抛物很难找到抛物人家,就算事后找到也很难举证,现在通过安装在大楼外部的红外线报警装置,后台在读取物品的抛出轨迹后可精准判断是哪家抛物;跨门营业过去较难杜绝,店家常与执法人员"躲猫猫",现在通过店家大门上方安装的红外线报警装置,一旦店家跨门营业,后台就会报警。

临汾路街道将"社区大脑"与街道人员管理相结合,催生了队伍管理的变革,由"社区大脑"进行工作协调与指挥,实现基层工作的提质增效。街道党工委书记俞林伟说,巡查社区是街道工作人员的职责,如今不少工作人员在巡查时都戴着一个手环,走到一定点位,点位上布置的搭载着蓝牙技术的装置会自动记录巡查者动向,传给"社区大脑",及时了解工作人员的巡查位置与轨迹。遇到需立刻处置的管理问题,"社区大脑"后台管理人员可根据轨迹图确定人员问题,就近调配最近的管理力量赶赴现场,提高管理处置效率。

临汾路街道"社区大脑"此次上线的还是第一期,辖区内部署了 300 多个传感器,去年底上线以来已接到自动报警 600 多次,化解了 16 次可能危及居民生命财产安全的隐患事故。目前正在加紧推进第二期,到 3 月底,不到 2 平方公里的辖区内传感器部署将达 2.1 万个。街道打算,今年举办"社区大脑"场景应用大赛,邀请社会上的高手支招,提供更多能应用"社区大脑"的金点子。

应用场景二:食品变质电梯故障可提前预警

"在危险发生前,社区大脑通过分析与判断,可发出预警,让管理者及时发现苗头,进行应急处置。"俞林伟说,这有点像医疗领域的"治未病"。过去,小餐饮店出现食品安全问题,往往是有消费者举报,问题才暴露出来。有了"社区大脑"后,阳曲路上的小餐饮店可以被实时监控,在消费者吃坏肚子前就能发现食品安全问题。

阳曲路上如今有 50 多家小餐饮店的加工室装有温湿度传感器。通过对食品加工环节温度与湿度的监控,"社区大脑"综合管理平台可实时发现存在异常的街面与店面。后续,这一传感装置将实现辖区内餐饮店全覆盖,并通过明厨亮灶的视频采集提升管理能级,如通过人脸识别技术查看出入后厨人员是否有健康证,多维度保证食品安全。

通过安装在电梯内部的感应器,"社区大脑"可以监控电梯运行情况,了解电梯当前的使用情况,分析过去的故障情况、维修记录等数据,及时有效地对电梯异常进行实时报警。目前,街道对电梯已实现冲顶、蹲底、关人、停电等四类主要故障的监控。为提高应急响应与处置能力,街道"社区大脑"综合管理平台还在整合公安、交警、城管、市场、市容、环卫等力量。"社区大脑"综合管理平台目前所在的四层办公楼即将全部腾出来,让这些力量入驻。"人坐到一起,劲才好往一处使。"街道将围绕"社区大脑"打造一个集网格中心、综治中心、物业中心、应急中心、保障中心为一体的城市综合管理中心,通过智能化技术接入绝大部分城市部件与全部城市事件管理数据,推动城市管理和社会治理深度融合、构建条块联动和条条协同无缝对接、完善城市街区和住宅小区一体管理。

"社区大脑"运行的长远意义还在于大数据采集,街道"社区大脑"目前已积累 360 万条数据。通过大数据收集,可以把很多原来不知道的规律总结出来,作为将来制定社区管理方式的依据,实现社会资源的有效利用。

应用场景三:老人家中生病跌倒快报监护人

社区智能化管理的终极目标是要让居民有获得感。临汾路街道正在将"社区大脑"与民生服务相结合。"汾西路上某小区一户居民出现心跳指数异常。"在"社区大脑"综合管理中心内,值班工作人员马上将这一情况告诉居委会,居委会工作人员立刻到老人家中查看,对老人实施救助。

如今,临汾路街道辖区内有100多位80岁以上独居老人,家中都有一套生命体征与安全监测系统。5个智能设备能实时监测老人的生命体征与安全:卧室内的智能床脚垫监测,客厅的红外线能感知老人活动情况,装在大门上的门磁能感知老人离开家后是否回来。一旦发现老人出现异常,这些小小的"神经元"将向"社区大脑"汇报,"社区大脑"会根据异常情况的严重程度将这一信息通知监护人与社区联络员。

在一些重点小区、养老院门口,街道还安装了电子围栏监控,通过老人身上携带的感知设备,实时了解到老人的活动轨迹,特别是防止发生老人走失事件。街道还借助"社区大脑"大数据分析手段,与街道大调研的"民情日志"项目结合,让民生保障更精准。通过对辖区内人、户、房三大要素的分析,给各类人群提供相应服务,再通过感知网的应用,在各种场景提供相应的公共服务。

"将社区大脑与民生将结合,将衍生出很多新服务。"俞林伟说,街道将尝试对民生服务相关的应用进行社会化运作,街道将为所有80岁以上独居老人免费安装生命体征与安全监测系统。有些年纪不大、身体状况不好的人,也同样需要这套系统,未来这类人群可以通过自行购买享受服务。据介绍,通过临汾路街道"社区大脑"试点,静安区将确定5大民生热点领域、15个应用场景的社区智能化建设内容,预计在9月底前完成全区14个街镇的社区智能化建设。

上海未来社区智能化的框架,平台架构是1+16+X,X指街镇或部分行业,16个区都有自己的平台,统一在全市总体架构下,形成1+16+X的综合平台。

(四) 经验借鉴

1. 临汾路街道的"社区大脑",是"国家发改委2018年数字经济试点重大工程"上海大数据应用创新工程项目——大数据与城市精细化管理(静安)项目中先行上线的一项,探索以居住功能为主的社区管理领域应用样本。"民情日志"数据应用中心,以"人"为单位,以"房"为补充,记录居民身份信息和享受服务信息,通过PC端和移动端,将街道辖区内的民情信息和服务管理过程全覆盖。

2. 硬件化平台搭建＋应急响应流程。智慧社区建设不仅需要打造过硬的数据化集成平台,更重要的是运用收集的数据,能够对数据进行分类管理,进行情景假设数据匹配。同时应进行情景试验。

延伸案例导读 4

浦东新区周浦镇"智汇家园"平台①

一、背景

上海市浦东新区周浦镇实践李克强总理提出的"互联网＋"理念,提出以缩小社区服务半径,深化服务为目的的"镇管社区"工作模式,明确了"1＋7＋X"的管理体系,搭建"智汇家园"社区服务综合信息平台。

二、简述

针对辖区内广大社区居民在社区生活服务"最后一公里"的需求,探索"互联网＋"理念在本地社区服务工作中的联系和运用,以互联网为主体,调动本地各方资源的主观能动性,通过物联网、云计算、社会计算、大数据等新一代信息技术,创新打造 O2O 模式下优质本地社区服务。

项目通过积极整合本地政府、公益、社区、商业、文化等资源,搭建本地化社区服务平台,针对各年龄层人群用户广泛覆盖的目标,设置 CallCenter 端、WEB 端、手机 APP 端、可穿戴设备、便民中心等五大接入渠道,遴选本地优质的公益、文化和商业资源,采用线上推广(信息传递、预约下单)＋线下互动(物流体验、便捷使用)的 O2O 模式,逐步构建本地专业仓储、供应、物流体系,让本地社区居民更好地享受完善的公益服务、实惠的商业服务、便捷的物流服务、优质的文化服务,以及全面的信息供应和相应的后续保障。

---

① 案例参考引用自沈维红:《互联网＋:上海城镇社区服务供给研究——以周浦镇"智汇家园"平台为例》,上海师范大学硕士专业学位论文,2017.6

三、项目特点

主要特点是政府主导下的社区服务多元供给。

(一) 链接各方形成完整社区服务供给循环

"智汇家园"社区服务综合信息平台采用"政府主导、中心指导、企业运营、多方参与"的形式,在周浦镇行政范围内开展社区服务供需对接,涉及周浦镇政府、镇社区生活中心、千声网络、社区居民、社区商户、公益组织、志愿者组织等多个中心主体,在多个主体之间形成一个完整的社区服务供给循环。

1. 周浦镇社区居民、社区商户、公益组织、志愿者组织等作为社区服务的实际需求者,一定程度上也是社区服务资源的供给者,将供需需求集中至政府部门。

2. 周浦镇政府作为社区服务管理机构和传统意义上的供给者,通过招标、政府采购等方式将社区服务供需资源外包给千声网络,由千声网络负责专业的社区服务综合信息系统的建设、维护和运营。

3. 镇社区生活中心是隶属于周浦镇政府专门从事社区管理与服务工作的事业单位,对项目的日常运营进行业务指导,千声网络作为社区服务综合信息平台的开发者和运营者,同时也是社区服务供需对接的实际提供者,依托自己的专业实力、镇财政资金及民间资本投入,生产和提供符合社区居民需求的社区服务项目、内容和具体供应者,实现社区服务个性化、多样化的供给。

(二) 聚焦本地社区服务的刚需和痛点

随着近年来互联网的社区介入和社区物流网络体系的快速发展,社区"最后一公里"难题有所缓解,然而,社区"最后100米"难题依然难以攻克,其带来的刚需痛点也标志着社区服务万亿级蓝海市场还在被忽略。"智汇家园"平台从传统电商按市场细分需求为分类方式提供解决方案的模式中跳脱出来,因地制宜,以行政区划为社区服务的供给范围划分标准,聚焦本地社区服务的刚需与痛点,在本地范围内予以对接和满足,一方面缩短服务半径和物流半径,有效降低各项成本,提高供给效率,为广大社区居民用户提供最快速最直接的社区服务体验;另一方面,以行政区划为供给范围又能最大程度上调动当地政府、有关部门、各大社区、社区商户的政策、资金、信息、数据等资源,实现以政府为主导的社区公共服务多元供给模式。

(三) 针对社区服务供给商户的评估控制体系

首期试运营期间,"智汇家园"平台完善优质合作商户遴选标准,建立"事前排序—事中控制—事后追踪—综合评估"体系,寻找真正优质的社区服务供给方,对签订合作意向的社区商户、公益组织、志愿者团队以及社区服务订单进行全程流程把控。首先,对于签约入驻平台的社区商户、非营利组织、志愿者团队等进行资质审查,查阅其相关证件是否齐全,结合其软、硬件条件,进行综合评估和评分,按排序分类依次排列;CallCenter 端客服接单后优先选择排序靠前的供给者,进行供需对接和派单业务,同时对于每笔社区服务订单予以追踪,并通过电话回访等方式了解社区居民用户对服务的体验和评价。对于社区居民用户所反馈的问题,按责任制上报,并由市场部主管联系上门了解情况并第一时间做好解释和安抚工作;同时,将社区居民用户反馈传递给供给方,提示对方予以整改或改进;最后,通过后台录入数据库,其数据直接影响供给方的综合排名和接单优先权。

首期试运营期间的评估控制体操作便捷、效果明显,在供给方和社区居民用户之间实现了信息互通和权责制约。未来,随着 WEB 端和移动 APP 端的全面投入使用,中青年用户将通过电脑、手机、移动设备实现对供给方的实时评价,为广大社区居民用户优选真正优质的社区公共服务供给方,让服务水平、服务质量、服务效率无法满足社区居民用户需求的供给方自动淘汰出"智汇家园"平台。

(四) 社会效益和经济效益并重

短距近程社区配送服务(代买代购)是首期试运营最先投入推广的社区服务项目之一,通过在辖区范围内,优选优质社区商户,打通社区居民生活日常用品的供应渠道,提供相对低价且优质的生活日常用品,满足社区居民用户的生活日常所需,并以高效的社区配送服务提高竞争力,其受欢迎程度从前文数据中可见一斑。分析项目可知,在简单的日常物品流通过程中,恰恰凸显了短距近程的优势,既秉持了社会效益优先的初衷,又平衡了自身运营和社区商户的经济效益。

(五) 线上服务平台和线下服务站的功能交互

与"智汇家园"平台相配套,在周浦镇辖区范围内已拓展三个线下社区服务站,分别是周康站、周欣站、汇腾站,三个线下社区服务站所在区域均是人口集中聚居的大型社区,社区服务站在便民零售服务这一基础功能之上,拓展了政务事务服务、文化公益服务、社区生活服务等功能板块,广大社区居民可以直接在社区服务站内快速获得以上服务。服务站内设置的互动触摸媒体可以直接登录线上服务平台,获取相关信息或预约相关服务。社区居民可以在服务站内享受书籍借阅、公益课堂、公益义诊、社区微心愿、场地借用等多种社区服务。在社区服务站定期开设的公益课堂中,引进了优秀的青少年教育培训供给方,免费开展少儿英语、创意美术、益智乐高等课程,吸引了社区大量年轻爸爸妈妈们的目光,时常出现线上预约名额爆满的现象。此外,在社区服务站内,电脑设备、打印复印、轮椅雨具等应急物品都是免费提供给前来社区服务站且有需要的社区居民使用。

"智汇家园"平台和服务站互为补充,通过完善线上线下功能交互,进一步推进社区服务内容、形式和途径多元化发展的目标,提高社区居民的使用粘性和习惯,加强社区居民在社区服务领域的联想和惯性,在有社区服务的需求时能快速联想到"智汇家园",并且能通过 CallCenter 端、WEB 端、移动手机 APP、社区服务站等线上线下接入口,快速获得平台的相应服务。

(六) 与社区居民用户面对面的本地属性

"智汇家园"平台打造的社区服务供给生态圈概念,以行政区划为划分标准,利用天然的近邻优势,以社区生活场景为重心,聚拢线下社区人流并导引至线上,在本地建立高度的公信力,综合提升社区居民用户粘性,打造一个完善的、成长潜能强大的社区服务供给生态圈,形成强壁垒性的社区服务供需对接闭环,逐步构建政府与商户、政府与用户、商户与用户、商户与商户、用户与用户的多向连接。

首期试运营期间,"智汇家园"平台投入大量的人力、物力和资金,在周浦镇"1＋7＋X"镇管社区模式下,地毯式、列表式开展社区地面推广活动,坚持深入各大社区居委、公共场所、主要商业街,开展宣传推广活动。推广活动现场,"智汇家园"平台工作人员与社区居民用户之间积极互动,演示平台的各项服务功能,聆听他们的诉求和反馈。社区地推活动是不可替代的"人与人"之间的直接沟通,有着比目前互联网推广常见的"砸钱推广"模式更主动、更贴近、更长久的效果。这也得益于"智汇家园"平台的政府主导背景,能最大限度地获取并调用社区第一手信息和资源,这是社区公共服务供给领域各种模式创新过程中的基础和前提,因此,要做好社区服务的多元供给模式离不开政府主导。

(七) 互助型社区的资源共享和互换

"智汇家园"平台首期试运营接近尾声之际恰逢一年一度的中小学生暑期工作，"智汇家园"平台适应镇团委的需求，协助推进 2015 年度上海市中小学生暑期"爱心暑托班"的组织工作，帮助本地社会公益供需的有效对接，让社会各界精英人士、社会组织都能投身到社会公益活动中，探索挖掘社区内部公益性再生资源（人力、知识产品、服务），成为社区公益服务的优质"供应商"，在周浦营造和谐美好的互助型社会环境。

四、存在问题

尽管"智汇家园"平台的实践积累了宝贵的经验且成绩斐然，较好地完成了各项数据指标任务，由于其发展速度远远超过预期，在半年试运营过程中依然暴露出了很多的短板，在日常运营、人才管理、资金运作等方面都暴露出了一定的问题，需要引起重视。

在平台日常运营过程中，随着队伍的不断扩大，内部控制的制度化规范化亟待完善，组织架构和部门设置的合理化、日常管理和绩效考核的科学化、人才培养和团队建设的人性化、文件文书和合同协议的缜密化都需要进一步整理和完善。

由于呼叫中心工作强度高、法定节假日休假困难、工资收入低等因素，客户人员的流动性大，人才随时流失和订单不断增加之间的矛盾将导致呼叫中心的日常运作面临巨大挑战和超负荷现象。

最后，发展速度远远超过预期，使得各项成本积聚快速，资金链面临巨大压力。上述这些问题和困难是"智汇家园"平台需要直面的问题，也是社区服务多元供给领域实践探索过程中面临的共性难题，亟待应对和解决。

本案例由刘瀚斌、潘方悦搜集、整理、撰写

第三章　社区更新

社区规划师
——以上海市杨浦区为例

　　2018年,上海杨浦区首创"社区规划师制度",邀请12名来自同济大学规划、建筑、景观专业的专家一一对接辖域内12个街镇,让以前"指点江山"的规划师们,走进弄堂深处发挥专业能力。未来3年,这些规划师将扎根各自负责的本土社区,全过程指导公共空间微更新、"里子工程"、睦邻家园等社区更新项目。

一、背景

　　社区是城市居民生活的主要空间,社区功能是否完备、环境是否优越直接影响居民的生活品质。2018年初,上海市杨浦区在城市精细化管理上下功夫,邀请12名来自同济大学规划、建筑、景观专业的专家一一对接辖域内12个街镇,作为社区规划师,全过程指导公共空间更新项目,各方力量参与到社区建设中来,通过专业的介入让社区重新焕发活力。

二、简述

(一)社区规划师给社区带来的新变化

　　通过与专业力量合作,社区公共空间建设水平得以提高。杨浦区翔殷路491弄住宅小区建于1993年,居民以老人、儿童居多。小区内有两处集中绿地,中央绿地设有凉亭和健身设施,居民使用频率较高,北侧的集中绿地规模较小,乔木众多,日照较少,使用率很低。小区内的健身设施也多是供成人使用的"大尺寸"器械,孩子缺少活动场所。不少居民提出,希望将北侧绿地改造成供儿童娱乐的户外亲子活动空间。

2017 年 3 月,杨浦区规土局将翔殷路 491 弄绿地改造项目推荐为"行走上海——社区空间微更新计划"的 2017 年度试点项目,设计师潘彦芹团队设计的"大象亲子乐园"方案最终入选。经过近一年建设,一个充满科学性和趣味性的"大象亲子乐园"终于面世。潘彦芹表示,"做社区项目和以往做开发商项目不同,要满足居民的多元诉求,让活动场成为孩子们游戏互动的场所,同时大人们也可以在这里交流休憩"。

除了社区改造,社区规划师可做的事还有很多,他们要定期与所结对的街镇沟通,对几类空间进行摸排和分析,包括亟待改善的老旧社区,具有提升优化潜力的社区公共空间、街角街边公共空间、社区慢行系统等等。杨浦区希望社区规划师重点针对居民的急、难、愁问题开展社区更新活动,并结合居委会及居民诉求来设计方案。

杨浦区委书记李跃旗表示,推进"社区规划师制度",是杨浦区着眼国务院批复《上海市城市总体规划(2017—2035 年)》,在社区层面的一次探索。他说:"随着上海创新社会治理、加强基层建设的持续推进,以及社区规划、建设和管理职能的下沉,都对街镇发挥好相关职能提出了更高要求,我们要借助'社区规划师制度'建立的机遇,学会与专业力量合作,在一线问需于民、问计于民,提高社区公共空间微更新、'里子工程'和睦邻家园的建设水平。"

(二) 让居民参与进来

通过规划设计调动居民积极性,大家共同参与社区建设。社区改造要让居民享受改造成果,最终目的让居民满意。这也要求规划师走出"象牙塔",主动了解社区的情况和居民的诉求,才能把高大上的设计图真正变成居民们乐于接受的实景实物。

上海市中心城区老旧小区还有不少,其公共空间往往因年久失修失去了承载社区公共活动的能力。城市改造不能只着眼于大拆大建,细节的微更新更能让老小区提升品质,体现城市管理的精细化。

同济大学建筑系教授徐磊青说,社区规划师所面对的空间通常很小,但那些空间连接的人很具体,改造一张椅子、一个亭子,所能服务的周边人群很小。但如果规划设计足够好,能把辐射范围内的人吸引到这里活动,就是在创造连接。

潘彦芹也告诉记者,在"大象乐园"的改造中,设计师团队也参与到施工过程中,居民们纷纷跑来帮忙,大家都说:"这个活动场设计得这么好,我们一定好好珍惜。"社区微更新项目充分调动起居民的积极性,让大家共同参与到社区营造中。

同济大学有不少设计师团队一直在深耕社区,为社区更新作出了重要贡献。如同济大学景观设计学教授刘悦来和他的团队,多年来在上海 9 个区完成了 29 个城市微更新项目,其中大部分都在杨浦区。刘悦来表示,设计不仅仅是完成物质空间的布置,而是如一颗激起千层浪的"石子",激发各方力量参与到社区营造中来。在成为社区规划师后,他表示将继续深耕社区,延续城市规划师为城市居民服务的使命。

(三) 形成社区设计模式

将"自上而下"与"自下而上"两种模式紧密结合,如何让社区规划师不是一阵风,如何让社区与规划师们结合更加紧密,这是杨浦区和各个签约规划师共同思考的问题。徐磊青说,在经济和社会主体日益多元的今天,公众的自我意识与维权意识逐渐增强,公众参与城市决策与规划的热情愈发高涨。一个好的社区规划应该将"自上而下"与"自下而上"两种模式紧密结合,发挥各自的优势,共同推动社区规划可持续发展。作为政府和居民的"中间人",社区规划师应以自身的工作带动社区自治、共治能力的培育。

根据杨浦社区规划师的制度安排,社区规划师受聘后,将定期与所结对的街道(镇)进行沟通,指导街道(镇)对辖区内亟待改善的老旧社区、具有提升优化潜力的小区内部公共空间、街角街边公共空间、慢行系统等进行全面摸排和分析,并结合居委会及居民诉求,共同选取可实施的社区更新项目。

同济大学建筑与城市规划学院的王红军说,从专业角度来看,城市规划师和社区生活有着紧密的联系,"建筑学专业的出发点就是研究人与空间的关系。让城市规划师回到社区中,通过专业的介入让社区生活重新焕发活力,这是挑战,也是规划师们努力的方向"。

"过去是带学生做项目,未来是带居民做微更新。"徐磊青认为,社区更新着眼于公共空间的提升,最终将达到居住环境、就业环境、经商环境、文化环境的全面提升。

三、术语解析

社区规划(Community Planning)是对一定时期内社区发展目标、实现手段以及人力资源的总体部署。具体而言,社区规划是为了有效地利用社区资源,合理配置生产力和城乡居民点,提高社会经济效益,保持良好的生态环境,促进社区开发与建设,从而制定比较全面的发展计划。在国外,对建成社区的规划被称为"社区发展规划"(Community Development),也可称作"社区规划"又称社区设计;对新建社区的规划称为"社区规划与设计"(Community Planning and Design)。

四、实践守则

(一)对社区规划内容可以概括为"三体"。包括硬体:社区内有形物的建设,如社区的地理环境、天然资源、道路交通、贸易市场、集会场所、学校、医院、教堂、绿地及其他公共设施与建筑等情况。软体:无形的资源,如社区的文化传统、历史渊源、风俗习惯、理想信念、合作精神、群体认同、宗教信仰及其他所有的社区规范与控制力量。韧体:是内在的关系,包括社区内私立机构、各行各业正式的与非正式的组织、社区内各层级民众的团体组织等。

(二)社区规划主要涉及三类问题的解决:第一部分是物质空间改善,比如口袋绿地,还包括交通优化,尤其是慢行系统、停车问题等的优化。第二个问题是公共设施,包括对菜场、医院、睦邻友好中心、老年服务中心卫生站的布点。第三部分是社区发展。如何吸引年轻人,包括优化生活配套、公园设计、学校医院的配套。

(三)找准社区规划与项目规划的对接。应该是帮助社区制定社区发展规划,找到一些项目,链接一些资源,和社区各个层面(包括管理部门、居委会、居民、机构、组织)一起协商。

(四)社区规划的理念。以空间重构来连接人,促进社区营造,重视人与人之间的信任关系。如何切入社区,平衡各方利益凝聚共识。然后输出课程,包括日常生活园艺、环境教育、公民意识等。产生"鲶鱼效应"。规划师以规划为议题,引导带动社群逐渐形成自己的意见并达成共识,采取行动。

五、各界应该怎么做

(一) 政府应该怎么做

创新公共服务平台——激发社区活力,区政府、街道办与社区之间上下沟通不畅成为制约社区管理和服务品质、加剧社区对政府不信任情绪、影响社区健康发展的重要原因之一。构建介于街道和社区之间的片区（大社区）发展平台，促成政府和社区之间的协商互动，形成上下协同的契合点，对于一夜之间"村改居"的社区而言，可能是互联网大数据时代，破解街道规模过大、社区层面服务水平不足的一剂良方。

（二）社会组织应该怎么做

具体做法包括基本三步：第一步是摸清居民需求，委托社会组织，与多个居委会展开座谈调研，主要针对空间分配问题进行讨论，通过高低空间处理，例如在放风筝时候，借用防汛需求将活动空间放在高处，其他活动放在低处；第二步是线上组群，组成方有规划师、委托方、公务员、跑团运动、意见领袖等，规划师与各方人群展开讨论咨询和回答各类技术问题；第三步是线下交流，组织线下沙龙，在咖啡厅就特定问题进行讨论，看到自己能够和设计师、管理者进行实时对话，并且能够采纳自己的意见，激发更多参与者的兴致。

（三）社区单位应该怎么做

定期与所结对的街道（镇）进行沟通，参与街道（镇）对辖区内亟待改善的老旧社区、具有提升优化潜力的小区内部公共空间、街角街边公共空间、慢行系统等进行全面摸排和分析，并结合居委会及居民诉求，共同选取可实施的社区更新项目，并给予支持。

（四）居民应该怎么做①

成立规划对接小组，参与议事，成为志愿者，及时跟进，对规划师提出的问题进行及时回应，收集民意保持热度，对过程中发生的问题及时沟通反馈，保证参与度达到充分。

本案例由刘瀚斌、潘方悦搜集、整理、撰写

---

① 上海杨浦首创"社区规划师制度"，http://news. enorth. com. cn/system/2018/01/24/034936376. shtml

延伸案例导读 1

台北老街文化再生①

一、项目背景

位于台北市大稻埕的迪化街是台北现存最完整的老街,长 800 米,拥有闽南、巴洛克式等特色建筑。19 世纪末以来,迪化街一直是重要的南北货、茶叶、中药材及布匹的集散中心。

台北市的小规模的社区营造是台北市首座人行天桥,坐落在大稻埕,桥两边分别是永乐小学和太平小学。因为使用率降低,台北市政府去年拟拆除这座桥。"拟拆除"的公告,让从上世纪 80 年代起就萌芽了社区营造的大稻埕再次沸腾。经过大家的共同努力,天桥最终得以保存。一场以天桥为主题,孩子为参赛对象的绘画比赛,为这个小风波,画上了一个满满的圆。

二、项目简述

大稻埕天桥的保留,是这一地区社区营造活动的常态。早在上世纪 80 年代,这里就萌芽了社区营造的影子。大稻埕的迪化街是台北最老的街区之一,它的历史可以追溯到 17 世纪荷兰统治时期,如今依然兴盛。但在上世纪 80 年代,这里却差点遭遇了毁灭。1978 年,台北市政府在城市规划中计划拓宽迪化街为 20 米的道路。因为一片反对声,迪化街扩建停滞,拆除计划被推迟至 1988 年。1988 年拆除期限将至,NGO 组织乐山文教基金会发起举办了"我爱迪化街"活动,引起大众的关心与保存意识的抬头,市政府暂停了拆除计划。随后,乐山文教基金会还邀请专家做了 2 个比较重要的研究报告,学界与民间组织也共同组成规划团队进驻迪化街,以协助地方居民更新建筑。

为了更好地保护大稻埕,1995 年,台北市都市发展局开始推动"大稻埕地区再发展计划",在永乐市场内设置"迪化街工作室",收集民意。到 2000 年,大稻埕特定专用区计划正式公告实施,这里成为台湾历史街区,有了专门的保护;许

---

① 台北现存最完整的老街:古韵犹存迪化街,闽南网,http://www.mnw.cn/news/th/1361451.html

多台湾专家都评价,大稻埕迪化街的保护是台湾地区第一个自下而上的发起与监督、由民间主动提出的大规模街区保存计划。迪化街住户老吴回忆,1995年,迪化街工作室成立后,有人提出,过去春节时在迪化街举办的"春节促销活动"渐渐没落,传统茶叶、南北货生意的收入也每况愈下,在保存的同时希望能以动态经济活动作为考量,以提升街区的经济、商机,取代以往的静态保存。

次年,台北市都市发展局牵头,组织了迪化街"年货大街"活动。这是台湾第一个以"市民"意见为主所推出的节庆活动。如今,"年货大街"不仅是促销传统年货的商业活动,同时还是展示迪化街上传统历史建筑物、地方文化的活动。大稻埕就在大有里的辖区范围内,大有里里长许美智认为,这样的方式让当地居民有钱挣,又能达到"地方文化产业化"的目标,为历史街区注入新的文化与青春活力。

"举办这个比赛,说来话长。"台北市社区规划师王耀东说,桥两旁的小学前身叫"大稻埕公学校",1909年因开辟延平北路,学校在马路两边一分为二,也造成了如今一条马路分隔两所小学的特殊情况。1968年,当地中药商捐款盖了这座台北市首座人行天桥,方便学生通行。

三、项目现状

时隔半个世纪,因使用率降低,再加上天桥旁50米处就是斑马线,台北市政府去年拟拆除这座天桥。没想到,公告一出,引起了很多人反对。许多居民认为,早期延平北路是货车经台北桥进入台北市的必经道路,它见证了大稻埕的发展轨迹,拆除可惜。不少人希望将有文史意义的设施保留活化,装点成"大稻埕文化天桥"。

这也成为许多家长的共识,这座天桥是大稻埕地区许多人的"风景"。比赛现场,太平小学校友会成员邱先生说,自己小时候住在永乐小学那一侧,但读的是太平小学,天桥是上下课必经之路,"当年觉得爬楼梯好累,现在却成为最深刻的记忆。天桥若稍加整理,或可成为认识大稻埕的不同视角"。庆幸的是,在大家的呼吁下,这座天桥得以保存。正是基于此,两个小学也希望能让孩子们从小认识到文化的重要性和传承,透过小朋友的眼睛,展现对这块土地的想象和期待,延续大稻埕的风华。他们找来了王耀东,策划了这场绘画比赛。这些学生的作品,将定期在两个学校巡回展览,作为今后让学生记住当地历史的一个见证。

四、实践守则①

1. 传统产业跟新兴产业结合

2009年1月,是迪化街的再一次转型。台北市都市发展局在这里设置了URS44(注:都市再生前进基地)工作室,由专家学者进驻,推动社区营造及落实民众参与。迪化街社区规划师工作室正式成立后,工作室站长林庆怡说,迪化街现有的5大产业,包括中药、南北货、布匹、茶叶、手工艺等,因为各大产业发展的时期不一样,各自发展的情况较多,单靠一年一度的年货大街活动,难以持续街区的繁华性。

除了设置互动墙,听取更多民间声音外,前不久,他们举办了"立冬小街"活动,将几个中药铺都集合起来,推出冬至药膳进补,请居民免费参加。令人意想不到的是,这次的活动报名爆满,特别是很多年轻人也来参加。林庆怡说,他们还将举办"冬至大稻埕",相信经过两场活动,能提供给迪化街中药公会一点思路,未来这样的活动由他们持续进行。

"这些传统产业,见证了台湾经济的兴盛,很有空间可为。只是他们不知道自己的能量在哪。"林庆怡说,这就需要专业的人才来帮他们规划。在他看来,真正的文创是基于文化的,发展出独特的文化和产业,跟年轻人有所衔接。事实上,从URS44工作室进驻迪化街以来,也有越来越多的年轻人主动融入这里,开办文创工作室,期待复活街区。这些年,台北市政府还推出"老屋新生"运动,更是赋予迪化街新的生命力。2012年,周奕成在迪化街开办"民艺埕",他期许这里将来能够逐步实现"亚洲民艺汇聚大稻埕"之意。这里原本是一家中药行,店家在改造时,保留了中药行的格局,一楼店面规划为陶瓷卖品,二楼部分开设茶馆,这里还常举办一系列"民艺与设计"讲座等,欢迎居民免费参加,传递着年轻人对文化的理解和共享。

2. 举办活动,寻找传统的能量

通过举办社区百年相片展,挨家挨户地征求老照片。这些泛黄的照片,成为社区的共同记忆。社区内有十几棵"肯氏蒲桃"树,因为时常将附近车辆染成紫色,常有居民呼吁要把它们砍掉。邀请了专家鉴定,发现这些树极具经济价值,可以做果酱、果冻等。于是他们决定逆向操作,举办"香果蒲桃节",让居民重新

---

① 复兴历史文化街区　重塑"活着"的城市记忆,搜狐网,http://www.sohu.com/a/144014306_457595

认识它,吸引媒体报道。

3. 推进社区营造,发挥社区规划师作用

1994 年,台湾开始社区营造运动,一开始还只是停留在地区环境的改善方面。为了注入更多新鲜血液,台北市政府随后推出青年社区规划师人才培养工作,免费培训 1 年,给予发证。青年社区规划师人才培养时间已经扩大到 3 年。第一年学习专业课程,第二年鼓励青年社区规划师进驻到社区工作,第三年则担任辅导员的角色,帮助培养新的青年社区规划师。让青年社区规划师跟专业者对话,获得多方面的素养和信息,在社区营造中,可以多为居民发声。

谈起台湾的社区营造模式,丰泽区住建局相关负责人表示,台湾社区营造模式是自下而上的方式,更需要居民的主人翁意识和积极参与的热情,而社区规划师也发挥重要的作用。但目前,美丽社区的建设中,往往是政府要先投入整治,有点成效了,居民才会积极参与其中。这里面不仅是居民会各自打来小算盘,也有个问题是所提意见缺乏有接纳的平台。但不管怎么样,居民们会慢慢参与其中,这本身也是一种进步。如要达到台湾的那种模式,需要一个过程,这个过程不仅需要观念的转变,还需要市民素质提高到一定的程度。

本案例由刘瀚斌、潘方悦搜集、整理、撰写

延伸案例导读 2

上海 15 分钟社区生活圈规划①

社区生活圈的规划与实施是最基层的生活服务与空间治理行动,韩国、日本、台湾地区都已经有了深层次的实践和经验。上海城市在生活需求与生活环境发生诸多变化的背景下,生活圈理念需要在延续和传承的基础上进一步提升与完善,以适应生活需求的转变、城市治理的转型,同时探索挖掘存量潜力、体现集约节约绿色生态理念的建设实施方法,以更包容开放的方式来开展社区的规划实施工作。

---

① 上海发布"15 分钟社区生活圈"规划,东方网 http://news. eastday. com/eastday/13news/auto/news/china/20160810/u7ai5919910.html

一、项目背景

2014 年上海正式启动了新一轮城市总体规划,明确提出"15 分钟社区生活圈",是网络社会、有机城市的"微中心",注入"宜居、宜业、宜学、宜游"的复合功能。以步行"15 分钟"范围为社区生活空间尺度。

二、项目简述

2015 年上海市规土局组织编制了《15 分钟社区生活圈规划导则》,是面向居民、社区管理工作者以及规划技术人员开展社区规划和建设的工作指南,由六个章节构成,包括居住篇、就业篇、出行篇、服务篇、休闲篇和行动指引篇。整个导则编制过程充分吸收了社区居民、社区工作者的意见,充分发挥了多元参与的作用。

三、项目现状

上海市"15 分钟社区生活圈"包括五方面内容:一是打造多样化的舒适住宅。注重住房类型多样化、室内环境舒适度与居住水平适宜度,提升社区人文魅力。二是提供更多的就近就业机会。倡导功能混合布局和土地复合利用,培育有利于创新的社区空间,创造包容、有活力的社区。三是倡导低碳安全出行。构建以人为本、利于微循环的道路系统,建立便捷连通、舒适宜人的步行网络,构建便捷、无障碍的公交换乘系统,加强公共交通站点的混合开发利用,建设合理布局的停车设施。四是提供类型丰富、便捷可达的社区服务。确保居民在便捷可达范围内使用到高品质的地区级设施,向下延伸社区级公共服务设施,构建步行可达、高效复合的设施圈。五是构建绿色开放、环境宜人的公共空间。构建多类型、多层次的城市公共空间,形成总量适宜、步行可达、系统化、网络化的公共空间布局,创造绿色生态、活力宜人、安全便利的公共空间,塑造富有独特文化魅力的公共环境。

四、经验借鉴

(一) 以"生活情景"为主导

生活圈的概念起源于 20 世纪 60 年代的日本,之后韩国与中国台湾地区受其影响,在结合各地实际情况的基础上,形成适应自身发展需要的生活圈规划。我国于 20 世纪 90 年代初引进"生活圈"概念,并开展了相关的研究与规划实践。例如,柴彦威以兰州为例,研究单位制度对城市生活空间组织的影响,提出以单位构成基础生活圈、以同质化的若干单位形成初级生活圈和以区为基础形成高级生活圈的三级体系。

(二) 空间体系是规划的载体

王兴中等以西安市为例,进行了日常城市体系的建立和层级划分,构建了我国城市活动空间的层次。杨保军等以城乡经济社会发展一体化在海南的规划实践为例,总结介绍了以需求导向构建生活圈的创新内容。从满足国际旅游岛高端服务需求和城乡居民基本公共服务均等化这两个原则出发,海南省提出构建由 4 个都市生活圈(通勤时间在 1.5—2 小时之内),和 21 个基本生活圈(通勤时间 30—40 分钟以内)构成的空间体系。此外,袁家冬等从城市地理学的角度提出,日常生活圈是一种功能性的城市地域系统,可以我国行政区的最小区划单位为基础进行统计,主要围绕城市居民的各种日常活动(如居住、就业、购物、医疗、教育等)所涉及的空间范围而展开,包括基本生活圈、基础生活圈、机会生活圈这三个圈层。其中,基本生活圈相当于城市的建成区,基础生活圈涉及城市外围的城乡结合部,机会生活圈的范围可拓展至城市近郊区。但国内的理论研究大多集中在城市甚至是区域层面,不同专业学者的研究侧重点也有所不同。国外相关领域的研究和实践相对较为扎实、丰富,对我国生活圈的研究和应用有良好的示范作用。本研究选取日本、韩国和我国台湾地区作为案例研究的对象,探索构建上海生活圈值得借鉴的内容。

(三) "可持续性"是构建规划的着重点

对构建上海生活圈的启示:案例研究表明,生活圈从区域、市域到居住区等层面有着不同的适用内涵,通常是国土规划中指导公共服务设施配置的空间概念,且在范围划定中需要考虑交通、行政区划等影响因素。从研究和实践都相对较完善的日本案例来看,生活圈的规划目的逐步从缩小地区差距、促进全国或区域的均衡发展,向以人为本、建立宜居且业的生活环境,并实现可持续发展的方向转变。因此上海在未来的生活圈营造过程中,也需从人本理念出发,以居民实际需求和居民日常出行活动为依据,根据不同地区的发展情况制定差异化的策略。对于上海中心城地区,宜以修补设施缺口、完善生活圈各项功能服务为主。通过对生活圈的研究可为中心城市更新工作中的区域评估提供导向和方法,并为生活圈的实施治理提出建议。

本案例由刘瀚斌、潘方悦搜集、整理、撰写

一级案例

社区微更新

——以上海市静安寺街道老弄堂空间改造为例

人民广场,上海市中心区域有很多社区,风光无限,繁华兴旺,却也藏着成片老旧里弄住宅。黄浦区南京东路街道的永康里社区中,杂乱堆放的五金建材、陡峭生锈的简易钢梯,以及一到下雨天便不堪重负的简易雨棚……这里曾经是永康里老水泵房上方的一处空中阁楼,几十年来,先是被用作五金店仓库和办公场所,后来被闲置,长期无人问津。然而这里却地处里弄的"黄金地带"——两条弄堂的交汇处,每日人来人往,一抬头就能看到这间年久失修的破败小屋……老旧石库门里弄的日常生活如何在城市变迁中得以有尊严地保留延续?

而经过社区微更新,这些全都消失不见,取而代之的是粉刷一新的绿色空中阁楼。葡萄藤架下的绿色书屋,原是废弃老阁楼,新漆的绿色涂层添了一丝生机。沏一壶新茶,翻阅着杂志,时间静静流淌,不知不觉就在这个老石库门"社区书屋"待上一整天。若是赶巧遇上葡萄丰盛时节,还能在空气里嗅到一丝甜蜜的味道。

类似的老社区还有很多,而如何实现这样的改造呢?本案例将深入剖析。

一、背景

上海的社区空间微更新计划起始于 2016 年 5 月,首批共有 11 个项目进行试点,涉及 6 个区 8 个街道,共收到 38 个设计方案。2017 的社区空间微更新计划也已启动,分别位于徐汇、长宁、虹口、杨浦、黄浦与普陀 6 个区的 11 个项目成为新的一批试点。随着经验的累积,社区微更新的模式在全市更多小区进行推广。

静安寺街道及四明居委会联手同济大学师生,选择街道范围内具有代表性的八个"邨、坊、里、弄"片区进行调研,试图对老弄堂的空间进行改建。而后发现四明社区中的愚园路 520 弄,是一个具有人文特色的"四明体育弄",但因在使用过程中对空间的管理运用不当,使其没有充分发挥出作为一个"体育弄"的功能。对此,四明社区成立项目团队对此弄堂进行"微更新",结合弄堂的具体情况重新规划设计,建设出有特色、有活力、有人情味的弄堂。希望通过本次项目让社区拥有一块舒适的公共休闲空间,让居民们的生活更加丰富健康。

二、简述

四明社区"微更新"的项目在执行的过程中主要是从三个方面入手:一是在狭小的弄堂空间里挖掘出可以利用的空间;二是突出展示四明社区"体育弄"的特色;三是满足居民们"要有地方晒衣服、要有地方活动"的需求。针对这三个方面,项目团队主要从精准测量可利用空间、合理布局休闲体育设施和运动场地、贴心设计高科技晾衣架满足居民需求着手来完成项目。具体推进过程如下:

(一) 项目契机源于"小忙",为让弄堂有活力

四明体育弄作为一条以体育为特色的弄堂,走到底,有一片几十平方米的公共健身区,现如今却让生活在弄堂里的居民们在健身区的健身器材上搭竹竿晾衣服。经年累月,这片健身区彻底沦为"晒衣"和"垃圾乱扔"的死角。每年准时举办的体育嘉年华是四明居民们最期待的"弄堂奥运会",但因弄堂体育设施的管理不善,而使得逐年参与的居民减少,参与的也大多是一些老年人。2016 年 4 月,四明居民区携手同济大学建筑与城市规划学院副教授、老弄堂的研究学者李彦伯,结合居民实际需求出发,通过弄堂微更新的变化,还小区居民一个愿意回到空间里,愿意在有特色的"体育弄"里邂逅和交流的公共空间。

（二）完善项目设计，用细心让居民满意

首先，是要把"空地的'骨头'全部剔除"，充分利用空间。因弄堂空间有限，李彦伯带领研究团队，测量和挖掘了这条弄堂里每一个可以利用的空间，最终找到 8 块用地可以做点文章。为充分利用这 8 块用地，真正做到让居民们满意，四明居委会牵头，配合李彦伯开展项目，召集居民们开了七八次意见征询会，了解居民们的需求。

（三）创新源于细节，创新让生活更美好

方案大致上是在空间的上空上搭建了总长约 40 米的三边晾衣架，解决了居民们晾衣服的问题。与此同时，在晾衣架下，把原有的健身区地面做出塑胶广场，保留原来的健身器材，并在旁边定做了户外长椅。此外，为减少休闲空间受天气的干扰，项目团队在空间的顶部设计了一个收放自如的遮雨棚，为降低下雨时雨棚带来的噪音，特意采用防水的布质材料。居民们在使用的过程中，根据切身体验不断反馈意见，项目在改良的过程中多次反复，这些创新来源于居民们的需要，体现在点滴的细节上，这些细节让居民的休闲生活更美好。

（四）成立志愿小分队，加强空间管理维护

区域改造完成后，为了加强对空间的管理维护，四明居民区书记组织了社区里的志愿者、热心群众，成立了一个小分队。小分队里，有人专门负责公共区域的绿化养护，有人专门负责遮雨棚的收放管理，有人专门负责雨水收集的监管。这些做起来其实并不难，居民们走过路过看一眼，不对的及时汇报就行。长此以往，培养了居民们的责任感和主人翁意识，这也充分体现了社区自治的理念。

三、术语解析

城市更新：城市更新是一种将城市中已经不适应现代化城市社会生活的地区作必要的、有计划的改建活动。1858 年 8 月，在荷兰召开的第一次城市更新研讨会对城市更新作了有关的说明：生活在城市中的人，对于自己所居住的建筑物、周围的环境或出行、购物、娱乐及其他生活活动有各种不同的期望和不满。对于自己所居住的房屋的修理改造，对于街道、公园、绿地和不良住宅区等环境

的改善有要求及早施行,以形成舒适的生活环境和美丽的市容。包括所有这些内容的城市建设活动都是城市更新。

城市更新的目的是对城市中某一衰落的区域进行拆迁、改造、投资和建设,以全新的城市功能替换功能性衰败的物质空间,使之重新发展和繁荣。它包括两方面的内容:一方面是对客观存在实体(建筑物等硬件)的改造;另一方面是对各种生态环境、空间环境、文化环境、视觉环境、游憩环境等的改造与延续,包括邻里的社会网络结构、心理定势、情感依恋等软件的延续与更新。在欧美各国,城市更新起源于二战后对不良住宅区的改造,随后扩展至对城市其他功能地区的改造,并将其重点落在城市中土地使用功能需要转换的地区。城市更新的目标是针对解决城市中影响甚至阻碍城市发展的城市问题,这些城市问题的产生既有环境方面的原因,又有经济和社会方面的原因。

四、实践守则

1. 总体上,避免传统老区的"大拆大建",有利于城市风貌的保护与延续;改善老旧城区居住环境质量,增加社区认同感,避免由于物质环境衰败而造成的片区人口流失与人口结构失调。

2. 相关政府部门转变发展思路,坚持增量发展与存量改造并重,重点针对老旧城区的社区微更新提供相关规划条例与政策保障。

3. 构建基层协商机制,让参与微更新的各方都有参与动力,能够形成共识,有力出力。

4. 挖掘"微更新"内涵,以社区营造为目标,根据不同社区发展现状制定渐进式的更新计划,避免更新改造成为泥沙俱下式的城市美化运动。

五、各界应该怎么做

1. 政府。无论是"艺术季"还是"微更新计划"都是以政府为导向的社区微更新活动,通过宣传先进的规划理念和项目实施成效,逐步培养市民关注社区空间的意识,为深度的公众参与做铺垫,并激发更多的民间团队参与,酝酿更多的微更新项目。在此过程中,政府通过平台搭建与咨询服务,为建立长效的政民合作机制创造条件。

2. 社区营造机构。由于以往规划以大尺度为主,多数居民感受不到与自身利益的关系,其参与积极性或意见的参考价值均不大,难以实现"众规众创"的目的,而社区层面的更新项目则是将问题"缩放"到社区居民切身利益相关的层面中,有效地引发公众参与,以真实的需求为导向,培育社区居民共同意识。

3. 社区规划师。社区规划师主要针对社区居民提供专业咨询服务,参与地区环境改造,进行社区更新的咨询、发掘、整理和协助研究,提出规划设计构想,以鼓励社区居民参与社区营造。上海通过社区微更新项目,全方位尝试将不同部门和机构所拥有的资源横向整合,吸引规划师、社区组织者、专家、社区相关企业和社区邻里之间多元协同,在协作中积累社区规划人员的储备,为后续制度的推广提供保障。

4. 开放的参与平台。重视培育开放的平台,实现多个利益主体的沟通对话,协调城市建设中各横向部门的相关问题;同时,将不同专业、不同背景的个人及团队吸纳到平台中,在各种沟通合作中催生更多的想法。

三航小区参与式社区更新

三航小区位于浦东南路和栖霞路路口以北,占地约 2.6 公顷,主要建筑为建于 1977 年 5—6 层的老公房。常住总人数 1693 人。2017 年之前,这个普通的老小区缺乏游憩和活动空间、公共绿化现状不佳、停车位紧张,设计团队通过现场调研、大量的居民访谈与对话,和居民一起共同确认了"我的社区我做主"的设计原则,并在设计及实施中一一予以落实了。

新增设施:通过日照条件分析,调整改善部分区域衣物晾晒位置,新增活动场地和健身器材、户外桌椅等设施。

人车错峰慢行步道及绿化场地:围绕社区活动中心,串联三处改造的绿地区域,形成三条不同长度的健康慢行步道。

行车路线与停车规划:重新规划组织社区内部行车路线,提高道路使用便捷性,新增一处集中停车区域。

设施改造和自行车停车位设置:针对现有晾衣杆等标志系统进行艺术改造,增加坐凳等公共设施,形成社区统一而醒目的视觉标识。

小区内绿地改造集中在缤纷花园、自治苗圃、林间停车三处:由于小区停车位紧张,晾衣架移位,停车区域向后退让,路面拓宽,留出倒车空间,靠近建筑绿地保留改造,保留现状大乔木,整理现状杂乱地被和灌木,并进行区域占补平衡,约增加 8 个停车位。

本案例由刘霄临、潘方悦搜集、整理、撰写

资料来源：

1. 解放日报《一片雨棚，激活一个弄堂》，记者：龚丹韵
2. 上海政府网、人民网，《上海城市社区微更新的推进机制及启示》
3. 《小微改造却是四十年的巨变——三航小区参与式社区环境整治更新》，Pandscape 泛境设计公众号

一级案例

"四叶草堂"社区花园[①]

在上海市杨浦区四平路街道鞍山四村第三居民小区，刘悦来和学生协助居民打造了一方 200 平方米的"百草园"，一年四季下来有 100 多种花草果蔬。不仅如此，"百草园"还不用物业和居委会管理，1000 多名参与的居民自己组织、分配人力、物力和时间来维护，小区里 40 多名小朋友组建了志愿者队，轮流值日，为植物浇水、施肥、捉虫、修剪。而"四叶草堂"在全市参与建造的社区花园，后期几乎都采用类似的方式，由居民自治维护管理。社区花园既美化了社区，让孩子们多了一个自然教育的家门口的去处，又激发了居民参与，使社区关系更加融洽，那么，他们是怎样做到这一点的呢？

一、背景

社区最需要的是造更多的景观化的绿地，还是居民参与其间、乐在其中的社区花园？陌生人社区，邻里关系紧张如何破解？什么样的项目能够唤起大家的参与意识，形成融洽的邻里关系？

[①] "四叶草堂"让社区花园"遍地开花"，文汇报，http://whb.cn/zhuzhan/kandian/20170706/96821.html

二、简述

2014 年 1 月,同济大学的刘悦来博士发起"四叶草堂"自然教育组织,并正式注册为自然教育类社会组织,宗旨是在都市环境里保留更多绿色,营造更丰富的自然生态,带动更多人过上绿色生活。目前,"四叶草堂"已在全市引导市民、单位或绿化机构因地制宜建造 20 个各具特色的社区花园。"四叶草堂"计划每年在全市打造约 100 个大大小小的社区花园,美化身边的生活环境,并以此为平台促进交流,加强社区建设。

"四叶草堂"推进社区花园项目时,把"参与"作为重要环节。以百草园项目为例,这是第一个位于居住小区中的社区花园。设计方案,尝试让居民一起参与设计,依靠小区原有组织"社区花友会",鼓励他们参与社区事务。同时,通过小手牵大手带动更多人,征集小小景观设计师,开设公益课堂,让专业设计师做辅导员。在课堂上看小朋友的意愿,再与居委干部、花友会成员、社区志愿者商量得到最终方案。怎么实施施工呢? 通过自然教育,让居民自主观察、劳作、参与和维护。包括拆解—整形—厚土栽培—铺草坪—栽植—铺路—覆盖等,每个步骤都单独设置课程。在高楼林立的城市里,大家有了亲近自然的劳作。两支重要力量是花友会和小小志愿者,两周一次的相互学习机制使得社区花园变成了学习园地。

"四叶草堂"的活动越来越火,很多市民口口相传、大老远慕名赶来参加。2017 年,该组织举办了为期一周的上海首届"社区花园节",人气再创新高,"四叶草堂"所在的创智农园成为申城又一"绿色地标"。

三、实践守则

社区花园项目的实施,是一个社区自治和多元共治的过程,是由居民一起设计、营造和维护,企事业单位、群众社团、物业、街道都参与了进来。通过共同策划、设计、选取植被,小朋友参与带动家庭参加,极大的促进大家参与,由陌生变为熟悉,大家的意见融入社区花园建设,也带动了每个居民的主体意识。其具体经验总结如下:

1. 居民自行维护社区花园

2000 平方米的创智农园,原是创智天地社区剩下的一块狭长的"边角料"。

如今,这里"都市＋农园"混搭融合的气质,吸引着市民纷至沓来。农园有供居民耕种采摘的"一米菜园",供市民"闻香识草"的香草园,一个 10 多平方米的沙坑和松树皮堆成的锻炼场供孩子们尽情玩耍。去年 7 月至今,每逢周末还有青少年自然教育类课程、亲子自然课程、科普讲座、互动活动等。上课的"集装箱"就是一个颇有"内涵"的"种子库",各类植物种子摆满了一面墙那么大的置物架。

创智农园的肥料是小狗的便便、树叶和杂草等,浇地用收集的雨水,园内道路用小石子铺就,既有野趣也像海绵一样吸水。市民带孩子到创智农园学种菜、辨五谷、采摘果蔬、收集种子,享受田园时光,也学习用永续循环的方法保持绿色和生态平衡,亲近自然和土地,在都市营造"黄发垂髫,怡然自乐,都市桃源,近在咫尺"的意境。

更多的时候,刘悦来会带着自己在同济大学景观学系的学生和"四叶草堂"的同事去送绿,到社区、园区、学校幼儿园等处,与人们一起动手建造社区小花园。

2. 激活社区里的绿化"基因"

在社区花园"遍地开花"之前,"四叶草堂"实验了两年多,探索这种小花园在社区建设的可行性。"以前,在大家的印象中,花园都由专业养护人员打理,居民只是欣赏,怎么可能也建得了花园,还能自己养护?"刘悦来说,"四叶草堂"当初就打算做这件看起来"挺麻烦"且看似"不可能的事"。

2014 年底,刘悦来和团队在世纪公园筹建了一个 200 平方米的"可食花园",2015 年 5 月 1 日对市民开放参观,后来该花园扩建到 1000 平方米。平时吃的、菜场见到的菜这里基本都有,总共有 50 多种,这个"可食花园"不仅起到科普作用,还请市民游客参与采摘,亲民指数很高,颇受欢迎。"可食花园"的养护由世纪公园的工人负责,市民们也逐渐接受和认可了这类"气质独特"的小小花园。

几乎与此同时,"四叶草堂"的团队还和宝山区中成智谷园区合作创建中成智谷火车菜园。那里原来是堆放建筑垃圾的废弃地,经过近两年的生态治理和设计改造,通过种植农作物、蓄养野花野草、建造雨水收集净化系统、生态堆肥、建蚯蚓塔等,改善了这一地块的生态环境,成为都市永续发展模式研习示范地,吸引了大批市民和专业人士来参观学习。

其实刚开始时,"四叶草堂"的活动中参与的市民很少,如今的高人气是点点滴滴积累起来的。刘悦来回忆,"四叶草堂"曾参与一个老小区的绿化美化活动,一开始邀请居民参加时,300 多户中只来了五六户,几乎都是老人、小孩,没有年轻人。"四叶草堂"的团队发现,只有居民真正从心底接纳,社区花园才能"落地"。他们找到一条捷径———激活社区原有的环保和绿化"基因"。于是每到一个小区,刘悦来和同事都会先和小区的绿友会、花友会、环保志愿者等热心人士沟通,再慢慢接触更多的居民。实践证明,这条"捷径"走得通。

3. 研制社区自然类教育课程

眼下,"四叶草堂"已初步研制出一套社区自然教育课程,分 5 步教社区工作者和居民美化及绿化生活空间。刘悦来介绍,比如在社区建造一个公共小花园,从最初的策划开始就会邀请居民参与其中,一起为花园选址、定位、盘活、整合原有的社区资源;其次是设计花园的空间结构,与垃圾箱房、健身场所等设施的位置关系等;第三步是建造,除了混凝土基建、下水道、灯具等需要专业施工人员负责外,其他部分都请居民一起动手营造;第四步是教授花园完工后的维护方法,将花园维护的技巧技能传递给居民;最后一步也是最重要的,就是花园的长效管理模式,"主体当然还是居民。"刘悦来肯定地说。

在阐述"四叶草堂"及自然教育课程的理想时,刘悦来用了三个词:孵化器、教练员和媒介。"团队毕竟人手、精力有限,能影响的范围和人群有限,设计课程可以更广泛激发居民的潜能,调动更多人的积极性,让大家自己动手参与、自己感受。"

4. 社会组织管理经验及时总结修正

浦东新区浦兴路街道 37 个居委会的代表将作为首批会员,来"四叶草堂"学习社区花园营造等课程。刘悦来介绍,"四叶草堂"还将设计《社区花园营造手册》《社区自然地图》《社区绿色生活地图》等,挖掘、激活居民身边的自然元素。"什么季节开什么花,哪个季节有蝴蝶,落叶如何收集,怎么做酵素最好……通过系统持续的课程和自然类活动鼓励更多居民了解自然、了解身边的环境,从而过上绿色生活。"

5. 核心团队背景多元化

"四叶草堂"的 8 位理事分别有景观设计学、建筑学、地产管理、农业、经管等知识背景,他们一直在探索如何将"四叶草堂"的自然理念传播开来,影响更多的人,改变更多人的生活方式。最近的首届"社区花园节"中,"四叶草堂"采用认筹认建的方式解决花园节中最重要的基础材料问题,4 家单位和 2 位个人认筹了花车、花材等,而更多的市民则从家里带了植物种子、植株来分享、参与。刘悦来希望更多的居民能够参与其中,"绿色不仅在公园和公共绿地,其实它就在每个人的身边,每个人的心里。"

本案例由刘瀚斌、潘方悦搜集、整理、撰写

第四章　社区动员

第一节　青年参与

一级案例

如何动员青年参与社区？

——以"成都青藤之帮"项目为例①

在政府、居民以及青年人本身的固有印象里,青年由于时间、环境、氛围、政策、家庭等因素,极少参与社区事务,因此,社区服务的对象几乎都是老年人,社区空间的设计、社区活动的设计都是为了老年人。目前的社区治理,青年常常被忽略,老年人是中坚力量,从党员到楼栋长,从志愿者到文体人员,无不例外呈现"老龄化"特征。

然而,青年参与社区却有很大的重要性和必要性。相关研究发现,青年社区参与是衡量社区建设水平的一项重要指标,从目前青年社区参与的状况来看,其广度和深度还不尽人意,社区建设的推进和网络虚拟社区的出现,青年参与社区事务的状况势必发生变化。如何吸引更多青年人参与到社区中来呢?

一、背景

成都市涌泉街道瑞泉馨城社区作为温江区最早也是较大的新型农民集中居住区,辖区面积 2.3 平方公里,共有安置小区 5 个,11 个组团。自 2011 年 12 月起,涌泉街道引入"三社互动"项目,开始孵化和培育社会组织及培育志愿者。志愿者 2000 余名,但在志愿者年龄分布方面,中老年志愿者占志愿者总数的 80%,以涌泉学校为主的儿童和青少年志愿者占志愿者总数的 12%,而青年志

① 引自社工中国网:http://theory. swchina. org/exchange/2018/0206/30784. shtml

愿者仅仅占志愿者总数的 8%。

二、简述

成都市温江区涌泉滴水公益社会组织服务中心自 2016 年 9 月承接执行成都市社区营造项目以来,力求打破原有以老年人为主要参与对象的社区发展模式,调动社区青年积极参与,探索青年志愿者参与社区模式,形成"青藤之帮"青年志愿者参与社区建设项目。

(一) 使青年逐渐成为社区建设的主体,青年参与实现由被动到主动转变

青年参与社区建设,最初是学校要求、社区邀请,但在参与过程中,青年逐渐由被动的参与服务转变为主动服务他人的主动参与者。以青年医生李波为例,最初参与社区服务是受到社区的邀请参与义诊服务,但在服务过程中他发现社区有很多中风老人、残障老人需要他的理疗服务,因此成立"健康有约"小分队,定期为这些老人进行家访,提供理疗服务。

(二) 为青年人提供施展才能的平台,实现社区公益资源由分散到整合的转变

青年来自各行各业,在参与过程中积极发挥其特有的才能,并不断的相互影响,实现了公益资源由分散到整合的转变。以社区青年何林为例,她是一名全职妈妈,在之前经常参与到各种商业亲子服务中。后来,她加入到"有为青年"团队,将自己的资源与社区服务相结合,将资源重新整理,搭建了"一善家社会志愿者团队""凤凰书院""生活美学公益""有凤来栖剧组"等线上平台,并从线上走向线下,将书院、油画、插花等收费教学项目免费链接到社区,丰富了社区居民的生活,促进了社区融合。

(三) 青年参与让社区更有活力,推动社区全面发展

项目开展以来,调动约 200 人次社区青年参与到社区建设中,一定程度上改善了社区参与老龄化的现状。同时,青年人在参与社区服务的过程中,更发挥了其创造性与行动性,积极发现社区问题,并找到解决办法,让社区更具活力。

三、术语解析

社会学习理论：班杜拉认为，人的行为，特别是人的复杂行为主要是后天习得的。行为的习得既受遗传因素和生理因素的制约，又受后天经验环境的影响。行为习得有两种不同的过程：一种是通过直接经验获得行为反应模式的过程，班杜拉把这种行为习得过程称为"通过反应的结果所进行的学习"，即我们所说的直接经验的学习；另一种是通过观察示范者的行为而习得行为的过程，班杜拉将它称之为"通过示范所进行的学习"，即我们所说的间接经验的学习。班杜拉的社会学习理论所强调的是这种观察学习或模仿学习。

针对社区青年的调查发现，社区有一部分青年群体对于公益活动很感兴趣，通过大众媒体、参加或旁观公益活动以及从亲朋好友处了解公益，也有践行公益的想法。但是苦于没有直接、有效的渠道了解到具体的项目。本项目运用社会学习理论，招募社区青年，通过小组互动，让组员认识更多志同道合的人。通过组内交流、分享，选取可模仿的社工"模特"，观察和学习社工的策划与执行活动的经验，并通过团队合作，实地实践学习成果，将观察、模仿学习到的间接经验转化为直接的实践经验，进而参与到社区建设中来。

四、实践守则

(一) 广泛动员，招募有为青年

2016 年 10 月—11 月，中心拟定"关于征集有为青年的办法"，并与涌泉街道（包括民政、党办、妇联、团委等）、涌泉学校、各社区、社会组织确认合作关系，联合发布，并通过微信、辖区资源进行宣传推广，最终 220 名青年报名，94 名符合条件通过初选。据统计，8 个社区 1 个村约 20 名青年报名，社会组织中 10 人报名，其中党员志愿者 18 名，其余报名青年均来自于涌泉学校。

(二) 搭建青年线上交流平台，形成青年互助支持网络

以网络初选为契机，建立"涌泉有为青年部落"微信群，通过线上建立初步关系，以线上会议为手段，引导青年说出自己的公益期待，寻找志同道合之士，结对形成互助支持网络，并在每次公益体验后，通过线上及时分享，增进其情感交流，

巩固社群稳定,并引导青年邀请同龄人参加,分享社群生活,扩大支持网络规模。

(三) 在社区服务过程中引导青年形成社区参与意识

社区青年群上讨论,形成社区服务想法,社工引导鼓励青年筹备并执行计划,树立其参与信心。医生李波期待充分利用自己专业,为社区孤寡老人进行上门义诊服务,社工以他的想法为契机,积极招募青年参与,并在一周后开展服务,极大地提升了李波的自信,同时也让社群中的青年看到了参与的可能性。社工通过链接街道、社区、社会组织服务资源,让青年人以志愿者的身份参与到大型社区活动、老年人关爱服务、儿童服务等活动中,让社区青年逐步形成参与意识。

(四) 指导青年解决社区问题

青年在服务体验中发现社区问题,社工帮助其梳理问题,寻找解决办法,并指导其开展。经过公益服务体验后,培养了青年骨干10名,其中4名骨干已形成较为成熟的社区服务想法,包括针对于病重老人的理疗服务、幼儿亲子关系的亲子绘本馆、社区融合的社区大明星服务以及针对特殊儿童的走出家门服务。

社工建立了能力提升小组,通过组内交流、分享,观察和学习社工策划执行活动的经验,并实地实践学习成果,将观察、模仿学习到的间接经验转化为直接经验,形成了"健康有约""教室外的天空"、"社区大明星"以及"亲子绘本馆"四个项目,并通过"益路同行"平台,筹集到约1.5万元项目实施经费,从2017年4月开始项目陆续开展。

(五) 强化宣传,营造社区参与氛围

重视收集影像资料,每次服务后,社区青年"有图可晒",在获得"点赞"的同时获得正向激励。服务后的及时分享,使得社群内其他成员"蠢蠢欲动",同时中心以青年真人真事为背景,拍摄青年参与社区建设的微电影,并在辖区内进行巡回展播,结合青年参与服务摄影展,营造了良好的宣传氛围,吸引了更多青年参与。

五、各界应该怎么做

(一) 社区社会组织

1. 搭建网上交流平台,方便社区青年参与。青年工作繁忙,空余时间较少,

所以要充分利用新的技术手段和载体,方便青年参与。项目充分利用新媒体资源,采用微信群管理方式,通过线上互动,保持青年参与积极性。同时利用青年群体关注家庭、关注孩子成长的这一特征,开展儿童教育活动,将青年人聚集在一起,带动家庭参与社区。

2. 记录并反馈青年参与过程,提高青年参与积极性。在项目过程中,积极收集素材,一方面能够通过公益微电影,呈现项目成效,同时利用公众平台播放,调动更多青年人参与,营造参与氛围;及时向青年反馈参与过程,让其在朋友圈有图可晒,在提升其自信的过程中,影响到更多的青年参与。

(二) 社工

1. 为青年找到学习"楷模",指导青年参与社区建设。大多数青年没有社区服务经验,社工需要在其执行社区服务时,为其找到学习"楷模",吸引青年更好参与到社区服务中。

2. 吸引青年发挥专长,服务社区。青年人对于社区建设的关注点多种多样,尤其是残疾人服务、老年人服务、家庭教育等是关注重点,但对于如何利用自身优势,服务社区感到力不从心,因此社工需协助青年人,进行活动规划,促进其发挥专长,参与社区建设。

本案例由刘瀚斌、潘方悦搜集、整理、撰写

延伸案例导读

海巢 HOT・社区青年汇

海巢 HOT・社区青年汇成立于 2011 年 8 月,位于东城区北新桥街道海运仓社区,海运仓社区是一个危改回迁、服务设施完善的全新社区,2001 年 4 月拆迁,2002 年 11 月 26 日建成回迁,建筑面积 24 万平方米,居民 2650 户,社区内服务设施完善,青年汇就建在面积 4200 平方米的社区服务中心。

海巢 HOT・社区青年汇是全市首批、东城第一家社区青年汇旗舰店。

"海"取海纳百川之意,指社区青年汇的服务范围覆盖整个辖区,包容广泛;"巢"寓意为家,希望把青年汇打造成一个凝聚辖区青年的青年之家;"HOT"中文译为强烈地、激烈地,寓意青年汇举办的每一次活动都拥有超强的人气。

青年汇覆盖和服务范围广泛,向北覆盖簋(gui 三声)街上的外来务工青年群体,向东辐射东二环商务楼宇白领青年,向西服务青年医护工作者、青年护工群体,向南影响社区内的本地和流动青年。

海巢 HOT·社区青年汇成立至今,先后孵化培育了海巢话剧社、海巢志愿服务联盟、海巢社会工作事务所、手工艺坊、禅心沙画工作室、行远文学社等十几个社团及社会组织,为服务辖区青年开展活动。

针对辖区青年特色长期开展多项特色品牌项目,如"青春的梦想""区域特色文化体验""非公企业服务季""我们都是小牙医"等,紧密贴合周围青年需求,为联系青年、服务青年、凝聚青年做出努力。

目前,青年汇每年开展活动 100 余次,参与活动青年超过 5000 人次,从建立之初至今,参与青年汇活动的青年超过 6 万人次,有效联系青年 1494 人。

自 2012 年陆续开通微博、微信服务、订阅号后,目前,微博粉丝 6623 人,微信粉丝 8364 人。

每年,海巢 HOT·社区青年汇都承接多项市、区级重要活动,接待多批次社会各界人士莅临调研指导、国内外代表团参观交流,也受到了中央、市、区领导的高度重视。2016 年,海巢 HOT·社区青年汇被团中央评为首批全国示范性"青年之家"综合服务平台。

在未来,海巢 HOT·社区青年汇将继续发挥旗舰店对周边普通店青年汇的带动作用,充分利用自身优势及周边资源,为建设国际一流和谐宜居之都贡献海巢 HOT·社区青年汇的力量。

本案例由刘瀚斌、潘方悦搜集、整理、撰写

第二节　社区学校

一级案例

社区学校

2007 年,上海市徐汇区凌云社区学校成立,最初这里是青少年活动中心的分校。响应政府大力发展社区教育的要求成立了凌云社区学校。因青少年的课程安排在周六,故将成人课程安排在周一至周五。只是注册名字还是青少年活动中心,社区学校与它共享一个教学点。主管及资金来源主要是凌云街道和青少年活动中心,直接负责方是街道社会发展科。

社区学校的成员组成首先是社区学校的专、兼职教师、办学人员,还有街道分管主任、街道文教干部,这些是小组重点培训对象。其次是来自社会各个领域的志愿者队伍,有在校学生、企业白领等,出于自发的助人服务意愿和强烈的奉献精神,利用周末时间参与志愿者活动。还有浙江大学有机生活推广中心、科技报记者以及北京地球村的李俊明等。

凌云社区学校的业务指导、课程开发、组织校验、师资培训、教材组织等主要来自于徐汇区社区学院,凌云社区学校则把这些主导思想传达到所辖28个教学点中,并对优秀学员进行表彰,主要由学职办负责管理。

目前凌云社区学校主要开设8大类课程,难易程度方面会根据学员的水平分为初级班、中级班和高级班。不同于正规学校教育,社区学校的最终目的是培养居民自主学习意识,起到终身学习的推动作用。

一、背景

什么是社区学校呢?

社区中任何学校都是社区学校。这有三方面的意思,一是属于社区的学校(belong to the community),指坐落于该社区并归其主管;二是坐落于社区的学校(located in the community),但不归该社区主管;三是为了社区的学校(for the community),所有属于社区的学校都是为了该社区,而坐落于社区的学校有的直接服务于社区,有的则不完全是。

新的社区教育观认为,一切社区学校都应该是为了社区的学校,因为坐落于该社区就客观上决定了它有这个义务甚至需要(成员感、归属感使然),同时社区工作者也应该让所有学校发挥对社区的"为",尽管"为"的程度各有不同。如此理解社区学校,意味着它不再仅仅指街道居民学校,而是包括普通中小学和高等院校在内的一切学校。

我国社区教育发展到今天,已经表现为开始创建学习型社区,终身教育、终身学习的理念已经在不少城市落地生根。在这个背景上提出社区学校或学院建设,其根本目的就是为了建设学习型社区,使居民获得终身学习的有效保障,最终促进社区的整体发展和居民的幸福。

二、简述

通过对社区学校内涵的分析,我们可以把社区学校分为正规社区学校与非正规社区学校两大类,前者包括全日制社区学校和非全日制社区学校,后者包括社区学习型组织、社区文化机构以及社区隐性课堂等。

学校的基本功能当然是教育与学习,但不同类型的学校又有不同的教育功能,如普通中小学的功能是基础教育,高等院校的功能则是高等教育,可是一切学校又都有终身教育这个共同的功能。终身教育"是完全意义上的教育,包括了教育的各个方面,各项内容,从一个人出生的那一刻起一直到生命终结时为止的不间断地发展,包括了教育各发展阶段各个关头之间的有机联系",简言之是包括学前教育、普通教育、成人教育、家庭教育、社区教育等各级各类教育的整体教育。

任何一种学校都不敢说自己代表了终身教育,却可以说是它的组成部分,具有终身教育功能。如果说终身教育是一场接力赛和足球赛,那么各种社区学校的教育就是传递接力棒和传球,因此它是一切学校都具有的普遍功能。

(一) 正规社区学校

正规的社区学校是指经国家教育行政主管部门或其他政府主管机构批准备案的、坐落于社区的具有现代学校基本特征的学校。

1. 全日制社区学校

包括托儿所、幼儿园、普通中小学、各类全日制中等专业学校、普通高等院校等。根据《教育法》"分级管理、分工负责"的管理原则,托儿所、幼儿园多属社区有关机构主管,普通中小学、各类全日制中等专业学校由地方人民政府管理,但实际上街道和乡镇承担着主要的分管责任。普通高等院校由国务院和省、自治区、直辖市人民政府管理,因而基本上不属于社区管理。可见除了普通高校,几乎所有其他全日制社区学校都是"属于"社区的。

2. 非全日制社区学校

非全日制社区学校是指基本上为业余性质的各种居民学校,当前人们热议的"社区学校"主要就是指这类学校。由于对此概念作了拓展,为了区别开来特采用"居民学校"的说法。因为这样的社区学校在城市是街道一级的实体机构,是面向社区全体居民的,不像有的社区学校只是面向社区内特定的人群或者社区外人群,如普通中小学和普通高校,所以称为居民学校大体上是名实相符的,这样就能与广义的社区学校区分开来。

居民学校是狭义的社区学校,多由街道办事处、乡镇政府或社区其他社会力量主办,因而是"属于"社区的,可以是专门新建的独立学校,也可以挂牌在其他学校、社区图书馆、文化馆等机构。

居民学校以非学历课程为主,兼有少量的学历课程。对此我国社区教育专家黄云龙教授提出了一套"四类二十六门"课程体系的构想,包括文化科学知识课程、职业技术培训课程、公民素质教育课程、家政教育课程。从中可以看出居民学校的主要功能是补偿教育和继续教育等各种社区教育,但无论是哪一种,其根本功能都是终身教育与终身学习,因为它们的目的本来就是设法为居民提供知识、文化、娱乐等服务,最终为居民谋幸福。而且在所有学校中,居民学校最贴近居民的亲身生活,与他们的联系最紧密,所以是社区居民进行终身学习的最重要场所,是最为常见的终身学习实体机构。

3. 混合制社区学校

这是指既有全日制的学历教育,又非全日制的非学历教育的社区学校。

(1) 各类成人院校是指经国家教育行政主管部门批准备案的独立设立的成人高等或中等学校,诸如广播电视大学、成人教育学院、职工大学或业余大学、独立设置的函授学院以及某些社会力量办学单位等。这类学校大多为市县区级有关机构主办,大则面向整个城市,小则面向城区,因而基本上也是"属于"社区的。它们原先多对那些无力进入正规院校深造者进行补充性的学历教育,随着社区教育的发展,在巩固已有特色的基础上,它们一方面调整全日制专业,另一方面面向社区拓展非学历教育,根据自身的优势开设各种适应社区需要的课程,大多成为我国学习型社区建设的重镇,社区学院的前驱。

成人院校过去在很大程度上已经发挥了今天的社区学院的功能,只是它们要么过于局限于本单位或本社区人员极为有限的职工,要么招生范围过广,把视线注意于社区之外,而社区意识淡薄。为了适应学习化社会和社区教育的需要,各类成人院校开始把建设学习型社区、在社区中开辟新的生长点作为主要办学目的,这样它们就变成了名副其实的社区学院。

(2) 社区学院

在我国,社区学院多是由区县政府主办的具有独立法人资格、以服务于本社区居民为主的中高等学校,是指导和推进学习型社区建设的终身教育机构。许多社区学院是在社区内一所或多所成人院校的基础上建成的,冠以"社区"之名其实是强调过去本社区内的各级各类混合制院校要以社区为导向,以社区终身学习为根本目的。

当前我国社区学院的功能主要集中于非学历性的社区教育,为社区居民的终身学习和生活质量的提高服务,这是理所当然的,因为生活质量永远是人们追求的目标,终身学习是其最有力的保障,这决定了社区学院的源头活水。不少社区学院还吸引高考落榜者学习职业课程,因此职业教育功能日益增强,这是符合广大民众需要的举措。但当前社区学院亟待加强的是对于高中毕业生的转学教育和对成年人的高等学历教育,这是我国迈向高等教育普及化的必由之路和必要补充。它是一项浩大工程,要求高等教育体制进行自身内部的改革,与社区教育融合、互动。

这对社区学院的发展具有极其重要的意义,因为可以想象,如果社区学院只是以非学历、非全日制教育为主,那么它也就必然不能提高层次,不成其为学院,毕竟对于年轻人和其他成年人来说,参与学习都希望获得国家承认的高等学历,只有这样才能实现梦想。

(二) 非正规社区学校

非正规社区学校有些类似于古代的学校,是一种松散自由的学习场所,包括娱乐信息等一系列服务设施。进而言之,社区内一切学习型组织都是非正规学校。这种思想的基础来自于陶行知的"社会即学校,生活即教育",的确,一个人一生中的东西有很多是在社会这所没有围墙的学校中学到的,如果说一个学习型社区是一所大的整体的社区学校,则其中的一个个学习型组织就是一所所小的社区学校。

可以说,终身学习与终身教育既是非正规社区学校的基本功能,又是它们的目的和标志,因此对这类学校的分析又意味着如何发挥基本功能,只有实现了这样的功能,才成其为"学校"。

1. 社区学习型组织

如果我们把视野放在街道,那么这些学习型组织主要包括以下几种:

(1) 学习型企事业单位

这种单位具有浓郁的学习风气,组织成员有清楚的共同愿景和个人愿景,组织整体效能高。由于这些单位很多都不归所在社区管辖,社区可以与这些单位共同商讨如何营建学习型组织,然后采取一系列有效措施,与社区共建。例如,一些大型企事业单位专门举办了职工培训中心之类的学习机构,社区可以与它们合作办学,企事业单位向社区开放教育场地和设备,向社区居民开放培训课程,甚至可以利用已有师资和办学经验与社区共同开发新的课程,社区则可向企业职工开放居民学校及其他教育资源。

（2）学习型楼组

学习型楼组既可以是一个学习团体,也可以是居民从事终身学习的实体机构,可以由居委会发动,具体营建工作由楼组长负责。

（3）学习型家庭

学习型家庭是指家庭内所有具有学习能力的成员均参与终身学习。家庭是学习的基本单位,其营建关键在于家长,家长要做终身学习的带头兵,家长终身学习的意识和能力极其重要,但是许多家长的自身素质急待提高,而社区可以通过家长学校之类的机构或终身学习讲座之类的方式,让他们认识到自己学习对孩子的巨大影响。

（4）学习型团体

学习型楼组和学习型家庭也是一种学习型团体,但后者不限于楼组和家庭。包括正式和非正式两种,前者多是一些协会,诸如书画协会、钓鱼协会;后者多是一些志趣相投的人组成的自由学习组织,诸如读书会、学习小组等。美国管理学家彼得·圣吉认为,通过团体学习,团体进一步发展和推广,有可能造就学习组织,同样,在社区,学习团体和学习组织越多,就越能形成良好的学习风气,最终推动学习型社区的建成。终身学习倡导者可以通过广告宣传的方式,让社区居民详细了解这些团体;可以通过资金、政策服务等形式鼓励、扶持这些团体,并且让它们在发展学习型社区的工作中发挥更大作用。

2. 社区文化机构

主要有图书馆、文化馆、电影院、广播站、电视台、体育馆等。

3. 社区隐性课堂

社区隐性课堂是指创造和利用社区自然环境和人文环境,使其成为一种社会大学,让居民得到潜移默化地熏陶。

（1）优化社区环境。例如,在树木上标上名称,在一些花坛旁边标上花名;利用广告牌进行法律政策宣传,如上海市许多社区就有这样的牌子"社区是个家,情系你我他"。开辟画廊,让少年儿童绘制主题性图画,或者复制名画,让人们受到高雅艺术的陶冶;开发"境教资源",比如社区内的文娱场所、文化馆、纪念馆、文物古迹、动植物园、科技园区等。

（2）倡导和谐的社区人际关系,使社区成员彼此受到感染,让自己的言行举止变得更加文明,并且促进个人的社会化。社区可以把学习型社区同文明社区的创建结合起来,可以提倡居委会、楼组长以及社区中有威信的人做好这方面的工作,通过平时日积月累,不断增进社区成员之间的情感。还可以通过各类活动增进人与人之间的交流,例如台湾的一些社区就利用"吃福头""社区办桌"的民俗活动来增强社区意识,联络民众感情。良好的人际关系,不仅使人学到人际交往方面的经验,提高人的素质,还使人拥有愉快的学习环境。

(3)举办各类社区活动,让活动内容成为隐性课程。诸如各种节庆活动、文艺娱乐活动、青少年科技活动乃至自发或自觉组织的聊天会、纳凉会等等,都能让人学到各种各样的社会知识或自然科学知识,构成一个庞大的隐性课堂。

三、术语解析

社区教育:是在一定区域内利用各种教育资源,开展旨在提高社区全体成员整体素质、服务区域经济建设和社会发展的教育活动,具有"全员、全面、全程"的开放性特征。发展开放型的社区教育,对于保障和满足社区成员学习的基本权利和终身学习的需求,推动社区精神文明建设,促进社区可持续发展以及建设现代社区具有十分重要的意义。尤其是对于协调学校、家庭、社会三者关系,形成青少年教育的合力,更具有独特的重要作用。

四、实践守则

(一)厘清终身教育体系中各部分教育之间的关系,以明确社区教育在终身教育体系中的准确定位与功能。

(二)明晰社区学校的推进主体,以确立政策层面的推进责任,同时建立推进机制,提高管理效率。

(三)整体制定统筹社区教育资源的规划,以保证社会资源面向基层社区开放。

(四)在师资队伍建设的相关政策中,对社区学校教师应该少一点限制,多一些人文关怀与政策保障,而壮大社区学校教师队伍,提高教学质量,则是社区教育成功与否的关键。

(五)建立"互联网+"社区教育资源共享机制,即利用网络把优秀教师资源及课程和教案送到千家万户,由此实现"人人皆学、处处能学、时时可学"的理想。

（六）社区教育评估体系十分重要，但考虑到社区教育的地域性和草根性的特点，指标体系必须体现多元化与个性化结合的特征，特别要避免一刀切、强制性与僵硬化的做法。

五、各界应该怎么做

（一）政府

1. 明确社区学校的法律地位。现在社会上还存在着社区教育无证办学的情况，如有些区已将成人学校改建为社区学校，但有些地方却还是沿用成人学校的名称。成人教育在郊县还有需求，但市区则已萎缩，反之社区教育的需求却很大。为此，市区社区学校的办学资格较早得到了认证，郊区则还没有解决。其次，社区教育工作者对社区教育与成人教育究竟是什么关系、能否合并以及合并后的具体职能是什么也存在疑惑。因为现在社区学校很多部门在管，但究竟归属哪个部门却不明确。上海市教委有专门部门管理社区教育，但各区县教育行政部门的设置则各不相同，由此造成上通下不达的状况。

2. 经费支持。上海市的政策承诺社区教育经费按常住人口每人 3 元的比例划拨，但实际上经费的落实很难保证。一般普通学校的教育经费都是由区县政府划拨教育局，教育局再下拨普通学校。但社区教育经费的划拨路径却不透明，因此很难保证经费的顺利到位。

3. 师资。社区教育的政策关注点很大部分都聚焦学员，而对教师的关注却做得很不到位。如学校教师数量严重不足，而且还没有编制。没有编制就意味着教师的地位得不到保证，收入也不稳定，这对于社区学校师资队伍的建设是非常不利的。又如，原本政策允许在社会中招聘具有教师资格证的人员担任社区学校的讲师，但现在的政策则要求社区学校教师必须来自中小学，这无疑又为社区教育的师资队伍建设设置了障碍。师资队伍建设的另一个重要问题是关于职称评定，其体系也十分不合理。如社区学校教师的职称评定参照的是中学标准，并要求必须具有中学教师资格证，但现状却是多数教师来自小学乃至幼儿园，他们根本没有中学教师资格证。即使教师具备了资格，在进入评职称系统之后，在填写任教科目一栏时又会陷入困境。社区教育的科目内容大都与百姓学习需求相关，与正规学校相去甚远，因此任教科目一栏亦往往无法填写。教学课时数也同样，社区学校的对象大都上了年纪，因此课时设置大多短平快，很难达到评职称所需要的课时要求。所以,社区学校教师如果想要评职称,就只能去做数字游戏(设法填满数字空缺)。一方面是政策对于教师的规定越来越多,要求也越来越严,但政策规定却往往不是加强对教师权益的保障,而只是抬高社区教育教师的门槛。最后一个是编制问题。教育局有关部门说教师编制要找编制办,编制办则说要听上面的指示。各个部门之间互相扯皮,协调交流渠道不畅,使得社区学校教师队伍建设遭遇困境。于是,社区学校只能设法寻找志愿者,而志愿者教师的临时性、质量的不稳定性等则造成了社区学校教学水准的下降。

(二) 机制

社区学校类似于以前的空中老年大学,有些学校没有独立校舍,因此就需要联系地区初高中,利用初高中休息的时间借用教室来进行办学活动,而这也大大限制了社区教育规模的扩大。一般而言,社会教育资源应该由政府统筹管理并向社会开放,但因社会资源归属各不相同,而开展社区教育又需要多个部门的共同参与,如果缺乏整体协调和统筹规划,资源的调配就变成了部门的垄断。而资源一旦被独占以后,再要向社会开放就成了一件难事。在涉及社区学校发展的政策中,对于资源整合与统筹管理是重要的内容,然而重视的另一面呈现的却是粗糙的细节。即虽然具有重视资源整合的意图,却没有执行政策的具体方案,由此社会资源要想突破被割裂的状态亦异常艰难。综上所述,社区学校教育资源的日趋紧缺,已经成为掣肘社区学校发展的瓶颈。

社区学校评估指标体系。政府在推进社区教育内涵建设的过程中,对社区学校的评估提出了一套量表式的指标体系。社区教育的内容太过丰富,"自选动作"也多,因此用数字化量表进行评估不仅困难,而且难以保证其科学性和合理性。除此以外,地区与地区之间发展水平和差别也很大,社区教育政策亦各有区别,如果只使用一套量表,则容易忽视各地社区教育发展的特殊性。更何况公共性、服务型的社区教育强调多元化以及居民的自主参与甚至自主设计,而涉及态度、情感一类的人文因素是很难用定量的数字来评估的。如果政府在评估社区学校的教育状况时不考虑各个地区的发展差异及居民受教育程度的现实状况,而仅凭指标体系进行优秀学校的评选,就往往会出现难以令人信服的结果。而奖惩机制如果不合理,就容易使基层社区学校的积极性受到打击,由此亦会对社区教育的发展带来负面影响。

本案例由刘霄临、潘方悦搜集、整理、撰写

延伸案例导读 1

社区学习小组参与社区管理

——松江区永丰街道案例

为了方便老年居民参与老年远程收视活动,2010 年松江区永丰社区学校探索建立了 10 多个以情感为基础、以兴趣为纽带、以快乐为目标的"邻里缘"学习小组,为老年人提供了一个沟通、交流的平台,引导他们参与远程学习。

由于"邻里缘"学习小组具有就近、就地、安全、方便的特点,学习小组在各居委会全面推开,许多老年人由陌生人成为好朋友、好邻居、学习的好伙伴。目前各居委会已建立学习小组 98 个,学员近 1500 多人。学习内容在原来的收看老年远程教育上进行升级,使它逐步成为学习文化知识、传播精神文明和参与社区管理的三大阵地,实现了学习小组功能上新的突破。

建立"邻里缘"议事室是参与社区管理的主要平台,利用每周二上午远程教育节目开始前的一段时间进行社区事务讨论。"邻里缘"小组成员充分发挥自己的经验和智慧,议论社区管理当中存在的一些问题,提出解决问题的意见和建议,使学习小组的每个成员都以主人翁的态度参与社区管理。

(一) 学演结合,传播精神文明建设

传播精神文明建设是社区管理的重要组成部分,每个小组按照学校要求都进行文明礼仪知识、《松江报》《永丰社区报》专题学习,并以不同的形式积极传递正能量。

在"玉乐"学习点,高晓萍学习小组成员学习文明礼仪知识后,一言一行都注意文明礼貌。学员陆杏娟楼上有一位居民经常随意往楼下泼水,有时家中快晾干的衣服也给弄湿了。她尽管很生气,但还是心平气和地与对方讲道理。有一次,这位居民的衣服掉在陆阿姨的院子里,有人劝陆阿姨把这件衣服藏起来,惩罚一下这位不讲文明的居民。但陆阿姨没有这么做,而是把衣服送到对方手里,让对方羞得无地自容,从此,再也不往下泼水了。

(二) 组织讨论,积极参与社区管理

建立"邻里缘"议事室,利用每周二上午远程教育节目开始前的一段时间进行社区事务讨论,畅谈民意民情。小组成员充分发挥自己的经验和智慧,把个人

利益与社区利益紧密联系起来,并将讨论结果反馈到居委会,由居委会作相关处理,真正实现居民参与社区管理。在"议事室"中,大家总是积极讨论社区管理当中存在的一些问题,提出解决问题的意见和建议,实现"居民事居民管",在社区中逐渐衍生出清洁家园环保员、安全保障巡逻员、矛盾纠纷调解员、社情民意情报员这个居民自我管理的"社区事务管理四大员",推进社区民主化进程。

在永丰街道一站多居模式下,学习小组的一些负责人,先后有周安琴、潘星静、钱鹏等十多位学习小组成员入选进入自治居委会担任主任、副主任或工作人员。他们参与社区事务更加直接。

每个学习小组都积极参与社区管理,议论社区管理当中存在的一些问题,提出解决问题的意见和建议。如仓桥学习点,陆富珍学习小组等认真开展垃圾分类活动,铲除黑广告,劝阻违反"七不"规范的行为等等,营造良好的生活环境,积极参与小区安全巡逻,保一方平安。

(三) 发现矛盾,主动调解邻里纠纷

邻里之间空调漏水、卫生间厨房间渗水、宠物扰民、违法搭建、乱堆物、乱停车、乱晾晒等,看上去都是些微不足道的事,但易引发居民之间的矛盾,调解不当,就会酿成大事。邻里缘小组积极参与邻里纠纷的调解工作,遇到邻里纠纷总是主动上去劝阻,发现问题第一时间与居委会联系,使一些矛盾引发的问题在萌芽状态就解决了。

秀南学习点,芳馨学习小组学员楼彩眉听到四楼的两邻居发生矛盾,双方争吵中,由于说话难听,把俞阿姨家女儿激怒了,转身从屋里拿起了菜刀,激动之下竟要用刀砍伤人,她觉得事态严重,和老伴一起一面极力劝阻,一面及时通报了居委会,并拨打了 110。由于处置及时,总算制止了事态的扩大,避免了一场重大事件发生。事后,她和居委会干部一起对双方进行耐心细致的谈心教育,使双方都认识了错误,并最终得到了对方的谅解。

花园浜学习点,潘星静小组在参与社区管理讨论中,提到居民中有迷信的现象,小区兴起安装玻璃镜子进行避邪,以致居民相互指责,引起邻里纠纷。在讨论发现小组成员中也有此行为,经过大家讨论教育,学员首先拆掉自家的镜子,再对装镜子的居民——上门做思想工作,指出要学科学,迷信行为损人不利己,在组长和大家的努力下,居民们家家户户装镜子的坏风气得到纠正,邻里之间也能友好相处。

银杏苑学习点学习小组在小区外墙面整修期间,协助居委会、物业对因维修而发生的 26 起损坏居民晾衣架、防盗窗、空调等问题进行协商解决,避免了居民

与维修人员的矛盾。

（四）按时巡查，及时排解安全隐患

社会稳定，构建和谐社区，是每个居民的共同心愿。按时巡查小区安全状况，及时排解安全隐患是邻里缘学习小组参与社区管理的又一重要内容。许多小组每周安排学员对小区进行安全检查，发现隐患及时与居委会、物业联系，及时解决。

玉荣学习点，邻里缘收视小组发挥余热，成立了一支由邻里缘收视小组志愿者组成的志愿治安巡逻队，两人一组每天在小区内进行轮流义务治安巡逻。她们认真履行监督职责，对维护社区的稳定起到了重要作用。

华亭荣园学习点，汪欣生小组成员在小区巡逻时，发现一户居民家中冒出黑烟，立即跑到冒烟居民家门口，使劲敲门，但始终无人应答。眼看黑烟越来越浓，他们立即一边报警一边疏散居民，同时，在破门无果的情况下，从隔壁居民家中得以进入该户居民家，及时关掉煤气，这才化险为夷。原来事发时，该户居民在厨房的煤气灶上烧煮食物，不料有事外出，竟忘记到厨房关火，所幸发现及时，没有酿成大祸。

银杏苑学习点，朱邱云小组在小区外墙面粉刷时，就组织小组成员巡视小区的安全工作，由于外墙面粉刷住宅楼都搭上了脚手架，所以关照居民在晚上和白天外出时注意关好门窗；在拆除脚手架时，发现个别居民在底下捡铁丝，就及时劝阻，以防高空坠物，发生危险。

（五）配合居委，认真参与卫生整治

为配合居委会开展文明社区创建工作，每个邻里缘学习小组都定期协助居委会开展小区环境大整治和垃圾分类工作，及时发现和整改社区中不文明的"六乱"现象。定期对小区主次干道周边、绿化带、庭院、楼道等区域的卫生死角和非法广告进行清理，消除"脏、乱、差"现象，平时劝阻违反"七不"规范的行为，努力营造干净、整洁、优美的社区环境。每一次环境整治活动，都做到整治一处，清洁一处，靓丽一处，受到了广大居民的积极响应和大力支持。

薛家学习点，学习小组组长寿春妹与部分学员一起担任居委会爱国卫生志愿者，每逢周一、三、五参加玉树路两侧的志愿者集中环境卫生整治活动，她们工作认真负责，不仅做好卫生整治，还参与爱绿护绿环境美化工作，所负责的区域被街道评为文明卫生示范区。她们经常将垃圾分类、卫生整治等工作的经验在居委会其他人员中交流与分享。

创新社会治理体制，是全面深化改革的一项重要任务，社区学校积极组织邻

里缘学习小组主动参与社区事务管理,让学习小组成员自觉关心社区、融入社区,参与社区的自我治理,积极为社区献计献策,真正体现"小区是我家,管理靠大家"的理念。

本案例由刘霄临、潘方悦搜集、整理、撰写

延伸案例导读 2

学生社区实践指导站

——以上海市徐汇区为例

瑞金医院就诊大厅,一位来自向明中学的学生志愿者用手快速准确地在屏幕上点了数下,便帮一位患者挂好了号。随后的两天志愿者们轮番上阵,对挂号机的操作也是愈发熟练,弄清了挂号机上显示的科室和专病门诊,如何制卡、退钱,大家的工作也得到了不少中老年患者的称赞:"阿拉伐会弄,有志愿者就好了啊!"随着一次次的服务,学生志愿者们也在全身心地体会瑞金"广博慈爱,追求卓越"的理念,并用自己的行动展现了向明人的风采。

瑞金医院是黄浦区瑞金二路社区学生社区实践指导站八个实践基地之一,每周二、三、四都会有向明学生到医院门诊大楼担任志愿者,上下午就诊高峰时段为瑞金医院门诊患者提供自挂号机和预约操作指导。此项活动的发起方是徐汇区学生社区实践指导站,社区实践指导站是什么?是怎样运营的呢?

一、背景

《上海市校外教育工作发展规划(2009 年—2020 年)》提出,在 2020 年前在全市建设 100 家"学生社区实践指导站",旨在着力推动全市中小学生的社会实践体验教育。

二、简述

2012 年 7 月 30 日,徐汇区第一家指导站——徐家汇街道指导站正式启动

（该指导站同时也是上海市首批试点指导站之一）。同年 8 月,由市教委、市文明办、市校外联办组织的上海市学生社区实践指导站建设工作推进会在徐汇区举行。会上,徐汇区徐家汇街道指导站交流了"一站多点"的工作模式,即在社区指导总站的统筹协调下,开发了包括上海交大"钱学森图书馆""徐光启纪念馆""土山湾博物馆"在内的 14 个指导点,将这项创新性工作的探索经验在全市层面进行了宣传。

徐汇区指导站以"体验教育"为基本途径,以"统筹协调、盘活资源、做活项目、建好队伍"为主要任务,整合辖区内场馆、企事业单位、学校等教育资源,为学生提供社会实践的场所,让未成年人在实践中体验、感悟、内化道德情感,开阔眼界、陶冶情操、增强能力提高素养、健康成长,使指导站真正成为全面提高学生综合素质的重要渠道。

三、术语解析

体验教育:所谓"体验",简而言之是指通过实践来认识事物。"体验教育"就是教育对象在实践中认知、明理和发展。这里的"体验"至少应包括两个层面:行为体验是一种实践行为,是亲身经历的动态过程,是学生发展的重要途径;内心体验则是在行为体验的基础上所发生的内化、升华的心理过程。两者是相互作用、相互依赖的,对促进少年儿童的发展具有积极作用。体验教育既应注重教育活动的形式与过程,更注重少年儿童这一实践主体的内心体验。要求少年儿童用"心"去体验,用"心"去感悟,引导他们在体验中把教育要求内化为品质,外显为行为。

四、实践守则

(一) 构建"一站(总站)多点(分点)"的工作网络

在区级层面,由区精神文明建设委员会办公室(以下简称"区文明办")与区教育局加强对指导站的建设和管理,确保场地安全、内容落实、设施到位、人员到位、经费到位,共同指导各指导站建立联席会议制度、财务管理制度、项目管理制度、安全制度、教育培训制度、激励制度等,提升日常管理的规范化、科学化水平,确保各项工作有序开展。

在街镇层面,形成了"1 + X"的"一站多点"的学生实践活动网络,即在社区文化活动中心建立指导站,依托社区各类教育资源建立 X 个实践指导点。指导站对各指导点具有组织、协调、评比、激励等职能。

(二) 构筑"分级投入、街道主导、多方联动"的管理模式

1. 实施多方资金投入机制。上海市精神文明建设委员会办公室文明办和上海市教育委员会按照每个市级指导站各 20 万元的标准,对验收合格的给予补贴。各街道对指导站每年专项拨款 10 万元。指导站根据各指导点的项目规模进行投入,每家指导点大约每年投入 5000 元到 10000 元,同时,要求各指导点为学生社区实践活动投入一定比例的资金加以支持。

2. 建立以街镇为主的基层领导机制。指导站建立了街道分管领导直接担任站长,街道文明办、宣传科、妇女联合会、社区学校、文化中心等部门负责人担任副站长,相关部门参与的工作领导小组,成员由辖区学校德育教导、社会实践基地联络员、居委文教干部、社区学校专兼职教师、社区志愿者组成。有效协调了地区单位、社会组织、社会力量共同参与指导站的规范运行管理模式。

3. 发挥社区学校在建站中的核心阵地作用。充分发挥各社区学校在开展指导站工作中的阵地作用,将"指导站建设"作为重要指标纳入社区学校年度办学绩效考核。

4. 探索形成有效的社区资源整合机制。徐汇区有着深厚的海派文化底蕴和繁华的现代商圈,通过指导站建设,分类梳理社区各类资源,把辖区内的大场馆、名企业作为指导点或指导分站的方式,全面纳入到指导站的重要活动阵地之中,横向整合社区实践资源,构建了多元对接的社区实践载体与平台。

5. 建立指导站重大活动的决策咨询机制。为提升实践活动质量、提高学生参与率和满意度,指导站邀请相关机构、高校的专家和学校德育工作者组建"专家顾问团",对指导点的学生实践活动进行专业化指导,保证了指导站对学生的吸引力。

6. 建立指导站活动信息采集与发布机制。以"学生社区实践资源指南(地图)"的形式广泛宣传,扩大指导站的社会知晓度;通过网上公告、微信平台,及时向社区学生发布指导站点活动信息,形成学生与家长自愿参加、主动参加的良好氛围。

（三）策划开展丰富多彩的社会实践体验活动

自高中生志愿服务（公益劳动）纳入了学生综合素质评价体系后，高中生参与社会实践的需要有了很大增长。各指导站从社区资源禀赋条件出发，精心开发设计高中学生志愿服务岗位，其中包括优秀文化传承岗、低龄学生护导岗、为老服务敬老岗等。

经过近几年的实践，徐汇区指导站建设工作成效初显。越来越多的场馆、企事业单位积极开发为学生服务的活动项目，越来越多的社会团体、民办教学机构投入到指导学生社区实践的公益事业中。家长也逐渐重视孩子社会生存能力的学习和实践，纷纷鼓励孩子参加指导站的各项活动。

延伸案例导读 3

虹口区凉城社区实践指导站

走进上海市虹口凉城二小的陶艺室，十几个孩子正在制作一个个小陶罐，这是凉城新村街道学生社区实践指导站开展"我爱瓷，陶艺DIY"活动的现场。指导站工作人员正在积极组织孩子们参与此次活动，一旁，来自凉城二小的老师耐心地指导着孩子们将手中的一块块陶泥变成一个小陶罐。凉城新村街道的暑期活动也由此拉开了序幕。

1. 编织社区教育资源网络

指导站需要编织一张链接各种社区教育资源的网络，并使之有效联动起来，由此根据学生们的需求开展多种多样的社区活动。目前，区图书馆、凉城社区文化中心、凉城社区学校、凉城街道"阳光之家"、海军水电路干休所已经成为了指导站的资源阵地，这些社区单位都积极配合指导站的工作，结合自身特点推出教育拓展、志愿服务、革命教育、艺术培养等多个方面的实践项目。

2. 课外活动与学生"零距离"

指导站积极进行送教上门工作，将一个个体育艺术培训项目以课外活动的形式送进校园和教室。学生们参加拉丁舞、编织、棋艺、京剧和篮球等培训后，还办了汇报演出，组织了作品展，使参加活动的成果得以展现。

指导站与街道内几所学校建立了长期的合作机制，使"送教上门"成为一种常态化形式。为了更好地与学校开展这些活动，指导站负责人龚惠芳还与学校的相关负责人建立了联系微信群。她表示,如今"送教上门"已经成为指导站的重点工作,而在微信群中与各个学校负责人交流的过程中,她也了解了学校的特点和诉求,这样可以使送教上门的活动更具针对性。

3. 三大项目增添时尚色彩

为了增强资源运作的可持续性,指导站不断挖掘新的社区活动资源。在指导站的协调配合下,凉城二小向喜欢陶艺的凉城社区学生们开放了陶艺室,喜欢陶艺的学生可以通过网上报名等方式接触这门手工艺术;为了让学生们了解 3D 电影技术,观看更多的精彩 3D 影片,指导站与虹口高级中学建立了长效合作机制,让学生们在轻松愉快的氛围中获得科普知识;章氏鸡粥店是凉城社区里的一家小吃店,经过指导站与其建立联系,门店如今成为了学生进社区实践的一个基地,学生们可以向点心师傅们学习中式点心的制作方法。

本案例由刘霄临、潘方悦搜集、整理、撰写

延伸案例导读 4

社会力量参与社区老年教育项目
——中国银行上海分行"中银常青树"的案例

2016 年 12 月 24 日下午,上海市教委与中国银行上海市分行在上海教育电视台举行"中银常青树"金融知识进社区电视决赛,来自 16 个区县的 16 支参赛队伍经过初赛复赛的层层选拔,最终 6 支队伍突出重围,参加电视决赛。

比赛中,6 支参赛队经历了五个环节的激烈比拼。"初露锋芒"(必答题)、"眼疾手快"(抢答题)、"举一反三"(视频题)三个环节中,老年选手们展现出了对金融常识、防伪防骗的充分认识和深刻理解。在"火眼金睛"环节,中国银行上海市分行出纳管理部反假钞专家黄鹏老师与参赛选手以及现场观众们分享了假钞鉴别的小常识,并开展了互动,现场氛围极为热烈。在"能言善辩"环节,老年选手们以"七彩金融,安享晚年"为主题进行演讲。通过歌咏、散文、朗诵等多种表现形式讲述了自己在投资理财、防伪防骗、领取养老金等方面的亲身经历和独特见解。教育电视台向全市播出了此项活动。

一、背景

中国银行上海市分行与上海市教育委员会（以下简称"市教委"）在 2015 年的合作基础上，于 2016 年初签署了《2016 年"中银常青树"老年教育项目合作备忘录》，召开了 2016 年"中银常青树"项目合作启动会暨管辖支行与区县教育局项目合作对接会。

中国银行上海市分行组织开展了"中银常青树"金融知识传播者培训计划、"中银常青树"金融知识进社区电视比赛、老年教育艺术节、"中银常青树杯"戏曲展演、社区教育实验委托项目等 4 个重点项目，共同推进上海市老年教育，成为金融企业投身老年教育事业的良好典范。

二、简述

（一）"中银常青树"金融学习团队及金融知识传播者培育计划

"中银常青树"项目自 2016 年开始，计划开展三年，主要由中国银行派出业务骨干到全市的老年学校开展金融知识课程授课，并逐年从老年人中选拔出 3 个层级的金融知识传播者（2016 年为金融知识传播者、2017 年为金融知识金牌传播者、2018 年为首席金融知识传播大使），由传播者自行组建团队，开展金融知识传播活动，形成老年人自发学习、主动传播的金融知识学习新模式。

为顺利开展此项目，中国银行上海市分行联合行内多个部门，历时两个多月，研究开发了老年人金融知识传播者专题培训课程，具体分为防伪防骗、便捷工具、赚钱理财、出国金融 4 个主题共 10 多个小课，内容涵盖了老年人在金融安全、投资理财、便捷用卡等多方面的实际需求。除此以外，还组建了 80 多人的专业讲师队伍负责授课，确保授课质量和老年人体验。2016 年下半年，在上海市老年人学习团队指导中心、上海市老年教育教研指导中心的配合下，中国银行上海市分行业务骨干分批到全市各级老年学校开展教育培训活动，并在老年人群中选拔出一批金融知识传播者。截至 2016 年末，中国银行与全市 112 余家老年学校对接，成功开展了 100 多场金融知识培训，参与该活动的老年人累计达到近 1 万人次，并建立起了金融知识传播者"百人团"队伍，切实提升了"中银常青树"品牌在老年教育领域的影响力和号召力。

（二）"中银常青树"金融知识进社区电视比赛

为展示金融知识传播者培育计划的学习成果，为老年人提供更广阔的学习交流平台，项目开展了"中银常青树"金融知识进社区电视比赛。具体情况见开篇故事。

（三）老年教育艺术节"中银常青树杯"戏曲展演

2016 年，中国银行上海市分行和上海市老年教育艺术指导中心共同组织了老年教育艺术节系列活动，以戏曲表演为主题，支持全市老年群体开展艺术活动，共覆盖全市老年教育系统戏曲表演团队两百多个，市、区合计约有老年学员5000 余人次参加了本届艺术节的活动。2016 年 11 月，中国银行上海市分行与市教委在艺海剧院合作举办了老年教育艺术节"中银常青树杯"戏曲展演，全市10 多个顶尖的老年戏曲表演队现场演出，观众达 1200 多人，气氛非常热烈。

（四）老年教育实验项目

2016 年，中国银行上海市分行与上海市教育科学研究院合作开展了老年教育实验项目。项目计划开展两年，主要是对 2016 年、2017 年中国银行与市教委各个合作项目的开展情况和实际效果进行分析和研究，探索大型金融企业参与老年教育的路径和方式，积极寻求制度上的突破，为其他社会组织参与老年教育提供示范。

三、术语解析

老年教育：对象是各个层次的老年人。目的是让老年人继续学习而进行的教育活动。它是整个教育事业的一个组成部分。老年教育不是为职业生涯作准备，也不是职业培训，既不同于普通教育，也不同于职业教育和专业进修教育，而是根据老年人的生理和心理特征进行的一种特殊教育。其目的是使老年人增长知识、开阔视野、丰富生活、增强体质。

四、实践守则

发展老年教育事业虽然是一项政府行为，但要使社区老年教育得到又好又快发展,单纯靠政府的投入和努力是不够的,必须充分开发和整合社会教育资源,发动社会力量共同兴办老年教育事业。

(一) 充分利用专业办学机构的现有资源

要发动在社区附近的大专院校、中小学、党校、专业培训机构一起来关心和支持老年教育事业。有条件的,可以充分利用那里的资源,兴办各种老年学校或培训班,以弥补老年教育资源匮乏和经验不足等困难;没条件办学的,也可以把校舍、师资等教育资源向老年教育适当开放,通过不断总结经验和改进不足,为普及、提高老年教育积极做出贡献。

(二) 充分吸纳和利用社会人才资源

社会上各种人才资源相当丰富,每个社区都拥有各式各样的人才资源,通过向社会招募志愿者,充分吸纳和利用社会人才资源,扩充和储备老年教育工作者队伍,尤其要从众多离退休教师、干部、有某些专长的特殊人才中选择吸收。社区党组织要充分发挥自己的组织功能、动员功能和影响力,在整合人才资源过程中发挥不可或缺的作用。

(三) 动员一切社会力量

既然老年教育事业关系全面建设小康社会全局,对创建学习型社会起着基础性作用,就应当动员党政机关、社会团体、企事业单位积极支持和参与,发挥它们的各自优势,有钱出钱,有力出力,形成齐抓共管机制,从而使老年教育事业在又好又快发展中不断壮大、不断提高。要做到这些,地方党委和政府要发挥主导作用,通过立法、制定政策及制定具体的实施细则等,进一步明确相关单位的责任和分工,确保社区老年教育事业方兴未艾,健康发展。

五、各界应该怎么做

(一) 深化老年教育的改革与创新。要更新教育理念、深化改革和创新,促进老年教育普及化、群众化和趣味化。

(二) 强化舆论宣传,不断加大投入。

(三) 结合社区工作,普及老年教育。

(四) 坚持因地制宜,做到因需施教。

（五）充分利用现代技术手段开设远程教育。使教育的覆盖面广，减少时间和空间的局限；保证师资力量和教学质量；教学形象化，便于学员理解和掌握。

参考：上海市宝山区老年教育论文三等奖《关于社区老年教育的若干思考》

本案例由刘霄临、潘方悦搜集、整理、撰写

第三节　社区剧场

一级案例

社区剧场

——以上海"十二邻社区发展中心"为例

在上海，提及"十二邻"社区剧场，许多社区的老年人都很熟悉。大学毕业后，王俊晓到上海打工，辗转于繁华的大城市，王俊晓发现，楼房高了，大家住在一个楼，彼此间缺乏沟通，甚至连名字都叫不上来。这让王俊晓颇感不适，他认为自己应该做些什么。受到美国社区剧场的启发，2006 年，王俊晓创办了民众剧场志愿者服务小组——"星期六剧场"，2009 年更名为"十二邻社区发展中心"。

大家都知道剧场是干什么的，但社区剧场有什么不一样吗？

一、背景

"十二邻社区发展中心"（以下简称"十二邻"）致力于通过社区剧场来服务于社区的弱势群体，主要包括独居老人、外来务工者、残障人士。通过开展社区剧场技能培训给教育工作者、社会工作者以支持；通过社区剧场的媒介推动社区居民进行社区参与、社区治理；致力于培养中国第一代社区剧场人才并筹建社区剧场学院。

二、简述

（一）发展历史

在老一代人的印象中，一幢楼6层，一个单元上下住12户人家，大家关系融洽，人们在楼道里碰到了总会聊上几句。王俊晓灵机一动，将"星期六剧场"改名为"十二邻社区发展中心"，最初从上海市宝山路社区开始为独居老人服务，将服务社区内的独居老人故事做素材进行戏剧创作。之后，参与了上海市民政局举办的"上海社区公益创投大赛""联想青年公益创业计划活动"，将"新社戏暖空巢"项目进行了报送参赛并获奖。两次大赛使得"十二邻"能够生存下去。

（二）运营模式

通过街道采购，"十二邻"开发了独居老人、失业青年剧场项目。之后又开发了一系列新项目，受众面更加广泛，同时拓展合作伙伴，扩大了项目的覆盖范围。

（三）运营特点

为了可持续发展，"十二邻"编写了《十二邻社区剧场发展手册》，快速复制和大面积推广。2010年下半年开始，王俊晓策划和尝试了许多新项目，包括"十二邻生命故事社区剧场""十二邻参与式社区剧场初阶训练工作坊""企业剧场工作坊"，以及利用十二邻品牌效应而代理的其他心理剧课程等。项目的目的都是期望通过社区剧场的方式解决人们的心理层面问题，该团队十分注重社会性。

三、术语解析

社区剧场。社区剧场相对于商业剧场、主流剧场与专业剧场，秉持非营利剧场、民众剧场、业余剧场之精神，致力于关注艺术以外之人文价值，提倡个人潜能发挥、社群参与和社区共同体意识。社区剧场是一种新的社区教育方法，一种认识自己、认识世界的方法。通过参与剧场，解放身体、学习自信表达、集体创作属于社区的故事。

四、实践守则

在"社区动员"时应该注意以下一些方面[①]：

（一）及时与居民沟通，保持全程互动

告知跟居民有关的大型社区活动，在方案设计之初，社工便需告知居民将要举办这些活动，从而征求他们对活动举办的建议。一些政府部门举办的与本社区有关的政策听证会或政策建议收集活动，社工在了解清楚情况下也可协助告知居民这些可能影响他们的相关政策与方案。在社区活动中有一种形式是能够保证参与率的，那就是由社工事先策划好活动方案，可以包括长者、儿童、青少年等社区活动。在活动时间、地点和内容安排好后，进行楼道宣传和领袖传播。

（二）被动参与的转化运用

被动参与，亦是一种参与保障，先有参与度再有意识培养。表达对于服务的完善、活动场地维护，一些热心居民会经常向社工表达意见。但是，对于一些政策的制定和修订，例如让政府部门放宽居家养老服务的条件、增加活动室的面积、增加小区健身器材，居民只是向社工表达他们的意见，而没有把意见直接反馈给政府部门。可以建议居民将这些意见结合相关政策的明文规定，形成成文意见，获取大多数人的同意之后，呈现给相关部门。

（三）讨论方案过程要充分

在大型社区活动的方案设计之初，社工可以邀请居民以"策划大使"的身份参与，让社区居民充分表达他们的意见与观点，分享他们的资讯和知识，社工也会充分听取居民的建议来进行活动设计，从而让活动举办得更加成功。社工也会提供平台（如居民议事厅），让居民对社区的问题和需求进行讨论，并鼓励他们按照自己的想法去影响政策，即"为社区成员或相关社区组织赋权，使之成为主体，通过社区事务的关心、行动的策划和资源的集结提升社区福祉"。无论方案最终吸收了多少意见，都需要呈现出居民参与的努力和态度。

[①] 百度百科 https://baike.baidu.com/item/％E7％A4％BE％E5％8C％BA％E5％8F％82％E4％B8％8E/10674851？fr＝aladdin

（四）决策过程与结果要透明

实际上,社区居民还是经常不能对影响他们的社区事务进行决策。一些超出社会组织能力范围（例如要更宽敞的活动场地）的愿望并未能够马上实现,这就导致社区居民时常对社区公共事务存在一种无力感,就像某社区的群租房情况,房东没有社区环境和安全的责任意识,社区也没有执法权,居民只能忍受吵闹、破坏和流动。更多居民对社区公共事务是漠不关心的。社工要对居民赋权,让受政策影响的服务对象和关注社区事务的热心居民能够自我组织,对政策法律进行发声,从而全面提高社区自主管理的水平,从事关自己的小事开始自我决策。

（五）动员中要有倡议与自我管理

目前社区所关注的社区公共安全、社区环境健康、社区文化营造等公共议题,以社工发动、居民参与为主,居民自我管理、独立发起行动比较少。由于居民倡议和自我管理不足,相关公民行动的力度也比较弱,例如活动都是从某楼道某单元楼先试点做起的,而往往试点之后就很难再铺开。社工要对居民组织进行持续培育,让组织能够持续运作和持续投入,将活动目标持续推进,而不是达到阶段性目标后,居民小组便失去了发展的动力,或者不能让居民组织产生自我运作、自我管理的能力。社工只是协助者,居民才是主导者。

本案例由刘瀚斌、潘方悦搜集、整理、撰写

第四节　社区共同体营造

一级案例

社区共同体营造[1]

台湾联合大学王本壮教授[2]应桃园地方政府的邀请,参加了桃园市中圣里、中

---

[1] 本案例主要参考引用杨志杰、钟凌艳:《台湾社区治理中的"社区共同体"意识培育经验及借鉴——成都老旧居住区的社区治理反思》,《现代城市研究》,2017 年 9 期。郑杭生、黄家亮:《论中国社区治理的双重困境与创新之维——基于北京市社区管理体制改革实践的分析》,《东岳论丛》,2012 年 1 期。转引自陈友华、佴莉:《社区共同体困境与社区精神重塑》,《吉林大学学报》,2016 年 4 期。

[2] 本案例参考罗家德、梁肖月:《社区营造的理论、流程与案例》,社会科学文献出版社,2017 年 12 月出版。

泰里的社区绿化项目,并拟定了一个三年期计划。第一年叫做社区启动,主要做培训;第二年叫做社区推动,开始召集大家做规划;第三年叫社区行动,才真正开始行动。

最终行动结果其实非常简单,甚至在很多人看来,这不过是花费十几天就可以完成的工作,却为此花费了三年的时间,或许有人会问:值得吗?这就需要我们思考,在社区规划的过程中,让居民参与,通过协商方式确定要做的事情,之后才开始行动,整个过程真正核心的价值在哪里?

其实核心价值是社区居民行为方式的转变。社区共同体营造就是营造新的人,是改变人的一个方式,营造出愿意参与公共事务、具有真正公德心的新人,所以社区营造的核心是营造人。

中圣里、中泰里居民因为有了环保意识,才开始厨余堆肥;因为有了环保意识,才开始雨水储留。因为观念改变了,自组织的意识促成更多行动的发生、发展。有第一个行动,就会有第二个行动,有第二个行动,就会有更多行动。一起行动的过程,也是一起形成共同体的过程。

一、背景

社会快速转型给城市社会带来了两方面后果:

一是单位体制衰微使社会成员从"单位人"向"社会人"转变,导致社区需要承担大量原来由单位所负责的社会管理和社会服务等任务,从而使社区作用突显;

二是城市改造和人口迁移,使大部分社会成员离开了长期居住的场所,导致了大量单位体制下或传统居住所形成的社区共同体被解构,社会成员所在的社区都在不同程度上变成了重新聚合起来的陌生人社会。

从客观上讲,上述两方面后果之间存在着强烈的内在矛盾:社区承担大量的社会管理和社会服务的职能,客观上要求社区内部拥有大量社会资本,从而使社区内部管理和互动成本最小化,但是,现实的社区却呈现出陌生人社会的特征,这就使社区履行职能的成本和社区内部风险的概率严重上升。因此,推进彼此信任和拥有共识的社区共同体快速形成,对于保证社会平稳转型和和谐发展,就具有十分重要的意义。

简言之,传统意义上的生活共同体受现代化发展元素的冲击逐渐开始消解,而随着城镇化的不断推进,新建商品住宅小区现已成为城市基层社会生活开展的重要场域。如何在新建商品住宅小区内重现传统意义上的"社区共同体",如何在城市内重构新型邻里关系,新建与当下经济发展水平、人民居住条件相适应的新型社区共同体成为完善社区治理的当务之急。

二、简述

(一) 社区共同体营造

社区营造是 1951 年开始联合国在全球范围内推广的一项地区发展运动,为了解决工业革命后出现的大量后工业社会典型问题,如环境污染严重、居住品质下降、人际关系解构等。发达国家和地区已经开始进行社区共同体的重组与营造,如英国的 19 世纪、日本的 20 世纪 50 年代、台湾地区的 20 世纪 80 年代。

21 世纪以来,我国也面临类似的问题,"街居制"开始取代"单位制",东部沿海地区作为人员流动目的地,城市社区多为陌生人社区,对社区基层治理带来新挑战,传统的行政管理已经不能适应新的发展要求和市民诉求。

(二) 社区共同体营造的现状

按照霍连明①的分类,在 21 世纪前十年,我国社区共同体营造基本上可以分为以下三种类型:

1. 沈阳模式。即自然划分、社区自治、资源共享的自治模式,其特点是社区组织机构按照类似于国家政权机构的设置,构建了社区决策层(社区成员代表大会)、执行层(社区委员会)、议事监督层(社区协商议事委员会),形成"议行分离、相互制约"的运行机制。

从组织结构形式来看,沈阳社区管理模式属于自治型。这一模式在全国产生了很大的影响,除了省内城市外,全国很多省会城市,如海口、哈尔滨、西安、合肥都学习借鉴沈阳经验,进行社区管理改革。

2. 上海模式。即"两级政府,三级管理"的社区管理模式,其特点是强化街道办事处的权力、地位和作用,并将社区定位于街道,形成"街道社区",注重政府在社区发展中的主导作用,强调依靠行政力量,通过街居联动发展社区的各项事业。通过政府大力推动,近几年上海的社区建设成效明显,社区服务、社区环境、

---

① 霍连明:《多元管理:我国社区管理模式的必然选择》,河南师范大学学报,2010 年第 2 期。

社区文化等方面也取得了很快的发展,涌现出一批文明社区和文明小区。

3. 江汉模式。其特点是以社区为依托,形成政府调控与社区自治相结合的管理模式。可以说江汉模式是在沈阳模式基础上的新发展,通过主动转变政府职能,在体制创新中体现"小政府、大社会"的理念,不仅重建社区组织体系及运行机制,而且转变了政府部门对社区事务的行政管理机制,建立社区自治管理系统与政府行政管理系统的共生机制,形成政府对社区自觉依法行政、社区组织自主管理相结合的治理模式。

随着知识体系的进步和社会组织的不断发展,当下中国的社区共同体营造更多引入社会组织的力量,在这方面成都领全国风气之先。

(三) 社区共同体营造的要求

建设富有人情味的现代熟人社区,推动制度化的社区居民参与、建构"事缘型"的社区支持网络、发掘"在地化"的社区志愿服务、探索网络时代的社区自组织新形式,不仅建设社区利益共同体,更要打造社区"精神共同体",打造宜居家园。

(四) 社区共同体参与的对象

政府部门、街道、社区居民、居委会、社区业委会、社会组织、社会资本、物业公司、科教文卫资源机构、高校研究所等。

(五) 社区共同体营造的目的

改善邻里关系,增强邻里间的关联度与和谐度;扩展邻里交往空间,给予社区邻里之间一个独立的交往空间;为职能部门减负,让问题在邻里之间解决,减少社区负担。

(六) 社区共同体营造的意义

激发社区活力,激发自治精神,导入社区资源,增强社区吸引力,增强公民素质,营造社区和谐融洽的氛围。

(七) 社区共同体困境的成因

居住方式的改变、共同爱好的消逝、宗教仪式的衰微、公共利益责任主体的转移、人员流动性频繁和政府提供服务的增加。

三、术语解析

（一）社区共同体。德国社会学家滕尼斯在 1887 年出版的《共同体与社会》一书中将共同体的规模和范围指定为家庭生活、乡村生活和以宗教为特色等类型,该书首次提出了"共同体"即"社区"的概念。"社区共同体"的概念应整合"社区"和"共同体"两词的基本内涵,既强调"社区"一词界定的范围,在中国特指街道或居委会所管辖的一个居住区范围;又强调"共同体"一词中的群体认同感与归属感,这部分群体基于共同的目的或利益,相互联系并产生责任,最终达到群体的整体利益最大化。[①]

（二）社区营造。社区营造是指居住在同一地理范围内的居民,持续以集体的行动来处理其共同面对的社区生活议题,解决问题同时也创造共同的生活福祉,逐渐地,居民彼此之间以及居民与社区环境之间建立起紧密的社会联系,此过程即称为"社区营造"。

四、实践守则

（一）开展调研,了解社区的基础情况。在了解的基础之上,根据地方特色制定社区共同体营造计划。

（二）在前一期调研的基础上,推出社区项目,挖掘社区文化,促进共同体意识,并可引进相对应的专业社会组织提供专业支持。

（三）通过辖区单位与企业积极开展公益项目,让社区能人走出家门,进行诸如科教文卫体等方面的活动,从活动中凝聚人心。

（四）在社区活动的基础上,促进社区"精神共同体"的打造,最终从生活与精神两方面打造合格的社区共同体。

五、各界应该怎么做

（一）政府

1. 将"社区自治"与"行政管理"区分开来,明确行政事务和自治事务的差别

---

① 杨志杰、钟凌艳:《台湾社区治理中的"社区共同体"意识培育经验及借鉴——成都老旧居住区的社区治理反思》,《现代城市研究》,2017 年 9 期。

和界限。削弱居委会的行政职能,专注于居委会的自治职能。

2. 发掘社区领袖、社区达人,发挥基层自治力量,尊重历史,不强行解决其中的利益纠纷。

3. 尊重社区现状,在不同社区和小区中因地制宜,给社区精神一定的自由培育空间。

4. 发掘居民需求,结合地方特色,树立共同信念,促进社区和谐。

(二) 社会组织

因地制宜的寻找地方特色、人文特色,挖掘群众需求,以特色活动打造社区共同体。

除运营公共空间,提供公共服务,开展社区活动,营造有序、和谐的氛围,以社区营造的方式,促进居民互帮互助,帮助形成彼此理解的熟人社区。

(三) 社区单位

包括社区内的行政单位、企事业单位。在社区共同体营造的过程中,社区需要发挥出辖区单位的积极性,整合起政府和社会的各种可利用资源,发挥单位专家的专长,融入社区,开放单位参观,做志愿活动,为民服务。

(四) 居民

提倡居民自治,帮助居民联系场地规划活动,形成居民的兴趣团体积极参与到社区治理活动当中,自发担负起社区自治的责任。

(五) 物业公司

物业公司应配合居委会与业委会开展工作,营造良好的硬件环境和良好的社区环境。

本案例由邓阳、李思嘉搜集、整理、撰写

延伸案例导读 1

乡村共同体营造——以台湾桃米村为例①

一、背景

桃米社区原名"桃米里",位于台中市南投县埔里镇,人口数量约 1200 人,拥有森林湿地和物种多样的动植物等自然资源,距日月潭仅 20 分钟车程,距离暨南大学只有 1 公里。地震之前,工业化与城镇化使得桃米大量劳动力外流,加之镇上垃圾掩埋场就建立在村里,被村民自嘲为"垃圾里",此时的桃米里是埔里镇最贫穷的村落。1999 年九二一地震中桃米里 369 户人家中,有 168 户倒塌,60户半倒,是当时受灾最严重的村落之一。震后短短几个月,桃米即完成灾后重建,并打造成以绿色民宿为切入点,以知识经济为基础的乡村体验式旅游产业。

二、简述

桃米社区受灾后,由社会组织"新故乡文教基金会"推动,以社区居民为主体,辅之以专业人员与政府出资进行重建与社区营造。

NGO 组织专家与经培训的居民一起共同探讨社区发展的目标。通过对居民培训教育,形成新的社区文化,让居民亲自参与到社区营造的具体行动中,形成以有桃米特色的"生态资源"为中心的地方特色产业,生产与生活协同进行,经济与社区文化迅速发展。最终让群众收入得到提高,生活环境空间得到改善和美化,人与人的关系更加密切,社区凝聚力增强,因地制宜形成自己独特的"青蛙文化产业",整体脱贫致富,成为一个社区营造的典型案例。

三、术语解析

台湾健康社区六星计划,1994 年由台湾地区行政院提出"台湾健康社区六

---

① 本案例参考引用梁艳、沈一:《台湾农村灾后重建中的社区营造及对大陆的启示——以台中埔里镇桃米社区为例》,《国际城市规划》,2015 年 5 期。田云、邹越:《以桃米社区为例探析台湾社区营造的经验》,《艺术与设计(理论)》,2016 年 5 期。

星计划",透过"产业发展、社福医疗、社区治安、人文教育、环境景观、环保生态"这六个面向的全面提升,以期打造一个安居乐业的"健康社区"。与大陆强调"农民主体"一样,台湾社会强调"社区主义",认为培养社区自己的营造人才、让社区自己来营造是最关键的。

四、实践守则

乡村共同体营造面临比城市更多的困难,特别是在经济与精神两方面,营造者不能只注重形式上的美好,而忽略了以人为主体的乡村精神重建,让人走得出去也回得来才是更重要的。

(一)乡村共同体营造需要政府政策支持,当下我国推动的"特色小镇"便是政策支持的一种类型,但除了各地政府所指定的"特色小镇"之外,其他乡村便难以得到资金、政策方面的倾斜,共同体营造仍然漫长无期。

(二)尊重营造主体的愿望,尊重居民利益,在营造的过程中充分保障居民的发言权,为村民提供适当的培训,方便村民们提出自己的利益诉求,避免自说自话现象的发生。

(三)资金主体多元化,虽然基于我国国情,一般都由政府进行出资,但是只有将村民们纳入利益共同体,才能更好的开展工作,让村民们珍惜社区营造的成果,投资出成果之后给居民进行分红,促进社区良心发展循环。尽可能的避免政府一言堂事情的发生,应多引入民间资本。

五、各界应该怎么做

由于台湾的情况与大陆不同,对大陆而言,台湾案例前瞻性与参考性较强,复制性较弱。

(一)政府

对于乡村而言,居民收入较低,因此建立健全完善的社会保障机制是必不可少的,也能让村民们无后顾之忧的投身于社区营造之中,而且在乡村进行保障相较于城市而言成本较低。正如桃米社区在由农业社区转换为生态旅游社区的过程中,便通过灾后重建这一机会完善了各项社区保障制度。社区建设初期由政府提供资金进行灾后重建和基础设施的建设,中期政府提供资金用于项目的培养,才有现在不仅能够自给自足,而且吸引了大批游客,并产生了一定的经济效益的现状。在开发时不应进行掠夺式的开发,而是应以环保为先,树立绿水青山就是金山银山的概念。

(二) 社会组织

社会组织应发挥其独立性,从村民的痛点入手。一方面协调政府与居民的关系,做政府与居民间的桥梁和纽带,利用自己的学识因地制宜的为乡村发展指明道路;另一方面则投入大量的人力物力时间成本,带领居民从零开始,建造出一个崭新社区;第三方面是时刻聆听居民的声音,做好居民协调工作,通过对群众的引导和共同事务的参与来激发社区中的互动与联系,产生社区凝聚力,积极引导居民的意识与思想。

(三) 居民

居民应该积极配合乡村共同体营造。通过社区改造,居民可以完善社区空间,并合理的增加公共空间的利用率。此外,发展该地区的特色经济可以引领村民致富,让居民的价值可以得到体现,这样更有利于形成社区的自我管理与更新的体系,从而成为一个可持续发展的社区,即便社会组织不再参与,也可以自如的进行运作。

(四) 高校

乡村社区一般起点较低,留在村里的人文化水平较低,技能单一,社区居民缺乏相关知识,内部人力资源的不足并对特色产业认识的不足。高校应发挥自己的知识优势在乡村开展社区培训,并指导社会组织与村民一起建设乡村经济。

延伸案例导读 2

苏州工业园区湖东社区共同体营造

一、背景

苏州湖东社区作为一个新型移民区,辖区人口 77831 人,其中新苏州人约占

67%,"洋苏州"约占 8%,在人口构成上,园区 80% 左右的居民都是外来移民,而在中新合作区的新商品房小区中,居民之间则百分之百都是新邻居。园区作为一个典型的移民新城区,在这里寻找社区生活的归属感和认同感,不再是个人或家庭的个体困扰,而是所有新移民都面临的公共议题。对于他们而言,在一个新的地方工作和生活,不仅意味着要寻找到满足自己需求的多样服务,更在于重新构建自己的社会关系网。

不管是"新苏州人"还是"洋苏州人",他们在来到园区之后都远离了原来的社会关系网,因此在生活方式上、社会支持上乃至感情归属上都会感觉到生疏而不太适应。他们需要寻找到新的交流对象、参与渠道和表达机会,以此建立自己新的社会关系网,社区认同因此也成为园区居民的公共议题。本案例以湖东社区第五元素小区为例,介绍湖东社区共同体营造的做法。[①]

二、简述

(一) 起因

2009 年,湖东第五元素小区第一次掀起了"新邻里"热潮。当时,新一批新苏州人在湖东落户,因为很多家庭都处于买房、装修、购置家具阶段,加上小区里大多是年轻人,一股"网络邻里风"在第五元素迅速蔓延开来。等到后来住进小区,大家的关系已经很熟络了。

第五元素小区这种"新邻里"关系给湖东社工委带来了启发,于是,湖东社工委以该小区为试点开始了"新邻里主义"的尝试,试图让更多人跨出走向"新邻里"的第一步。居民入住之后,湖东社工委开始向辖区内居民发放"串门卡",鼓励居民主动敲门去认识"相逢不相识"的左邻右舍们。"串门卡"的发放与使用,不但为居民间的彼此熟识架起了第一道桥梁,更为湖东"新邻里"大格局敲开了第一扇门。

(二) 特色活动

通过前期的"串门卡"和良好的党群互动,社区党工委根据社区入住业主的

---

① 本文参考并引用舒晓虎、陈伟东、罗朋飞:《"新邻里主义"与新城市社区认同机制——对苏州工业园区构建和谐邻里关系的调查研究》,《社会主义研究》,2013 年 4 期。王春:《城市新建社区共同体营造的路径分析》,浙江工商大学学报,2016 年 1 期。

情况鼓励、支持并适当组织了各具特色,满足居民社交需要的各类组织,分为以下四种:

1. 年轻居民的兴趣类组织。社区青年人的邻里交往大多起源于居民论坛、QQ群等网络平台,通过线上的交流以及线下的活动,志趣相投的青年人聚集在一起组织了若干社团组织,如"V5摄影小组""新邻里影院"等兴趣群,另外"爱宝部落"则是怀孕的准妈妈们以及有了宝宝的妈妈们分享和交流育儿经验的自组织社团。

2. 白领女士的社团组织。在园区,受过良好教育和经济地位较独立的白领女士多,他们充分利用自己所掌握的信息和资源解决大家面临的公共问题,成立了以年轻女性为主体的社区社会组织。如"红枫叶之家""妈咪会""靓妈舞蹈队""党员妈妈关爱队"等,这些组织针对女性群体的需要,通过举办育婴、护肤、美容等讲座,开展舞蹈、健身等娱乐活动,组织家庭生活知识的座谈会等,形成了女性群体的互助网络。

3. 老年人的文体娱乐组织。园区社区里的老年人多是随子女迁入园区养老,他们还承担着部分照看家事和孩子的家务工作。园区良好的社会福利和社区环境使他们的生活和健康得到了保障,但是替代不了社区参与和群体交流带来的情感满足和归属认同。在园区的社团培育计划中,老年人群体组织也是重要组成部分。第五元素社区的开心民乐队,不仅是老年人自娱自乐的组织,还能为居民们带来欢乐和笑声。让老人们忘记乡愁,将园区作为第二个故乡。

4. 外籍人士的社会融入组织。现代化的园区有来自世界各地的外籍人士,他们占园区人口总数的10%左右,这些"洋苏州"有着多元文化、交往和生活需求。在园区,除了设立正式的社区涉外服务站外(外籍居民能在服务站办理临时住宿登记,了解办理出入境证件的相关手续内容,并可在此向政府职能部门求助或获取相关方面保障等),还组建非正式的联谊性、志愿性社团吸纳外籍人士参与,如湖东社工委开设的"说法堂"。

(三) 现状

湖东社区借助民情联系人、民情联系日等形式,让更多的居民走出自己的小天地,关注社区生活,参与社区自治。而在社企联动方面,湖东社区启动了"社企直通车"项目,不仅把爱心商户引进社区,而且利用社区资源为企业员工做实事。

三、术语解析

新邻里主义,通过社区牵线或者居民之间牵线组织活动,进而打破商品房小区常见的陌生邻里关系,消除人与人之间年龄、地域、习惯的隔阂,在小区中重构往日的邻里关系,以此为目的的社区营造主张被称为新邻里主义。

四、实践守则

(一)作为社区营造的组织者,要相信即使在商品房小区中,以互惠和信任为本质的邻里关系在现代都市社区仍然存在,特别是对于小孩、青少年、妇女和老人而言,邻里交往是不可或缺的。

(二)尽可能通过新时代的新方法、新手段支持配合社区的打造,运用合适的交往技巧,培训专业的社区工作者并积极引导居民自主参与社区事务,让他们走出家门。

(三)提供足够的场地让居民们进行活动,在活动中发现积极分子与社区能人。

(四)包容不同交往形式,从不同居民群体兴趣点出发,引入专业社会组织,培育多样性社区组织,实现了居民的参与融入。

(五)在交往群体上,通过科教文卫等办法,吸引儿童,进而吸引中年人参与其中。

五、各界应该怎么做

(一)政府

1. 鼓励支持小区尽快成立业委会,并独立设置居委会,做到对社区居民的全员、无缝隙管理,有针对性的开展邻里活动。

2. 尽量减少"居委会行政化"的现象,让居委会主要承担组织邻里问题活动、协调矛盾、反映邻里诉求等职责,有更多的时间与精力去融通邻里关系。

(二)居委会

居委会应当发挥其居民自治组织的职责,将改善邻里关系,消除人与人之间的矛盾,营造和谐社区环境作为所有工作的基准点,将满足居民需求和推动社区营造作为抓手,推动邻里交往。

其次,居委会应该将有相同需求或问题的居民集中在一起开展服务工作,有利于提高效率,增进社区邻里之间的了解,而不是担心聚众闹事。

(三) 社区工作者

社区工作者必须打破传统工作思维,根据新建社区特点,不断创新符合居民需求的服务及活动形式。针对青年人群较多的现实,可充分利用网络、微信等自媒体形式加强对该群体的资源整合,激发青年居民对社区活动的参与热情,更要提升自身服务理念,必须能够"走出来,沉下去",深入居民群体之中,急其所想,行其所愿。

延伸案例导读 3

上海市嘉定区信义嘉庭小区"前置式社区营造"①

一、背景

2004 年始,台湾信义企业集团连续十年投入 4400 万元用于支持"社区一家公益赞助计划",让台湾地区超过 1271 个社区实现了社区自治。2012 年,信义集团将社区营造经验带到上海,结合新建小区,发掘探索新的社区营造路径。

二、简述

(一) 项目目的

营造一个互相帮助、邻里守望的熟人社区,让社区居民愿意走出家门,

---

① 本案例感谢李君烽、范杰臣提供的资料,并部分参考引用范杰臣《新建商品房社区营造的前置操作探索——以嘉定区信义嘉庭小区为例》,《城乡规划》2017 年 4 期。

走进社区,把属于居民的自治权力与空间掌握起来,使居民成为社区真正的主人。

(二) 项目过程

在居民未入住前即进行社区营造,凝聚社区共识,提高居民从购屋到入住的品质;在居民入住后,顺利开展社区建设工作,实现由开发商、居委会、居民、物业公司多方共同努力打造的气氛和谐的熟人社区的目标。

(三) 项目现状

居民形成彼此互帮互助、物业管理民主有序、居委会管理顺利推进的态势。居民自行开展社区内各类兴趣社团、互助团体,将社区的公益之心扩大到整个社会层面,最终达到由政府与居委会指导、开发商牵头、居民积极参与、物业公司配合的整体目标。

三、项目特点

(一)进行规划设计时,融入在台湾地区操作了十年的"信义社区一家"理念,为促进居民入住后的交流互动,在高层建筑中每隔四到六层楼便打造一个邻里交流平台,这个平台消弭了因为垂直居住状态带来的邻里隔阂,让上下几层楼的居民可以与周边的邻居进行交流。

(二)小区绿化带规划了可以让居民开展中、大型社区活动的场地。在每幢楼一楼的公共空间,针对居民未来的需求,也预先划分了九大主题、十个架空层的空间,从居民需求的角度回应空间规划与设计。

(三)建设专业社区营造社工队伍,以专业度赢得居民信任,推动小区内后续各项社区营造实践与社区工作的展开。为更好地推进社区营造,引进各方经验,小区设立了"信义社区营造体验中心",为社区营造提供一个交流空间。专门成立了社会组织,专职专业推进此项工作。

(四)以物业为主导,举办各种主题活动,发掘居民的兴趣爱好,找出潜在的社区能人,为业主举办生日会活动与邻居见面会活动,帮助邻居认识彼此,建立群众基础。

(五)在小区未竣工前便打造线上交流 APP,提升居民对社区的归属感,让居民有一个表达意见的渠道,沟通彼此所需的平台,并开放工地,保障业主的知情权,提升了彼此间的信任度。

本案例由邓阳、李思嘉搜集、整理、撰写

延伸案例导读 4

打造熟人社区

——以广州市南珠社区海鹰路小区为例①

以前,社区居民守望相助,孩子放学家里没人管可以到邻居家去;出去旅游还可以把钥匙交给邻居,帮助打理家里的花花草草。而今天,很多社区变成了陌生人社区,近如对门,也老死不相往来。那么,怎样才能让居民之间从陌生到熟悉,由"相认、相知"到"相助、相融",形成熟人社会呢?

一、项目背景

广州市南珠社区海鹰路小区成立于上世纪八九十年代,由三栋楼宇单位组成,包括海鹰路 103—107 号的回迁户安置房以及单位宿舍等。由于在此居住的大多为长者和贫困户,只是聘请物业开展对小区的简约管理,不能满足社区居民不断产生的需要;由于居民社区意识淡漠,参与事务的动力不足;社区缺乏有效的社区事务渠道和运行机制,且参与自治的居民议事决策能力不足,导致社区事务居民的参与度不高,社区事务议而不决,社区出现的社区问题不能有效解决,容易产生居民矛盾,且将责任归咎于政府和居委会,对社区的稳定造成不利影响。

二、项目简述

根据调研小区整理如下治理内容,主要内容包括:

1. 营造:营造社区意识,提升参与动机,针对社区所面临的公共问题,通过

---

① 百度百科,https://baike. baidu. com/item/%E6%85%88%E5%96%84%E8%B6%85%E5%B8%82/4728793? fr = aladdin

召开楼长会议、居民座谈会,建立居民常态议事机制,增强社区成员对社区事务的关心和介入,帮助他们找到最关键的问题,培养社区成员的自助能力。

2. 推进:推进社区自治共管模式,成立由居委会、社区民警、社区单位、物业公司、热心群众组成的社区意识协商委员会,发动热心居民,建立健全社区楼组长队伍,建立多元参与的有效体制、机制。

3. 打造熟人社区,改善社区关系:建立居民生活共同体,逐步培育自治氛围。着力引导居民构建一批熟人社区,重建居民的社区感,改善社区邻里关系。

三、项目现状

积极开展社区睦邻节、楼宇纳凉会等活动,组建了多只院落兴趣组织。开展邻里互助活动,居民茶话会及座谈会等。组建了社区调解委员会。由南珠社区、凤阳街家庭综合服务中心联合社区内教育机构(培杰教育城)共同发起建设社区公益图书馆,盘活社区资源,构筑居民公共文化活动空间,营造共享阅读的社区文化氛围。

建立"社区民主议事协商制度",成员由社区党组织、居委会、工作站、业委会、物业企业、驻社区单位、社会组织、社区民警、社区居民等方面的代表组成,通过积极引导社区各方力量按照规范的程序对社区事务进行科学评判、民主决策,逐步形成民主提事、民主议事和民主决事的良好氛围。

四、经验借鉴

(一)设立社区矛盾调处平台

构建"调委会+社工+法律志愿者"矛盾调处新模式,调动专业力量参与社区矛盾调处,充分发挥社区"家事调解员"在社区矛盾调处中的重要作用,完善相应体制机制,提升社区调解效果。

通过社区多元治理主体职能定位的厘清,使社区治理主体的职能发挥与力量整合实现最优化。理顺了社区各类组织的关系,使其各归其位、各尽其责、相互补充,共同推进社区的良性发展;培育和引入社会组织等社会力量提供专业化社区服务,提升了社区治理的效能。另外,通过搭建多元平台,引导各方力量共同参与社区事务,较好地整合了社会资源,进一步激发了社区共治的活力。

（二）治理过程：“一个主题，两个目标，三个多元”

即围绕“多元共治”的主题，以“建立现代社区治理体系”和“构建社区良性社会生态”为目标，形成以“多元主体、多元平台、多元服务”为基本架构的多元共治社区治理体系。其中，多元主体包含社区“两代表一委员”、社区居委会、业委会、驻区单位、社会组织、社区居民等“六类主体”，意在整合社区各种积极力量共同参与社区建设；多元平台包含议事决策、服务执行、评议监督、矛盾调处、信息网络等“五个平台”，意在使社区各类事务都有处置的平台和渠道；多元服务包含社区基本公共服务、社区公益服务和社区便民服务等“三项服务”，意在让社区居民享受到丰富便捷的公共服务。

（三）三阶段组织法

首先，建立熟人共同体，将陌生人变为熟人。通过在楼栋、院落建立居民小组和各类兴趣组织，开展“社区邻里节”等活动，增加交往频率，拓展交往渠道，形成熟人社区的氛围。

其次，建立情感共同体，由熟人变为家人。社区各类组织之间、居民小组与居民群众之间，通过互助协作培育社区温情，通过参与公共议题找到利益共同点，增进社区信任，营造温馨社区大家庭。

再次，建立自治共同体，由家人变为主人。通过多种参与渠道引导居民关心和参与社区公共事务，建立具有约束力和激励功能的居民公约，逐步提升社区责任感，最终以主人翁的心态，形成强烈的社区认同和归属感。

本案例由刘瀚斌、潘方悦搜集、整理、撰写

第五章　居民自治

第一节　楼组自治

一级案例

楼组自治
——以上海市新福康里福泰楼楼组自治金为例①

福泰楼是 2001 年进户的商品房,年头久了,多少有些陈旧。2014 年,不少居民想对楼道粉刷一下。在获得了三分之二业主同意后,大家决定启用维修资金。但花多少钱能做成呢? 楼组长等楼组核心成员主动作为,四处打听施工队。刚开始,他们找的施工公司开价 10 万元,后来谈到 8 万元,最后他们说动了楼内一户开公司的居民承接维修项目。这户居民也是热心人,友情赞助,只收了 4 万多元维修费。

在福泰楼,这样的事发生了不少次,这些事的解决都是因为有了"新福康里福泰楼楼组自治金",那么,这个自治金是如何建立运作的呢?

一、背景

新福康里福泰楼的自治工作开展已有数年之久,福泰楼能孕育出楼组居民自治金是有基础的。这幢楼在楼组长等楼组核心成员的带领下做过几件"大事"。比如楼道粉刷的需求使得楼组核心成员主动作为,楼道内环境得到了很大改善,居民的感受度一下就提升了不少。而公共大厅的穹顶大修,更是让居民对楼组核心人员留下深刻印象。

---

① 星级楼组我来评——新福康里篇,搜狐网,http://www.sohu.com/a/190670143_804162

二、简述

发掘居民达人,带动居民共治,形成楼组自治。福泰楼一进门的大厅有个挑高六七米的穹顶,阳光可以照射进来。不过,这个气派穹顶也制造过"麻烦"。穹顶年久老化,去年出现了严重漏雨,一下雨大厅中央要放几个塑料桶接雨水,物业修了几次没有修好,最终束手无策。楼组长等楼组核心成员想居民之所想,筹划着如何修好穹顶。在房屋大修期间,楼组长发动核心成员内有位懂技术、有能力的居民,主动提出了施工方案,并找到有施工资质的施工队,完成了穹顶的翻新。在这个过程中,其他成员纷纷出力,帮施工队做了不少辅助工作。让不少居民印象深刻的是这样一个细节,穹顶本身是透明软玻璃做成,大家觉得在软玻璃上贴层彩色纸既美观又能遮挡部分阳光,核心成员们就买了彩色粘纸,自己动手贴粘纸。当时正是元旦,天冷得很,核心成员趴在大厅地砖上,一贴就是一个下午,且其中好几位成员都上了年纪。

不少居民对这些事情都看在眼里,被楼组长等楼组核心成员的工作热情所打动,对他们的工作能力更加信任。所以,当楼组长等楼组核心成员希望为楼组建设募集居民自治金时,居民自然有所反馈。这次在福泰楼募集楼组自治金时,始终贯彻自愿为主,不作任何要求。全楼81户,共有70户参与,共募集21400元。这与2005年楼组为大厅墙上设置一只电子挂钟募集楼组基金时仅有45户参与、共收880元,形成了鲜明的对比。

街道和居民区对福泰楼的自治工作一直很关心、支持。如何应用社区提供的平台,作为楼组治理的支点,去撬动居民自治的热情,是大家值得探讨的话题。

三、术语解析

楼组自治,是指以楼组为基层自治单元,按照居民自治的原则实行楼组内居民自治的方式。楼组相对于社区或小区来说,是更加微观的社会单元,是居民共同居住和生活的地方,是邻里之间彼此交往、沟通信息的场所,具有相对的稳定性、紧密性和共同性,楼组党小组具有一定的组织基础、情感基础和利益基础,"楼组"的特性与"组织"的特性有着许多相似之处,为加强社区党建提供了新的载体。楼组作为空间环境的有利要素,"楼组党建"创造性地将"楼组"与"党组"有机地结合在一起,创造了社区党建的新理念。

四、实践守则

（一）打造邻里互助的纽带

楼组自治让居民之间从陌生到熟悉，由"相认、相知"到"相助、相融"，在邻里互动互助中增进了彼此的了解和感情，增强了对整个楼组的认同感和归宿感。走访中发现，一些楼组邻里关系特别融洽，住户之间团结互助，一家有事，大家都热心地帮助。有的楼组自发组建了爱心志愿者服务队和邻里互助队伍，楼组长带头在楼道里巡逻，定期上门与独居老人聊天，为老人祝寿，及时提醒居民随手关好防盗门，随手捡起白色垃圾。有的楼组经常组织楼组内的住户一起座谈、聚餐，谁家娶亲嫁女，都像亲人一样忙前忙后，邻居搬走有欢送仪式，新邻居搬来也会接风洗尘，逢年过节，还会包了粽子、包了饺子到邻居家里慰问，就像一家人一样，相处融洽。有的楼组为了便于邻居相互联系，制作了楼组通讯录分发给大家，哪位邻居生病了，大家就会带着水果等去看望。楼组自治过程中还涌现出很多感人故事，如一些住户得知楼组中二楼住户腿脚不便，下楼路过他家门口，总是"顺手牵羊"地带走垃圾袋。这样一个举手之劳，使楼组洋溢着浓浓的邻里情。

（二）鼓励社区能人达人参与

楼组自治让身怀绝技的各类高手浮出水面，在居委会的帮助和鼓励下，他们纷纷走出家门，在楼组这个居民社会交往的第一延伸空间展示才艺。大家都为楼组自治出力，奉献书法、摄影、绘画、编织、十字绣等作品在楼组展示，使得楼组有一股浓浓的文化气息，就像一个文化走廊。有的楼组居民们集思广益，将公共空间和楼道布置起来，摆上桌椅，放上书架和绿化，变成了居民休闲娱乐、相互交流的"公共会客厅"。除此之外，楼组居民还为美化环境助力，举办绿化评比盆景展示、赠送邻居好家训书法作品、在新春佳节为邻居们挥毫赠送春联等。

（三）推动楼组居民自我管理

楼组自治让楼组成为居民自我管理的公共平台。有的楼组，居民们自发组建义务清洁队，擦拭楼梯扶手、打扫台阶，检查监督楼组有无楼道堆物和黑色广告。许多楼组依托现代化通讯手段,建立了微信群,加强联系、互通有无、信息共享,一经发现异常情况积极和物业公司、居委会联系,及时处理问题,为楼组居民排忧解难。有的楼组由于租户较多,人员混杂,卫生习惯比较差,楼组长便挨家挨户给邻居们"做工作",赢得了全楼大部分住户的支持,成立了"楼组清洁小队",每天轮流值班,清洁楼组、互相监督、卫生宣传一个不落,邻里间也比以前更亲近了。在一些自治楼组的示范带动下,其他楼组也纷纷上门"取经",使得小区内其他楼组也行动起来,形成了自己动手扮靓家园的浓郁氛围。

五、各界应该怎么做

(一) 政府应该怎么做

街道和居委会通过设置社区微公益楼组自治项目、开展具体项目,带动居民参与社区各类活动,从而挖掘出有责任心、热心肠的党员以及居民,成立楼栋党小组,初步实现党建引领,居民自治之路。再通过一年来设计更多、更细的楼组自治项目,进一步推动了楼组自治步伐,利用楼组自治平台带动居民积极参与到楼组管理中,做到楼内事情楼组居民自己解决,使居民们真正体验"社区当家人"的感觉。

(二) 社区单位应该怎么做

与优秀楼组进行结对,形成共建,通过畅通渠道、搭建平台、开展活动、提供服务等方式将已有的优质资源进行输出,楼组可以提供社区达人进行输出,形成双向互动。

(三) 居民应该怎么做

发掘有才能、有资源的居民积极参加楼组自治中,形成队伍提供服务。通过小手拉大手、家庭单位等形式参与社区活动中。

本案例由刘瀚斌、潘方悦搜集、整理、撰写

延伸案例导读

嘉定工业区庆阳社区 77 号楼组

——"同心园"楼组自治工作法①

(一) 项目背景

楼组相对社区来说,是因地缘空间关系而形成的更为微观的社会单元,正逐步成为建设和谐社区的基本单元和重要基石,是社会建设的"末梢神经"。然而,楼组建设面临着不少的现实困难和问题,现代住宅小区人员结构复杂,文化多元,邻里融合困难;公共资源不足,矛盾纠纷难解;楼组自治有限,作用有待提高等。

(二) 项目简述

上海市嘉定工业区在推进"同心园"楼组自治建设过程中,提出了"大楼组"建设概念,克服了社区面广量大的实际困难,从项目化试点到规范化建设,再到品牌化发展,以点带面,因地制宜,有条不紊地得以推进。

经过三年来的探索和实践,嘉定工业区"同心园"楼组自治建设有效提高了社区自治能力,为居民提供了更多的社区公共服务,同时促进了政府工作和群众工作有机融合,成为了"零距离服务群众工程"的一个强有力的载体。

(三) 项目现状

嘉定工业区庆阳社区 77 号楼组是一个自治比较充分的楼组,在这个楼组里楼组长号召力较强,楼道卫生、治安等环境较好,楼道里邻里关系较为融洽,楼组居民社区活动参与率较高,楼组居民与社区居委关系紧密。在社区中,类似"77号楼现象"既不是个别现象也不是普遍现象,嘉定工业区以"77 号楼现象"为起点,扎实推进社区楼组自治建设。

1. 侧重活动,搞活楼组。基于对目前楼组建设现状的分析,要推进楼组自治,首先要解决邻里融合问题,跨出"破冰"的第一步。因此,在试点过程中,各社区以开展楼组活动为载体,通过"邻里书香月""邻里大讨论""楼组运动会""我身

---

① 嘉定工业区"大楼组"概念激发居民参与自治活力。嘉定都市网,http://www.jiading.com.cn/article-16688-1.html

边的感悟""家庭厨艺大赛"等一系列活动,增进邻里间的互动和了解,凝聚起邻里情感,为推进"同心园"楼组自治建设营造良好的氛围。在试点过程中,社区通过各类活动和培训,指导楼组长及其楼组,如何发挥功能和作用,注重在思想意识上对"同心园"楼组自治建设形成共识,使之成为共同的目标。通过 2011 年近半年的实践,在没有任何具体工作要求下,各试点楼组却有了意想不到的效果。一是居民满意。通过政府的指导、扶持,楼组更具活力、更富人情味,"同心园"楼组自治建设得到普遍认同。二是居委乐意。"同心园"楼组自治建设有助于楼组功能的不断完善。像上下楼隔水、停车难、乱堆乱养等邻里矛盾,能够在楼组内部予以解决,减轻了社区居委的工作压力。三是政府愿意。"同心园"楼组自治建设有效地从源头上分散了社会管理压力,有助于维护地方稳定,政府自然愿意花更大精力、财力予以扶持。因此,进一步推进"同心园"楼组自治建设成为了现今工业区社区建设的一项重点工作。

2. 规范化推进有条不紊。在推进"同心园"楼组自治建设过程中,多次召开意见征询会,认真听取市、区相关部门以及社区、居民代表等各方面意见建议,相继研究制订了《嘉定工业区关于加强居民区楼组自治建设的实施意见》《嘉定工业区关于实施楼组自治块区服务责任制建设的实施意见》《嘉定工业区关于开展"同心园"楼组自治创新项目申报工作的实施方案》等指导性工作意见,对指导、扶持楼组自治建设起到了纲举目张的作用。同时,设置了专项工作经费,确保"同心园"楼组自治建设有序推进。目前,在各社区的积极推进下,现已建成楼组自治块区 172 个,楼组"一长五大员"998 人。

(四) 经验借鉴

1. 建设"五个工程"凝聚人力

"五个工程"即一支骨干队伍、一块公示牌、一个宣传阵地、一个自治服务站、一本民情服务册,是工业区"同心园"楼组自治标准化建设的五个方面。

2. 保障信息沟通

通过定期例会、联系走访、信息报告、学习培训、评比交流五个制度,做到认真听取居民的意见建议,共同商讨楼组事务,掌握楼组人员信息、思想动态、生活需求,排摸社情民意、人员流动、计划生育、矛盾纠纷、不稳定因素等及时向社区汇报,畅通信息渠道。

3. "五自创建"工作法

"五自创建"引导怎么走。"五自"即学习自主型、娱乐自发型、环境自治型、困难自助型、纠纷自解型,以"文明驿站""欢乐驿站""绿色驿站""温馨驿站""和谐驿站"为创建载体,围绕提升居民素质、丰富居民文化生活、维护小区绿化环境、开展公益慈善活动、调解邻里矛盾五个方面开展,通过特色创建带动楼组自治建设发展,楼组资源得到充分整合利用,医生、教师、律师、文体爱好者等有一技之长的居民走出家庭,积极参与特色楼组创建。同时,建立楼组自主创新项目扶持办法,帮助楼组自治块区形成自我服务特色,目前共有 11 个社区的 13 个楼组自治服务块区受助,受助总资金 96400 元。

4. "柔性化"加强骨干队伍培育

在楼组自治建设中始终离不开楼组骨干志愿者和团队的带头人,他们是参与者、引导者和组织者,是居民信赖和依靠的人。一是要挖掘培育,社区中有一定时间精力、知识能力,愿意为社区公共事务献计献策,能够获得社区群众的支持和信任的居民群众,鼓励他们加入楼组自治建设志愿者队伍;二是要激励表彰,通过树立典型,弘扬先进,营造全民参与社区、奉献社区的氛围;三是要学习培训,通过定期组织开展培训讲座、座谈交流、参观学习,不断提高骨干志愿者和团队领袖的能力,通过他们影响、团结、带领相当部分的居民,参与到楼组自治建设和社区事务当中来。

5. "草根化"推进特色楼组创建

一是要坚持楼组自治的理念,尊重居民意愿,避免形式化、行政化出现。二是要积极围绕"五自"创建目标,推进特色楼组创建,充分搭建楼组事务协商沟通的平台,居民展示才华的舞台,通过创建增进邻里感情,营造和谐楼组氛围。三是要加大项目扶持力度,激励富有成效的特色楼组,发挥辐射效应,带动影响周边楼组,以特色创建丰富楼组自治建设,以楼组自治建设促进和谐社区建设。

6. "大众化"完善社区参与机制

楼组自治是居民自治的拓展,具有促进和提升居民自治的功能,不能仅局限于部分居民、部分团队。一是要完善"一长五大员"人选推选制度,由"大楼组"内的全体居民(或户代表)自行推荐,提高楼组居民的民主意识和信服度。二是探索楼组与社区单位的共建机制,各社区可以在推进过程中,搭建交流平台,引导社区单位关心和支持楼组自治建设。三是提高居民"三率",即知晓率、参与率、满意率。关键是楼组通过畅通渠道、搭建平台、开展活动、提供服务等方式,让楼组居民看到、感受到"同心园"楼组自治建设的实效,才能得到更多居民群众的认可和参与,从而形成整体合力,将"同心园"楼组自治建设这一载体真正做实。

(五) 项目成效

经过几年的探索和尝试,嘉定工业区"同心园"楼组自治建设把邻里互动、安全防范、矛盾化解、规范约束等功能纳入这一平台,有效发挥楼组在社区治理中的基础作用,不断延伸服务群众的触角,加强服务群众的末梢管理,在实践中孕育为成熟的社区自治机制。目前,"同心园"楼组自治作为工业区的核心项目已全面推广,为居民解决了大量的实际困难,自治成效显著。

成效一:以草根领袖为核心,搭建邻里服务平台

家住凤池社区的陈凤娣阿姨是出了名的全能手,做衣服、做点心,甚至串珠子等手工艺品都不在话下,为人和气、热心,常有居民找她缝缝补补。时间一长,陈阿姨决定开设手工培训班,她的本领和乐于助人的品格如磁铁一般吸引着一群同样热心的阿姨们,于是,陈阿姨的"巧媳妇手工"项目应运而生。

作为"同心园"楼组自治项目负责人,陈阿姨在社区帮助下建立了"巧手驿站",搭建起邻里服务的平台:按照季节变化,定期为独居的孤寡老人和生活困难的弱势人群送上衣服,春夏做睡衣、衬衫,冬天织毛衣、围巾、棉鞋等;社区"戏曲沙龙"的演员们没有合适的演出服,陈凤娣率领巧媳妇们根据不同剧种的特点研究起了戏服制作,精良手艺让沙龙成员们赞不绝口……

"巧手驿站"挖掘、提升了楼组自治文化,以此为平台,为生活困难的弱势人群提供服务,这里也成了居民们的暖心驿站——谁家出远门了便把钥匙寄存在此;谁家孩子没人带,阿姨们帮着照顾;谁家发生矛盾,热心的"老舅妈"们第一时间上门调解纠纷……作为"同心园"楼组自治的亮点,"巧手驿站"增进邻里互动了解,逐步形成了品牌效应。

像陈凤娣这样的草根明星,在嘉定工业区不胜枚举,以他们为核心,社区积极搭建"爱心服务社""百姓编创组""民情理事会""新上海人志愿队""组务工作站"等一系列便民服务平台,进而逐步探索出以草根领袖为点、以服务平台为线、以基层群众为面的"邻里守望、互帮互助"工作模式,团结和凝聚起周边群众。

成效二:自治与服务并轨,整合资源凝聚人心

"同心园"楼组自治建设的核心为"自治",通过人人参与激活主体意识,使居民积极参与社区民主建设,实现楼组居民自我管理。

停车难是令每个老小区都头疼不已的问题。南苑五村在实施停车位改造工程的过程中将社区管理和楼组自治有机结合,楼组长负责全面征询意见,针对矛盾集中的问题,重点发挥"一长五大员"作用,作好解释工作;针对停车费的收缴

和管理问题,楼组长牵头协调多方,在业主大会上定期公开账目、接受监督,打消了居民们的疑虑。完善楼组一线服务功能是"同心园"楼组自治建设的特色,通过居民结对、公益行为等实现资源交换和整合利用,在邻里互动中增进彼此了解,增强对整个楼组的认同感和归宿感。

庆阳社区同心园第十六块区是高度老龄化的社区,60 岁以上老年人有 30 人,其中有 11 位空巢老人,为使助老服务做到实处,搭建高龄老人、空巢老人融入社区的平台,社区的 7 名骨干组成了一支"同心园助老服务志愿者"团队。每日早晨经过南苑二村 44 号附近,总能见到许多阿姨围在一起摆弄着一袋袋小菜,场面十分热闹,随后,她们将新鲜蔬菜送到各位独居老人家中。买菜、分菜、送菜、算账……"同心园"志愿者们各有分工,这样的为老代购,弥补了社区服务的空白。

本案例由刘瀚斌、潘方悦搜集、整理、撰写

第二节　睦邻点

一级案例

睦邻点建设

——以上海市嘉定区嘉定镇街道为例①

2007 年,嘉定镇街道银杏社区一对空巢老人找到居委会,主动提出能否在自己家中设立睦邻点,开展邻里活动。街镇顺势而为,详细调研、大力支持,从而催生了源自基层的社会治理载体——睦邻点。经过 10 年多的培育发展,睦邻点从最初志趣相投、类型单一的 42 个,发展至今涵盖地缘、志缘、趣缘和业缘等近350 个不同类型的睦邻点。睦邻点是怎样建设和运营的呢?

---

① 本案例主体材料参考人民网上海频道: http://sh. people. com. cn/GB/n2/2017/1017/c134768-30836839. html

一、背景

随着经济社会的发展、改革的不断深化,社会格局发生了根本性的变化,多元格局让社会生活更丰富,居民自治是现代社区管理的一个重要发展方向,睦邻点恰恰为居民群众的自治搭建了一个很好的平台。通过睦邻点的活动,社区学会借用居民自己的力量解决居民中存在的问题,借助居民自己的才智找到共同管理社区的好办法,达到事半功倍的效果。

改革开放以来,随着"单位人"向"社会人"转变,社区居民的异质性在不断变强,人群结构日趋复杂。社区居民由于各自的生活环境、职业、价值观念、教育程度等有很大的不同,导致生活方式和生活习惯的差异也很大。"尽管如此,社区内的居民内心实际都向往群体生活,尤其是老年人,大多希望通过群体活动来分享心情,消除寂寞、找到自我。"嘉定镇街道相关负责人在接受记者采访时说到,社区建设必须搭建新的平台,促进邻里互动,建立新型邻里关系,在情感交融中重建"熟悉人"社会,才能实现社区和谐,睦邻点建设因此应运而生。

此外,"教化嘉定"的人文积淀,也成了"睦邻文化"在嘉定镇街道生根发芽的有利条件。嘉定是具有悠久历史的江南文化名城,嘉定镇街道是嘉定区城镇化程度最早、最高的街镇,2008年被评为中国历史文化名镇,有着深厚的文化底蕴和人文内涵。在这里,人们普遍尊孔尚礼、亲仁善邻,有着源远流长的邻里文化、守望相助的民风民俗、自律自制的乡约民规。这些文化和精神被注入新的内涵,成为睦邻文化发展的肥沃土壤。

二、简述

睦邻点,是嘉定镇街道顺应居民需求,积极引导发展,多年来探索、实践和总结形成的社区治理新成果。目前,街道形成了以睦邻点为基础的自组织、以睦邻沙龙为形式的睦邻议事制度、以睦邻家园为基地的管理组织、以睦邻党建为纽带的区域化党建模式。通过由小到大、由点到面的社区睦邻建设,在推动社区自治中发挥了积极作用,成为社区治理多元参与的有效载体和得力抓手。

(一) 嘉定镇街道睦邻点的发展历程

在睦邻点建设的基础上,2008年,街道成立了睦邻会所,致力于提高睦邻点负责人的活动组织能力,搭建睦邻点负责人交流沟通平台。77 个睦邻点根据地域划分为四片,推选产生了四名片组长和一名总负责人。2011 年,街道组建了以社区居委会为基本单元的睦邻沙龙,将原有松散、单一的睦邻点有机串联起来,形成睦邻点发展的"智囊团"和"议事会",将社区居民的兴趣点、关注点聚焦到社区公共事务上来,引导居民对社区治理的关注度,目前共有各类型睦邻沙龙 18 个。

近年来,嘉定镇街道睦邻工作进一步加速。2014 年,街道引入社会组织——嘉定镇街道睦邻家园服务中心,作为第三方组织为街道睦邻建设提供咨询、指导和服务,共议共谋、联合联动,科学指导睦邻点和睦邻沙龙的建设,扩大居民对社区治理的参与度。2015 年街道设立了社区营造这一自治平台,鼓励各社区睦邻点参与到这个平台的建设中去,通过睦邻点成员对社区问题的发现、解决方案的提出、居民会议的表决等民主程序,发挥不同睦邻点成员的特点、提供自我能力展示的平台。

(二)嘉定镇街道睦邻点建设的社会效果

1. 社区有温度,政府实现"三个转变"

通过睦邻工作的开展,居民参与社区治理的积极性得到提高。社区治理不再是冷冰冰的"你说我做",而是集思广益、群策群力的工作方式,社区"人情味"越来越浓,矛盾调处更便捷高效,社区报警、出警量明显减少。

不仅如此,政府工作的传统思路也有了转变:从管理者转变为引导多元力量参与的协力者,从供给行政化的资源转变为筹集多元化的资源,从垂直化的动员式管理转变为社会多元参与的合作式治理。在减轻社区居委会压力和任务的同时,进一步释放了居民自治的热情,提高了社会治理的效能。

在睦邻点活动中既有"重阳敬老""端午包粽""元宵灯谜"等传统的名俗活动,也有邻里互助、尊老爱幼等传统美德传承,更有楼道美化、爱心接力等新时期的正能量表现。"睦邻点"建设把弘扬睦邻文化与创新社会治理有机的结合在一起。由此产生的"睦邻文化",是为了唤回逐渐淡化的邻里友情,重建"熟悉人"社会,从而实现和谐社会建设的新文化。

2. 众人拾柴"大睦邻"助力社会治理科学化

如果说"睦邻点"是居民楼组的一个"小睦邻"概念,通过志同道合的居民在"睦邻点"开展活动,让社区形成了"出入相友,守望相助"的良好风尚,那么辖区内单位、企业则是"大睦邻"概念——这是嘉定镇街道在推进睦邻工作的过程中取得的重要经验。嘉定镇街道党工委以"睦邻党建"为切入点,通过文化力支撑、社会化运作、项目化推动、协同力创新，推动社会治理科学化，最大限度地统筹各类资源，打造更具涵盖力、包容性的区域化党建共建新机制。

嘉定镇街道面临着几个困局：老旧小区多，城市基础建设滞后，难以满足民生增长的刚性需求；辖区内单位多、社会治理难，老城区内乱设摊、乱搭建、停车难等现象比较突出；而且，由于有效载体少，党建开展也不容易。多元利益格局下，传统的区域化党建面临体制瓶颈，有效服务群众的载体不多，与满足党员群众需求还有较大差距。"睦邻党建"是街道的一种创新尝试。街道突破"睦邻点"局限于社区邻里的空间概念，将"远亲不如近邻"的传统文化理念引入区域化党建工作，在辖区单位与单位之间营造良性、互动的睦邻友好关系。

2013年，街道成立全市首家参与区域化党建服务并实体运作的社会组织——嘉定镇街道睦邻党建服务中心，下设"一站八部"，社区的17个党总支统一设立社区睦邻党建服务站，105家有基层党组织的单位被划分为机关团体国企、城市管理、金融行业、非公企业、教育卫生、物业管理、社会组织、文化体育等八个服务部，形成了以区域化党建各个主体之间平等合作关系为基础的睦邻党建模式。每个"部"内均由相关驻区单位担任牵头单位和成员单位，比如"教育卫生服务部"，牵头单位为区中医医院等3家，成员单位有桃园幼儿园等17家，并且不断有新的成员单位加入。

机制建立了，如何进行实际运作？通过公益项目支撑，各级党组织和党员找到了为群众办好事的"发力点"，并形成了一整套运作机制。在中心的协调运作下，华中集团、东方商厦、中国银行等一批辖区内单位党组织积极认领"携手生命""爱牵远乡情""暖阳行动""情牵夕阳"等公益项目，筹集资金339.9万元，直接惠及困难群众7000余人次。再如，中心为成员单位绿洲控股集团党委设计了"红色关爱"项目，由该党组织出资帮助街道辖区内生活困难的老党员家庭，并配套设计了现金救助、老党员联谊、健康知识讲座等一系列帮扶活动，取得了良好的社会效果。

"睦邻党建"最终目标不是街道党工委"一家独赢"，而是辖区内单位与广大居民在党建"一盘棋"中"共驻共荣、互惠共赢"。通过进一步发挥睦邻党建在区域共治方面的策源引领作用，逐步建立了拆违控违联合督查、突发事件联合处置、重大信访联合化解、文明创建联合行动、辖区内党员联合培训等社会协同机制，将党的建设贯穿于街道社区自治、城市管理、民生服务的各方面和全过程。例如，在文明创建联合行动中，区卫计委、启良中学等塔城路、博乐路沿线单位党组织，积极推进交通文明示范路段创建，党员干部带头参与路口、街面的文明志愿执勤服务。在辖区内单位和群众的共同努力下,2015 年街道成功创建成为全国文明单位。

3. 结构重塑自治让社区有了"向心力"

社区居民自治,不仅仅体现在"搞搞活动"的层面,最终目的是在社区公共活动中打开社区的公共空间,让居民自由、平等地进入这一公共空间。要达到这个目的,就必须构建熟人社区、培育社区情感、丰富社会资本。嘉定镇街道通过实践,在政府治理和社区自我调节、居民自治良性互动等方面已取得良好成效,有了不少"自治样本"。

嘉定镇街道继续秉持"居民自治、辖区共治、社会协治"的理念,以"小政府、大社会"为发展方向进行有益探索,在创新社会治理方面深入摸索,完善社会治理模式。

三、术语解析

(一)睦邻点:是由热心居民自觉发起、活动内容自行设计、参与成员自由组合,在社区党组织的引领下开展活动的群众团队。

(二)邻会所:街道在睦邻点建设的基础上成立的平台组织,致力于提高睦邻点负责人的活动组织能力,搭建睦邻点负责人交流沟通平台。

(三)睦邻沙龙:旨在以社区居委会为基本单元,将原有松散、单一的睦邻点有机串联起来,形成睦邻点发展的"智囊团"和"议事会",将社区居民的兴趣点、关注点聚焦到社区公共事务上来,引导居民对社区治理的关注度。

四、实践守则

(一)街道层面

1. 搭建"点—所—沙龙"三个层次的睦邻组织平台

鼓励支持居民在家中设置睦邻点,内容涉及、成员组成上充分尊重居民意见。在睦邻点的基础上成立了睦邻会所,提高睦邻点负责人的活动组织能力,搭建睦邻点负责人交流沟通平台。77 个睦邻点根据地域划分为四片,推选产生了四名片组长和一名总负责人。组建以社区居委会为基本单元的睦邻沙龙,将松散、单一的睦邻点有机串联起来,形成睦邻点发展的"智囊团"和"议事会",将社区居民的兴趣点、关注点聚焦到社区公共事务上来，引导居民对社区治理的关注度。

2. 培育第三方社会组织

街道培育社会组织——嘉定镇街道睦邻家园服务中心，作为第三方组织为街道睦邻建设提供咨询、指导和服务，共议共谋、联合联动，科学指导睦邻点和睦邻沙龙的建设，扩大居民对社区治理的参与度。鼓励各社区睦邻点参与到这个平台的建设中去，通过睦邻点成员对社区问题的发现、解决方案的提出、居民会议的表决等民主程序，发挥不同睦邻点成员的特点、提供自我能力展示的平台。目前已形成了一批社区营造品牌，这些项目的运作大多由社区睦邻点的成员参与其中并作为主导运作，而社区居委只是在旁进行指导。

3. 以"睦邻党建"为切入点，共建"大睦邻"

辖区单位、企业则是"大睦邻"概念——这是嘉定镇街道在推进睦邻工作的过程中取得的重要经验。嘉定镇街道党工委以"睦邻党建"为切入点，通过文化力支撑、社会化运作、项目化推动、协同力创新，推动社会治理科学化，最大限度地统筹各类资源，打造更具涵盖力、包容性的区域化党建共建新机制。

"睦邻党建"，是街道的一种创新尝试。街道突破"睦邻点"局限于社区邻里的空间概念，将"远亲不如近邻"的传统文化理念引入区域化党建工作，在辖区内单位与单位之间营造良性、互动的睦邻友好关系。

街道成立全市首家参与区域化党建服务并实体运作的社会组织——嘉定镇街道睦邻党建服务中心，下设"一站八部"，社区的 17 个党总支统一设立社区睦邻党建服务站，105 家有基层党组织的单位被划分为机关团体国企、城市管理、金融行业、非公企业、教育卫生、物业管理、社会组织、文化体育等八个服务部，形成了以区域化党建各个主体之间平等合作关系为基础的睦邻党建模式。每个"部"下均由相关驻区单位担任牵头单位和成员单位。

通过公益项目支撑，各级党组织和党员找到了为群众办好事的"发力点"，并形成了一整套运作机制。"睦邻党建"最终目标不是街道党工委"一家独赢"，而是辖区内单位与广大居民在党建"一盘棋"中"共驻共荣、互惠共赢"。通过进一步发挥睦邻党建在区域共治方面的策源引领作用，逐步建立了拆违控违联合督查、突发事件联合处置、重大信访联合化解、文明创建联合行动、辖区内党员联合培训等社会协同机制，将党的建设贯穿于街道社区自治、城市管理、民生服务的各方面和全过程。

4. 人才队伍建设

完善发现机制，建立人才储备库；充分发掘、凝聚一批有志为社区建设出力，有专业特长的"草根领袖",培育更多的社区骨干。

5. 线上平台建设

将在现有基础上探索社区事务电子化,建设手机睦邻应用程序,切实做到线上、线下互动良性循环,促进社区治理体系现代化。

(二)社区层面

社区中的睦邻点大致可分为地缘、趣缘、志缘、业缘四大类型,其中大部分都在具有地缘型特点的同时还具备其他类型睦邻点的特点。

1. 地缘与趣缘结合型:梅园社区"谊邻之家"睦邻点打造"一平米菜园"

在梅园"谊邻之家"睦邻点全体成员的引领下,带动社区居民共同设计参与布置,使原来老旧的楼道,摇身一变,成了一处绿意盎然"会呼吸的楼道"。

2016 年初,作为梅园社区副主任的姚元萍,把公共绿化带乱栽种问题严重和社区居民有种植爱好和需求这一共性问题提了出来。通过和社区、第三方专业组织一同探讨,决定引入水培种植技术,通过改变居民传统的种植方式,在满足居民兴趣的同时,解决公共绿化带乱栽种这一社区管理难点问题。在姚阿姨的牵头下,把有共同爱好的楼组居民凝聚起来,一同参与水培种植,在自己家里打造"一平米菜园";同时引导大家通过楼组会议、座谈会、居民会议制度等形式,在居民达成统一共识的基础上合理布局、美化楼道。

2. 地缘与志缘结合型:侯黄桥社区汇乐睦邻点打造社区休闲小花园

侯黄桥社区汇乐睦邻点的成员们带动周边居民把杂草丛生,丝毫没有美感的绿化带打造成社区休闲小花园,成为居民们休息的好去处。

小区业委会主任、睦邻点成员陈加恭用捡来的装修废料打造出美观质朴的木栅栏、花架。在该睦邻点负责人王达飞的动员下,睦邻点成员逐渐壮大,大家自发的开展护绿保绿活动,每周固定一次对小区的绿化带进行杂草清理,对缺损的绿化,热心的成员们从外面运用麦冬草进行修补。慢慢地,小区绿化带整洁了,垃圾不见了,环境明显有了改善。

2016 年,在街道、社区居委会的指导下,汇乐睦邻点的成员们在小区西面又开辟了一片地方,用手工制作的风车、栅栏以及居民从自家拿出的花草,打造了一个紫藤长廊、小花园。成员们为这个小花园取名"郁香园"。这个小花园很注重低碳环保,睦邻点成员利用废旧料制作景观、栏杆,平时用来灌溉的水是利用雨水管收集的。

3. 典型的志缘型："小囡桥社区彩虹桥"睦邻点架起连接人心的桥梁

小囡桥社区的"彩虹桥"睦邻点由社区党员周建军一手创办,2012 年 4 月正式成立,人数 10 人,其中党员人数 2 人,成员都是残疾人,每周二、四是活动日,在这两天里,睦邻点小屋前总是门庭若市,挤满了前来接受服务的居民。周建军有理发的特长,睦邻点成立至今,他已为无数人理过发,对于一些不便出门的老人,他还把理发服务免费送上门。他架起的这座为民服务"彩虹桥",让不少人都感受到了温暖。

4. 李园一村社区:模块化建设"睦邻点"①

(1) 打造学习型睦邻点,传播社区正能量

李园一村社区 2012 年 11 月成立的"练祈学苑"睦邻点是由小区离退休干部、教师、专家等人员组成。他们政治素质好、理论水平高。带头人朱龙铭在家中自费订阅了十多种书刊,带领成员们坚持每天读书简报,进行学习交流和研讨,彼此增进共识。在他的带领下,成员们也加强学习,大家结合睦邻点里的学习研讨成果,纷纷走进居委会宣讲室与居民群众分享学习心得。

(2) 打造志愿服务型睦邻点,传播小区文明新风

"强身健体"睦邻点是李园一村社区成立较早的睦邻点之一。2009 年至今,在"草根领袖"江妙琴的带领下,睦邻点其他成员参与社区卫生死角整治、马路道口志愿者执勤、上街文明宣传的积极性不断提高,同时他们还不断发动身边居民加入志愿者行列,壮大队伍。

"我爱我家"睦邻点是一直专注于社区综合治理的睦邻点。该睦邻点安排志愿者每天两个小时段在小区中巡逻,发现社区中有乱晾晒、乱扔垃圾、不文明养犬、乱停车等陋习出现,就会上前宣传与制止。

新成立的"悦华雅韵"睦邻点成员自发聚集,学习低碳环保的垃圾分类知识,并与质变邻居朋友分享。

(3) 青少年睦邻点,打造"小公民"校外的实践课堂

2008 年 5 月"苗苗睦邻点"成立,给社区未成年人思想道德建设工作搭建了一个很好的校外实践平台。"苗苗睦邻点"的带头人是社区退休教师叶玲英,她打破常规开展多元化、多样化、多层次的青少年活动,丰富了社区青少年的精神文化生活。通过讲述案例,让孩子们学习讨论,使他们在深入交流中感受到文明

---

① 本部分材料参考自《走在光明梦想的大路上——上海市精神文明小区创建经验案例集锦》,复旦大学出版社 2014 年 8 月第 1 版,第 118—120 页。

礼仪的重要性,改掉小孩子身上的不良习惯。"苗苗睦邻点"还成立苗苗记者小队,苗苗记者在叶老师带领下,穿梭在邻里弄堂,进行采访任务,将社区中的好人好事和一些不文明行为采编成"苗苗小报",张贴于社区宣传栏,传播文明风尚。

五、各界应该怎么做①

(一)居委会强化自治力,积极指导"睦邻点"

1. 在"睦邻点"建设中,始终按照居委会的自治性质,坚持居民来搭台、居民唱主角的原则,居委会则扮演"指导员"的角色。

2. 指导"睦邻点"有序活动。引导形成包括一个发起组织者、一间活动室、一本活动记录台账等"三个一"的"睦邻点"的建设标准。

3. 指导"睦邻点"实现自治。"睦邻点"的建设为社区自治搭建了新平台。各居委会要因势利导,借助"睦邻点"逐步实现居民的自我教育、自我管理。如银杏社区张瑛家中的"睦邻点"在居委会指导下围绕小区物业管理费要不要上调问题进行热烈讨论。大家统一思想后在小区广泛宣传,使得小区物业管理费合理上调的动议得到大多数业主的认同,获得了通过。如今街道的"睦邻点"都能积极为小区建设出谋划策,宣传发动,带头践行。

4. 指导"睦邻点"提高参与率。平时居委会干部要结合"民情责任区"工作,关心、指导各个"睦邻点"的活动。居委会不仅应该积极帮助"睦邻点"解决活动中的实际困难,还应在社区中加强对"睦邻点"的宣传,鼓励更多的居民参与到"睦邻点"活动中来,提高了"睦邻点"活动的参与率。

(二)社区党组织突出凝聚力,积极引导"睦邻点"

1. 社区党(总)支部在推进"睦邻点"建设过程中,突出党组织凝心聚力的核心作用,坚持"三引导",当好"领航员"。

2. 引导"睦邻点"选好负责人。"睦邻点"的负责人素质高低决定了"睦邻点"建设的成功与否。因此街道党工委和社区党组织要高度重视、发掘、培养"睦邻点"的负责人,引导志趣相投的居民推举具有"三心"即乐于奉献的"爱心"、善于团结的"公心"、勤于组织的"恒心"的居民担任"睦邻点"的负责人。在嘉定镇

---

① 本部分参考自上海社会建设网:http://www.shshjs.gov.cn/shjs/node7/useroobject1ai17401.html

街道的"睦邻点"负责人中有超过 70％是社区党（总）支部的骨干,参与者中有超过 26％是党员,在"睦邻点"建设中党员发挥了带头组织和参与作用。"睦邻点"活动已逐步成为社区党（总）支部活动的重要补充和全新形式。

3. 引导"睦邻点"建有相对固定的活动场所。社区党组织要充分发挥思想政治工作优势,引导乐意参与"睦邻点"的热心居民自愿提供活动场所,为睦邻点活动的正常开展提供物质基础。

4. 引导"睦邻点"开展健康向上的公益活动。社区党（总）支部应该深入社区和群众之中,充分了解社区居民生活情况,及时掌握社区最新动态和百姓关注焦点,积极为"睦邻点"活动献计献策,丰富和充实"睦邻点"活动内容。比如,"好姐妹睦邻点"使新上海人宾至如归,"宠物沙龙睦邻点"营造了人与社会和谐相处的氛围,"老爸爸聊天室"为老人融入社会辟出一方天地,"阳光少年睦邻点"让来沪务工子女共享暑期生活……这些活动不断深化了"睦邻点"的内涵,使党组织凝聚群众工作通过睦邻点这一载体"润物细无声"地得以实现。

（三）街道办事处加大扶植力,积极扶持"睦邻点"

1. "睦邻点"是个新生事物,需要社会各方面,特别是政府部门的关心呵护。街道上下要思想统一,目标明确,把培育与发展睦邻点列入了街道社区建设的重中之重。

2. 保障经费。比如,2007 年起,嘉定镇街道财政每年给予每个"睦邻点"500元的活动经费补贴。街道又将"睦邻点"建设作为全年工作的重点内容来抓,每年拨款十万元,投入到"睦邻点"的建设之中。

3. 培训骨干。比如,嘉定镇街道成立"睦邻会所",由各"睦邻点"的负责人每季一次进行联谊活动,通过个案交流、专业培训、实地察看学习等途径,激发"睦邻点"活动的创新,进一步挖掘"睦邻点"的功能。

4. 扩大影响。为进一步深化"睦邻点"建设,街道拍摄制作了"睦邻点"建设专题片和画册,推出《"睦邻点"优秀活动个案集》。同时吸引了全国各类媒体对睦邻点进行了宣传和报道,并开展优秀"睦邻点"评选,让睦邻文化得到挖掘和提升,以此来推动"睦邻点"的发展。

5. 引入社会组织服务。街道根据情况可以引入第三方组织为街道睦邻建设提供咨询、指导和服务,共议共谋、联合联动,科学指导睦邻点和睦邻沙龙的建设,扩大居民对社区治理的参与度。

本案例由葛伟强、潘方悦搜集、整理、撰写

延伸案例导读 1

浦东新区泥城镇云绣苑小区睦邻文化①

1. 背景

近年来,临港地区开发建设步伐不断加快,大大推进了泥城的城镇化建设,大量的农户动迁进了安置小区,身份也从村民变成了居民。面对新的环境,这些居民有些不适应,他们不再互相串门聊天,见面只是点头打招呼,偶尔有事敲门问问,邻里关系变得淡漠,整个小区也得上了"小区冷漠症",这对居民区开展日常工作带来了极大的困难。

2. 简述

为了搭建居民之间的连心桥,增进睦邻感情,构建和谐小区,云绣苑居民区集思广益,争创特色,将重点放在楼道邻里情,制作了一张"睦邻卡",将楼层住户的姓名、职业、特长、家庭电话搜集汇总,卡上还印有小区工作站、物业、工程部值班电话及火警、救护、公安的电话。这样不仅方便了邻居之间的沟通,还为居民解决生活中遇到的困难提供了便利。在此基础上还建立了"睦邻点",编辑了"睦邻册",在积极探索和创新小区管理方法的同时,为小区文明打下了坚实的基础。

3. 主要做法

(1)睦邻卡制度

2010 年,云绣居民区党总支通过召开党员代表、居民代表座谈会,针对"小区冷漠症"达成制作睦邻卡的共识,将各楼组入住家庭的户数、人数、联络方式一一进行登记,制作成睦邻卡,并发放给本楼组的各个家庭,居民组长拥有一份小组内的总体名单,以楼组为单位,自愿公开。卡上不仅有住户的家庭电话,小区工作站、物业、工程部值班电话及火警、救护、公安的电话也一并公开。以此为小区居民之间、服务机构与居民之间的交流、互助提供便利。云绣居民区党总支针对党员不同的年龄和职业情况进行分类,按照亲情联动"一张卡"的理念,向小区党员跨楼组发放睦邻卡,由党员自愿结对帮助困难党员、困难居民;组织开展"邻里一家亲"活动,深化小区睦邻氛围。

---

① 本部分材料参考自《走在光明梦想的大路上——上海市精神文明小区创建经验案例集锦》,复旦大学出版社 2014 年 8 月第 1 版,第 133d135 页。

（2）睦邻点建设

小区在睦邻卡的不断推进中创新并延伸睦邻工作,设立睦邻点,睦邻点由小区热心公益的党小组长、居民组长在小区党总支的引导和支持下自觉发起,活动场地主要设在小区的纳凉场所、楼组休闲处。定期开展文娱和体育健身活动,如"里弄文艺汇演""邻里才艺大比拼"等。睦邻点还具有党员志愿便民服务点、看书读报学习点、邻里纠纷调解点等功能。

（3）睦邻册汇编

在开展睦邻卡、睦邻点工作的过程中,小区不断涌现"讲文明,树新风""感动邻里,献真情"等温暖小区居民、营造祥和小区氛围的感人故事。居民区每年收集小区中的好人好人好事并予以表彰,同时,每两年制作一本睦邻册,册子中涵盖孝亲敬老、邻里互助等不同的主题,并将睦邻册发放到每户家庭,以此加强和巩固居民区的文明之风。

延伸案例导读 2

奉贤区庄行镇"睦邻点"
圆老人不离乡土养老梦①

1. 背景

上海郊区奉贤区庄行镇 60 周岁以上老年人占户籍人口近三成,80 周岁以上者占比达近 15％。当前,农村养老面临"三个不行"的"瓶颈"问题:单靠家庭养老不行,单靠机构养老不行,单靠模仿引进市区的日托站、长者照护之家也不行。

当下,年轻人普遍在城区工作、生活,老年人留守农村的空巢现象越来越多,传统的家庭养老模式受到挑战;农村老年人普遍存在"付不起、舍不得、拉不下脸"的养老尴尬。据了解,面对充裕的机构养老床位,每月 850 元的农保养老金显得捉襟见肘,传统的养儿防老观念也阻碍了农村老人选择机构养老。此外,日托站、长者照护之家,这些在市区发挥大作用的社区养老新模式因投资成本高、郊区农村宅基布局分散等原因也遭遇"水土不服"。

2. 简述

庄行镇探索推行宅基睦邻点建设,为区域内千余名高龄及有需要的老人提

① 本节参考自中国新闻网：http://www.chinanews.com/sh/2016/04-16/7836889.shtml

供爱心午餐、便民服务、健康保健及文化娱乐等服务。截至 2016 年 4 月,已在 15 个村居试点推行,建成了 20 个睦邻点。以睦邻点为基础的农村养老服务如今已卓有成效。

3. 主要做法

(1) 提供"爱心午餐"

睦邻点的选址一般在农民居住集中、场地大、交通方便的宅基,由老干部、老党员或者热心人担任负责人。为农村老人开设"爱心午餐",提供荤素搭配、营养美味的是睦邻点的一大重要探索。针对卧床在家、行动不便或临时有突发情况的老人,睦邻点会上门送餐,老人不出家门也能享受到服务。解决了农村老人为了省钱每天只做一次饭,常吃剩菜剩饭,荤素搭配也不平衡,营养吸收不足,体弱多病的问题。

(2) 开展健康服务

睦邻点还开展多项健康服务,除了组织健康义诊、开展健康活动,还设立养生讲堂,邀请家庭医生、志愿者为老年人健康养生授课,宣讲常见病的预防及治疗知识。

(3) "小老人"服务"老老人"

睦邻点推行 50 岁左右"小老人"志愿结对帮助 75 周岁以上"老老人"的服务。"小老人"提供探访和陪伴等服务,为高龄老人提供精神慰藉,缓解其孤独感。

延伸案例导读 3

嘉定区徐行镇前桥村"客堂汇"①

1. 背景

客堂汇最初由退休干部张金龙在徐行镇前桥村创立,2013 年,嘉定区徐行镇在全镇各村、居委全面推进"客堂汇"建设,抓住了农村社区的形态特征和"客堂间文化"的传统习俗,因地制宜,直接将服务群众的平台下沉到最基层的百姓家里,充分利用村民宽敞的客堂间,凝聚、发挥党小组长、居民组长等农村、社区骨干力量,吸引周边的村民群众聚集一堂,开展文娱体锻、学习宣讲、参政议事、

---

① 参考自上海嘉定网 http://www.jiading.gov.cn/jzpd/jzxx/xhz/content_403663http://www.jiading.gov.cn/jzpd/jzxx/xhz/content_403663

调解服务等活动,给"客堂间"注入了全新的内涵。

2. 主要做法

凸显自治性,完善组织架构。目前,徐行镇已有 34 个"客堂汇",平均每个村居有 2—3 个。活动形式上细分为"五大类",即邻里相教、邻里共商、邻里和睦、邻里同乐和邻里互助;功能定位上搭建"三个平台",即为群众积极参与社区事务管理搭建了自主平台;为基层组织融入农村社区建设搭建了交流平台;为党员干部深入开展服务群众工作搭建了实践平台。

增强服务性,满足民生诉求。梳理区、镇、村所提供服务的内容、方式和界限,将其分为宣传培训、议事共商、矛盾调解、文化娱乐、便民服务等多个类别,通过项目化、菜单式的服务,实现对"碎片化"条块服务资源的有效整合,切实提高服务百姓群众的能力和实效。

着眼持续性,拓展创新活力。成立 1 个"客堂汇"联谊总会和 6 个分会;建立"星级"评比激励机制,积极探索培育"一村居一品牌""一客堂一特色";开通微博、微信,扩大宣传影响,吸引、接纳更多的年轻人和新上海人加入其中。

本案例由葛伟强、潘方悦搜集、整理、撰写

延伸案例导读 4

"孝老爱亲"道德模范季琳萍敞开家门办起睦邻点

季琳萍是徐家汇道德责任联盟成员、区道德模范,她的家是小区里知名的睦邻点。近几年成为邻近老人们聚会谈心的场所,每个月至少要聚个两三次,来聚会的老人出自各行各业,也是各有长处。张家阿婆要看病,李家爷爷遇难题,大家就帮着出主意,提建议,有啥烦恼一吐为快……大家在这里吃吃喝喝,谈天说地,好不畅快,晒出这个线下老年版朋友圈的生活表情。

那么季琳萍是如何把家变成睦邻点的呢,说起来还有一段感人的故事。

从嫁进婆家开始到 101 岁的婆婆辞世,36 年来季阿姨对婆婆的照顾称得上是无微不至。随着婆婆年事渐高,生活自理能力越来越弱,对季阿姨也越来越依赖。刚退休那会儿,老同事老朋友组织旅游叫她一起去,但婆婆不愿意暂住到其他孩子家,季阿姨不放心,所以就放弃了。此后的十几年,家住徐虹北路的季琳萍没有去过比徐虹菜场更远的地方,因为婆婆随时都会用一口宁波口音问:"季琳萍到啊里起了？"

2008 年，每天要下楼散步的婆婆不小心摔了一跤，病得不轻。季琳萍就专门买了一个可以手摇的病床和一个铃铛放在家里，只要一摇铃，她就立刻出现在病床前。但毕竟自己也 60 多岁了，季阿姨没过多久也发起了高烧。其实婆婆看在眼里也心疼，但她在媳妇面前从来不说。可季琳萍知道，婆婆一直对邻居们夸自己有个好儿媳。

季阿姨知道婆婆喜欢热闹，爱下楼和人聊天，但是老人腿脚愈发不便，于是她就把邻居们请进家来，拿出自己亲手制作的葡萄发糕、葱油饼、南瓜饼、酒酿圆子等瓜果点心招待，大家聊得兴致勃勃，就像是一场老年派对，临走时都还依依不舍问下次是啥时候啊。

婆婆无疾而终了，季琳萍的心就像被掏空一样，常常还会觉得该去帮婆婆擦身了，要去婆婆屋里看看。她舍不得婆婆，所以还是会经常开展老人派对活动，就感觉婆婆还在一样。最终，在大家的强烈要求下，老人派对活动被保留了下来。"老人们在她这里都很开心。她就像我们大家的好儿媳。"社区老人们说。为了让派对长久办下去，季阿姨也终于接受了大家多次提出的意见，从她自掏腰包，改为实行 AA 制，一起共建共享睦邻点。

"睦邻点"也给大家提供了交流和展示各自厨艺的平台。为此，季阿姨家还特地配备了不少厨房用具和家电。每逢佳节，"睦邻点"都会提前吃"团圆饭"，"我们每人带一个自己的拿手菜过来，在这里摆好圆台面。有什么新式菜，大家相互交流学习。"席阿婆腿脚不便，只能借助手推车行动，只要一有活动通知，在家人的搀扶下，老人都坚持前来分享大家的快乐，"一场聚会都不能落下。"

就这样，在坚持"就近、自愿、自治"的前提下，以季琳萍为代表的徐家汇街道三个睦邻点不仅成为邻居聚集聊天的场所，也带动了不少社区家庭相互扶持和帮助，让逐渐疏远的邻里关系重新变得近起来，逐步营造出了有影响力的社区养老氛围。

资料来源：

(1) 三联盟：党建引领社会治理新探索——徐家汇"三联盟"2016 年徐汇区创新建设共治项目报告

(2) 徐汇城市基层党建案例汇编："三联盟"架构下社区共治模式的探索与实践

本案例由葛伟强、潘方悦搜集、整理、撰写

第六章　社会组织

第一节　居民自组织

一级案例

从社区自组织到枢纽型社会组织
——以上海市梅陇三村"绿主妇"为例

　　11月9日上午,初冬薄雾挡不住广场舞带来的欢乐。青羊区苏坡街办清源社区的7支表演队依次上台,100位大众评审台下认真为这些自组织的精彩表演打分。最终,社区国学院队的《大国之韵》成为初赛"擂主",他们将与其他社区"擂主"PK,争当"苏坡'民'星"。这是这个社区10月以来第9场、今年以来的第28场社区活动,组织者和参与者都是社区普通居民。

　　走在清源社区,环境秀美,广场上居民喝茶闲聊、下象棋,"和去年初相比变化很多,活动多办得很不错,环境也好,我会常来这里喝茶",70岁的居民汤仕虎告诉记者。

　　清源社区成立于去年1月,短短一年多里,社区治理从无序到有序,培育了16个自组织,通过形式多样的活动抟沙成泥,让清源社区成为一个富有活力、凝聚力的"最温暖社区"。8900多人的社区,如今更像一个大家庭。

　　(《16个自组织抟沙成泥"最温暖社区"这样炼成》,四川在线,2017-11-10)

　　类似的社区自组织在每个社区都有不少。可以这样说,自组织多的社区,肯定是一个有活力的社区。那么,社区自组织该如何打造呢?

　　梅陇三村"绿主妇"在社区工作领域,可是一个响当当的品牌,今天我们来了解一下一个社区自组织是如何成长的?

一、背景

梅陇三村建成于 1990 年,属于典型的上海公房式小区,地处于徐汇区凌云街道,居民多为动迁户,外来人口与出租户较多,居民结构复杂。梅陇三村曾经是凌云街道有名的"垃圾小区","脏、乱、差"是小区最明显的标签。

为了改变传统脏乱差面貌,梅陇三村居委不仅实现了干湿垃圾分类,而且可回收垃圾有处可去,连纸制的果汁盒都经过拆洗、擦拭、缝合变成围裙、锅垫等厨卫用品;可乐罐、矿泉水瓶被制作为各式各样的工艺品;旧毛衣经过拆装、清洗,又重新设计编织成为一件新衣服,让垃圾变废为宝。

二、简述

"绿主妇"是梅陇三村的家庭主妇组成的绿色环保志愿者服务团队。2011年 5 月是进行垃圾分类回收的第一个月,居民将收集的利乐包等可回收材料交给这 10 位志愿者,志愿者们帮助居民将硬塑料、软塑料、牛奶饮料盒分类过秤,计入会员卡,以便对每户家庭投送的塑料垃圾回收量进行记录、跟踪和管理,当月就收集了 50 公斤的生活"垃圾"。此后,每月最后一周的周四固定成为社区的垃圾回收日,凡是卖不掉的各类塑料"垃圾"只要洗干净叠整齐,居委会都回收、分类、过秤、登记,最终交给相关公益企业,集中回收处理。"回收日"坚持六年从未间断。

为了进一步调动居民们的积极性,居委会联合社区花卉组,让他们培育一点菜籽和小菜苗发放给居民,得到了热情的反馈,基于此成立了"一平米菜园"的环保新项目。"绿主妇"用餐厨垃圾发酵生产环保酵素,厨余垃圾发酵后的固体部分做有机质肥料,用于小区种花种草,种植蔬菜,用于"一平米菜园"种植。长此以往,居民们的热情越来越高,渐渐养成了垃圾分类回收的习惯。居民们的随手环保,使得生活垃圾明显减少,曾经脏乱的小区改换了面貌。

梅陇三村"绿主妇"的发展历史:

1. 自组织(兴趣团队)阶段

"绿主妇"在形成之初,只是由几名家庭主妇组成的松散的兴趣团队。这几名家庭主妇是居委会的骨干成员,平时主要是按照居委会的相关要求来配合居委会的工作。这时的"绿主妇"对于居委会来说,只是作为客体的存在,是居委会工作的对象;而对于家庭主妇自身来说,身为"绿主妇"成员的意义也仅仅在于个人兴趣的发展和私人关系的构建。

2. 自治家园阶段

"绿主妇"开始从松散团队走向社区社会组织的尝试,意味着"绿主妇"开始走向组织化,而其更大的意义在于这些志愿者主体性的发现和培养。这种认识提升了团队成员的自我价值感和认同感,增强了成员间的凝聚力,使她们由被动向主动发展。

3. 社区社会组织阶段

2011 年 4 月,绿主妇正式注册为凌云街道"绿主妇"环境保护指导中心,成为正式的社会组织了。这个阶段的"绿主妇"走向了制度化和规范化,具体表现为:建立了与外部资源(如政府、企业、其他社会组织)广泛的联系;用项目化的方式来组织动员和吸引其他居民;获得了各种荣誉,从社区影响(社区居民的认同)走向社会影响(媒体的报道),并有了政治影响(各种政治荣誉),甚至成为一种被广泛接受和推崇的社区治理新模式。这些变化和发展意味着"绿主妇"从社区走向了更广阔的公共领域。

4. 从社区社会组织走向枢纽型社会组织阶段

目前,"绿主妇"组织已经拓展到凌云街道的各个居民区以及周边其他区县,已完全按照社会组织的模式来运作,并明确提出了"赋权"的理念,家庭主妇们开始向专业化、职业化发展,开发项目内容、拓展工作领域、优化工作方法、创新运作模式等成为"绿主妇"当下工作的重点。"绿主妇"不仅是品牌,也是社区治理工作法,绿主妇的诸多项目已经走出梅陇三村,成为支持诸多类似社区、类似社会组织的枢纽型社会组织了。

三、术语解析

绿色社区,最初被知名环保 NGO 组织"地球村"引进中国。其时,"地球村"对于"绿色社区"的实践形式主要集中在倡导社区居民选择"绿色时尚的社区生活方式",一个具体的表现就是"地球村"坚持在中央电视台制作"绿色文明与中国"节目,并在绿色时尚板块介绍垃圾分类知识。可以说这时候的"绿色社区"概念是一个引起小范围人关注、讨论的专业话题,"地球村"对其进行的实践处在小范围试验的阶段。到了 2001 年,"绿色社区"概念由于与政府当时希望将环保推进社区同时加强居民参与的政策目标相吻合,得到了政府的认可、支持和推广。

国家环保总局号召全国 47 个重点城市开展创建绿色社区工程,"绿色社区"概念由此演变成为一项广泛性的国家工程,被政府加以政策方式推广出去了。

四、实践守则

梅陇三村以环保为主题进行的活动,实现了一场社区自治与共治相交融的实践,通过组织整合、项目整合、空间整合,推动了基层社会中"人"的再组织化和内在动力的形成。

(一)组织整合:整合了不同身份、不同背景的居民被吸引、整合进了各类组织中,孵化生成了"绿主妇"环保行动小组、爱心编制社等多种类型的社区自组织。围绕废弃物回收、垃圾分类、蔬菜种植等活动,街道、居委会、社区学校、各种类型的社会组织、科技企业、高校和科研院所等组织进行了协同行动。在社区党组织的引领下,各类政府、社会、市场组织,根据项目发展不同阶段的实际需要和各自能力和优势,提供人力、物力、财力、智力等各种资源,多元主体有效配合,协同发挥的作用。

(二)项目整合:最初的环保行动是回收利用利乐包,然后是爱心编织,再后来是"一平方米小菜园",直到垃圾分类减量。一个接一个项目让居民不断有新鲜感,凝聚了社区人气,实现了居委行政工作和自治工作的有机结合。项目选择上都是与居民日常生活紧密相连,接了地气聚了人气,可复制可推广。项目之间构成了有机联系,确保了整体的延续性。成为环保户的居民可以凭借"零废弃回收卡"上的积分免费领取"一平方米小菜园"项目中的秧苗、可以换取环保企业提供的有机食品,而种植有机食品的部分肥料又来自居民的厨余垃圾。从而形成了高效运转的项目网络。同时也确保了这个网络真正成为各种原料和资源有效流通的渠道。

(三)空间整合:一是社区闲置空间的开发,将社区边边角角的微空间都进行了利用,从"家庭一平米小菜园"扩展至"社区一平米小菜园",推动了邻里楼组居民的沟通和矛盾化解,推动了对社区共同资源的维护,增加了社区认同感。二是社区学校和居委会公共空间的再利用,打造了社区教育和互助公益看得到的基地;三是垃圾箱房的功能改造,在改造中居委会、社会自组织对社区动员的方式不断进行反思重构,居民在接受环保教育同时也获得了参与感和效能感。

五、各界应该怎么做[①]

(一) 政府应该怎么做

1. 通过各种社区活动的开展,搭平台、创机会,让各类有特长、有能力、有热情、有意愿的人成为社区公众人物,进而培育成为社区领袖。

2. 根据各类社区自组织的特性,建立多种管理模式,提供活动场所,落实工作经费,保障其组织的正常运作;实行统一备案、统一管理、统一服务,实现社区自组织规范化发展。

3. 定期适时安排培训,提升组织管理水平,保障社区自组织健康发展。

4. 加强企事业单位与自组织的联系,可以推动倡导类组织与社区教育结合,整合辖区内教育部门资源,在社区学校开展与倡导类组织主题相关文明教育课程,激活社区居民的主体意识、公民意识与参与意识。

(二) 辖区单位应该怎么做

针对本社区居民的需求、结合社区资源设置个性化奖励,利用单位资源如为活动参与者发放小礼品、以奖励积分兑换商品等形式,吸引居民参与活动。组织单位职工参与社区活动。

(三) 居委会应该怎么做

指导支持社区社会组织开展活动,居委会干部可以兼任社区社会组织的职务,实现贴身的指导扶持。帮助社区社会组织项目落地,整合社区资源支持他们的活动。重视培育发掘社区社会组织领袖,鼓励作为志愿者参与社区议事会等项目。强化社区达人、能人等人才的培育,为社区社会组织输送人才。

本案例由刘瀚斌、潘方悦搜集、整理、撰写

---

① 侯秋宇,唐有财:社会性别视角下的城市社区治理——基于上海市徐汇区社区社会组织"绿主妇"的个案研究,中华女子学院学报,2017,29(04):48—55

延伸案例导读1

江南匠心舫

一、背景

上海市徐汇区江南新村始建于1953年,是原江南造船厂的职工新村,主要由江南造船厂的离退休干部、职工及其家属组成,是一个几代造船人集聚的居民小区。早期的江南新村是成套房,环境优美,是接待外宾的示范小区。但随着工业化发展和员工人数增长,小区内进行公房建造、楼房加层、套房分割,小区人口大幅增加,邻里矛盾频发。

二、简述

(一)发展概况

2001年,一位徐汇区司法岗位退休干部主动提出协助居委会调解邻里矛盾,提供法律服务。社区里的老党员、退休居委干部和志愿者们受其感召,纷纷聚集起来,共同组成了法律咨询室,并吸引越来越多的社区能人加入。经过多年发展,2006年,自治队伍"船长俱乐部"成立了,也就是"江南匠心舫"的前身。

"船长俱乐部"议事平台自成立以来,每年接待居民咨询案件不低于150件,平均调解成功率不低于50%。平台设定"两个一百"计划,即每年在外设立法律咨询不低于100小时,每年有效解决矛盾、形成协议或案例不少于100件。"船长俱乐部"将业委会、物业一同纳入议事平台,组成21人的班子。

"船长俱乐部"更名为"江南匠心舫"后,基本保留了船长俱乐部的人员架构,其中包括近15名核心成员。这些核心成员分别来自居委、物业、业委会、居民骨干,是江南新村自治平台的领头人。

2014年年底,"船长俱乐部"议事组成员汇总整理的民情民意,反映"畅通小区主干道,消防栓旁不停车"的居民呼声,并向居委会和业委会递交了五份书面建议。在通过居委会、业委会和物业三驾马车共同协商后,确定于2015年全面开展"生命通道畅通"计划,规范优化小区停车管理办法。由居委会牵头,三驾马车分工合作,对小区业主车辆排摸登记,重新划分小区停车位,并对小区车辆进出门管理方案进行意见征询。居委会召开楼组长和志愿者大会,对宣传登记工作进行培训。由居委干部、楼组长和志愿者组成工作团队,挨家挨户上门宣传落实该项工作。业委会主任、物业经理和保安队长对小区停车位重新划分、合理安排停车位。"船长俱乐部"成员利用自身的社区影响力在群众中广泛宣传、营造氛围,协助居委会做好群众工作,确保"生命通道畅通计划"的顺利开展和推进。最终,在通过全体居民业主的意见征询后,江南新村居民区确立了最新的停车管理办法,重新规范小区停车位,派专人做车辆引导,并在小区主干道旁安装围栏。此外,物业还重整了保安队伍,加强对小区停车的长效管理。这一系列的举措既保障了居民安全通行,又保障了消防设施无遮挡,更让小区道路变得整洁,环境变得美丽。

(二) 队伍建设

"江南匠心舫"议事组人员组成严格遵循"自愿、务实、依法、长效"原则,人员构成来源于三方面:一是来自社区的志愿者,有退休居委干部、企事业退休干部、老党员、律师、退休教师、居民代表等具有一定专业知识、管理经验和服务能力的社区骨干;二是来自业委会之家和物业经理驿站的人员,有物业经理和业委会主任等;三是来自居委会的人员,包括居民区党总支书记和居委主任。

"江南匠心舫"议事组建立了人员选拔和退出机制。一是 75 岁以上的议事组成员自动退居二线,成为议事组的顾问,可以共同参与会议,但不参与决议;二是在新成员的引荐上,党组织、居委会、议事组成员推荐,并通过参与一到两次议事组的活动进行考察,获得半数以上成员认同即可成为议事组正式成员。

人员培训方面,江南新村居委专门开设相关培训课程,聘请专业老师进行授课,意在培养出素质更高,有自治意识、奉献精神、管理能力,并且通晓"依法自治""党建引领"等社区自治新要求的社区骨干。一批 60 岁左右的船厂退休职工成了江南新村的"新目标",他们会接过接力棒,成为江南的新社区骨干。今后,江南新村的每一栋居民楼都将建立一个小组,由"匠心舫"进行自治管理指导,使每一个楼栋都有属于自己的自治管理平台,增强治理能力。

(三) 制度安排

1. 发现渠道

议事平台下设一支志愿者巡察队伍,由 72 名社区志愿者组成,包括社区党员、楼组长和一般居民,并有正副两名队长做好日常管理和指导。该队伍每天分成上午和下午两班,在小区内进行巡察,负责发现记录小区环境、物业管理、文明养狗、违法搭建、群租和其他与居民相关的小区问题。巡察结束后,由专人做好签到记录。针对记录中较简单的问题,由居委会及时查看和快速解决;记录中无法由居委会直接处理解决的问题,可作为会议的议题进行协商解决。

议事组成员在社区生活中,搜集民情民意,发现社区居民较为关注的热点问题和小区治理中的难点问题,提前与居委会沟通,整理汇总后于会议上进行陈述。

2. 会议程序

议事组每月召开一次会议,如遇特殊事件,可召开临时会议。会议前,会议由居委书记或主任牵头和召集。议题由居委会在会前听取议事组成员的意见和建议并确立,在会前告知议事组成员。会议开始后,首先由居委会书记或主任汇报近阶段小区自治工作情况,同时说明议题,引导讨论方向。随后,鼓励议事组成员们积极发言,各抒己见。最后,经过集体商议确定实施方案。会议结束后,由记录人员做好会议纪要和资料整理等工作。

3. 执行落实

会议上形成决议的方案,由方案的执行方负责执行,居委会负责联络相关部门。在重大实事工程中,按照各方意愿可邀请成员作为居民代表全程参与工程会议。

4. 跟踪反馈

由居委会对落实情况进行全程跟踪、协调矛盾,整理汇总并及时反馈,如遇特殊情况可再次召开议事会进行协商。

5. 居民公约

对通过议事组协商解决的小区重大事务,由居委会负责素材收集和资料整理,召开议事会拟定规约,并通过楼组长挨家挨户上门征询的方式征询小区居民的建议和意见,半数以上通过规约便纳人居民公约中,由全体小区居民共同遵守。

三、术语解析

(一)"生命通道畅通"计划:通过开展住宅消防安全专项整治,落实消防安全工作责任,全力治理各类占用、堵塞、封闭疏散通道、安全出口、消防车道、消防车登高操作场地,影响安全疏散逃生和灭火救援的消防安全违法行为,消除火灾隐患,改善居(村)民住宅消防安全管理状况,提升群众火灾防范和火场自救逃生能力,畅通保障人民群众生命财产安全的"生命通道",有效预防因电动车违规停放充电引发的亡人火灾事故,减少住宅零星亡人火灾事故,坚决预防和遏止群死群伤火灾事故。

（二）三驾马车：指居民委员会、业主委员会和物业公司等三支社区治理核心力量。

四、实践守则

（一）挖掘社区能人，发挥社区权威人士的模范引领作用、辐射带动作用和广泛影响力，催化团队的创立和组建。

（二）加强自治队伍人员建设，制定合理的人员选拔和退出机制，建立激励关怀制度，通过培训提升团队素质。

（三）完善自治组织制度建设，以居民需求为着眼点，建立常规通畅的渠道收集居民意见和建议，建立社区问题主动发现制度，定期开展会议，提升自治组织活动效果。

五、各界应该怎么做

（一）基于居民自治团队具有公共事务管理属性，政府可以适当增加对自治团队的物质激励和精神激励，如发放补助、评选和宣传先进典型等。

（二）为自治类组织提供培训课程，为团队规范组织管理提供帮助。

本案例由闫佳慧、李思嘉搜集、整理、撰写

资料来源：
《斜土街道江南新村"江南匠心舫"自治平台为居民做实事》，上海市人民政府网

延伸案例导读 2

社区志愿者组织

——以上海市高行社区"爱心妈妈"为例

今天的很多社区，居委会组织活动都要发点毛巾、肥皂什么的小礼物，吸引大家前来，居委会换届选举更是如此，不发点东西就怕到的人不到法定选民人

数,所以,每个居委会换届选举的经费预算都会有数万。而合肥市包河区方兴社区的居委会选举,把工作经费减到了每个居委会 2000 元,硬是一个礼物都不发。这充分说明,这里的社区动员、居民参与的工作已经做到了家,社区精神已经被很好的激发了。

可以这样说,一个社区如果志愿者动员的好,社区的整体氛围差不了! 而社区志愿者组织如何成立运营呢?

一、背景

随着我国城市化进程加快,以及人口老龄化、流动人口增多、家庭小型化等因素的影响,城市社区公共服务需求不断增大。政府和市场在提供社区服务的过程中存在着诸多不足,而社区志愿服务正好可以弥补这一缺陷。我国社区志愿服务与发达国家相比起步较晚,但有自己的特色,目前主要有基于政府推行的社区志愿服务和民间自发开展社区志愿服务两种发展形式。

上海浦东新区高行爱心妈妈志愿服务社是一个典型的社区志愿者组织,由一群退休职工在 2008 年 5 月汶川抗震救灾期间自发组建。这个志愿者组织的发起,既有大的公益事件汶川地震的激发,更有深厚的社区动员的基础影响所致。

高行爱心妈妈志愿服务社的志愿者平均年龄超过 60 岁。在迎世博、办世博和浦东新区创评全国文明城区的难忘岁月里得到了锻炼和成长。爱心妈妈致力于各种公益志愿活动,全年风雨无阻地在交通繁忙路口和公交站点开展文明劝导服务,无微不至地在福利院照料孤寡老人,和人民子弟兵、大学生"小白菜"一起奋战在世博服务第一线。"后世博"时代,爱心妈妈的志愿行动没有结束,团队成员还在增加,服务领域继续拓展,点燃了更多人参与社会服务的激情。

二、简述

2008 年 5 月汶川抗震救灾斗争孕育了爱心妈妈志愿服务活动的最初萌芽。爱心妈妈自发组织起来给汶川地震灾区孤儿编织毛衣传递"手指尖的母爱",到公交车站打扫卫生,到居民小区开展环保宣传,到处留下了爱心妈妈志愿服务的种子。

　　上海世博会的召开,推动了爱心妈妈志愿服务活动的有序发展。在高行镇党委的领导下,团队管理逐步走向规范。团队日常工作由高行镇文明办具体指导,由东沟社区市民学校主管,并进行了第一次队伍扩容,队员人数从10余位扩大到了28人,并统一了橙色队服、帽子、腰包、胸卡等服务用品。服务类型和服务内容也更加明确,在世博会184天会期里,28位爱心妈妈在世博园后滩8号门,与来自东北辽宁执行世博会安保任务的武警8614部队特勤连战士携手为游客服务。烈日下,爱心妈妈为战士们擦汗,与战士们同喝一瓶水;风雨中,爱心妈妈和战士们同撑一把伞,互相关心扶持。在保障世博的日子里,爱心妈妈成了战士们的精神支柱,结下了深厚的母子情。

　　"上海世博会先进集体"、第一届"光荣与力量——感动上海年度十大人物"、第二届"感动浦东"十大典型……荣誉接踵而来,媒体竞相报道,面对这一切,"爱心妈妈"们依然淡定。

　　后世博时期,团队进行了第二次扩容,人员规模达到了50人,在各级领导的大力支持和关心下,高行爱心妈妈志愿服务社正式成立,团队组织管理和志愿服务活动进一步走向规范化,制定了团队章程,全员票选出了理事会、监事会,队员入队有《誓词》,队员管理有《队员守则》和《团队训导》、队员活动有"爱心妈妈之家",队员参加服务有考核制度,每年还要评选优秀队员。团队还有了自己的队歌《我们是爱心妈妈》,团队的管理水平走向了一个新的高度,在居民群众的参与性、组织管理体系的完备性、服务活动的丰富多样性、队伍管理的规范性等方面进行了积极的探索和实践,得到了各级领导的充分肯定。

　　多年的发展,爱心妈妈志愿服务工作取得了长足进展,在组织架构、服务内容、团队建设等方面都有一定的完善和提高。

　　(一)形成了由高行镇党委领导、镇文明办统筹协调、东沟社区日常管理的组织架构。爱心妈妈团队作为一支群众性自发建立的草根志愿服务组织,在镇党委的领导下,统一纳入到了高行镇志愿服务体系中来,并正式注册为社会组织。经过多年来的探索和实践,形成了在镇党委领导下,由镇文明办组织协调,以东沟社区市民学校为管理机构,统筹各居委志愿者力量,面向高行镇辖区开展活动的组织架构,在"群众的自发性"中体现了"党组织的引领性",在群众的"自组织"基础上体现了政党的"再组织"功能,使有成长空间的群众活动团队成为基层党组织开展群众工作的有效阵地。这种组织架构为爱心妈妈团队在后世博进一步推进志愿服务活动发挥了重要作用,在浦东新区创评全国文明城区工作中又得到了进一步的巩固和加强。

（二）建立了一批较为完善的服务基地、服务项目、服务岗位、服务活动的"四位一体"工作体系。在高行镇老年综合服务中心、残疾人士阳光心园、公交 610、799、987 路车站、东靖路杨高北路、东靖路东沟路两个交通繁忙路口、外高桥保税区消防中队营地等场所，建成了一批爱心妈妈的常态化服务基地。在志愿服务项目拓展方面，培育群众有需求的专业化服务项目，建立了爱心妈妈人民调解工作室，发动爱心妈妈参与社会管理创新工作，探索化解各类矛盾的群众工作模式。

（三）形成了志愿服务激励保障体系。在工作保障方面，根据团队工作需要，团队工作经费纳入了镇政府财政预算。在队员激励方面，根据爱心妈妈参与志愿服务的各类需求，开展了季度培训、团队文化营造、服务时间考勤、星级爱心妈妈评选等激励措施，最大限度发挥每位爱心妈妈的主动性、积极性和创造性。在形象宣传方面，建成了爱心妈妈展示厅。适应新时期志愿者工作的新需求、新变化，开通了团队"新浪微博"和"东方博客""网易博客"，实现了团队管理、形象宣传、沟通交流等工作的信息化，形成全社会共同关心和支持爱心妈妈志愿服务事业的社会氛围。

多年来，爱心妈妈的志愿服务活动已经成为浦东新区一道温馨亮丽的风景线，它既是越来越多的浦东人内心的一种价值追求，也是开展公民思想道德建设，构建"商贸高行、活力高行、幸福高行、和谐高行"，推进高行镇创建全国文明镇工作的一项重要抓手。

（一）在高行镇老年综合服务中心，爱心妈妈团队认领了 8 位住院老人为自己的"干妈"。这 8 位"妈妈"平均年龄超过 90 岁，最年长的为 95 岁，最年轻的也有 85 岁。在上海寒潮到来之际，爱心妈妈们用羊毛绒线编织了一批"温暖牌"帽子、手套和取暖袖笼，给福利院的 200 多位"妈妈"送去，并一一为她们戴上。逢年过节，爱心妈妈还与住院老人一起开展"和谐一家亲，才艺大家秀"活动，为老人们过集体生日。活动中，爱心妈妈为老人们表演自己编排的舞蹈、沪剧、越剧、二重唱、对唱等节目，还组织老人竞猜谜语、做游戏，赢得了老人们的阵阵掌声。

（二）在每年的"3.5"学雷锋日和"12.5"国际志愿者日期间，全体爱心妈妈分别在几个常态化服务基地上，向市民群众展示爱心妈妈志愿服务活动的成果。在公交 610 路公交终点站和 799 路、987 路终点站，爱心妈妈开展了"守序排队"专题活动，一部分队员引导乘客排队上车，一部分队员在车站周围清扫垃圾、整理非机动车停放，车站周围的环境变得更加整洁有序；在东靖路杨高北路和东沟路两个交通繁忙路口，爱心妈妈分别在每个路口的四个点上开展交通文明志愿服务专项活动。队员们指挥行人"红灯停、绿灯行"，制止"黑三轮"乱闯红灯，引导机动车和非机动车驾驶人员文明驾驶；在东沟社区老年人日间服务中心，爱心妈妈开展了环境卫生清洁活动，她们有的擦窗，有的拖地板，有的清扫厕所，还有的与高龄老人聊天，作心理抚慰。

（三）春节长假期间，爱心妈妈也没有休息，依然坚持前往中国馆，为参观中国馆续展的游客服务。按照排班，春节期间正好轮到一批新入队的队员值勤。团队原本打算安排其他老队员分别轮流前往中国馆值勤，却被小队长黄友新婉言谢绝了。她说："我们小队已经开过会了，大家表示要克服困难，安排好家务和与亲人团圆的时间，就不要麻烦其他队员了。"节日期间，前往中国馆参观的游客每天都超过 4 万人，爱心妈妈们便采取提早上岗和延迟下岗来应对大客流。在阳光的照耀下，爱心妈妈们身穿橘红色的工作服，个个面带微笑喜迎四方宾客。游客在得到爱心妈妈的微笑服务后，纷纷要求合影留念，她们把自己慈祥、阳光、快乐的画面留在了游客的脑海和相机里。

爱心妈妈将每天都视为雷锋日，全年无休的帮助广大行人养成文明行路的好习惯。就像队歌《我们是爱心妈妈》中所唱："在每一个早晨与市民相见，服务一小时，快乐一整天"。

三、术语解析

社区志愿者：社区志愿者是以社区为范围无偿主动承担社会责任的人。社区志愿者是指以社区为范围，在不为任何物质报酬的情况下，能够主动承担社会责任而不关心报酬奉献个人的时间及精神的人。

四、实践守则

（一）扎根社区，播撒大爱

每一位爱心妈妈都以母亲的胸怀投身到社会服中去，以女性特有的细腻和柔美为需要的人送去关爱。在爱心妈妈排得满满当当的活动表上，公益引领是第一关键词。

这支充满着母爱、洋溢着温情的女性团队走进高行镇老年综合服务中心，走进残疾人士阳光心园，将这里作为常态化服务基地，为特殊人群送去暖暖关爱。在专为智力障碍和精神残疾人士进行康复护理的阳光心园，爱心妈妈们为这群特殊的孩子组织趣味运动会,这群连正常走路都困难的孩子在爱心妈妈的保护下,第一次完成了跳绳等动作,高兴得跳了起来。在高行镇老年综合服务中心,爱心妈妈们化身"干女儿",成了"干爸干妈"的"贴心小棉袄"。寒冬还没有到来,爱心妈妈就早早送上自己亲手编织的温暖牌"三件套"给老人御寒。每到高温酷暑,家里亲人还没来看望,干女儿们已经送来了西瓜和绿豆汤。自从有了爱心女儿的呵护陪伴,老人们不再有"节日综合症",不但每个节日都过得热闹开心,还能够大饱口福。

爱心妈妈还走进军营,与上海市消防总队浦东支队保税区中队签约共建,与20 位兵儿子结缘。在绿色军营里,爱心妈妈以发自内心的母爱演绎着一段段感人的母子情:孤儿军人施波航在"上海妈妈"黄秀琴的怀里喊出了"妈妈";爱心妈妈邢瑞芳忍着骨折的疼痛,坐着轮椅为"兵儿子"朱海龙复员送行,"兵儿子"退伍后第一个想到的,就是带着女朋友一起上门看望干妈!

爱心妈妈就像一阵阵温暖的春风,吹进老年服务中心,便抚平了老人们额上一条条紧缩的皱纹;吹进阳光心园,便打开了孩子们心上一道道心酸的泪痕;吹进绿色军营,便飘扬起一首首民拥军、军爱民的双拥赞歌……

(二) 走上街道,倡导文明

在公交 610、799、987 路终点站和东靖路杨高北路、东靖路东沟路两个交通繁忙路口,以及"高行镇爱心妈妈志愿者服务示范路"新行路上,每天早高峰都有4 位爱心妈妈维护交通秩序,风雨无阻,全年无休。看到上学的孩子,爱心妈妈逐一护送他们安全走过马路;眼见蹒跚的老者,爱心妈妈们主动当起了他们的拐杖。爱心妈妈黄友新在值勤中,发现一位 80 多岁的老人过马路时硬闯红灯,赶紧跨前一步把老人拉了回来。望着眼前飞驰而过的卡车,老人感激地说:"谢谢爱心妈妈,以后再也不敢闯红灯了"。爱心妈妈董洁值勤时,发现一位 5 岁小男孩在马路边大哭。原来,孩子与妈妈走散了。在值勤结束后,董洁牵着小男孩的手,沿着东沟老街一路找妈妈,终于在东沟六村小区门口找到了这位粗心的妈妈。此外,爱心妈妈还参与了"看家护院,守望相助"活动,每天都有队员参与小区巡逻,早中晚三个班次从不落下,被居民们赞为"小区的守护神"。

(三) 耐心细心,化解矛盾

家家户户都有一本难念的经,爱心妈妈充分利用服务品牌在群众中的威信和口碑,探索矛盾化解的群众工作模式,开起了人民调解工作室,为邻里排忧解难。东沟七村一居民与物业公司之间的近4000元财产损害赔偿纠纷闹了半年多，一直未能解决，居民情绪难平。爱心妈妈李美敏、黄友新主动出击，多次上门走访双方当事人了解事由。在爱心妈妈的调解下，双方当事人终于走进爱心妈妈调解工作室，坐下来一起商量解决方案。经过爱心妈妈依理、依情的调解，双方都各退一步，最终在调解协议书上签字，一件社会纠纷圆满地划上了句号。

（四）延伸服务，不断壮大

"哪里有需要，爱心妈妈就出现在哪里。"这些年来，爱心妈妈服务的每一个岗位，都是主动进攻找来的；在每一个服务的平凡岗位上，爱心妈妈认真而执着地奉献着激情与快乐。与此同时，爱心妈妈自身也在实践中不断成长，不断完善。每当"爱心妈妈"团队吸收新成员，好多阿姨妈妈们都会主动来报名。穿上橙色服装，成为"爱心妈妈"的一员，成了高行镇越来越多居民的心愿。"爱心妈妈"为啥这么有吸引力？团队中最年长的76岁潘林娣道出原委："因为当了爱心妈妈，我活得更年轻、更快乐了。"

（五）找到能人，发挥作用

团队经过几次扩容招募，可谓"藏龙卧虎"：文艺骨干、编织高手、做菜高手……不少队员都有一技之长。为了让队员更好地提供社会服务，团队内的资源被充分利用，爱唱歌跳舞的爱心妈妈组建了文艺小分队，创编新舞参加文化进社区、进企业、进部队巡演；会包饺子、包粽子的爱心妈妈定期到福利院和消防中队，为"干爸干妈"和"兵儿子"改善伙食；会手工编织的爱心妈妈，到福利院为住院老人办起了丝网花培训班。如今，这些爱心妈妈都能歌善舞、能说会道，还有两名队员分别成了镇党代表和镇人大代表。难怪他们的家人都说，"精气神"真的不一样了！

除了充分利用内部资源，爱心妈妈还请来外援，开展各类培训：心理专家开讲"家庭关系"，法律专家开讲"老年人保护法"……年过半百的阿姨妈妈彷佛回到了学生时代，每个月都要听几场讲座，还会坐在一起交流心得。各类培训中，最受爱心妈妈欢迎的莫过于电脑培训班，这群年过半百的爱心妈妈以前大部分是地地道道的"电脑盲"，大家非常珍惜这次培训，上课时个个精神饱满，专心听老师讲课，细心操作每一个步骤，已经学会的队员则充当起了小老师的角色。队员周菊英第一次培训回家后，便让老伴到银行取钱，急着要购买电脑、安装宽带。学会了操作电脑，爱心妈妈的眼前打开了一个崭新的世界。

五、各界应该怎么做

1. 政府

指导、支持志愿者组织发展，建立规范的社区志愿服务组织机制。指导支持建立社区志愿服务组织机构。社区志愿服务组织要进行规范化建设，凡符合登记条件的要及时按规定在民政部门登记注册；凡符合备案条件的，应在居委会备案。

完善表彰激励制度。对有突出贡献的志愿服务先进单位和个人，要及时予以表彰和奖励。广泛宣传社区志愿服务实践活动中涌现的先进经验、先进典型，在全社会营造有利于社区志愿服务活动开展的良好氛围。

完善工作保障机制。积极为社区志愿服务工作的开展创造条件，提供必要的场地和经费保障。鼓励企事业单位、机关、团体、学校和其他社会组织为志愿者组织开展服务活动提供经费、场地、设施、技术等方面的支持。

2. 志愿者组织

一是要壮大志愿者队伍规模。健全志愿者注册制度，建立科学完备的志愿者注册管理系统和志愿服务信息平台，扎实做好注册志愿者建档工作。充分发挥党员志愿者的示范带头和大中学生志愿者的生力军作用，鼓励和动员各行各业技能技艺人才、在职干部职工、身体健康的低龄退休人员加入志愿服务组织，参与志愿服务活动。通过共驻共建、校地联谊、活动合作等形式，整合辖区机关、学校、企事业单位的志愿服务组织，不断壮大社区志愿者队伍。

二是要建立星级认证制度。要加强注册志愿者服务工作台账建设，认真做好注册志愿者上岗服务时间统计工作，加强量化考核，建立以服务时间和服务质量为主要内容的星级志愿者认定制度。

三是要不断提高志愿者素质。强化志愿者服务理念、知识技能、权利义务、风险和安全知识等基础培训，深化志愿者对志愿服务理念的认识和理解，提升志愿者参与服务的技能和水平，增强志愿者团队的组织性和纪律性。

四是开展好志愿者活动。（1）是开展好扶弱帮困活动。（2）是开展好便民利民活动。（3）是开展好文化健身活动。（4）是开展好治安防控活动。（5）是开展好低碳环保活动。

本案例由刘霄临、潘方悦搜集、整理、撰写

资料来源：

1. 上海社区志愿服务网、上海志愿者网
2. 《高行志愿服务队用"妈妈"的爱服务他人》，唐玮婕，发表于文汇报

第二节　专业机构

一级案例

专业社工机构的特殊群体社区服务项目

——以上海市崇明、奉贤关爱困难家庭儿童项目计划为例

大家都看过"留守儿童"公益广告并为之动情吧？2013 年，全国妇联根据中国 2010 年第六次人口普查数据推算，中国共有 6102.55 万农村留守儿童。而 2016 年多部门联合开展的农村留守儿童摸底排查工作统计认为，全国不满 16 周岁、父母均外出务工的农村留守儿童数量为 902 万人。

近年来发生的一系列"留守儿童"恶性事件，让人们对留守儿童心理问题充满担忧。当然，并非所有留守儿童都像报道的那样只有不好的一面。在社区中类似于"留守儿童"这样的有心理等问题存在的特殊青少年也有不少，如何做他们的工作，使他们有良好的社区支持环境，能够在特殊情况下还能健康成长呢？

一、背景

有这样一群弱势青少年，他们可能因为家庭生活的突变与不幸经历，让原本和谐的生活产生了翻天覆地的变化，从而产生了一定的落差感。然而往往在面对巨大的改变和挑战的时候，内心也承受着很大的压力。以至于内心渐渐产生了自卑，情感也变得比较脆弱和敏感；在与他人的交流过程中，也会感到自己被歧视，没有实在的归属感，导致了他们与人交往的合作能力也变得比较差。

面对这样的弱势群体，让他们在成长和生活中隐藏了各种困难和风险，他们

无法适应和面对自己的不幸经历,无法克服。因而应该关注并引导他们,从逆境中复原,并要变得强大,可以应对危机和挑战的同时,要进一步加强自我修正,把危机转化为机会,建立正确积极的发展新方向。

二、简述

上海很多专业社工机构开展了专业的社工服务,项目主要以崇明堡镇地区、奉贤区的吸毒以及矫正人员未成年子女、父母一方失踪、单亲、孤儿以及家庭环境产生重创的未成年儿童为主。

项目目标:

(一)利用志愿结对,帮助项目对象建立社会归属感,建立有效的支持系统;

(二)帮助项目对象加强适应环境变化的能力,改善内心压力,管理自身情绪,建立乐观感;

(三)提升项目对象人际与人交往能力,帮助加强解决问题的能力,学会克服困难和挑战;

(四)帮助项目对象发掘自身潜力,提升抗逆力,结合社会资源,制定自我发展目标。

实施步骤:

(一)前期准备

1. 前期工作:项目筹备工作(计划、方案、动员会等)。

2. 排查工作:根据实际情况,开展排查,确认符合项目的贫困家庭信息。

(二)活动开展阶段

1. 通过志愿者服务队与项目对象建立志愿结对,帮助服务对象成员可以更好地融入社会团体,感受切实的归属感。

2. 组织志愿者运用丰富多彩的团体活动,引导志愿者和活动成员建立良好的沟通模式,提高他们的情感支持,提升自我安全感,使得他们更有信心面对生活中的挑战。

3. 组织志愿者开展情绪管理小组活动,以活动成员在遇到问题、困难和挫折后产生的心理情绪问题,运用专业知识和心理辅导让他们再能够中提升心理承受力和自我情绪管理能让你,引导他们健康正面成长。

4. 为活动项目成员提供一些自我增能的活动,引导活动成员们通过技能提升、加强自我认同,并接受他人的肯定和鼓励,更好地结合自身的问题,发掘潜在能力,让自己更加适应环境的变化。

5. 组织志愿者每月到项目对象家中进行家访,了解他们的实际困难,按需提供帮助,让其感受到社会对他们的关爱。

三、术语解析

困境儿童,是指流浪的未成年人,因其他原因暂时失去生活依靠的未成年人,包括事实无人抚养儿童、受艾滋病影响的儿童、父母服刑或戒毒期间的儿童、贫困家庭患重病和罕见病儿童等。

四、实践守则

(一)环境系统的建立:通过志愿结对服务,帮助构建一个可以提升其抗逆力的良好环境。

(二)引起社会公众的积极关注和响应,使他们踊跃参与到活动中来。

(三)争取政府支持,邀请优秀社工督导提供技术支持。

五、各界应该怎么做

(一)政府:多种资源的有机整合,为孩子们搭建更好的成长环境。政府、社团、高校以及志愿者在该项目平台上有机协作。其中,对当地政府资源的充分挖掘以及对志愿者队伍的科学管理是其中最有亮点的要素。

(二)志愿者:参与帮助未成年子女的关爱活动,给予情感支持;开展团队系列活动,帮助孩子们建立社会归属感。

(三)专业社工:多种方法的综合运用,除了社会工作的主导方法外,心理咨询、户外猎奇等专业助人手法也被引入。多种方法的整合拓宽关爱行动的服务手段,进一步延伸服务内容。提供专业的服务方法以及心理辅导,学习自我情绪的管理。有效改善其健康人格成长,拓宽就业信息渠道,提供就业机会。为构建和谐社会,有效预防和减少犯罪体系建设做出积极的探索。

(四)学校老师、同学同伴之间建立正确沟通模式,提升人际交往能力。

(五)将家庭作为平台,通过整合家庭资源,为家庭和个人提供支持和服务,提高特殊人员家庭成员之间的亲密度,畅通情感沟通渠道,提高家庭成员之间互相帮助支持的程度。

本案例由刘霄临、潘方悦搜集、整理、撰写

一级案例

老年服务机构

——上海"长者照护之家"

位于上海市黄浦区小东门街道的中民养老小东门"长者照护之家",举办了一场专为居住其中的老人们精心设计的"长者派对"。为了能够给老人们带来一份惊喜,中心的工作人员在老人们不知情的情况下,悄悄利用午休时间布置好了场地,并将他们的家人都邀请到了现场。用年纪最长的周奶奶的话来说,"就过了 20 分钟,再出来,就看到屋子里像过年一样的啦!"

不久前,因为家里要装修,赵奶奶申请到中心短期入住。当时,赵奶奶根本没有想到,自己 85 岁的生日将会在中心度过。而更让她感到意外的是,第一个记得并提出帮她庆祝生日的,竟然是中心的工作人员。(引自 https://baijiahao.baidu.com/s? id = 1578089891554624686&wfr = spider&for = pc 长者照护之家开起"长者派对"看老年生活如何奏响"欢乐颂"!)

很多老人短期住进了家门口的"长者照护之家",这些机构给他们的老年生活带来了快乐、舒适和便利。

"长者照护之家"是如何运营的?

一、背景

上海很多老人年事渐高,体弱多病,生活不能自理,又由于家庭、住房等原因,在家里得不到很好照料,生活质量下降,尤其是独居的高龄老人的生活、就医和护理问题极需社会援助。有些子女道德素质低下,损害老年人权益、拒绝赡养老人、强占老人住房等现象时有发生,因此如何照护这类老人是政府和社会组织亟待解决的问题。

社区是老年人养老的重要场所,沪上的养老服务升级既有的社区服务机构,比如托老所;创建全新的社区服务机构形态,比如长者照护之家;对零散分布的社区为老服务进行综合集成,推出了社区综合为老服务机构。

为缓解本市养老服务场所资源短缺的压力,上海市民政局在部分街道开展"长者照护之家"试点工作,鼓励街道因地制宜,盘活资源,发展这种家门口的"迷你养老院"。

二、简述

(一)"长者照护之家"的发展简述

2014 年下半年起,上海市开展社区嵌入式养老服务机构——"长者照护之家"试点,通过改造利用社区现有公共设施或闲置物业资源,建成嵌入式、多功能、小型化社区养老设施,为老人就近提供便利的综合养老服务。"长者照护之家"从功能上打通了"90""7""3"这三个板块(即 90％老人在家庭养老、7％依靠社区养老、3％依靠机构养老的养老服务格局),实现了居家、社区、机构养老的融合,受到群众的欢迎,也是上海养老服务模式的有益探索。

(二)"长者照护之家"的运营模式

"长者照护之家"的单床面积 18 平方米以上,"长者照护之家"的床位纳入上海新增养老床位统计,申请入住的老人需要经过身体状况评估,达到机构入住照护等级。

"长者照护之家"除了为周边小区部分失能、失智长者提供全日制托管服务,还为周边的居家长者提供健康监测、上门康护等拓展性服务;有需要的家庭还能参加家庭护老技能培训等援助性服务。据测算,其专业服务可以辐射小区居家长者 120—200 户。

从服务功能上看,"长者照护之家"既能提供机构养老的基本功能,又能为居家养老提供专业服务和支撑,既有生活照料,又有医疗护理,可以覆盖从自理老人到重度失能、失智老人全人群,提供照护预防、居家安养、日间照料、短期寄养、喘息服务、长期托养全梯度服务,发挥家门口养老院的养老枢纽站作用。

已运行的"长者照护之家"利用物联网技术、通过信息化智能化手段,实行智能派单、错时服务,合理分配工作量,以实现服务人员配备减少,效率提升,形成"高效服务—高收入—高稳定"的良性循环。

三、术语解析

（一）长者照护之家

"长者照护之家"是为老年人就近提供集中照护服务的社区托养设施，功能介于社区日间照料中心和敬老院、护理院之间，一般采取小区嵌入式设置，并辐射周边社区。

（二）社区养老

社区养老，是养老方式之一，是指以家庭为核心，以社区为依托，以老年人日间照料、生活护理、家政服务和精神慰藉为主要内容，以上门服务和社区日托为主要形式，并引入养老机构专业化服务方式的居家养老服务体系。主要内容是举办养老、敬老、托老福利机构；设立老人购物中心和服务中心；开设老人餐桌和老人食堂；建立老年医疗保健机构；建立老年活动中心；设立老年婚介所；开办老年学校；设立老年人才市场；开展老人法律援助、庇护服务等。

社区养老的特点在于：让老人住在自己家里，在继续得到家人照顾的同时，由社区的有关服务机构和人士为老人提供上门服务或托老服务。

四、实践守则

在运营"社区养老"时应该注意以下一些方面：

（一）从社区的碎片资源中发掘空间，建设家门口的微型养老院。不鼓励"压床"，让床位流动起来，惠及更多服务对象。

（二）"长者照护之家"的服务必须向周边社区居家延伸，才能维持日常运营成本。人力的合理化配置，将老年人和护理人员的时间进行合理配置。

（三）运作方式上，注重与辖区资源的联动，比如和街道共享后勤厨房设施、和社区图书馆阅览室共享空间资源。将过去独立分散的机构、社区、居家三种服务集结互融。

（四）建立监管体系，形成细化的养老社区服务规范、业务流程和技术标准，并引入更为客观和公正的第三方，对硬件设施以及软件服务的质量进行专业的评价。

（五）实行准入制度，尽快出台老年服务的相关法规，规范服务市场，严格就业门槛，实行资格考试，逐步建立起养老机构服务人员的资格认证、职称评定体系。

（六）引进专业机构，养老社区应与专业老年服务机构、餐饮服务公司、医院、老年大学等合作，将现代服务业与传统养老业融合，使社区服务与管理产生质的飞跃。

（七）应建立医疗护理、养生指导、心理咨询等专业服务人才在老年社区照顾领域的定期轮岗制度和激励制度，确保他们能够在社区照顾中为老年人提供专业化指导和服务。

五、各界应该怎么做

(一) 政府应该怎么做

主要应拓宽社区养老资金来源渠道，实现投资主体多元化。地方政府应加大对社区建设的支持力度，通过实施财政补贴、减免税收、建立专项资金等政策保证基本的养老服务经费。同时，还应在社会上开展敬老爱老的教育宣传活动，鼓励社会团体、慈善公益机构、企事业单位和个人参与爱心捐款捐物等公益性活动，作为养老资金的补充来源。最后，政府出台切实有吸引力的优惠政策鼓励民间资本参与社区养老建设运营，创办托老所等养老机构。

(二) 社会组织应该怎么做

加强老年护理职业技能人才培养，打造社区养老专业服务队伍。一是实施专业化培训。目前的社区养老服务从业人员多来自于失业待业群体以及退休职工，缺乏专业素养，无法保证养老服务质量，且这一现状在短时期内难以改变，因此，政府可鼓励发展养老技能培训机构，组织开办居家养老护理员培训班，定期对从业人员进行专业化培训，鼓励其持证上岗。二是培养和选拔护理专业人才，吸纳应届社会工作专业和医疗护理专业毕业的大中专生，加强社区养老专业服务队伍建设，提供服务质量。三是鼓励志愿者参与，中青年群体是社区养老服务工作的主力军，青年志愿者的专业程度不高，但其提供的服务能给老年人带来精神上的慰藉，同时也有助于形成尊老敬老的良好道德风尚。

(三) 社区应该怎么做①

拓宽社区养老服务内容。一是要搭建老年人活动交流平台。多组织创办适合老年人参与的文体娱乐活动,充分利用老年活动室、社区文化站,开设各类文化班、兴趣班,鼓励老年人参与集体活动,学习文学、书法、绘画、医疗保健、心理等课程,丰富其精神文化生活。二是强化"非正式照料支持体系"建设,鼓励邻里互助志愿者重点上门关心有特殊情况的老人。三是社区医院要强化医疗保健服务,定时为社区老人提供身体健康检查及日常保健等服务。四是建立老年人基本信息数据库,实施信息化系统管理。通过为每位老年人建立个人电子健康档案,包括老年人的基本信息、主要疾病和健康问题摘要、主要卫生服务记录等内容,满足居民的自我保健和健康管理需求。

本案例由刘瀚斌、潘方悦搜集、整理、撰写

第三节　社会组织服务中心建设

一级案例

如何打造社区级的社会组织服务中心?

——以上海市普陀区长寿路街道为例

上海街镇层面的社会组织服务中心最早成立于 2002 年,普陀区长寿路街道成立了全市首家街道级的社会组织服务中心,当时还叫"民间组织服务中心"。关于街镇成立社会组织服务中心,查了很多资料,目前还算不上必须完成的工作任务。但是,随着社会组织服务中心作为体现街镇领导对社区治理工作重视与否的符号,各街镇纷纷成立社会组织服务中心。杨浦区去年已经率先实现了各个街镇社会组织服务中心的全覆盖。至今,全市绝大多数的街道都成立了社会组织服务中心。

我们不禁要问,这些已经成立的社会组织服务中心的运营状况怎么样?

---

① 闻笛.民企投资养老需要爱心和智慧[N].中国企业报,2013(12).

我认为,绝大多数社会组织服务中心的运营和期待都存在不小差距。街镇社会组织服务中心有的是社区社工在做,有的由街镇退休的人在推动,绝大多数都委托给了第三方社会组织承接。总体上来看,运行状况堪忧,主要就是一两个人来运行,每年财力支持大约 20 万元左右,一年内主要完成一两个活动,像公益日活动、沙龙活动或者做一个论坛等等既定内容就可以了。

我和很多街道领导交流过,没有一个对于自己街道社会组织服务中心是满意的。为什么呢? 又如何才能做得更好呢?(选自闫加伟"社会创新者说"《社区社会组织服务中心建设之困》)

一、背景

社区社会组织是社区管理和社区服务的重要支撑体,以其独有的特质和优势参与社区治理,提供社区公共产品,承接大量由政府改革转移出来的职能,成为人们生活中不可或缺的重要组织形式。在社区层面成立的社会组织服务中心理应承担起培育社区社会组织的任务,实现资源整合,激发社区活力。

2002 年 8 月,上海市普陀区长寿路街道办事处创建了全国第一家社区民间组织服务中心,通过为社会组织提供服务和扶持的方式,探索出"管理寓于服务、服务渗透管理"的社区社会组织管理新体制。

二、简述

十几年来,长寿路街道经过主导、倡导到推动、发展三个阶段,以社会组织服务中心为新载体,培育、扶持辖区内的社会组织,转变政府职能,形成了"街道推动、中心运作、各方参与、百姓受益"的善治新格局;以"社工引领义工、义工服务群众、群众参加义工"的"两工"联动机制;以"社区为平台、社团为载体、社工为发展"的"三社"互动模式,积极引导社区内的社会组织参与社区建设和管理,为构建和谐社区做出积极贡献。正如专家所言,它"为政府职能转变,推动小政府、大社会的改革提供了思路"。

社区社会组织服务中心将"服务、协调、管理、预警"功能融为一体,主要做法是:通过社会组织服务中心搭建服务平台,积极为社会组织提供各种服务,帮助社会组织解决实际困难;发挥"孵化器"作用,引导、扶持、培育社区慈善超市等服务性、公益性、慈善类社会组织，满足社区需求、救助社区弱势群体；对群众团队实行备案登记，探索群众团队长效管理机制；建立社区社会组织预警网络，及时反馈信息，协助政府管理部门开展工作；承接政府转移职能，开办民办非企业单位、家庭收养调查评估工作；建立社区义工服务总站，规范义工管理，服务社区居民。

近些年来，长寿路社区里许多社会组织逐渐涌现出来，群众团体迅速发展并出现抱团现象，现有各类群众活动团队 193 个，其中：公益服务类 11 个，休闲爱好类 21 个，文化娱乐类 67 个，体育健身类 94 个，参加活动总人数 4037 人，其中 60 岁以上老人 2397 人，占总数 59%。社区组织及团队的发展也促进了市民参与意识和志愿服务意识，越来越多的社区市民加入到了志愿服务的行列，1825 名社区居民报名参加义工，组成了 50 多支义工队伍，在社会救助、助残等方面积极为社区需要帮助的人提供义工服务。随着居民生活水平的不断提高，长寿社区居民的需求日益增长，尤其是在各种养老、文化艺术培训、职业技能培训、幼儿教育、身体健身等方面日显突出。面对如此多层次、多样化、个性化的需求，政府根本无法包揽，也不能包揽，因此必须在社区管理的体制、机制上创新载体，拓展渠道，开展社会组织服务中心人性化的服务，以便承接政府转移职能，找到解决社会矛盾的新方法、新途径，满足社区居民日益增长的物质、文化需求。

长寿路街道通过社会组织服务中心搭建服务平台，实施社会组织枢纽式管理热心帮助社会组织解决实际困难，为辖区内 95 个社会组织和 193 个群众活动团队提供服务，帮助 53 家民办企业单位"落户"长寿路街道，为社会组织"建家"，增加了社会组织的认同感和归属感，积极引导社会组织融入社区，参与建设和谐家园。建立社会组织预警网络，及时反馈信息，协助管理部门开展工作；承接政府转移职能，开展民办非企业单位、家庭收养调查评估工作；对群众团队实行备案登记，探索群众团队长效管理机制；发挥"孵化器"作用，培育社区慈善超市等服务性、公益性、慈善类社会组织，救助社区弱势群体；建立社区义工服务总站，规范义工管理，服务社区百姓。在这一模式下，社会组织更能发挥其作用，在更广泛的领域承担其角色职责，成为社会管理控制体系的有机组成部分，构建起"党委领导、政府负责、社会协同、公众参与"的管理格局。如：为推进职业培训、帮助政府解决下岗职工再就业，社会组织服务中心与民办非企业单位联合开办各类培训班，以政府向社会组织购买服务的方式，通过采取每解决一个困难人员就业，街道给予民办非企业单位一定补贴的办法帮助下岗、失业人员尽快就业。

街道把原先直接管理的护绿队、除"四害"队和市容环保队的功能整合起来，成立"三维服务社"，由社会组织自己管理自己，街道通过政府购买服务的方式，扶持公益性社会组织的发展。

三、实践守则

1. 将服务渗透管理，将管理寓于服务中。长寿街道首先转变观念，为社会组织提供服务，将管理寓于服务，解决社会组织的管理与服务问题。从政府管理的角度来看，街道通过社会组织服务中心为社会组织提供服务，及时掌握社会组织动态，寓监督管理于服务之中，实现了社会组织的有效管理；从社会组织自身的角度来看，"以民管民"的做法在一定程度上实现了社会组织的自我管理、自我教育和自我服务。

2. 转变政府职能与培育社会组织相辅相成。长寿街道的改革实现了政府与民间社会的合作治理，降低了政府社会管理成本、提高了政府公共服务的效率。过去政府大多利用体制内公共力量进行社会管理，管理成本高，却收效甚微。长寿街道通过向"社会组织服务中心"和各类公益性社会组织购买服务的方式，将大量原来由政府承担的公共服务职能转移给社会组织，既弥补了政府在公共服务方面的不足，又扶持了社会组织的发展。

3. 培育社会组织与社区建设、服务社区居民相联系。街道是区政府的派出机构，街道所承担的大量政府职能具有贴近和直接服务于百姓的特点。长寿街道通过社会组织服务中心引导、扶持和培育社会组织也仅仅围绕满足社区居民需要，服务社区居民，并促进社区自我管理和自我服务的社区建设过程。在长寿街道，社会组织的发展和管理与社区建设逐步形成良性互动格局，社区社会组织在服务社区居民、参与社区建设过程中得到发展壮大，街道办事处在二者之间建立的桥梁纽带作用，例如，社会组织服务中心培育、管理的长寿社区慈善超市对社区弱势群体积极开展助困、助学、助医等慈善救助，以慈善超市为平台所完成的救助功能远远超出政府传统社会救助模式的效果，既整合了社会资源、培育了社会互助精神，又帮助政府树立了重视民生、改善民生的良好形象。

4. 党的建设与社会组织管理相联系。社会组织人员流动性大、社会组织生存的不稳定性以及社会组织的条块管理关系和多头管理等都给社会组织党建带来极大困难。社会组织中的党员无法管理，无法发挥党员作用，是社会组织党建存在的一个大问题。长寿街道通过社会组织服务中心党总支这样一个政府管理部门和社会组织之间的有效载体,探索"枢纽式管理"方式,实现社会组织党建全覆盖,同时发挥社会组织党支部及信息员的作用,把监督预警工作融于党建之中,确保党对社会组织的有效领导。

四、各界应该怎么做

1. 政府。大力支持社会组织服务中心建设,完善良好的工作机制,提供人财物等各方面的支持。强化党建引领。合理定位政府职能,构建互动合作的新型"政社关系"。

2. 社会。积极支持社会组织服务中心事业,参与公益慈善活动,加入志愿者队伍,支持各类社会组织发展。

3. 社会组织。与社会组织服务中心共成长,构建良好的社区生态体系。

4. 居民。积极参与各类公益慈善志愿者项目和活动,为社区发展出力献策。

本案例由刘霄临、潘方悦搜集、整理、撰写

资料来源:

1.《政府与公民社会的伙伴关系——上海普陀区社区社会组织管理体制改革"长寿模式"案例分析》,周红云发表于《社团管理研究》2010 年 08 期

2.《上海闵行:培育本土社会组织 让基层"活"起来》,记者王烨捷 周凯,发表于中国青年报 2016 年 05 月 18 日 07 版

第四节 支持型社会组织培育

一级案例

支持型社会组织培育

——以昆山市为例

2018 年初,国家民政部下发了《关于大力培育发展社区社会组织的意见》,文

件中提出"力争到 2020 年,实现城市社区平均拥有不少于十个社区社会组织,农村社区平均拥有不少于五个社区社会组织,并将支持社区社会组织承接社区公共服务项目。"文件的意图非常明显:一是社区基层,二是民生服务,希望通过大力培育社区社会组织,使基层的民生服务更加丰富,这符合中央全面建成小康社会的要求以及建设美好生活的要求。而社会组织如何培育,社区缺什么样的社会组织呢?

一、背景

近年来,社会组织作为社会建设的一支有生力量越来越受到重视。截至到目前为止,昆山全市共有各类社会组织 708 家,备案的社区社会组织 1336 家,在民政、教育、卫生、文化、体育、劳动、科技、经济等各个领域发挥着积极的作用,已经成为昆山市建设现代化社会的一支重要力量。

然而,也不难发现,在这些社会组织中,公益服务性的社会组织较少,也缺乏相应的专业化训练。而伴随着政府职能进一步转变,社区老百姓对公共服务的需求增大,要求更高,越来越多的社会事务需要社会组织特别是公益性社会组织来参与和管理。正是基于这种状况,昆山市一方面强化政策创新,建立起社会组织培育的政策体系。一方面,大力扶持支持型社会组织发展,引入、培育社区服务类社会组织,不断激发社区活力,推进社区服务社会化创新。

二、简述

昆山爱德社会组织培育中心是一家扎根昆山的支持型社会组织,由江苏省昆山市民政局和爱德基金会合作发起,爱德基金会创办,2011 年 11 月 21 日正式成立。中心致力于培育昆山市经济社会发展急需的社会组织,特别是公益性社会组织。

昆山市爱德社会组织培育中心是昆山引入南京爱德基金会社会组织培育现有理念和专业力量成立的一个独立运行机构,旨在通过爱德基金会多年的专业服务经验和资源,为社会组织特别是公益性社会组织提供办公场地、政策咨询、信息交流、能力建设、人才培训、项目支持、评估指导等综合性孵化培育服务,推动昆山市社会组织特别是公益性社会组织的发展和专业服务水平的全面提升。

三、术语解析

支持型社会组织,也称为社会组织培育中心、社会组织孵化器(孵化园)或者枢纽型社会组织。发展较成熟、专业能力较高以及社会资源丰富的社会组织对能力较低、刚兴起的社会组织进行指导帮助。通过资金、场所等物质支持以及专业性培养、社会项目提供等发展能力提升,促进这类兴起的社会组织今后能够依靠自己的能力维持运作。

四、实践守则

1. 运营社会组织培育基地,为入驻社会组织服务。面向社会发布社会组织孵化招募信息,希望在机构管理、专业服务以及资源等方面获得支持的社会组织或者致力于社会创业的个人均可申请入驻培育中心。中心为入驻的社会组织提供免费办公场所、专业培训、内外宣传、行业交流、项目支持、平台搭建等多元化支持性服务,帮助新社会组织建立健全信息披露、财务管理、内部治理等各项规章制度,加强新社会组织规范化建设和能力建设,协助社会组织进行登记注册,实现可持续发展。

2. 组织承办公益创投大赛。率先举办以"公益创投助成长,三社联动促和谐"为主题的昆山市首届公益创投活动。该项活动得到各级领导和社会各界的关注和支持,获得 2012 年度市效能建设创新奖。通过项目征集、项目评审、项目资助、第三方评估等环节,扶持和培育发展公益服务类社会组织,将红色活力、橙色关爱、黄色希望、绿色环保、蓝色开放五彩公益理念融入居民生活,共建精神家园。两年公益创投,共"催生"74 个公益组织。

3. 与入驻社会组织陪伴式成长。中心并非简单追求数量,而是以培育当前以急需的服务型社会组织为重点,强调"一同工作,一同成长",扎实的推进社会组织培育工作。

五、各界应该怎么做

1. 政府。相关政府部门出台相关政策,以开放心态扶植支持型社会组织的发展;给予支持型社会组织以平台和舞台;举办大型活动和项目,在全社会倡导良好的公益氛围;积极支持开展志愿服务活动,为各类组织的活跃提供良好的社会基础。

2. 社区。给予支持型社会组织以各类资源支持；积极参加创投、孵化活动，承接社会组织项目落地社区，并给予各方面的配合和支持。

3. 社会。各类企业履行社会责任，参与社区活动；为支持类社会组织提供更多支持；积极做一名好的志愿者。

资料来源：

《城市发展空间战略规划研究——以江苏省昆山市为例》，丁成日、郭湘闽、何剑鸣、崔晗，发表于《城市规划学刊》2008 年 06 期

本案例由刘霄临、潘方悦搜集、整理、撰写

延伸案例导读

社会组织政策体系构建
——以昆山市为例

一、出台全面科学的政策

1. 出台"导向政策"。成立由市长担任组长的江苏省"昆山市推进社会组织健康发展工作领导小组"，相继出台《关于加快推进全市社会组织健康发展的意见》《昆山市政府向社会购买服务实施办法》《昆山市政府向社会转移职能事项目录（第一批）》《关于申报具备承接政府职能转移和购买服务条件的社会组织的通告》《关于深化昆山市行业协会（商会）改革的实施细则》《关于进一步加快集聚高层次优秀人才的若干意见（试行）》《市委组织部关于做好清理退（离）休干部在社会团体兼职有关事项的通知》等导向鼓励性政策，为全市社会组织生存发展和功能发挥肥沃了土壤、开拓了空间。

2. 制定"配套制度"。在社会组织的登记体制、购买服务、平台建设、人才队伍、政策宣传等方面相继编制"六个文件、五个指引"。"六个文件"分别是：《昆山市四类社会组织直接登记管理暂行办法》《昆山市社区社会组织备案管理暂行规定》《昆山市社会工作人才计划实施细则》《昆山市公益创投活动实施细则》《昆山市社区公益服务项目招标投标实施细则》《昆山市公益创投项目管理制度》。为促进政社有效对接和互动，相继编印"五个指引"，分别是：《昆山市社区概况

及公益服务需求指引》《昆山市社会组织管理服务指引》《昆山市区镇微创投操作流程指引》《昆山市社会组织培育基地建设标准指引》《昆山市社会组织等级评估指导服务指引》。

3. 优化"行政监管"。优化年检服务，从提升服务水平的角度，昆山市民政局联动市教育局、市工商联、市科协、市文联、市体育局等主管较多社会组织的业务主管单位开展集中年检；并针对部分社会组织经费紧张、运作艰难等实际情况，以 2014 年度实际总收入 30 万元为界线，低于 30 万元的社会组织不必提交财务审计报告。开展等级评估，委托第三方专业机构开展专业评估，引入 APP 工作平台开展等级评估，优化电子台账，全过程反映工作流程，重在发现问题后以评促改、以评促建；建设昆山市社会组织网站，为全市社会组织搭建信息披露平台，联动公众力量监督社会组织行为，督促社会组织加强诚信建设。

（引自 2016 年 1 月 19 日《中国文明网》）

二、建设社会组织培育基地

昆山市民政局、财政局联合发布《关于印发昆山市社会组织培育基地建设资助办法的通知》（昆民〔2016〕90 号）（以下简称《办法》）。

《办法》规定，区管委会、镇政府为申请主体，资助对象为区镇、片区主导建立的区镇级公益坊和社区级五彩益家。文件中对申请资助的条件、资助程序、资助方式和资助标准进行了明确的规定。各区镇、片区建成后的公益坊，经验收可申请一次性资助；建成后的社区五彩益家，经过现场评估考核，可连续五年申请运营补贴。

根据昆山在社会组织培育基地建设方面的规划，区镇公益坊着力是培育发展与辖区问题、需求相匹配的公益服务类社会组织，集中社会资源、社会力量，共同致力于辖区内社会问题的解决、文明社会的建设。社区五彩益家是社区居民群众策划社区活动、开展志愿服务、致力解决社区公共事务的共同家园，旨在促进社区融合与文明程度的提升。

发挥昆山市公益创新中心作用。中心是昆山市构建公益服务集成体系的一个缩影，集合一支涵盖高等院校教授、海外社会企业家、昆山民营企业家以及省民政厅社会组织专家库成员等多个领域的专业人员成立"民间公益智库"，为"三社联动"的昆山实践提供强大的专业知识和技术。

（改编自 2016 年 8 月 12 日《民政舆情网》）

三、引进专业社会组织参与社区治理

为了更好地带动社区居民自我管理、自我服务,引进专业的社会组织和社工机构参与社区治理,成为目前江苏省昆山市创新社区建设和管理的新路径。

社区居民委员会,是居民自我管理、自我教育、自我服务的基层群众性自治组织。但现实是,社区工作过于"行政化"。不仅会议要参加、台账要做、报表要送审,而且各类检查评比、创建达标活动,社区也要参加。一边是繁琐的事务性工作,一边是社区各类需求越来越高的社区居民,社区有限的几个工作人员的负担越来越重。2013 年,昆山市出台《昆山市社区减负增能专项工程实施方案》,进一步理顺社区工作关系,优化社区工作运行机制,减轻社区行政服务压力,增强社区居民自治服务能力。

社区自治需要居民参与,但如何搭建居民参与的桥梁,让大家自觉、自愿地参与到社区自治中来? 昆山市加大社会组织和社工机构的引进和培育力度,以社区服务项目为抓手,以开展公益创投评选、社区公益服务招投标工作为手段,大力培育扶持社区社会组织发展。

新江南社区的"五彩益家"依托爱德开展新江南社区服务综合发展项目,以社区综合发展、参与式发展理念为依据,立足社区需求,激活社区内部资源和发展潜能,为社区居民提供优质、可持续的社区服务。项目负责人徐晶介绍说,这个项目主要服务于社区的老人、孩子、新昆山人和困难群体,如今通过她和两名专业社工的带动,全社区的热心居民积极充当志愿者,一起参加活动、互助互帮。

(引自于 2014 年 12 月 26 日《中国社会报》、2016 年 7 月 14 日《江苏文明网》,并作了删减)

四、推进社区服务社会化的试点

2016 年 7 月 11 日,昆山市政府印发《昆山市全面推进社区服务社会化工作方案》,力争到"十三五"末,基本实现服务社会化城市社区全覆盖,农村社区覆盖率不低于 30%。

面对人口密集、成员地域广而杂、治理难度较大而期望日益提高的问题,昆山市按照"以民为本、群众急需,整体外包、专业服务,试点先行、全面覆盖,开放择优、公开透明"的原则,采取"区镇打包、社区落地"的方法,引入社会化多元主

体,为居民提供更细致而专业化的服务。

昆山市以区镇、片区为单位,采购推动辖区公益事业发展的枢纽支持性服务;以该辖区内社区为单位,采购社区综合治理类服务。具体内容包括辖区社会组织培育、公益坊运作或者公益资源集成化建设、社区工作者实务能力培训、弱势群体的专业社会工作服务等,今后还将根据需要分批次、有重点、有步骤地扩大政府采购。实施初期,市福利彩票公益金将每年分别为 11 个区镇、4 个城市管理片区支出 80 万元。此外,每年还安排 40 万元用于所有项目的评估、督导和审计。

相关区镇、片区将全程督导合同方案的执行和落实,除为承接机构的专业团队安排落地场所,各区镇、片区还将加大保障投入,依托现有公共服务设施,采取租赁、置换、整合等有效方式,逐步改造和配套完善社区服务设施,提升服务功能和品质。

（改编自 2013 年 10 月 9 日《昆山日报》）

本案例由刘霄临、潘方悦搜集、整理、撰写

第七章　社区难题

第一节　老旧公房加装电梯

一级案例

老旧公房加装电梯

上海市华山路 639 号 11 幢建成于 1981 年，共六层，一梯五户，共 30 户居民，其中有 90 岁以上老人的 4 户，80 岁以上老人的 17 户，占总户数的 70％，是一座"高龄老人楼"。加装电梯成为高层老龄居民的迫切需求。

从 2011 年起，居民就给区政府写信申请加装电梯。2015 年，加装电梯取得了居民 100％同意，但业委会的三位成员中的两位由于去世和搬离小区而无法参与工作，业委会瘫痪，新的业委会改选未启动，加装电梯计划被搁置。2016 年市政府出台简化手续的新办法后，居民重新开始启动加装电梯项目。2016 年上半年，在进行本幢楼业主征询时，30 户居民中 29 户都同意加装电梯，只有 1 户反对。反对加装电梯的一户是底楼的业主，该业主的房子长期出租。居委会、加装电梯项目组和三楼居民与这位业主进行了电话、短信沟通，告知她加装电梯底楼居民不出钱、加装位置距离她家较远，没有影响，并请她来现场看图纸、实施方案，但没有得到同意的回复。二次征询阶段有个条件，就是"未签订协议的业主没有激烈反对意见"，而这户居民曾向有关部门投诉，表示了"强烈反对"。加装电梯项目组向区住宅修缮管理中心提出申请时，得到了"该幢楼有明确反对意见，故暂时无法立项"的答复。根据相关文件的精神，区房管局无法立项。

2017 年 6 月，项目又重新启动，进入全小区业主意见征询阶段。2017 年 12 月下旬，全小区业主总户数 364 户，同意户数达到了 248 户，同意率为 68.1％，超过了三分之二。该楼业主户数为 30 户，同意户数为 29 户，同意率为 96.7％，超过 90％，而且在这半年多期间，曾经"反对"的一户业主没有再提出异议。2017 年 12 月 28 日，加装电梯项目组将立项申请送交静安区房管局修缮中心，次日修缮中心将加装电梯工程的计划立项公示贴到了居委会公示栏。加装电梯工程得以顺利展开。

一、背景

城市里有很多已建几十年的老旧公房,因楼层低于六七层,而没有电梯。随着当年入住老旧公房的人的老去,爬楼成为最困难的事,因此,这些老旧公房,加装电梯成为刚需,类似案例层出不穷。

在加装电梯这项工程中,楼内居民意见能否统一,是第一步,也是最重要的环节。上海市多层住宅楼房一旦遭遇"一户反对",就会导致电梯工程搁浅。那么如何解决这一难题呢?

二、简述

(一) 项目概述

1. 垂直公交模式

北京市大兴区首个试点加装的黄村西里 56 号楼,建于 1988 年,为 6 层砖混楼,共有 72 户居民,分为 5 个单元,属于区直管公房,列入首次试点安装的 3 单元、5 单元,居民同意率为 100%,从开动员会到全部签约,仅用了十几天时间。

2 月 13 日上午,位于黄村西里 56 号楼 3 单元、5 单元的大兴区首个老旧楼房加装电梯工程完成施工并投入使用。这是北京市首部采用免费安装、居民单人单次刷卡乘坐的老楼加装电梯。

根据安装工程前的实际入户调研结果显示,黄村西里 56 号楼两个单元的住户多为行动不便的老人。结合实际楼体外部空间有限等因素综合考虑,此次电梯安装工程采用无机房电梯技术。电梯位置借用了老楼原有的两平方米多的通风天井,自成一体,没有对建筑产生破坏。电梯开门和每层入户门处于同一水平面,平层入户,方便轮椅等设备的无障碍通行。同时,电梯顶层还设置了强力通风设施,比过去天井的通风效果还好。

此次加装的电梯载重 375KG,可同时容纳 5 人乘坐。可以无障碍进出轮椅,方便老人出行,改善了居民的出行条件。同时,电梯采用大量的技术手段,并且整个电梯的机械设备安装在距离顶楼两米多高的位置,满足低噪声和对安全的要求。

考虑到居民满意度的问题,大兴区确定两家不同模式的加装电梯企业,通过企业向居民现场宣讲的方式,征求居民相关意见,由居民选择加装企业。同时,加装电梯的效果图、电梯轿厢大小、电梯井材质、电梯外立面等都会向居民征求意见。此外,在加装电梯的过程中,还会邀请加装单元的一位居民代表全程参与监督。

大兴区老旧楼房加装电梯按照城六区建设标准和财政补贴标准实施增设电梯工程。具体为,增设电梯实施补贴政策,实施主体享受电梯安装最高补贴24万元,管道改造最高补贴40万元。目前大兴区、东城区、朝阳区的老楼加装电梯工程中,都已经试点推出"垂直公交"模式。今后,老楼加装电梯还将增加访客功能,住户申请后,其门禁将和电梯实现联通,今后如果访客上门也将可以享受电梯服务,住户付费。

居民无需支付电梯安装费用和建设维护费,只需按次缴纳使用费。电梯将于3月底前持续免费试用,在免费试用期结束后,居民可以自愿购卡,向乘坐公交车一样,进行刷卡付费乘坐,乘坐费用每次仅0.2元。试运行期间和之后的正式运行期间,将提供全天的驻场服务,确保居民安全便捷使用。据估算,一个三口之家日常使用,每月费用约为五六十元。电梯施工费用由加装企业承担,电梯使用费用于支付电费、维护保养费用和公司长期收益。大兴区也会对增设电梯实施补贴。

为防止其他人"蹭电梯",电梯采用按照重量收费的技术手段。首重120公斤,之后每增加75公斤,需要再刷一次卡。

2. 楼层分摊模式

上海市长宁区三泾南宅小区21号楼按照层高和使用频率来计算每家人所需分摊的费用,一楼、二楼不需要分摊费用,三楼到七楼按照各自层高所占总层高的比例分担费用。电梯正式使用后,每家分摊多少运行费和维修费,则既要按照层高,也要按照使用次数来决定。21号楼完成加装后,总共耗费60余万元,扣掉政府给的20余万补贴,三楼住户每户分摊了2万左右,四楼3万左右,五楼4万左右,六楼5万左右,七楼6万左右。此外,因为一些企业会在电梯内做平面广告,因此电梯的运行费和维修费,也基本可由这些广告的广告费抵消。居民乘电梯需刷智能卡,只能停到自己所在的楼层,每月电费根据智能卡使用的次数来分摊。

3. 租赁模式

北京市第一个装上电梯的老楼大柳树5号院,加装电梯是街道与相关企业签订的养老服务协议中的一个项目。前期安装费用全部由企业出资,电梯投入使用后，由住户按月缴纳租金获得使用权限。这种模式是老楼加装电梯的"租赁模式"或"代建租用"。居民以租赁代替购买，电梯安装费从几十万元直降为零。操作方式是，平台公司通过融资先期支付建造费用，住户按月交纳使用费。平均每月每户收费额为190元，其中二层住户为72元/户/月，顶层住户为328元/户/月。

（二）具体实施

加装电梯涉及计划立项、规划审批、房屋安全认证、施工许可、质量技术监督、竣工验收，流程复杂。虽然政府部门已经简化相关审批流程与程序，但在实际操作中居民仍然会面临很多实际问题。

因此，为了尽快落实加装电梯工作，部分社区大胆创新实践，选择依托社会组织或组成社区自组织管理协调复杂的流程工序。上海虹口区和长宁区的实践都取得了较好的成效。

1. 虹口区家加乐加装电梯事务所

上海市虹口区是个老旧小区相对较多的老城区，该区有近百幢老旧房屋的居民有意愿加装电梯，仅江湾镇街道就有69幢楼居民有意愿加装电梯，加装电梯工作比较繁重。

2018年3月19日，上海市首家专为老旧小区加装电梯开展服务指导、承接委托管理的社会服务机构——虹口区家加乐加装电梯事务所在江湾镇街道正式挂牌成立，今后虹口区乃至本市老旧小区居民有意愿加装电梯，都可以通过家加乐加装电梯事务所，帮助指导如何进行加装电梯的有关事项。家加乐加装电梯事务所，从酝酿到注册登记，前后仅用了数天时间。区内各相关部门和街道通力合作，以最快速度解决了注册登记中的各种问题。事务所的工作人员都是在加装电梯方面有经验的"老法师"，有的工作人员已成功帮助多个老旧小区的房屋完成了加装电梯，实现了居民多年的梦想。

过去加装电梯牵涉了居委会工作人员的很多精力，有了专业的事务所后，加装电梯的事可以交给专业的事务所来做，居委会工作人员也可以有更多的时间来为居民做好服务。

2. 上海慧加美住房咨询服务中心

武夷路727弄21号是长宁区周家桥街道第一栋申请加装电梯的多层住宅楼。2015年6月，三泾南宅小区第一桩老公房加装电梯的征询启动。三个月后，区房管局正式立项，2016年4月开始施工，三个月后正式运行。2016年4月，中五居民区老公房加装电梯自治联盟成立，由一名退休前从事建筑设计工作的工程师担任组长,组员是每个楼道的楼组长。自治联盟针对不同的楼道和小组制定不同的方案,充分发挥楼组能人作用,发挥居民建筑、财务等专业特长,专业的人做专业的事。

加装电梯自治联盟首先组织自治联盟里的楼组长开会,为大家讲解加装电梯的相关流程和注意事项,楼组长再把这些内容传递给楼里的其他居民,如果某栋楼意见基本统一了,自治联盟再给这栋楼的居民进一步讲解加装电梯的各种细节。在自治联盟的工作下,中五居民区已经成功加装了两部电梯,还有两部电梯不久也将立项开工。

自治联盟将加装电梯的经验进行总结梳理,包括征询、立项、审批、施工等各环节的办理程序以及审批、补贴申请等具体操作,并把经验传授给其他楼组的居民。自治联盟逐渐走出周家桥街道,为长宁区的小区甚至外区需要安装电梯的居民提供咨询和配套服务。

目前,自治联盟已经发展为由 8 名成员组成的社会组织。2017 年 7 月 25 日,自治联盟注册成为了上海慧加美住房咨询服务中心,为民办非企业单位,挂靠在长宁区老牌物业公司仙霞物业旗下。长宁区通过政府购买服务的方式,引导服务中心为居民提供加装电梯咨询服务,以及代理工程、流程、预算测算等一系列加装电梯必经的程序。来自普陀、徐汇等外区的老旧小区也纷纷来取经,甚至有小区愿意全程委托他们,帮助申请加装电梯。

三、术语解析

二次征询:上海市既有多层住宅增设电梯的居民意见征询由申请人采取二次征询方式。首次居民意见征询,申请人应根据市住房保障房屋管理局《通知》的相关要求,经公示并书面征询取得小区全体业主三分之二以上、加装电梯幢业主 90% 以上同意。首次征询通过后,区住房保障房屋管理局按规定审核后编制既有多层住宅增设电梯实施计划下发申请人。申请人在完成第一次意见征询并对增设电梯改造初步方案和资金筹措方案等进行优化的基础上,可进行第二次居民意见征询工作。获得加装电梯幢业主三分之二以上同意并签订改造协议后(需要分摊改造费用的相关出资业主须全部同意,且未签订改造协议的业主无激烈反对意见),申请人可开展相关规划、土地、消防、建设等审批手续办理工作,并实施启动试点项目。

"垂直公交"式电梯:电梯根据"自愿申请、免费安装、有偿使用"的原则安装,安装期间居民不用付钱,投入使用后居民按照类似乘坐公交刷卡的方式付费,按次计费。

四、实践守则

1. 居委会引导加装电梯小组做好前期的居民意向调查统计,全面征求居民意见,有针对性地开展统一民意的工作。

2. 发挥居民自治作用,以居民为主体建立加装电梯项目团队,吸纳楼内有威望、有群众工作经验、有建筑和财会等专业知识的居民加入,统筹协调工作。挖掘楼组能人,通过楼组长密切与居民的沟通。可以主动与电梯公司取得联系,邀请公司负责人到社区,为居民讲解安装事宜,打消居民疑虑。

3. 制定科学合理的费用分摊计划,建立集体账户,确保资金使用公开透明。

4. 积极向周边成功加装电梯的社区取经,可以寻求专业化加装电梯工作室的帮助。

五、各界应该怎么做

1. 政府可以结合当地实际情况,充分考虑居民需求,对于老旧公房加装电梯同意率的具体规定进行进一步的科学论证,在政策层面寻求突破;进一步简化审批流程,为居民申请加装电梯提供政策解答咨询;从制度和政策上给老旧公房加装电梯一定的补贴,结合实际扩大电梯安装费用来源,如允许提取住房公积金和住宅专项修缮基金来支付相关费用,与企业开展项目合作等;扶持居民区自发成立加装电梯服务工作室,在社区设立服务点,为需要加装电梯的小区提供全过程跟踪服务,为工作室成员提供专业政策培训,及时根据政策调整开展培训。

2. 电梯公司,加强研发智能收费技术,向居民公开技术方案、服务模式和价格,为居民答疑解惑。

3. 社会组织,作为专业政策咨询、业务指导支持、矛盾协调的第三方专业机构,帮助加装电梯更顺畅的实施。

延伸案例导读

2017 年 11 月 30 日,杭州出台了《关于开展杭州市区既有住宅加装电梯工作的实施意见》,加装电梯需要本单元三分之二以上的业主同意并且没有书面反对意见,不需要 100％居民同意。

2016 年 11 月 10 日,《南京市既有住宅增设电梯实施办法》出台,将申请加装电梯须经本幢或本单元 100％业主同意的旧规,改写为须"经本幢或本单元房屋专有部分占建筑物总面积 2/3 以上且占总人数 2/3 以上的业主同意",但根据规划公示规定,依然必须所有业主 100％同意才能核发规划许可。100％同意仍旧是最大的障碍。南京市政府近日出台《既有住宅增设电梯规划许可手续办理规则》,明确提出加装电梯可边协商边建。自 2017 年 5 月 1 日起,只要获得 2/3 以上业主同意,且各项程序合法,5 天内就可获得加装电梯规划许可。规则中明确,加装电梯可边建边协商。即便低层居民有不同意见,但只要 2/3 业主同意,准备好补偿方案报给街道,街道出具"信访维稳承诺书",就可申请加装电梯。

《北京市 2016 年既有多层住宅增设电梯试点工作实施方案》要求"三分之二以上业主同意",应征得因增设电梯后受到采光、通风和噪声直接影响的本单元业主的同意。实际上也要求居民 100％同意。

本案例由闫佳慧、李思嘉搜集、整理、撰写

参考文献:

1. 沪华山路"高龄老人楼"加装电梯因一户反对搁浅,新民晚报
2. 北京首个计次付费老楼加装电梯启用具体怎么收费的,法制晚报
3. 按照层高分摊费用老公房加装电梯没有那么难,新闻晨报
4. 北京市老楼年内加装 200 部电梯,北京日报
5. 虹口成立上海首家加装电梯事务所,发布加装电梯工作法,搜狐
6. 长宁推进老房加装电梯有何秘诀?《新民晚报》

第二节 群租整治

一级案例

群租整治

——以上海市静安区嘉利明珠城"三高一低"为例

2016 年,上海市静安区共和新路街道的 80 多个小区内,群租现象得到很大

改善,各个小区都设置一块牌子写上:无群租小区。群租整治还当地居民一个良好的居住环境,这标志着社区管理水平的提升。那么,他们的措施是什么? 又有什么值得借鉴的地方呢?

一、背景

群租房现象是社区管理中的一个难点问题,由"群租"带来的消防安全、治安安全、噪音扰民、环境卫生等问题,早已成为居民群众投诉的"热点"。

针对群租问题,目前尚无全国性的统一规定,但各地基本都出台了地方性法规。例如,上海有《上海市居住房屋租赁管理实施办法》,并陆续修改试行了相关法律规范。在上海市政府推出新规严厉整治群租的同时,各社区也从社区治理层面开展群租整治工作。

静安区嘉利明珠城是高层商品房小区,小区共有 2200 多套房。2012 年年底,居委会不断接到居民群租问题的投诉。2013 年 5 月排查发现,141 套房属于群租房。停车位、电梯等公共设施越来越不够用,群租噪音、高空抛物等问题频繁扰民,群租管理乱象环生,存在严重的消防和安全隐患。

二、简述

嘉利明珠城首先成立家园自治管理委员会,由居委会、物业、业委会、社区民警、居民代表(志愿者)组成,同时将群租整治纳入物业管理规约。嘉利明珠城群租整治采用的方法是"三高一低",即高速度、高强度、高频率、低成本。

一是高速度。一旦接到居民举报某间房屋是群租房,保安便会立刻上门实地查看。如果保安能够敲开房门,进入房间,发现是群租房,会拍照为证,并在房屋门上贴一张告示,要求房东在三天内自行整改,否则就强制破坏。如果无法敲开房门,则贴上告示,拍摄贴有告示的房门,表示尽到通知义务。房东在三天内整治完毕的,要向居委会报告。三天期满,第四天保安再次上门查看,如果还存在群租设施,保安便会全部破坏掉。如果第四天无人应门,保安会破坏门锁强行进入,查看处理,假设进入后发现已整改完毕,毁坏大门的责任在房东未及时报告。此外,若被整治过的房间出现群租回潮现象,再次发现后立即处理,不再给房东自行整改的时间。

二是高强度。在整治群租房时,破坏的设施不只是隔断墙、窗帘,还包括房间门、床、空调等电器。对于首次发现的群租房,保安毁掉的主要是门、床,而对于再次回潮的群租房,房间内的家用电器等大部分东西都会被毁掉,打击力度大。在进入房间破坏群租设施前,会与房主联系,了解房主希望保留的物品,对于房主所有的、与提供群租服务没有直接联系的贵重电器等会予以保留。对整治过程拍摄视频保存。

三是高频率。群租房整治后,由物业随时、经常检查,看是否存在回潮现象。如果回潮,便立即由保安整治。

四是低成本。每破坏一间群租房给予 150 元劳务费,由参与整治的保安按人数平均分配。

通过"三高一低",嘉利明珠城将整治成本与违法成本的比例维持在 1 比 20 到 1 比 50,即付出 150 元整治费用,使二房东损失 3000 元到 7500 元。

"三高一低"群租房整治方式的最大特点,就是大大提高二房东群租的违法成本,大大降低居委会的整治成本,使违法成本极大高于整治成本,从而使群租房违法经营者无利可图、血本无归。在"三高一低"的"威力"下,嘉利明珠城的 141 套群租房全部整治完毕。

三、术语解析

群租:在上海市中心城区和市郊城镇的住宅小区内,只要有下列情形之一,就应当认定为群租:

一是将单位集体宿舍设在住宅小区内;

二是将一间原始设计为居住空间的房间分割,搭建后出租,或按床位出租;

三是将原始设计为厨房、卫生间、阳台和地下储藏室等非居住空间出租供人员居住;

四是任一出租房间的人均居住面积低于五平方米;

五是任一出租房间的居住人数超过 2 人(有法定赡养,抚养,抚养义务关系的除外)。

四、实践守则

(一)成立家园自治管理委员会,在业主自治公约中加入群租整治条款,业主自愿同意配合物业整治群租,对于不配合整治的业主设置一定的违约赔偿,如加倍收取物业管理费。通过签订自治公约,赋予业委会、物业进行群租整治一定程度上的合法性。

(二)对于群租整治后,损失租金且无处安身的租客,一方面,协助租客到派出所报案,做好调解工作,另一方面劝说二房东将已收租金退回给租客。

(三)为二房东与代理经租公司牵线搭桥,帮助二房东将群租违法模式整改为"2+1""3+1"合法经营模式。

五、各界应该怎么做

(一)政府

1. 加强法制建设,从法律上提高群租经营者的违法成本,降低执法成本,缩短群租整治审批期限。

2. 强化宣传,使更多人了解群租乱象,杜绝群租,并鼓励居民举报群租。

3. 动员和组织居委会、业委会、物业公司、社区志愿者、楼组长、业主、社会团体等共同参与群组整治工作。

(二)物业公司

1. 落实物业责任承担,物业要切实担负起群租现象监管的责任,配合居委会的群租整治工作。

2. 建立长效管理机制,快速发现、快速协调、快速查处和定期复查机制。

(三)居委会

1. 做好宣传工作,充分利用小区宣传栏、楼道宣传栏、电子屏、社区小报、公开信、约谈告知书、政策宣传单以及设摊等进行群租整治相关政策法规宣传。营造大宣传、大教育、大整治的氛围,有效地提高广大居民和外来人员的学法、知法和守法的意识,使整治群租工作做到家喻户晓。

2. 开展调摸工作,结合组团式服务工作,由居委会工作人员、综合协管员、物业公司人员、居民区志愿者等有关人员,开展不间断的循环摸底工作,做好违规租赁基础台账,确保在工作中底数清、情况明。

参考文献:

1. 沪严格群租认定标准 2 人以上住一间房即为群租,东方网,2014 年 5 月 9 日

本案例由闫佳慧、李思嘉搜集、整理、撰写

延伸案例导读

上海唐镇"代理经租"解决群租问题

谈到"群租",似乎总难以摆脱"死灰复燃"、"老大难问题"这样的说法,它是城市化进程中的一个"顽症",埋下了诸多消防安全隐患,治了多年,却总难根除。为了破解群租房的治理顽症,2014 年起,上海浦东新区唐镇在群租房整治中另辟蹊径,通过探索培育本地的代理经租企业经租闲置房,堵群租屋"入口"、补人才房"缺口"。这套创新的模式自实行以来,从源头上治理了群租乱象,受到居民欢迎,在保障民生安全的道路上走出了一条新路。

一、背景

唐镇位于上海市张江功能区的核心区位,被张江园区、金桥园区、上海银行卡产业园"包围",加上外环边缘与环线内的租房价差,吸引了大量外来流动人口涌入。32.16 平方公里镇域面积内,居住着 10 多万外来人口,群租已成为唐镇一个较为突出的社会问题。据统计,2013 年,唐镇共受理群租信访投诉案件 228件,其中矛盾突出案件为 17 件。

近几年来,唐镇频频开展群租整治行动,但治标不治本,症结还在于人才公寓缺口太大——唐镇近期针对张江高科技园区产业发展和就业人口需求的调查发现:张江现有 28 万从业人口,仅 2014 年就有 1.8 万名本科生及以上人才在找房,而张江公租房只有 6000 套,远远不能满足张江高科技园区人才居住需求。

二、简述

2014 年,唐镇启动了一种全新的代理公租房新路径,由政府委托的中介机

构出面,以 6 年为一个周期,从居民手里收租多余的动迁房;统一装修后,成为公租房性质的人才公寓,以略低于市场的价格出租给有住房需求的人。在 6 年内,无论房屋实际出租与否或市场租金升降,房东都能够获得固定租金收益。在承租期间,物业管理、安全防范、人员管理等工作的责任主体为租赁公司,大房东无需承担相应的管理风险。

2014 年 4 月初,本地民营企业唐巢公司斥资 1000 万元注册代理经租公司,与唐镇镇政府达成战略合作协议,并于 6 月初开始收储动迁商品房,最先启动的是位于创新西路 333 弄的唐丰苑小区。

除了"公私合营"性质的唐巢,唐镇同时探索完全市场化的代理经租模式。7 月初,引进上海青客时尚生活服务股份公司作为战略伙伴,与唐镇投资发展集团(镇级集体企业)合资成立了浦东唐青代理经租合资公司,通过完全市场化方式收房、租房。主要做法:

(一) 公司将房屋进行统一装修、统一管理,打造人才公寓

1. 统一标准装修配置。两家公司收储的房源均按市有关规定统一设计装修,使用环保材料,并配备了空调、冰箱、洗衣机、热水器、燃气灶、衣橱、床、餐桌椅等设施设备,租户基本可以拎包入住。

2. 统一定向发布房源信息。海报、折页、网站、微信等房源推介宣传全面铺开,以"大客户＋散户"的策略开拓租户市场,在区委组织部和张江集团支持下,与张江人才城、张江园区开展战略合作,推荐大客户集中出租。

3. 贴心服务。公寓内的公共区间每周由专人打扫,为租户提供桌球、乒乓球等休闲健身场所及活动设施,考虑到年轻白领工作忙,引进了品牌饮料和超市。此外,公司还为公寓办理了第三者责任险和财产险。

4. 统一租金、统一管理。租金统一且低于区域内平均市场价,基本与原先的群租价格持平,形成了人才公寓的价格优势。由公司全面负责人才公寓日常管理的各项工作,引进优质的物业公司。公寓采用酒店式的电子锁,通过刷卡次数的收集判断房间是否有群租问题;过期没有缴费无法进门。

(二) 政府积极扶持,完善周边配套,做好市场监管

1. 出资、出力扶持企业,完善生活配套。为了缓解企业前期经营压力大的情况,镇政府垫资 500 万元,支持企业先行收储空置房源。为了完善人才公寓的生活配套,镇提供了 1300 平方米的社区活动室并出资 80 万元装修,作为人才公

寓的公共服务场所；提供 220 平米商铺用于租赁公司建设信息化管理服务中心；还提供"两免一减半"的 2000 平方米商业用房，协同代理经租公司引进餐饮、洗衣、超市等服务企业，为租户提供更多的增值服务，吸引并留住各类人才。

2. 完善交通配套。为了解决人才公寓出行难的问题，镇政府与相关部门积极沟通，在新区建交委的支持下，浦东 5 路改名为 1091 路，并新增 1099 路，建设成为人才公寓小区到地铁站点的穿梭巴士，大大方便了租户的出行。

3. 强化市场监管。政府与租赁公司签订协议，加大监管力度，实时监控，不定期组织抽查，对有违规苗头、消费者集中投诉的公司及时予以调查核实，情况严重的取消其运营资格。

三、术语解析

代理经租：租赁公司作为租客和房东之间的"第三方"，由公司负责收房、装修、出租、续租、退租等一系列工作。近年来市场涌现出的魔方、自如、青客等企业都属于代理经租机构。

目前，上海代理经租市场主要分为两种运营模式："集中式"和"分散式"。集中式公寓往往由商业用地、商办用地改造而成，整栋楼宇均用于租赁。运营机构获得物业和土地资源后，按标准对房型和内部配置实行统一装修改造和对外招租。分散式公寓的来源则以自然人房源为主，以房间为单位，零星散步在城市的不同区位。

四、实践守则

（一）政府相关部门牵头，由相关机构（企业）与正规的代理经租公司合作，为有出租房屋需求的业主与代理经租公司牵线搭桥。

（二）协助代理经租公司进社区开展业务宣传，介绍代理经租的运作模式和优势，运用树典型的方式消解出租户的疑惑。

五、各界应该怎么做

（一）政府

可以增加对代理经租房屋承租人的补贴，将代理经租纳入公租房平台管理；

出台税收优惠政策,适当减免代理经租公司的税收;为代理经租公司对房屋进行的房源收储和前期装修开支提供一定的融资政策支持。

(二) 代理经租公司

加强对房屋的统一管理,制定管理和服务标准和规范;扩大宣传渠道,可以与用人单位开展合作。

参考文献:

1. 任姝玮,刘思弘:《双"唐"戏"租"——唐镇群租房治理样板》(2015)
2. 《唐镇:不群租也有便宜房子住》
3. 张波:《代理经租型公租房的运行背景、实践经验与价值意蕴——基于上海 T 镇的实践考察》(2017)

本案例由闫佳慧、李思嘉搜集、整理、撰写

第三节　社区环境整治

一级案例

如何化解社区空间综合治理难题?
——以上海市梅陇三村"四步法"为例

住宅小区综合治理是当前社区治理的一大难题。小区综合治理涉及大量的房子更新改造、违法建筑拆除等工程,关系到居民的切身利益,并且很多问题具有广泛性、历史性和复杂性的特点,处理起来极为困难,稍一不慎就可能引发激烈的冲突,上海市徐汇区梅陇三村的"内天井改造"就是一个典型案例。

一、背景

上海市徐汇区梅陇三村是上世纪 90 年代初的动迁安置小区。当初在建筑设计上为了解决居民家厨房间采光通风问题而在建筑中央设置封闭式的采光深井,但是随着时间的推移,房屋结构的老化,这一历史遗留问题日益突出,特别是污水管道的腐蚀和居民的违法搭建,逐渐成了居民眼中的"噩梦深渊"。底楼居民因为不堪忍受高空抛物,加之封闭结构、物业无法清理之苦,选择了违章搭建。而恰恰因为这种违法搭建,封死了原本设置在内天井底部的检修口并造成无法对下水管疏通保养等问题,结果二至六楼居民家中厨房水槽堵塞、反水现象严重。

随着徐汇区新一轮老旧小区综合改造的启动,2015年9月梅陇三村再次实施综合改造。随着项目工程的推进,内天井污水管的改造再次成为老小区的难题。单纯的强行拆违,群众有抵触情绪,不但无法解决本质问题,反而更容易激化邻里矛盾。梅陇三村在小区综合治理过程中积极探索新的治理机制,通过"四步工作法"有效破解了内天井改造的难题。

二、简述

第一步:组建团队,收集诉求

问题的解决首先需要强有力的团队和组织。一般来说,"三驾马车"是社区综合治理中的主要主体。但是本次综合治理,梅陇三村排除了业委会,而是根据具体情况组织了由居委综治干部、小区物业经理、汇成建设资深"老法师"组成"三人协调小组",这三人分别代表居委会、物业公司和技术部门,为这次改造出谋划策、保驾护航。由于内天井改造牵扯到居民的切身利益,因此在改造的过程中应该充分考虑到居民的利益甚至情绪,收集居民的诉求。2016年3月12日,一场别开生面的协商会在居委活动室召开,与会人员有二楼至六楼的党员、楼组长、居民骨干等,在协商会上,居民们既通过诉苦表达自己的不满,又通过争论表达了自己的意见。

第二步:情感治理、理顺情绪

在收集居民的诉求过程中发现,部分群众的情绪激烈。特别是一楼对楼上居民长期以来乱扔垃圾行为反应激烈,而改造过程又对他们的生活带来很大不便,因此改造方案首先遭到了他们的强烈反对。楼上的居民对此非常不满,一些过激的群众甚至放言如果一楼不配合,他们将直接将污水往内天井排放,居民之间的关系更加恶化。因此,如何缓和居民的关系,理顺他们的情绪是综合治理能顺利推进的前提。

考虑到居民的情绪具有相互影响的从众心理现象,居委会采取了多种形式的"情感治理"。一是在做群众工作时分别注重利用睦邻关系、亲属关系、同事关系等资源,促进相互谅解、达成共识。二是在换届选举、支部会议、楼组会议等各种场合,对综合改造广而告之,做好心理铺垫,营造有利氛围。三是针对最为复杂的 75 号楼组,来自建工集团的楼组长召集大家召开楼组会议,二楼以上业主积极发言感谢一楼的宽容,对扔垃圾、掉东西等不文明的行为道歉。一楼也被邻居诚恳的态度感染,理解污水管反水的烦恼,同意尽早实施工程改造。实践证明,居民的心气顺了,后面的综合治理改造工程也就顺了。

第三步:树立样板、以点带面

由于小区综合治理牵涉的群众多,居民之间大多相互观望,并形成了心理上的默契,如果别人不配合,他们就不配合。因此树立合适的样板,通过他们的示范来带动其他居民是打破僵局的重要突破口。2 号楼 104 室居民 70 岁老党员吴全官在其中就发挥了重要的示范作用,在内天井改造过程中,他能充分理解居委的难处。不过,他有自己的顾虑。老吴希望卖掉房子,但根据相关法律天井内有违建房屋无法交易。"三人协调小组"在改造的过程中又充分考虑到老吴的诉求和顾虑,在不破坏房间结构的前提下,缩短工期,并将改造过程中节省下来的资金通过各种形式返惠于民。有了这颗"定心丸",老吴同意立刻开工。施工队帮助吴全官拆除了违建,恢复了建筑的原貌。老吴又用现身说法说服了隔壁101 室的老阿姨,并使其他一些想把使用权房转成产权房的业主动了心,很快自动加入了拆违改建的行列。通过这种以点带面的形式,不仅为后面的改造积累了经验,更是节约了大量的拆建工作成本。

第四步:协商议事、制定公约

思想工作是小区综合治理顺利推进的前提条件,但是最为根本的还是要坚持法治思维、程序公正以及居民的协商民主。

一是坚持信息公开,做好工程监管。信息公开对施工方来说是一个制约,花多少钱、办多少事在阳光下一清二楚。对街道来说,信息公开成为有效的质量管控手段,成效由群众说了算。居委会和施工方联合在人流集中地通过电子显示屏公开施工信息,既调动了群众参与的积极性,也增强了工程项目的规范性。建筑材料的数量、价格、品牌清单及时报给监理方。

二是坚持程序合法,抓好流程规范。街道要求居委会、施工方将改造纳入法定程序之内。

三是充分发挥居民在议事协商中的主体作用,并制定相应的社区公约来约束自己的行为。如居委会召开了二楼以上的居民会议,让他们意识到这次改造最终的受益者是自己,而正是自己过去的一些不文明行为导致了一楼居民的不配合。因此在内天井改造过程中应充分发挥自己的主人翁意识,不能仅仅依赖居委会去做工作。居民们逐渐开始自己开会协商,在协商过程中充分体谅一楼居民,楼上居民纷纷响应,表示愿意联名签署承诺,杜绝不文明行为,并定期轮流为底楼居民打扫卫生。

在 200 多天的时间内,梅陇三村完成了 35 栋楼层面建筑防水、水管修理、路面开挖整修等工作,为 400 多户居民排解了厨房废水倒冒外溢的问题,还为 100 多户独居老人残疾人和困难人群等有修缮需求的居民排忧解难。更可贵的是,其中多个违法建筑是在底楼居民主动要求下拆除的。此次内天井改造更重大的意义在于,梅陇三村"社区事社区人用社区情来协商"的民主协商模式逐步深入人心,并得到了徐汇区住宅发展中心的肯定,特别是在协商过程中的"四步工作法"在解决类似综合改造问题上具有充分的借鉴意义,在其他社区具有广泛的推广价值。

三、实践守则

1. 许多社区问题的形成与沟通不畅密切相关,信息不公开和信息交流的不充分会导致误解的产生,引起矛盾冲突,因此,充分和有效的沟通是解决问题的关键一环。

要根据对象的特征选择沟通对象。当面对的问题涉及一个群体时,从群体领袖入手开展沟通劝服工作。当问题涉及一个特定对象时,可以从当事人的社会关系入手,如亲戚、朋友。居委会可以请社区权威人士、意见领袖和楼组长作为沟通主体,通过他们反馈居民意见,动员群众,做好群众工作。要注重信任与情感联系,从对象的社会关系网和熟人关系中寻找突破口。沟通时要晓之以情,动之以理,诱之以利,考虑沟通对象关注的利益需求。

当沟通的对象是面对全体居民时,要做好前期准备,做好充分的调查研究、方案设计等,将需要发布的信息整理全面。采用高频率、多方式沟通,如发放意见征询表、召开居民大会等,充分征求居民意见,解决居民疑惑。对个别反对者上门沟通,可通过动员其亲戚朋友共同劝说,最大程度争取理解。

2. 在沟通充分的基础上寻求问题的解决。制定完善的方案,当问题的解决出现转机时,要及时采取措施,抓住转机,防止时机错过。要兑现对居民的承诺,维护诚信形象和信任关系。

3. 问题处理后,制定相关的规则和居民公约,建立长效机制。

四、各界应该怎么做

(一)街道。强化社区工作者能力建设,邀请专业的社区治理机构统一培训,提高其解决社区问题的能力。建立相关顾问队伍,对于社区空间综合治理过程中产生的产权、利益等问题进行专业支持。

(二)居委会。可以请社区权威人士、意见领袖和楼组长等作为沟通主体,通过他们反馈居民意见,定期召开沟通例会并建立起长效机制。重视项目过程的透明,以及居民参与的全流程,使项目的过程成为凝聚民心的过程。

延伸案例导读 1

小区搭棚打麻将,噪音扰民,有碍观瞻,同时造成小区本来有的公益空间更加拥挤,影响了居民生活。居民区书记从熟人关系入手,发动麻将组织者的邻居对其进行劝说。邻居多次上门沟通,提出打麻将的行为被孩子看到会让孩子也养成贪玩的坏习惯,影响孩子教育,使打麻将者的观念发生变化。这名棋牌室的组织者终于表示会拆除他管理的棋牌室,并且会劝说其他棋牌室进行拆除。居委会抓住时机,让清洁工在第二天清早及时把桌椅清走,不给他们留死灰复燃的余地,最终解决了困扰小区多年的问题,小区公共区域再也没有传出麻将声。

延伸案例导读 2

小区曾有一个长期占路的个体摊位,被居民称为小区"毒瘤"。摊主是对夫妻,私自占用了楼道门前的公共自行车库作为货物仓库,造成了居民无处停放自行车,只好在小区楼道前乱停放。

居民区的书记、居委干部、物业经理、业委会主任及楼组长等人组成了"解难题智囊团",对小区内各种"疑难杂症"进行了疏理讨论和分析,最后形成了两点共识:一是情感上关注,从关心摊主的家庭做起,以提供实质性的帮助来化解他们多年的怨气;二是心理上疏导,晓之以理,把整个文明小区的创建工作与摊头联系起来,让摊主真正认识到自己给小区的整体发展带来多大的负面影响和损失。

居民区书记与居委会主任重大节假日和居委会主任上门慰问,并在得知摊主妻子生病住院时前去探望,初步打破他们心理上长期形成的坚冰。之后,由于摊主表示仓库累积的货物太多,只能靠摆摊消化,于是智囊团帮助他们销货,动员亲戚朋友、周边邻居等购买,短时间内消化掉一万多元的货物。货物销售完毕后,居委会提出高价回收摊主的流动车和卷帘门,并在摊主犹豫之际迅速把五百元钱送到他手中。摊主心里很清楚,这远高于市场回收价格,所以点头默认了。

智囊团马上请清洁工和志愿者彻底拆除小区车库中被改造成仓库的卷帘门。为防止摊主回潮占地,党总支协调物业工程队在第二天对车库进行了改造,真正还居民一个整洁有序的停车环境。后来,智囊团想方设法为摊主介绍工作,解决就业问题,但摊主表示自已准备开个棋牌室谋生,最终彻底解决了问题。

本案例由闫佳慧、李思嘉搜集、整理、撰写

参考文献:

《构建基层管理新格局　创新社区治理新机制——上海梅陇三村以"绿主妇　我当家"新理念创新社区治理》,中共上海市徐汇区委党校　王晓芸,发表于人民网

第四节　社区停车难

一级案例

社区停车难如何化解?
——以上海市浦东新区塘桥街道"分时共享"为例

根据 2016 上海统计年鉴数据,截至 2017 年底,上海民用车辆的拥有量已经接近 360 万辆,上海停车位的缺口超过 150 万个。在本市备案登记的公共停车场(库)经营总泊位数仅 36.8 万个、道路停车泊位约 3.2 万个。中心城区停车位满足率总体仅为 68%,其中居住区 63%、非居住区 76%。中心城区小区夜间停放的车辆总量是 74.3 万辆,但小区配备的停车位只能够满足 60% 左右车辆停车需求,静态交通的负面影响越来越大,小车都开不进去,消防车更开不进去,留下隐患。上海写字楼的的停车矛盾主要集中在白天,四面八方的车涌向市中心的写字楼,车位缺口在 10 万个左右。公共事业单位,尤其是医院,开车去医院就诊,却发现根本找不到车位,不少市民只能将车停在远处的停车场,对身体特别不适的病人来说,从停车场到医院的那段路走得很"漫长"。

那么,如何解决社区停车难问题呢?

一、背景

停车难问题分软硬件两个方面:

其一是硬件约束,也就是大量的刚性的停车位缺口。如开篇故事所述。

其二是软件约束,也就是停车位配套的制度问题。杭州现有机动车 127 万辆,停车泊位共计 70 万个,但对外开放的只有 18 万个,仅仅占了其中的四分之一左右,还有 52 万个车位属于配建的不对外开放车位。

"共享停车"一直被视作最有效的资源盘活方式。目前有四种模式:

第一种模式是单位对个人,本质是分时租赁。针对停车场车位的共享,比如 ETCP、PP 停车、停简单等平台,这种模式发展很快。比如说上海电视台和中凯城市之光,实行双向共享,工作日白天小区地面车位向单位开放,工作日夜间和周末全天向小区居民开放,错峰停车。

第二种模式是单位对单位,本质是资源互换。比如文化广场位于黄浦区复兴中路和茂名南路路口,现地下三层停车库有 325 个停车位。瑞金医院距离文化广场约 300 米,工作日白天停车位紧张。2015 年起,文化广场提供 236 个共享停车位给瑞金医院,与瑞金医院签订共享协议,每个车位包月收费 600 元/月。

第三种模式是个人对个人,本质是共享经济。北京的丁丁停车于 2015 年 3 月上线,车位主首先要在自己车位装上丁丁的智能车位锁,然后把可出租的时间信息发到平台。而需要租车位的用户在平台预订成功后,通过导航找到车位,再用手机蓝牙开锁。共享车位每小时 3 块钱,低于市场价格,租位者乐意。

上海金桥创科园也有类似案例。由 Nokia 上海贝尔的一群年轻人打造的车位共享平台,目前已经平稳运行半年,有 70 余固定车位主加入车位共享平台,固定车位空闲率下降 60% 以上,通过手机 APP 平台来看车位闲置情况。

第四种模式是政府介入,搭建平台,本质是整合资源。2016 年 9 月 21 日,上海市交通委联合住建委、市教委等 7 委办局出台了《关于促进本市停车资源共享利用的指导意见》,重点针对住宅小区、医院、学校等停车需求,优先考虑利用在周边步行距离 300—500 米范围内的公共、专用、道路等各类停车资源,引导居民、患者、学生家长等将所乘车辆错时或临时停放。同时鼓励进一步挖掘利用距离目的地较远、换乘公共交通便利的大型停车设施集中停车,并探索在集中停车点和目的地之间开行接驳巴士。截至 2017 年 6 月底,已完成 89 个停车资源共享利用项目,覆盖 3561 个共享泊位。未来,将有更多的公共、专用等各类停车资源加入其中,进一步缓解"停车难"。

二、简述

上海市浦东新区塘桥社区地处浦东陆家嘴金融城南端,是高度城市化地区,交通发达、商业繁荣,高档楼盘和老旧小区混合,区域面积 3.86 平方公里,居住 10 万人口,是典型的城市居住型社区。2012 年塘桥社区代表大会上许多代表都提及停车难问题,整个社区白天和晚上的车位缺口达 2000 多个。"停车难"的影响不仅局限于停车本身,还引发了一系列城市管理问题。

从 2012 年 3 月开始,塘桥社区对区域内的停车资源进行整合,通过居委会、业主委员会、物业公司鼓励停车资源共享,探索了社区"潮汐式"停车模式。塘桥社区秉持"停车有位、停车有序、合作共赢、互利共享"的基本方针和原则,从最初的"错时停车试点"到后来的"潮汐式"停车,再到工作内容的全面拓展,最终探索了一条社区共治的独特道路。

(一) 社区共治 1.0 版本——自我管理

塘桥街道办事处专门成立了"潮汐式停车"项目领导小组,居民区党组织成立"潮汐式停车"管理工作小组。塘桥物业服务社作为第三方社会组织,通过业委会主任沙龙及物业经理联谊会加强"潮汐式停车"宣传渗透,与居民多次召开听证会、代表会,真心听取意见。

一方面,街道、房管办和物业公司等各方合力共治;另一方面,社区尊重民意,通过业委会实施民意征询制,措施公开透明,有关部门为居民解疑释惑,赢得居民的理解和支持。两个月后,南浦居民区与永业大厦签订了"潮汐式停车"协议——白天 8 点 30 分至傍晚 17 点,永业商务楼白领或来访者可把车停进国地公寓,每辆车包月停车费仅 50 元,比业主的收费便宜一半;17 点 30 分至次日 8 点,永业商务楼停车库对业主开放,同样把每辆车每月 200 元的停车费直降到 100 元,这让每天要"多走几步路"的业主也觉得"很贴心"。

(二) 社区共治 2.0 版本——专业化服务

2012 年初,引入住宅小区综合管理服务的民非组织"塘桥物业服务社"来承接塘桥街道的"潮汐式停车"项目。该机构展开了实地调研,查明社区停车"大数据",在项目的执行与《停车公约》的制订中进行跟踪与评估,扮演"老娘舅",在各个场合协调各方诉求。

只要是参与"潮汐式停车"项目的合作方,必须先签订"潮汐式停车"管理服务协议。协议中明确小区与单位换车位后的管理权限和责任,确保出现车辆碰擦等事件时,不管是小区保安与商务楼保安之间,还是小区物业经理与商务楼管理负责人之间,都能迅速沟通,协商解决问题。

由于每个小区收费标准不一,一度困扰居民。物业公司提出"就低不就高"的收费原则,按照居民自己小区的收费标准收费,并设计了区分业主与外来车辆的系统流程,在自己区域内打造了 2.0 版"潮汐式停车"。

(三) 社区共治 3.0 版——"互联网+"智慧停车

塘桥街道辖区内的上海儿童医学中心、仁济医院、陆家嘴软件园等包括社会性停车场在内的 23 家单位,都与周边小区签订了停车协议,整个社区内实施"潮汐式停车"的潮汐点达到 30 个,盘活停车位近 2000 个。2017 年,街道准备引入"爱塘桥"智慧停车系统。当前,塘桥正在开发试点运行手机 App 停车系统,引进市场企业和社会资本参与建立停车诱导系统,通过大数据优化停车资源配置,引导车辆有序停放。

三、术语解析

共享停车:一种通过使相邻土地使用者共用停车场以降低每个土地使用者单独拥有停车场所提供的泊位总量的手段。狭义的共享停车就是相邻建筑物间不同土地使用者共用同一块停车设施,即利用不同土地性质上停车特性不同,进行时间、空间范围上停车设施的共享。广义共享是通过整合区域内配套停车设施、路外公共停车设施和路内停车设施资源,对既有停车设施资源合理利用,实现有限资源的最大化利用。

四、实践守则

共享停车推行的时候特别要注意以下几个问题:
一是物业管理问题。小区物业管理与小区居民对待共享停车位的态度,如果外来车辆频繁进入小区共享停车位,会增加安全隐患并产生一定的扰民,因此许多小区物业或业委会出于安全和管理不便的顾虑,对于停车场开放共享一事往往持反对态度。

陆家嘴软件园管理处负责人说,共享停车让外来车辆进来以后,车辆乱停,不听话,垃圾乱扔,包括到楼宇里面随便进去上厕所的等等一系列不太好的行为会对管理上造成了一些困扰,多家公司投诉后,园方不得不叫停,随即提高了周末的停车费。与软件园交换车位的居民小区,按照双方协议,理应在白天接纳园区内上班族的车,但实际上只有四五辆车来停共享车位。与此同时,小区业委会的担忧与日俱增,不仅大幅提高了停车费,还不允许未经登记的车辆进出小区。

二是相关利益方太多。利益方牵扯太多。共享停车背后,牵扯到业主、物业公司、车主、平台方四者的利益,而利益方牵扯太多,要平衡各方利益的难度就非常大。比如说,共享停车平台要拿下某一个小区,核心是要看物业公司的态度,而许多物业之所以难以接受共享停车,安全因素倒是其次,核心因素还是利益层面,除了前面提到的管理与改造成本之外,当前共享停车的费用低于临时停车的费用。如果将共享停车的费用调高,愿意找共享车位的车主的意愿就会降低。

三是信息共享问题。怎么让车主知道哪里有车位,停车价格和所限时间是共享停车的关键。但是,目前共享停车类 APP 过于细分,而不是大而全的共享 APP 模式,有车位搜索的 APP,包括 ETCP、"共享停车"等;车位信息分享平台,也就是让用户发布附近免费或者便宜的停车信息。比如 0 元停车等。据不完全统计,目前全国有超过 100 个停车类 APP。但当前共享停车 APP 平台的定位基本是区域性的,针对某一个城市或地域而做出来的 APP 平台,比如 U-Parking、丁丁停车主要是以北京地区为主。

五、各界应该怎么做

(一) 居委会

1. 初步调研。调研停车矛盾突出的住宅小区周边道路具备夜间停车条件的公共停车场和企事业单位。

2. 强化社区自治。建立一个自治协商的沟通平台,让居民的诉求和各方力量顺利对接,让居民参与到社区改建的过程中,取得利益最大化的公约数。

（二）街道

牵头协调。由街镇牵头协调公安、交通、居委会、小区业主委员会以及物业服务企业、道路停车管理单位等有关部门和单位，落实停放管理制度，编制初步方案，并履行本市道路停车场设置、审核程序申报批准后，可以按照本市道路停车场包月停放管理的相关规定实施。

（三）业委会

业主表决。对于居民区来说，根据业主大会决议，全体业主共有的住宅小区内部停车设施可向周边错时开放，提供临时停车服务。对于写字楼和企事业单位，由相关物业服务部门和单位统筹协调。征求小区业主同意，通过合理减少绿化面积，划定单行车道等方法来增加停车面积。

（四）物业公司

1. 车位改造。向空中要车位，对地面停车位挖潜扩容。将平面停车位改建成双层立体机械车库等。

2. 管理保障。

第一个管理问题是如何应对超时停放。根据经验，首先是建立黑名单制度，例如上海停车APP是记录失信车主的黑名单，失信三次就禁止错峰停车。其次是加倍收费，停在共享车位的车主，要是在规定时间内没有驶离共享车位，之后的停车费将按照三倍计费。最后是记录信用，支付宝对于共停项目的使用者和车位提供者都是进行实名认证的，引入了芝麻信用评价体系，超时停车行为还将直接影响到个人的芝麻信用指数。

第二个管理问题是如何管理停车人员的出入。一方面，人车对应的可以通过人和车的双向实名认证；另一方面，如果人车不对应，也就是非车主使用车辆进入了共享停车位，可以使用身份证信息实名登记以及视频监控等多种管理手段。

第三个管理问题是如何做好信息分享。杭州市的做法是依托支付宝搞了"共停"的APP，杭州自2017年9月开始开发建设"共停"项目，目的是整合各方资源打造闲时泊位资源库，盘活城市现有存量泊位，蚂蚁金服提供实名认证、信用、支付、线上运营等能力的输出与支持，依托支付宝的平台作用，结合高德地图等等阿里巴巴旗下软件来向车主分享信息。

第四个管理问题是停车费用的利益共享。第一,个人对个人的车位共享,杭州市政府和支付宝联手的"共停",车位发布者、平台和物业公司分配比例是6∶2∶2。北京的丁丁停车,发布者、平台和物业公司按照5∶4∶1进行分成。另一方面,对于单位对个人的车位共享,要按地段的车位稀缺性来根据市场价格调节,高峰时可以按公共停车场收费,空闲时按共享车位价格收费。

本案例由宋超、李思嘉搜集、整理、撰写

资料来源:
《共享车位助力金桥创科园换新颜》,上海陆家嘴物业公众号

延伸案例导读 1

长桥八村"五步工作法"

上海市长宁区长桥八村是一个老式小区,小区道路间距较窄,小区经常上演"抢车位"大战,因停车引发的矛盾时有发生,部分居民私自设置地锁,堵塞消防通道,在主干道上随意停放,影响其他居民出行。

长桥八村开创了"五步工作法"来解决停车难问题:

1. 摸情况。居委会、业委会和物业公司,依靠广大党员、楼组长,共同想办法出主意。

2. 听意见。党总支先在党员和楼组长统一思想,介绍小区面临的停车矛盾和改造想法,由楼组长和党员逐个与楼组内居民协商。再由党总支和居委会指导业委会和物业公司对绿化部位重新规划。

3. 议方案。由辖区内居民代表、党员、楼组长和居民一起研究改造方案,遵循先局部后全面的改造部署,逐步敲定最后的改造方案。

4. 广宣传。党总支牵头,利用黑板报、宣传栏、楼组会等形式做宣传解释工作,鼓励邻里间多一份包容、多一份理解和多一份信任。同时党总支会同"三驾马车"拟定对策,在街道帮助下,以党员骨干为依托,将改造方案和征询单一起发到居民手中。

5. 重把关。改造过程中居委会、业委会全程监督。物业公司在绿化署的指导下,展开现场勘查,合理规划,分步实施,施工建设扎实推进。

"五步工作法"和传统居委会大包大揽的管理方法有很大差别。主要体现在动员了以楼组长、党员为核心的居民群体,协助物业和业委会更好地履行公共设施改造的职能。

延伸案例导读2

普陀区新湖明珠城东新路99弄小区,虽然是2009年新建的小区,已经实现了人车分离,但是仍然面临地下车位不足的问题,新小区面临的是一样的"老问题"。

"停车难"要解决的核心问题是如何使更多的停车资源共享,比如新增的停车位谁有资格用?按先来后到排序吗?怎么排队才能公平呢?租户的停车需求应该满足吗?偶尔来小区占用停车位的访客怎么办?

新湖明珠城召开"99弄地下车库改造听证会",用公共治理的方式解决小区改造问题。公布改造方案,并以居务公开的形式,将详细的改建细则和图纸张贴在宣传栏及楼道大厅。

如何解决车证不一问题、外来租户问题、一个业主多辆车、父母和亲属的车辆等问题。物业、居委会和业委会共同制定了《新湖明珠城北区物业管理区域机动车管理暂行办法》和《新湖明珠城北区机动车停放放行通则》,对所有业主采取凭"五证"(产权证、行驶证、驾驶证、身份证、结婚证)发放通行证,分类计时收费。对于多辆车的业主,小区采取经济杠杆,采取第二辆车收费比第一辆车贵一倍的方法来影响业主。同时,提高外来车辆的停车费用,以保证小区业主的停车位。打通神经末梢,对小区进行精细化管理,坚持制度建设的"程序正义",让小区居民参与其中,征询意见。

本案例由宋超、李思嘉搜集、整理、撰写

资料来源：

《闵行区江川路街道：将整改落实到社区的每个角落》,上海基层党建网
《居民区"五步工作法"破解小区"抢车位大战"及停车困难》,作者：淘建幸,东方网
《车位之争的一剂新"药方"》,记者李晓明,新闻晨报

第五节　垃圾分类

一级案例

垃圾分类①

以上海市长宁区虹桥街道中华别墅小区为例

当下,垃圾分类工作日益成为我们所在城市的顽症,从全国范围看,垃圾分类运动总体还处于大力宣传和倡导阶段,即使上海这样的大都市,垃圾分类工作也还处于社会创新的初级阶段。2019 年初,《上海市生活垃圾管理条例》出台,垃圾分类势在必行,但垃圾分类既是城市管理问题,是精神文明问题,更是社区治理问题,因此,仅有政策法规是不够的,仅有垃圾处理的硬件设施、储运体系是不够的,更要有广泛的社会动员,某种程度上,垃圾分类需要广泛的社会动员,需要社区更深度的动员,更广泛的参与。那么,社区垃圾分类如何推动才更有效呢?

一、项目背景

位于上海虹桥街道的爱建居民区 2011 年曾搞过一次垃圾分类实验,由于政府管理与社区垃圾分类实践对接上的错位,直接导致了实验的失败。但这为后来的垃圾分类奠定了一个非常好的铺垫和基础。其次,该居民区的很多居民有对发达国家垃圾分类的直接体认。他们对垃圾分类的生态价值有着非常清醒的认识,这为垃圾分类的成功推行奠定了广厚的观念基础。

但是,积极行动者还不是先前的实验和生态环保观念直接催生出来的。积极行动者的诞生,首先得益于社区党组织的动员和倡导,其次直接得益于各种有效的治理机制的创新。挖掘积极行动者诞生背后的治理机制,形成一套可复制、

---

① 长宁爱建居民区探索垃圾分类与社区治理"双向促进法",东方网,http://city. eastday. com/gk/20180525/u1a13933459. html

可推广的治理方法,是关注爱建居民区垃圾分类有效推行的重要议题。

二、项目简述

2017 年 8 月,爱建居民区的中华别墅小区开始全面实行生活垃圾分类,通过党建引领、自治先行、专业支撑,进一步激发了社区自治意识和垃圾分类习惯的养成。

党建引领体现在社区党组织的核心作用发挥,党组织领导下的"三驾马车"运行衔接更加紧密。业委会做好业主动员和物业督促,组织制定小区规章,以契约规范日常行为;物业公司提升小区管理能级,在保洁员队伍、楼道建设、垃圾箱房管理等方面履行好职责。借助居民区联席会议平台,依托业委会和物业,实现对箱房改造后续管理、楼层撤桶和"两网协同"等难点的破解。通过实行垃圾分类与发动相关责任方的双向贯通,助推了业委会改选顺利、运行顺畅,也有效推动了城管、房办、市容等力量下沉小区。

同时,社区党员是垃圾分类的骨干力量,党员示范与居民自治相结合,由党员、楼组长、居民骨干和物业人员组成志愿者队伍,坚持分类初期蹲点,示范引导和督促源头分类。面对面走访每家每户,组织动员群众与联系服务群众紧密结合。激发了一大批志愿者,成为了社区治理的"潜力股"。推行不到 1 个月的时间,中华别墅小区 380 多位居民中,就有 40 人加入到了垃圾分类志愿者队伍,占比超过 10%。在 14 名党员志愿者中,在职白领有 5 人,每天下班后的晚上 6 时至 8 时以及周末都能在垃圾箱房前看到他们的身影。

志愿者盯守两个月,小区迈过最难的习惯养成关。2017 年 8 月 1 日,小区开始垃圾分类,那正是申城一年中最热的时候,垃圾产生量大,对居民和负责推进的社区干部、志愿者来说都是巨大挑战。爱建居民区干部和 40 名居民志愿者挨家挨户宣传,手把手教分类,轮班值守在垃圾箱房前,督导、示范、鼓励居民分类垃圾。

"开始分类后的第一个月工作最为艰难,居民要改变多年生活习惯,有的上班族生活节奏太快没时间细分,我们一一督促纠正不分类行为;还要不定时巡查全小区,防止乱扔垃圾;垃圾箱房摄像探头拍到不分类投放的,楼组长和居委干部就上门找当事人宣传、做思想工作。"爱建居委会党总支书记徐秀说,两个月后,几乎再不用志愿者和干部蹲守了,绝大部分居民自觉分类垃圾。

小区迈过了最困难的习惯养成关。其实,在此前,他们已用半年时间攻下了另一道门槛——思想动员关。徐秀说,只有心聚起来,垃圾分类才能做起来。爱建居民区通过党建引领促进垃圾分类,要求党员发挥先锋作用,带头宣传、实践分类、做志愿者,聚拢了一批热心居民志愿者参与其中。从 2017 年初开始,社区干部和志愿者花了近半年时间上门宣传;邀请专业人士为居民培训分类方法等相关知识;收集居民"金点子",反复修改分类试点方案和细节;为打消居民对后端处理的顾虑,在垃圾箱房墙上画出"垃圾的旅程",每类垃圾投到哪个颜色的垃圾桶、哪些单位负责收运、送到哪里、各自如何处理等都明明白白。

同时,引入社会组织力量,给予垃圾分类专业支撑,开展环保实践课堂,通过"垃圾分类"十讲、"家庭减法生活""挑战环保达人""你分我收"亲子游戏、"一平米"菜园、酵素制作等生动有趣的项目,专业指导居民垃圾分类,把有意义的事情做得更有意思。让居民生动直观了解垃圾分类的除了志愿者,还有品种丰富的现场教学。在公益团队"绿主妇"的帮助下,中华别墅的居民学会了用厨余垃圾发酵制作酵素、手工皂,自制手编菜篮子代替塑料袋,在家中用垃圾发酵制肥,种植"一平米菜园"。"绿主妇"的诞生地徐汇区梅陇三村也是上海最早推行垃圾分类的小区。根据观察,之所以垃圾分类能在梅陇三村顺利推行,志愿者的作用功不可没。

仅 3 个月的时间,小区垃圾分类率就从 5％上升至 95％,95％以上的居民生活垃圾家庭源头分类、定时定点投放和小区"两网协同"一体化收运,垃圾减量率31.7％,小区面貌显著改变,居民感受度明显增强。在爱建居民区,厨余垃圾变成酵素做了肥料后,最直接的结果就是垃圾减量了。统计显示,中华别墅区的厨余垃圾从分类前的 195 桶缩减为 135 桶,环比减量 29％。居民区还推行"菜篮子摇起来",买菜不用塑料袋,塑料袋由此减量 50％。有人推算,如果一个特大型城市中一个区级范围内的垃圾生产量减少百分之十,环卫部门将节省 500 万元的投入。

如今,中华别墅是长宁区第一个做到生活垃圾"源头分类＋定点定时投放＋两网融合"的小区,180 户居民从 2017 年 8 月 1 日开始在家分类生活垃圾,如今参与率 100％,分类准确性保持在 98％以上,定时定点投放率保持 95％以上。

三、实践守则

一是社区善治定律。从爱建居民区成功推行垃圾分类的五项机制中,可以得出如下结论:党建引领＋居民自治＋政府治理＋社会组织参与＝社区善治。

其中,党建引领是政治保障,居民自治是主体保障,政府治理是外在保障,社会组织参与是专业保障。党建引领将社区中的多种组织(例如居民委员会、业委会、物业公司、群众团队、志愿者组织等)有机地整合起来,为各种议题的解决缔造了一个协商共治的平台。居民自治则直接导致了大规模的积极行动者的诞生。政府治理实现了政府与社区的有效对接,把社区治理的积极成果转化为整个城市、整个社会的治理成果。社会组织参与为社区治理提供了专业化的知识和方法。以上四者的有机融合和相互合作,构成了中国社区的善治形态。这是爱建居民区成功推行垃圾分类的第一大启示。

二是"垃圾分类 +"可以成为城市治理的重要支点。垃圾分类改变的不仅仅是生态,还有人的观念与行为以及整个社会的治理文化。阿基米德说:给我一个支点,我将撬动整个地球。垃圾分类也可能是成功撬动社区治理和社会治理的绝好支点。比如,爱建居民区在成功推行垃圾分类的过程中,就孕育出了"垃圾分类 +"的治理格局,如"垃圾分类 + 环保"、"垃圾分类 + 帮困"、"垃圾分类 +社区教育"、"垃圾分类 + 熟人社区构建"、"垃圾分类 + 邻里冲突调解"、"垃圾分类 + 志愿服务",等等。社区是一个关联主义的空间,比如,社区中的物权是关联性的,社区中的议题与居民的生活是关联性的。所以,在推动社区治理中,选择牵动社区各个要素的"支点"就显得异常重要。反之,如果没有支点,社区治理者就容易陷入治理盲点,失去方向,社区工作人员也容易陷入琐碎事务的汪洋大海,疲于奔波。垃圾分类就是典型的连接型支点,它不仅能够将不同的居民、不同的社区组织连接起来,还能将政府与社区、社区与整个社会连接起来。随着上海以及其他城市中各区域间、各群体关联和互动程度的提高,生态安全已经成为所有人关注的议题,通过物理隔绝以保证空气安全、水质安全以及生态安全的时代已经一去不复返了。垃圾分类、环保和生态治理,也很可能将成为撬动城市社会治理和社区治理最为有效的支点。

延伸案例导读 1

"垃圾分类",从法律层面到落地社区,细节决定成败!

上周三下午,在漕河泾街道举办了一期"垃圾分类"专题沙龙。从去年年底到现在,社邻家已经举办了四期"垃圾分类"的专题论坛和沙龙,都是我主持的,应该说对于垃圾分类有了一个渐进的认识。

前三次都是在《上海市生活垃圾管理条例》(以下简称《条例》)出台之前举

办的：

第一次的主题是"垃圾分类这个事"，形成的共识是："垃圾分类"既是城市管理问题，也是市民精神文明问题，更是社区治理问题。

第二次主题是"垃圾分类的市场化解决之径"，请了很多企业，专门做装修垃圾处理的环保企业，小黄狗这样的有用垃圾回收的互联网企业等，讨论市场力量如何更好的发挥作用。

第三次是一个规模较大的论坛，在长宁区举办，主题是"垃圾分类的社区治理创新"。

前三次都是在《条例》颁布之前，第四次就是上周的这一期，《条例》已经颁布了，颁布之后的效应，沙龙上就反映出来了：

第一个就是周春的感受，她说近期"垃圾分类"这件事像坐了火箭。她近期活动多得不得了，两个多月做了 67 场的宣讲等活动。周春美国留学，立志从事环保事业，她感觉到美国的环保已经做得挺好，余地不大，所以就回国投身环保事业，而"垃圾分类"是她回来之后重点着力的领域。周春很快成了上海知名的"垃圾分类"倡导者。她看"垃圾分类"这件事，自从法规出台，从上到下对这个事情的热度已经达到了前所未有的高度。

第二个感觉就是大家对"垃圾分类"不再推三阻四了。以前的沙龙，每次都会有人呼吁，要出台政策，出了政策才好推。还把做不好的责任推给城市管理部门，觉得没有他们的配合，前端分得很好，到后端又统一回收，所以推不下去。而这次沙龙上，我看到，没有一个人再去谈困难，说这事我不要做，也再没有一个人把这个事情推给其他因素，大家都在讲我们怎样做才能更好落地。

所以说"垃圾分类"对于基层的社区工作者来讲，已经成了一个不再想这个事到底应该不应该，而是必须要做的一件事。

这一期的沙龙除了请了一些专家、街道领导，下面都是居委干部，还有一些是业委会主任、物业公司经理，这一次"三驾马车"都来了！并且发言很踊跃。说明大家真正的已经开始考虑这件事了。

华东理工大学唐有财教授也参加了沙龙，他有一个很有意思的判断：我们经常去基层，基层汇报工作，都觉得这这个社区治理水平很高，我们无从判断，到底是他讲得好，文章写得好，还是新闻媒体吹得好，还是他真的做得好，这个说不清楚的，所以还不能真切地说明这个社区治理能力和水平到底怎样！所以说，"垃圾分类"这件事成了摆在所有社区工作者面前的一个非常平等的、考验大家治理能力和水平的一个好项目。

为啥？因为大家都在一个起跑线上，做得好的也不敢说自己有多么成功，而到了 7 月 1 日正式实施，几个月后大家一起面临一个课题，就像高考一样，所以，这个项目成为最公正地考核社区治理能力和水平的小考。

关于"垃圾分类"，从 2012 年起就被列为市政府实事工程项目了，已经探索了很多年了，但成效如何呢？我看了很多关于"垃圾分类"的经验总结文章，感觉写得特别好，面面俱到，条分缕析，各个群体都有参与，十八般武艺全都使上，各个社区单位都有任务，可谓是一篇非常全面但又把握不了重点的文章。

从文章中也看不出工作的关键点，说是党建引领，但党建引领又写得不具体，好像没写出真做了什么事。到底哪些是"垃圾分类"取得成效的关键？什么是最最核心的力量？哪些是坑？看那些报告也看不出来。

今天，我试图通过四次沙龙论坛的感受谈谈我的观点。

首先，"垃圾分类"已经成为一个攻坚战，所以任何求速战速决，毕其功于一役的想法，都是不现实的。"垃圾分类"追求统一模式，一个模式，然后快速出成绩、出数字、出政绩，这种思路极为偏颇。沙龙上大家讲到，有的地方提出，垃圾分类上头这么重视，咱们也学习了别人的做法，我们的目标是所有社区、楼组一起搞，不用搞试点。一起干就会遇到一些问题，你不知道大家对这个事情的反弹会到什么程度，一个楼道有反弹，咱们还可以改。如果全部来反对你，那你很难再推下去，这个事就比较麻烦了。

其次，人云亦云，依赖别人经验也是不行的。人家那边经验说撤桶效果最好，我们这里也要撤桶，实际上也不对的。

"垃圾分类"是个系统工程，每个社区人的素质、物业收费、房屋条件都不一样，导致"垃圾分类"的难题存在很大差异。因此，"垃圾分类"工作应是非常精细化的工作。市里要求"一类型一办法，一小区一方案"，提的特别精准，并没有把这件事情一刀切，统一模式，然后政绩思维，抓速度，抓数量这样去完成。"垃圾分类"必然是稳扎稳打、各方参与、精细化管理的一个阵地战，这是我对这项工作的一个定位。

这里面一个最最重要的关键词就是"精细化"。

精细化要求个性化，你一定要去考虑这个社区的特点，怎样才能进行好的宣传，如果单纯讲垃圾分类就是好，环保就是好，其实是没有多大用处的。当天沙龙有两个好的点子：一是宣传口号要创新，不能说教，这个口号要让大家有压力感。美国加州大力倡导居民使用电风扇节能，用的宣传词都是环保怎么怎么好，用电扇多么节能等等，但这些没什么大用。后来就用了一句口号"77％的居民都是用电扇的"。所有人看到，就怕自己是剩下的少数人，一下子就提高了大家用电风扇的习惯。对于"垃圾分类"，如果宣传说90%的人已经实现了垃圾分类，那么没有做到的可能就感觉到很羞愧，有压力感。还有一个好的宣传方法是，在小区里设一个红黑榜。就做的好的，就在上面有表扬，有照片，不好的在里面拍照片，在哪个地方，在哪个楼栋，大家就拍出来。然后就是给大家一个更好的警示的教育。

精细化的劝导方式。有的人一句话就让人家笑，有的你说一句话就让人家跳，劝导居民垃圾分类，需要话术，所以要对垃圾分类志愿者进行培训。这是什么岗位？我也是普通居民，是为大家服务的，这样一下子就拉近了距离，并且我也不领钱。"你今天没分，我帮你分掉，你看，明天我们再自己分可以吧？"这种语气是比较精准的，不能指责，你怎么不分类？这么大人了，什么示范！一种批评的语气，一下子就引起反感。沙龙认为，宣传最好从小朋友抓起，小手牵大手。小朋友形成意识，回家劝父母，父母肯定会听孩子的。

精细化的操作方法。是不是要撤桶等等都是非常精细化的事。有的地方可能非常的有效，有的地方可能还要加桶。所以到底撤桶有效还是加桶有效，这里面就需要一个比较精细化的考量。有些地方推出的像"八步法"等等，都是慢慢在实践过程中积累出来的经验。应该说，精细化贯穿于垃圾分类工作的全程。

这次沙龙上，有一个业委会主任说了三句话，我觉得特别对，就是"必须搞、允许错、慢慢试"。这就是科学的解决"垃圾分类"问题的应有态度，居民都有这样的素质，垃圾分类何愁不成。

还有精细化的评估。有没有这样一个指数分析一个社区的要素后，比如楼层数、物业费交纳情况、居民年龄层次等等，就能匡算出这个地方"垃圾分类"推动的难度系数。这就需要专业的第三方机构的精细化的积累了，周春她的机构就做了这样的事。

"垃圾分类"如何从法律层面延伸到社区落地并且做成，关键是居民对于这个事情的参与与否。从社区治理创新的角度看，"垃圾分类"如何更有效，沙龙大家都认为，居民自己教育自己最有效，居民自己管理自己最有效，居民自己服务自己最有效。其实就是我们常讲的居委会的"三自"——自我管理、自我教育、自我服务，体现在"垃圾分类"工作上也是这样。

这种参与肯定不可能再是单一力量的参与，单靠所谓的"专业人员"是不可能的。垃圾分拣靠清洁员，监管处罚靠城管，不可能。以前有些社区，设了个"分拣员"岗位干这个事，就是让清洁员多个事兼个职。但清洁员一干，居民垃圾分类的积极性就只有受挫了,为啥?我交了这么多物业费,雇的就是你清洁员,你清洁员来做这个事情是应该的,所以他不分也不会有愧疚感。

如果想让更多居民参与,必须把"垃圾分类"做成社区共治自治的事,让居民在"垃圾分类"全过程中形成参与、形成共识、形成习惯。能不能落地的最关键的因素,就是看自我管理、自我教育、自我服务做得好不好。

在宣传方面,很多地方就有居民组成的讲师团,通过读书会等来宣讲,宣讲垃圾分类的有益之处,宣传垃圾袋的危害。居民觉得不是组织教育我们,只有亲切感,没有抵触感,所以居民自己宣传自己,自己教育自己是最有效的。居委会干部在那里说,你要垃圾分类,你要垃圾分类,你要垃圾分类!重要的话说三遍,有用吗?可能还不如邻居跟你说一句"我们都垃圾分类了,总书记都说垃圾分类是时尚了,你不要落伍了啊!一开始不习惯,习惯了就好了!"

组建队伍方面,组建起居民自我管理、志愿服务的志愿者队伍最为关键,这种志愿者队伍参与劝导、参与宣传等等更加有效。

议事协商方面,要重视居民"小三会"建设。垃圾怎么分,到底是撤桶还是不撤桶,是不是要建集中性的垃圾房,还有到底是先从哪个楼栋开始试,到底怎么样的试点……这些事都应该交给老百姓自己去议。包括业委会,也可以承担起这方面的职责来,推进垃圾分类的具体举措,不是街道说了算,也不是居委会说了算,而是让大家自己去讨论出共识。这些东西都讨论好了之后,在推的时候,居民配合的积极性就会更强。

创新性活动方面,要发挥居民的特长,发掘社区达人。有的居民擅长编篮子,就可以搞个编篮子小课程,编好的篮子用来激励学员。鼓励大家多用篮子上街买菜,减少塑料袋的使用。如果编的好看一点,就成为一种时尚。

总结一下,要把"垃圾分类"做成社区治理创新的项目,既要有自上而下的精细化的考量、推动、机制、评估,也要有自下而上的自我管理、自我教育、自我服务。既有社区的精细化管理,又有居民的自治参与,居民参与议事协商、宣传倡导、志愿服务、践行劝导等全过程,从而使更多人形成共识,最终形成行动自觉,《条例》才能真正地从法规层面落到社区。

本文选自"社会创新者说"自媒体,作者:闫加伟

延伸案例导读 2

社会组织参与社区垃圾分类

——以爱芬环保"悠和家园"项目为例①

一、项目背景

洛善居委会下辖"悠和家园",是矗立在上海市共和新路街道西南方向的一个高颜值商品房小区。然而在悠和西门的垃圾压缩站却因为设计建造等问题,成为充满违和感的社区"卫生死角",也成为了洛善居委会团队的一桩大心事。2015 年,"悠和家园"成为"垃圾分类减量"试点小区。在实际操作中,居民楼道口的干、湿垃圾桶标示不醒目,居民单手倾倒垃圾不便仍然有待解决。其中最核心的问题就是"垃圾压缩站"和整个"垃圾分类减量"的脱节,无法起到应有的后台硬件支持作用。如何充分利用"垃圾压缩站",进一步提高垃圾分类率、推进"绿账"积分扫描工作是对洛善居委会团队智慧的一大考验。

二、项目简述

洛善党总支邀请来垃圾分类减量合作组织"上海爱芬环保公益组织""同济大学设计创意学院"和"上海爱雨节能科技有限公司"三家专业组织和设计企业,就如何改造现有的"垃圾压缩站",使之在垃圾分类工作中发挥更大的作用成立社区自治专案项目组。

随着 2016 年 7 月 15 日"垃圾箱房及建筑垃圾堆放点改造方案听证会"在洛善居委会召开并获得全员通过,悠和绿站"社区环保生态示范中心"确立。2017 年 2月 10 日,经过 8 个多月的多方合作努力,"悠和绿站"正式揭幕,投入使用。从"前世"的社区卫生死角到"今生"悠和家园"环保生态示范中心",垃圾箱房华丽转身。经过半年来的深化运作,"悠和绿站"在洛善人的精心管理和维护下发挥它强大的环保示范作用,实现了干垃圾精细化分类、垃圾分拣处理储存和转运、"一米菜园"

---

① 静安区悠和家园小区探索"肥水不流外人田"的社区更新项目,垃圾房"翻身"成为小区"绿核",《文汇报》2017 - 3 - 21,http://www.envir.gov.cn/info/2017/3/321986.htm

社区堆肥角、"悠悠农场"社区屋顶花园、绿色环保知识展示、PM2.5 时时检测显示屏、太阳能雨水自动灌溉系统等 7 大功能。打造了可持续、居民互动参与垃圾分类的和谐社区环保示范中心,让垃圾这个放错地方的资源涅槃重生。

三、实践守则

1. "三方联动"开放空间

"悠和绿站"项目启动前就引入了社会公益组织——爱芬环保,专业设计建设单位——同济大学创意设计学院和爱雨节能三方专业力量,为项目注入强有力的专业支持。三方共商勾画"悠和绿站"的总体轮廓。

2. 充分征集民意

在首次听证会得到全体参会居民的通过后,项目组没有脱离居民,而是广泛邀请居民代表、业委会、物业保洁工作人员以及社区自治群团的各路力量共同参与项目的具体策划讨论。2016 年下半年,在洛善社区老年活动室里,包括三家专业企业的专家和设计师在内,以及 30 多位社区热心人们,就如何扩展和深化垃圾压缩站的功能、如何改造垃圾箱房楼顶、为"洛善花友会"提供更好的活动场地、如何合理利用每一寸土地、"绿伙伴"群团的制度完善以及明确各位废弃物的管理和处置制度等等问题,展开更加深入和全面的讨论。充分地了解居民、社区群众团体的意愿和实际需求,结合后期管理团队和一线工作人员可能遇到的困难,开展了三次不设限的"工作坊"谈论会。

工作坊上,一块白板,汇集众人的智慧和渴望。设计师们直面居民提问,为物业保洁员们消除各种顾虑和疑问。黄书记被花友会社员们围住,解答社员们的热烈的提问。每一次工作坊都是一场头脑风暴。设计师们听取多方意见,从这些最实际的问题,也最可爱的洛善人这里获得了无数灵感,结合自身的专业设计能力,让"以人为本"的设计理念贯穿整个项目的始终。而洛善居民们在工作坊上"明明白白我的心",从之前的社区"裁判员"变成为"运动员"。细节决定成败,居民们最最关心的往往就是和他们贴身相关的"细枝末节"。通过对细节地讨论,居民看到了触手可及的改善和变化。通过"工作坊","悠和绿站"项目充分调动起居民参与社区自治共治的积极性,激发了居民改造社区,自我管理和自我服务的主人翁精神和热诚。

3. "四方资金"——区域化党建众筹齐出力

自治项目的经费哪里来? 这通常是制约项目成立和发展的"瓶颈"问题。

"悠和绿站"垃圾箱房改造项目不但得到了居民的热烈反馈,社会公益组织和专业设计团队的专业指导,还得到社会各界的鼎力支持和帮助。居委会书记也为了项目的尽快落实多方奔走,引进了各类社会资金,整合了社区内外的各类资源。

"悠和绿站"项目资金来自于以下 3 个方面:项目得益于洛善社区环保事业的良好基础,我们得到了国家科普示范社区的荣誉称号,并获得国家财政部资金奖励,将这部分奖励资金反哺到社区的环保事业中;经过物业联席会议的讨论,业委会也同意拿出小区公共部分收益用于本次项目;洛善居委会申请了"悠和绿站"社区自治项目得到了项目启动资金。

"悠和绿站"项目不但收到直接的资金资助,而且在更大的社会层面上吸引资金,为社区自治化项目引进社会资金又提供了一个成功的样板。在共和新路街道的大力支持下,依托区域化党建平台,发起众筹,得到了辖区内共建企业的大力支持,在社会资本引进社区自治项目的道路上又矗立了一个崭新的里程碑。

4. "问题导向"

社区自治项目不是为了自治而自治,而是将有限的资源用于居民最迫切的需求上。"悠和绿站"垃圾箱房改造正是"问题导向"发起的自治管理项目,也是补上社区环境短板的应需而生的自治项目。改造前,由于"垃圾压缩站"设计布局不合理,相应管理没有跟上等问题,各类垃圾在露天大量混合堆放,严重影响了靠近西门的 7 号楼和 13 号楼居民的生活品质。和"悠和家园"花园小区的整体环境形成了强烈的比对反差,拉低了社区进出的用户体验。正是由于"悠和绿站"垃圾箱房改造项目急居民所急所想,呼应民心,符合民意,同时让居民们切身感受到了美丽家园、和谐社区的愿景可以靠居民自己的智慧和努力实现,因此,项目得到了全体居民的积极响应和广泛参与,也激发了社区群团"洛善绿伙伴"和"洛善花友会"在"悠和绿站"管理自治基地的热情。

5. 将"悠和绿站"转化为共治项目总平台

"悠和绿站"是洛善自治共治项目的一个总平台。居委会各条条线工作都在这个平台上找到了自己的舞台。从"绿伙伴"对自治基地的认领和每天风雨无阻的日常维护管理,到"洛善花友会"的"悠悠农场蚕豆节",再到庆端午、迎六一的儿童"绿站彩绘涂鸦节",社区妇联、文教、卫生等各条线在"悠和绿站"上,持续不断地为社区居民生活提供便利,让居民们在这里快乐地实现自我价值,认领自己的自治基地,专人专管,为自治共治提供硬件和软件支持,推动各项工作长久持续发展。

参考文献：

《生活垃圾分类，这个小区开了好头》，文汇报，2019 年 2 月 21 日

本案例由闫佳慧、李思嘉搜集、整理、撰写

图书在版编目(CIP)数据

社区治理方法论.88个案例告诉你/天平社邻学院编著.—上
海:上海三联书店,2019.8(2024.8重印)
ISBN 978 - 7 - 5426 - 6742 - 7

Ⅰ.①社…　Ⅱ.①天…　Ⅲ.①社区管理－案例－中国
Ⅳ.①D669.3

中国版本图书馆 CIP 数据核字(2019)第 157102 号

社区治理方法论——88 个案例告诉你

编　　著 / 天平社邻学院

责任编辑 / 姚望星
装帧设计 / 葛晓婵
监　　制 / 姚　军
责任校对 / 张大伟

出版发行 / 上海三联书店
　　　　　(200041)中国上海市静安区威海路 755 号 30 楼
邮　　箱 / sdxsanlian@sina.com
联系电话 / 编辑部:021 - 22895517
　　　　　发行部:021 - 22895559
印　　刷 / 上海惠敦印务科技有限公司

版　　次 / 2019 年 8 月第 1 版
印　　次 / 2024 年 8 月第 7 次印刷
开　　本 / 710 mm×1000 mm　1/16
字　　数 / 420 千字
印　　张 / 21.25
书　　号 / ISBN 978 - 7 - 5426 - 6742 - 7/D·426
定　　价 / 88.00 元

敬启读者,如发现本书有印装质量问题,请与印刷厂联系 021 - 63779028